MW01078136

El 8º hábito

Paidós Empresa

Stephen R. Covey

El 8º hábito
De la efectividad a la grandeza

PAIDÓS
México • Buenos Aires • Barcelona

Título original: *The 8th Habit. From Effectiveness to Greatness*
Publicado originalmente en inglés, en 2004, por Free Press, a Division
of Simon & Shuster, Inc., Nueva York

Traducción de Gemma Andújar, Beatriz Bueno,
Genís Sánchez Barberán y Lucas Vermal

Quedan rigurosamente prohibidas, sin la autorización escrita de los titulares del *copyright*, bajo
las sanciones establecidas en las leyes, la reproducción total o parcial de esta obra por cualquier
medio o procedimiento, comprendidos la reprografía y el tratamiento informático, y la
distribución de ejemplares de ella mediante alquiler o préstamo públicos.

© 2004 by FranklinCovey Company
© 2005 de la traducción, Gemma Andújar, Beatriz Bueno,
    Genís S. Barberán y Lucas Vermal
D.R. © de todas las ediciones en castellano,
    Ediciones Paidós Ibérica, S.A.
    Mariano Cubí 92
    08021, Barcelona
D.R. © de esta edición,
    Editorial Paidós Mexicana, S.A.
    Rubén Darío 118
    Col. Moderna
    03510, México, D.F.
    Tel.: 5579-5113
    Fax: 5590-4361

Página web: www.paidos.com

ISBN: 968-853-595-8

Impreso en México - Printed in Mexico

A los humildes, los valientes y los «grandes» que nos enseñan que el liderazgo no es una posición, sino una elección

SUMARIO

PRIMERA PARTE
ENCONTRAR UNA VOZ PROPIA

SEGUNDA PARTE
INSPIRAR A LOS DEMÁS PARA QUE ENCUENTREN SU VOZ

ENFOQUE: MODELAR Y ENCONTRAR CAMINOS

EJECUCIÓN: ALINEAR Y FACULTAR

LA ERA DE LA SABIDURÍA

APÉNDICES

AGRADECIMIENTOS

Una de las lecciones más importantes que he aprendido en mi vida es ésta: si queremos aportar algo nuevo debemos prepararnos de una manera totalmente nueva. Aunque todos los proyectos importantes de escribir que he emprendido hasta ahora han confirmado este principio, es muy fácil olvidarlo. Empecé a trabajar en este libro hace cinco años, pensando que podría basarme en toda una vida de estudio, de enseñanza y de consultoría en el campo del liderazgo y que podría terminarlo en unos cuantos meses. Tras más de un año de enseñar el material y de escribir, mi equipo y yo acabamos un primer borrador llenos de entusiasmo: finalmente, lo habíamos conseguido. Fue entonces cuando experimentamos lo que los excursionistas suelen descubrir cuando suben a una montaña: no habíamos llegado a la cumbre, sólo estábamos al final de la primera cuesta. Desde esta nueva atalaya de ideas alcanzadas con esfuerzo pudimos divisar cosas que nunca habíamos visto y que sólo se podían ver desde aquel alto. Así pues, fijamos nuestra mirada en la «verdadera» montaña e iniciamos una nueva ascensión.

Pasamos por la misma experiencia otra docena de veces, pensando en cada ocasión que por fin habíamos llegado a la «cumbre», convencidos cada vez de que el libro, finalmente, ya estaba «ahí», y recibiendo cada vez una lección de humildad al ver que sólo habíamos llegado a otro nivel crítico de comprensión, que aún nos quedaba otra montaña por delante.

Las hazañas más grandes e inspiradoras de la historia del alpinismo no son relatos de éxitos individuales sino del poder extraordinario de un *equipo* unificado, preparado y con talento en el que cada miembro del equipo está comprometido lealmente y *hasta el final* con los demás miembros y con su visión común. La mayoría de los equipos de alpinismo que se proponen ascender al Everest nunca llegan a la cima: son muy pocos los que lo consiguen. Por una u otra razón, la mayoría de las personas y de los equipos cuando se ven exigidos hasta el límite por unas condiciones extremas, o bien renuncian a mitad del camino y deciden regresar, o se ven obligados a hacerlo. La historia que hay detrás de los cinco años de ascensión que ha costado terminar este libro no es distinta. Sin la determinación, la constancia en el compromiso, la paciencia, el ánimo y las contribuciones sinérgicas del equipo extraordinario que me ha ayudado en este proyecto, este libro no sólo no habría llegado a ser lo que *es*, sino que ¡nunca habría visto la luz del día!

Así pues, deseo expresar con la mayor gratitud mi reconocimiento a las siguientes personas por sus contribuciones:

- A literalmente decenas de miles de personas de diversos lugares de todo el mundo que se han interesado por dar a conocer sus impresiones con sinceridad y que han compartido de buen grado sus problemas, sus penas y sus esperanzas, lo que me ha permitido escalar una «cordillera» de aprendizajes que han dado como resultado una reinvención constante, unas ideas valiosísimas y una prueba incesante de la paciencia del equipo.

- A Boyd Craig por su extraordinaria capacidad, sus cinco años de compromiso, su pasión y su dedicación a la edición de este libro; por gestionar todas las dimensiones de este enorme proyecto en equipo; por su liderazgo y su asociación sinérgica con nuestro editor, nuestro agente y nuestra empresa; y sobre todo por su espiritualidad, su criterio, su flexibilidad, su paciencia y su destreza con el contenido. También deseo expresar mi más sincera gratitud a la esposa de Boyd, Michelle Daines Craig, por su magnífico espíritu positivo y su constante apoyo y sacrificio sustentando esta «maratón».

- Al personal de mi oficina y a su equipo de apoyo —Patti Pallat, Julie Judd Gillman, Darla Salin, Julie McAllister, Nancy Aldridge, Kara Foster Holmes, Luci Ainsworth, Diane Thompson y Christie Brzezinski— por su devoción, su lealtad y su vocación de servicio tan poco comunes, y por su extraordinaria profesionalidad.

- A mis dedicados colegas de FranklinCovey y, sobre todo, a Bob Whitman y a mi hijo Sean por su revisión cuidadosa y exhaustiva del manuscrito final y por su valioso y práctico *feedback*.

- A Edward H. Powley por su inestimable ayuda en el examen de la literatura sobre el liderazgo y a Richard García y Mike Robins por su ayuda incansable y perseverante en la investigación.

- A Tessa Meyer Santiago por su ayuda en la preparación de los primeros borradores del libro.

- A Sherrie Hall Everett por sus años de trabajo dedicados a la creación y la recreación de los gráficos del libro.

- A Brad Anderson, Bruce Neibaur, Micah Merrill y muchos otros colegas de talento que, en estos años, han sido la energía creativa que se encuentra tras las premiadas películas que se mencionan en este libro.
- A Greg Link por su talento y su visión de futuro en el campo del *marketing* y por su constante compromiso con nuestra misión.
- A mi hijo Stephen por enseñarme tantas cosas sobre la confianza con su ejemplo personal y profundizando en sus fundamentos teóricos y prácticos.
- A mi encantadora agente literaria, Jan Miller, y a su socia, Shannon Miser-Marven, por tantos años de excelente servicio y apoyo.
- A Bob Asahina, mi editor de tantos años, por volver a ayudarme a recordar que debo salir de mi propia mente y empezar siempre por el lugar donde se encuentra el lector.
- A nuestros apreciados socios editoriales de Simon & Schuster —sobre todo Carolyn Reidy, Martha Levin, Suzanne Donahue y Dominick Anfuso— por su constancia durante un prolongado proceso de «alumbramiento», que ha incluido más de un «parto falso» de entrenamiento en el camino hasta la cumbre.
- A mi querida esposa Sandra, a mis hijos y a mis nietos que, aunque llevados casi hasta la desesperación por este interminable proyecto, han optado por sonreír y darme aliento en lugar de retorcerme el pescuezo. Gracias también a mi amado abuelo, Stephen L. Richards; a mis nobles padres, Stephen G. y Louise Richards Covey; y a mis queridos hermanos Irene, Helen Jean, Marilyn y John, que desde mi infancia hasta el día de hoy tanto han influido en la persona que he llegado a ser.
- Al Dios y Padre de todos nosotros, por Su plan de felicidad para *todos* Sus hijos.

1
EL DOLOR

Oigamos las voces:

«Estoy atascado, anquilosado.»

«Esto no es vida. Estoy quemado, agotado.»

«Nadie me valora ni me aprecia de verdad. Mi jefe no tiene ni la menor idea de lo que soy capaz de hacer.»

«No me siento especialmente necesario —ni en el trabajo, ni para mis hijos adolescentes y mayores, ni para mis vecinos o mi comunidad, ni para mi cónyuge— salvo para pagar las facturas.»

«Me siento frustrado y desanimado.»

«No gano bastante para llegar a fin de mes. Me veo incapaz de salir adelante.»

«Será que no tengo lo que hay que tener.»

«No puedo cambiar las cosas.»

«Me siento vacío. La vida no tiene sentido; me falta algo.»

«Estoy exasperado. Tengo miedo. No puedo permitirme perder el trabajo.»

«Me siento solo.»

«Estoy muy estresado. Todo es urgente.»

«Controlan cada paso que doy, me siento agobiado.»

«Estoy harto de tanta deslealtad y tanta adulación.»

«Me aburro y me limito a cumplir. Casi todas mis satisfacciones son ajenas al trabajo.»

«Estoy reventado de tanto trabajar. La presión es increíble. No tengo tiempo ni recursos para hacerlo todo.»

«Mi cónyuge no me comprende y mis hijos no escuchan ni obedecen: en casa no estoy mejor que en el trabajo.»

«Soy incapaz de cambiar nada.»

Son las voces de personas en el trabajo y en el hogar, de millones de padres, trabajadores, directivos, profesionales y ejecutivos de todo el mundo que luchan por salir adelante en la nueva realidad. Su dolor es *personal* y profundo. Puede que el lector se identifique con muchas de esas afirmaciones. Como dijo una vez Carl Rogers, «lo más personal es lo más habitual».[1]

Naturalmente, algunas personas *están* volcadas en su trabajo y contribuir a él las llena de energía... pero son muy pocas. Cuando me encuentro ante un gran público suelo preguntar: «¿Cuántos de ustedes están de acuerdo en que la inmensa mayoría del personal de su organización posee mucho más talento, inteligencia, capacidad y creatividad de lo que les exige o incluso les permite su trabajo actual?». Una abrumadora mayoría de los asistentes alzan la mano y esto sucede con grupos de todo el mundo. Más o menos el mismo porcentaje de personas reconocen que se encuentran sometidas a una presión inmensa para producir más a cambio de menos. Reflexionemos sobre ello. La gente se enfrenta a la expectativa nueva y cada vez más intensa de producir más a cambio de menos en un mundo extraordinariamente complejo, pero simplemente no se les permite hacer uso de una parte importante de su talento y su inteligencia.

En las *organizaciones*, este dolor se expresa con más claridad y de la manera más práctica en su incapacidad para *centrarse en*, y *ejecutar*, sus principales prioridades. Usando lo que llamamos cuestionario xQ (Cociente de Ejecución),* Harris Interactive, los creadores del *Harris Poll*, encuestaron hace poco a 23.000 residentes de Estados Unidos que trabajaban a jornada completa en *industrias clave*† y en *áreas funcionales clave*.‡ Veamos algunos de los resultados más sorprendentes:

- Sólo el 37 % de las personas encuestadas dijeron comprender claramente lo que su organización intentaba conseguir y por qué.
- Sólo una de cada cinco dijo sentirse entusiasmada por los objetivos de su equipo y de su organización.
- Sólo una de cada cinco dijo tener una alineación clara de la relación entre sus tareas y los objetivos de su equipo y de su organización.
- Sólo la mitad se sentían satisfechas con el trabajo que habían realizado al cabo de la semana.

---

* Véase en el Apéndice 6, «Resultados del xQ» una exposición más detallada de los resultados del estudio que elaboró Harris Interactive encuestando a 23.000 trabajadores, gerentes y directivos con el cuestionario xQ.

† Las industrias clave incluyen: hostelería, automoción, banca/finanzas, comunicaciones, educación, sanidad, ejército, gobierno/administración pública, comercio minorista, tecnología y telecomunicaciones.

‡ Las áreas funcionales clave incluyen: contabilidad, administración/secretaría, publicidad y *marketing*, ejecutivos comerciales, especialistas informáticos, administración educativa, profesionales de las finanzas, administración pública, profesionales sanitarios y vendedores/representantes.

- Sólo el 15 % creía que su organización les permitía cuidarse plenamente de objetivos esenciales.
- Sólo el 15 % tenía la sensación de trabajar en un entorno de gran confianza.
- Sólo el 17 % creía que su organización fomentaba la comunicación abierta y respetuosa con las discrepancias que genera ideas nuevas y mejores.
- Sólo el 10 % creía que su organización atribuía a las personas la responsabilidad de los resultados.
- Sólo el 20 % confiaba plenamente en la organización para la que trabajaban.
- Sólo el 13 % mantenía unas relaciones de profunda confianza y cooperación con otros grupos o departamentos.

Por ejemplo, si un equipo de fútbol obtuviera estas mismas puntuaciones sólo cuatro de los once jugadores de campo sabrían cuál es su meta. Sólo a dos de los once les importaría. Sólo dos de los once sabrían en qué posición deben jugar y qué es lo que deben hacer exactamente. Y, salvo dos jugadores, todos estarían compitiendo contra su propio equipo en lugar de enfrentarse al equipo contrario.

Estos datos dan que pensar. Concuerdan con mi propia experiencia con personas de organizaciones de todo tipo y de todo el mundo. A pesar de todos nuestros avances en relación con la tecnología, con la innovación de los productos y con los mercados mundiales, la mayoría de las personas no se desarrollan en las organizaciones donde trabajan. No se sienten realizadas ni entusiasmadas. Se sienten frustradas. No saben con claridad hacia dónde se dirige la organización ni cuáles son sus principales prioridades. Se sienten estancadas y enajenadas. Sobre todo, no creen que ellas puedan cambiar mucho las cosas. ¿Podemos imaginar el coste, desde el punto de vista personal y de la organización, de no aprovechar a fondo la pasión, el talento y la inteligencia del personal? ¡Es mucho más elevado que todos los impuestos, intereses y costes laborales juntos!

¿Por qué un octavo hábito?

El mundo ha cambiado profundamente desde la publicación de *Los 7 hábitos de la gente altamente efectiva** en 1989. Los retos y las complejidades a los que nos enfrentamos en nuestra vida y en nues-

---

* Barcelona, Paidós, 1997.

tras relaciones personales, en nuestra familia, en la vida profesional y en nuestras organizaciones pertenecen a otro orden de magnitud. En realidad, para muchas personas, el año 1989 —cuando presenciamos la caída del muro de Berlín— marca el inicio de la «era de la información», el nacimiento de una nueva realidad, un cambio radical de capital importancia: el verdadero inicio de una nueva era.

Muchos han preguntado si los siete hábitos siguen siendo válidos en la nueva realidad de hoy. Mi respuesta siempre es la misma: cuanto mayor es el cambio y cuanto más difíciles son los retos, *más* válidos son. Y es que los siete hábitos se refieren a ser *altamente* efectivos. Representan una *completa* estructura de principios universales y *eternos* del carácter y la efectividad del ser humano.

Ser *efectivos* como individuos y como organizaciones ya no es una elección en el mundo de hoy: es imprescindible para entrar en el terreno de juego. Pero sobrevivir, prosperar, innovar, sobresalir y liderar en esta nueva realidad nos exigirá aumentar la efectividad e ir más allá de ella. Esta nueva era exige y necesita *grandeza*. Exige y necesita *realización*, un *desempeño apasionado* y una *contribución importante* que se encuentran en un plano o una *dimensión* diferente. Son de

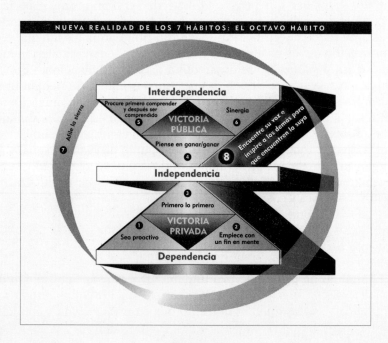

Figura 1.1

una clase diferente, de la misma forma que la *importancia* difiere del éxito en *calidad*, no en *cantidad*. Aprovechar los niveles más elevados del genio y de la motivación del ser humano —lo que podríamos llamar *voz*— exige un nuevo esquema mental, un nuevo esquema de habilidades, un nuevo conjunto de herramientas... un nuevo hábito mental.

Así pues, el octavo hábito no es una mera adición a los otros siete, un hábito que, de algún modo, se hubiera pasado por alto. Se trata de ver y aprovechar el poder de una *tercera dimensión* de los siete hábitos que responde al *principal* desafío de la nueva era del trabajador del conocimiento. El octavo hábito consiste en *encontrar su voz e inspirar a los demás para que encuentren la suya*.

El octavo hábito constituye el camino hacia la vertiente enormemente prometedora de la realidad de hoy. Contrasta claramente con el dolor y la frustración que he descrito. En el fondo, es una realidad eterna. Es la voz del espíritu humano: lleno de esperanza y de inteligencia, fuerte por naturaleza, con un potencial inagotable para servir al bien común. Esta voz también engloba el alma de las organizaciones que sobrevivirán, prosperarán y tendrán un impacto profundo en el futuro del mundo.

«Voz» es *relevancia personal única*, una relevancia que se manifiesta cuando nos enfrentamos a nuestros mayores desafíos y que nos hace estar a su altura.

Como se ilustra en la figura 1.2, la voz se encuentra en la intersección entre el *talento* (nuestros dones y puntos fuertes naturales), la *pa-*

Figura 1.2

sión (las cosas que nos infunden vigor, que nos apasionan, nos motivan y nos inspiran de una manera natural), la *necesidad* (incluyendo lo que necesita el mundo) y la *conciencia* (esa vocecita interior que nos dice qué está bien y que nos impulsa a hacerlo). Cuando nos dedicamos a un trabajo que aprovecha nuestro talento y alimenta nuestra pasión, que surge de una gran necesidad en el mundo a la que nuestra conciencia nos impulsa a responder, ahí se encuentra nuestra voz, nuestra vocación, la clave de nuestra alma.

Dentro de cada uno de nosotros se encuentra un anhelo profundo, innato y casi inefable de encontrar nuestra voz en la vida. La explosión revolucionaria y exponencial de Internet es una de las manifestaciones modernas más claras de esta verdad. Puede que Internet sea el símbolo perfecto del nuevo mundo, de la economía de la información/de los trabajadores del conocimiento y de los drásticos cambios que se han producido. En su libro *Cluetrain Manifesto*, publicado en 1999, Locke, Levine, Searls y Weinberger lo expresan así:

> Todos estamos volviendo a encontrar nuestras voces. Aprendiendo a hablarnos los unos a los otros. [...] En el interior, en el exterior, se está desarrollando una conversación que hace cinco años no se daba y que no se había visto mucho desde los inicios de la Revolución industrial. Ahora, abarcando todo el planeta por medio de Internet y de la *World Wide Web*, esta conversación es tan vasta y multifacética que es inútil intentar averiguar sobre qué versa. Versa sobre mil millones de años de esperanzas, de temores y de sueños reprimidos codificados en hélices dobles que serpentean, sobre el *flashback* y el *déjà vu* colectivo de nuestra extraña y desconcertante especie. Es algo muy antiguo, elemental y sagrado, algo muy, muy extraño que se ha liberado en las tuberías y en los cables del siglo XXI.
>
> [...] en esta conversación hay millones y millones de hilos, pero al principio y al final de cada uno hay un ser humano. [...]
>
> El ardiente deseo que inspira la *web* es señal de un anhelo tan intenso que sólo se puede entender como algo espiritual. Un anhelo indica algo que falta en nuestra vida. Y lo que falta es el sonido de la voz humana. El atractivo espiritual de la *web* es la promesa del retorno de la voz.[2]

En lugar de describir aún más esta *voz*, la ilustraré mediante la historia real de un hombre. Cuando conocí a Muhammad Yunus, fundador del Grameen Bank —una organización excepcional fundada con el único objetivo de extender los microcréditos hasta las gentes más pobres de Bangladesh— le pregunté cuándo y cómo había tenido su visión. Dijo que al principio no había tenido ninguna visión. Simplemente había visto a alguien que tenía una necesidad, había intentado satisfacerla y la visión se empezó a desarrollar. La visión de Muhammad Yunus de un mundo sin pobreza se puso en marcha tras un suceso que se produjo en las calles de Bangladesh. Mientras le entrevistaba para la columna sobre el liderazgo que publico en diversos periódicos,* me relató su historia:

Todo empezó hace veinticinco años. Enseñaba economía en una universidad de Bangladesh. El país se encontraba en plena hambruna. Me sentía fatal. Ahí estaba yo, enseñando las elegantes teorías de la economía en el aula con todo el entusiasmo de un recién doctorado por una universidad estadounidense. Pero cuando salía del aula veía esqueletos por todas partes, gente esperando a morir.

Sentía que todo lo que había aprendido, todo lo que estaba enseñando, eran fantasías que no tenían sentido para la vida de la gente. Así que empecé a intentar averiguar cómo vivía la gente del poblado que había junto al campus de la universidad. Quería saber si, como ser humano, había algo que pudiera hacer para retrasar o impedir la muerte aunque sólo fuera la de una sola persona. Abandoné esa perspectiva a vista de pájaro que te lo deja ver todo desde arriba, desde el cielo. Y adopté el punto de vista de una lombriz, tratando de ver lo que tenía delante, tratando de olerlo, de tocarlo, para ver si podía hacer algo al respecto.

Hubo un incidente concreto que me llevó en una nueva dirección. Conocí a una mujer que hacía taburetes de bambú. Después de hablar mucho con ella descubrí que sólo ganaba dos centavos de dólar al día. No podía creer que alguien pudiera trabajar tanto y hacer unos taburetes de bambú tan hermosos sacando tan poco beneficio. Me explicó que al no tener dinero para comprar el bambú para hacer los taburetes, tenía que pedir dinero prestado al comerciante y éste le imponía la condición de que sólo le vendiera los productos a él y a los precios que él dictara.

Y eso explicaba los dos centavos: estaba virtualmente encadenada por esa persona. ¿Y cuánto costaba el bambú? «Pues unos veinte centavos. Y si es muy bueno, veinticinco», me dijo. Pensé: «¿La gente sufre por veinte centavos y no hay nadie que pueda hacer nada al respecto?». Estuve considerando si debía darle veinte centavos a la mujer, pero se me ocurrió otra idea: hacer una lista de personas que tuvieran esta necesidad de dinero. Llamé a uno de mis estudiantes y tras visitar el poblado durante varios días acabamos haciendo una lista de cuarenta y dos personas en esas condiciones. Cuando sumé la cantidad que necesitaban en total, me llevé la sorpresa más grande de mi vida: ¡el total ascendía a veintisiete dólares! Me sentí avergonzado por formar parte de

---

* *New York Times Syndicate.*

una sociedad que ni siquiera podía ofrecer veintisiete dólares a cuarenta y dos seres humanos muy trabajadores y hábiles.

Para librarme de aquella vergüenza saqué el dinero de mi bolsillo y se lo entregué a mi estudiante. Le dije: «Da este dinero a las cuarenta y dos personas que hemos conocido y diles que es un préstamo y que me lo pueden devolver cuando puedan. Mientras tanto, que vendan sus productos a quien se los pague bien».

> Lo único que se necesita para que triunfe
> el mal es que los hombres
> buenos no hagan nada.[3]
> EDMUND BURKE

Recibir aquel dinero les llenó de entusiasmo. Y aquel entusiasmo me hizo pensar: «Y ahora, ¿qué hago?». Pensé en la sucursal bancaria que había en el campus de la universidad y fui a ver al director para proponerle que les prestara dinero. ¡Se quedó de piedra! Me dijo: «Usted está loco. Eso es imposible. ¿Cómo vamos a prestar dinero a gente pobre? No tienen solvencia». Le supliqué diciéndole: «Al menos pruébelo, averígüelo: sólo es una pequeña cantidad de dinero». Me dijo: «No. Nuestras normas no lo permiten. No pueden ofrecer ninguna garantía y no vale la pena prestar una cantidad tan pequeña». Me propuso que fuera a ver a los altos cargos de la jerarquía bancaria de Bangladesh.

Seguí su consejo y fui a ver a las personas realmente importantes del sector bancario. Todas me dijeron lo mismo. Al final, tras varios días yendo de un lado para otro me ofrecí yo mismo como fiador. «Avalaré el préstamo yo mismo, firmaré todo lo que haga falta y así me podrán dar el dinero para que yo se lo pueda dar a quien quiera.»

Y así es como empezó. Me advirtieron una y otra vez de que los pobres que recibieran dinero nunca lo devolverían. Les dije: «Correré el riesgo». Y lo sorprendente fue que me devolvieron hasta el último céntimo. Lleno de entusiasmo, fui a ver al director y le dije: «Mire, devuelven el dinero, no hay ningún problema». Pero me respondió: «¡Qué va! Sólo lo hacen para engañarle. Pronto le pedirán más y ya no se lo devolverán». Así que les di más dinero, y también me lo devolvieron. Cuando se lo dije, me respondió: «Bueno, a lo mejor lo puede hacer usted en un poblado, pero si lo hace en dos no le funcionará». Enseguida lo hice en dos poblados, y también funcionó.

Al final se convirtió en una especie de lucha entre yo mismo, el director del banco y los altos cargos. No dejaban de decirme que con un número mayor de poblados, puede que unos cinco, vería que tenían ra-

zón. Así que lo hice en cinco poblados y lo único que pasó fue que todo el mundo me devolvió el dinero. Pero ni así se dieron por vencidos. Me dijeron: «Diez poblados. Cincuenta. Cien». Al final se convirtió en una especie de competición entre ellos y yo. Les presentaba unos resultados que no podían negar porque el dinero que yo prestaba era suyo, pero no podían aceptarlo porque se les ha entrenado para que crean que los pobres no son de fiar. Por suerte, yo no había recibido esa formación y podía creer en lo que estaba viendo, tal como sucedía. Pero la mente de los banqueros, su visión, estaba cegada por el conocimiento que poseían.

Al final pensé: «¿Y por qué me empeño en convencerlos? Yo sí que estoy totalmente convencido de que la gente pobre puede recibir dinero y devolverlo. ¿Por qué no creamos un banco nuevo?». Esta idea me apasionó. Redacté la propuesta y pedí autorización al gobierno para crear un banco. Convencer al gobierno me llevó dos años.

El 2 de octubre de 1983 nos convertimos en un banco, un banco formal, independiente. ¡Y qué entusiasmados estábamos todos! Ahora teníamos un banco propio y podíamos expandirnos como quisiéramos. Y eso es lo que hicimos.

> *Cuando nos inspira un gran propósito, un proyecto extraordinario, todos nuestros pensamientos rompen sus límites. La mente trasciende las limitaciones, nuestra conciencia se expande en todas las direcciones y nos encontramos en un mundo nuevo, grande y maravilloso.*
> LOS SUTRAS YOGA DE PATANJALI

El Grameen Bank trabaja ahora en más de 46.000 poblados de Bangladesh y cuenta con 1.267 sucursales y más de 12.000 empleados. Ha prestado más de 4.500 millones de dólares en préstamos de doce a quince dólares, con una media inferior a los 200 dólares. Cada año concede cerca de 500 millones de dólares en préstamos. Incluso ofrece préstamos a mendigos para ayudarles a salir de la calle y empezar a comerciar. Un crédito para la vivienda asciende a trescientos dólares. Se trata de cantidades pequeñas para quienes nos dedicamos a los negocios. Pero considerémoslo desde el punto de vista del impacto individual: prestar 500 millones de dólares al año significa que 3,7 millones de personas, el 96 % de las cuales son mujeres, toman la decisión de que pueden hacer algo para cambiar su vida y la vida de sus familias; 3,7 millones de personas deciden que son capaces de cambiar las cosas; 3,7 millones de personas sobreviven a una noche en blanco para presentarse a la mañana siguiente, temblando pero re-

sueltas, en una oficina del Grameen Bank. El núcleo de este facultamiento [*empowerment*] lo forman mujeres que bien solas o en grupos
sinérgicos regidos por normas eligen convertirse en empresarias independientes que trabajan en su propia casa o en su barrio para alcanzar una posición económica próspera y viable. Han *hallado* su propia voz.

Al estudiar y entrevistar a algunos de los principales líderes mundiales me he dado cuenta de que, en general, su sentido de la visión y
de la voz se ha ido desarrollando lentamente. Pero estoy seguro de que
hay excepciones. La visión de lo que es posible puede irrumpir de repente en la conciencia. Sin embargo he visto que, en términos generales, la visión aparece cuando la persona es consciente de alguna necesidad humana y responde a su conciencia tratando de satisfacerla.
Y cuando ha satisfecho esa necesidad, ve otra y también la satisface, y
luego satisface otra más, y así sucesivamente. Poco a poco, va generali-
zando esta sensación de necesidad y busca alguna forma de institucionalizar sus esfuerzos para poderlos mantener.

Muhammad Yunus es un ejemplo de un hombre que ha hecho
precisamente esto, percibir una *necesidad* humana y responder a su
conciencia aplicando su *talento* y su *pasión* para paliar esa necesidad,
primero desde un punto de vista personal, luego ganando confianza y
buscando soluciones creativas a los problemas y, por último, institucionalizando la capacidad de satisfacer las necesidades de la sociedad
mediante una organización. Ha encontrado su voz inspirando a los
demás a encontrar la suya. Hoy en día, el movimiento de los microcréditos se está extendiendo por todo el mundo.

> *Pocos de nosotros podemos hacer grandes
> cosas, pero todos podemos hacer cosas
> pequeñas con gran amor.*
> MADRE TERESA DE CALCUTA

El dolor - el problema - la solución

He empezando describiendo el dolor de los trabajadores. Lo sienten personas que se encuentran en cualquier nivel de cualquier clase
de organización. Lo sienten las familias, las comunidades y la sociedad en general.

El objetivo de este libro es ofrecer al lector un itinerario que le
guíe desde ese dolor y esa frustración a la verdadera realización, la re-

levancia, la importancia, la significación y la contribución en el nuevo panorama de hoy en día: no sólo en su trabajo o en su organización, sino también en la totalidad de su vida. En pocas palabras, que le guíe para que pueda *encontrar su voz*. Si decide hacerlo, también le llevará a expandir su influencia con independencia de su posición, inspirando a otras personas que le importen, a su equipo y a su organización para que hallen sus voces y *multipliquen* su efectividad, su crecimiento y su impacto. El lector descubrirá que esta influencia y este liderazgo surgen de la *elección*, no de la posición ni del rango.

La mejor manera —y con frecuencia la única— de superar el dolor y hallar una *solución* duradera es, en primer lugar, comprender el *problema* esencial que provoca el dolor. En este caso, gran parte del problema reside en la conducta que emana de un paradigma o una visión de la naturaleza humana incompleta o profundamente defectuosa, una visión que socava la sensación de valía de las personas y limita su talento y su potencial.

La *solución* al problema es similar a la mayoría de los grandes avances de la historia humana: surge de una *ruptura* fundamental con la antigua manera de pensar. La promesa que ofrece este libro es que si el lector es paciente y procura entender el problema esencial, para luego dar a su vida un rumbo que siga los principios eternos y universales que se encarnan en la solución que se esboza en este libro, su influencia crecerá sin cesar desde adentro hacia afuera; encontrará su voz e inspirará a su organización y a su equipo para que encuentren la suya en un mundo que ha cambiado de una forma radical.

En el capítulo 1 se ha abordado brevemente la dolorosa realidad.

En el capítulo 2 se identifica la clave del problema. Comprender este problema tan arraigado arrojará una intensa luz sobre los retos a los que nos enfrentamos personalmente, en nuestras relaciones familiares y laborales, y en las organizaciones a las que dedicamos gran parte de nuestra vida. Exigirá cierto esfuerzo mental, el equivalente a doce páginas. Pero la inversión que supone profundizar en la vertiente *humana* de lo que ha ocurrido en las *organizaciones* durante el último siglo dará al lector el paradigma básico para el resto del libro y empezará a ofrecerle sabiduría, orientación y poder para abordar muchos de los retos y las oportunidades más importantes a los que se enfrente en el ámbito *personal* y en el de las *relaciones*. Así que hará bien en seguir adelante porque valdrá la pena.

En el capítulo 3 se ofrece una perspectiva general de la solución que supone el octavo hábito y que se desarrolla en los restantes capítulos, más una breve sección dedicada a explicar cómo sacar el máximo partido de este libro.

Película: *Legacy*

Antes de pasar al siguiente capítulo quisiera invitar al lector a que vea primero un breve cortometraje de tres minutos de duración titulado *Legacy*. Se ha proyectado en cines de todo Estados Unidos. Ofrecerá al lector unos momentos de reflexión sobre los elementos básicos de su voz y sobre cuatro necesidades humanas universales relacionadas con ellos: vivir, amar, aprender y dejar un legado. Este cortometraje transmite con sutileza el modelo o paradigma básico del libro que se examinará en el capítulo siguiente: el modelo de la PERSONA COMPLETA.

En la mayoría de los capítulos del libro haré referencia a un *cortometraje* como éste cuyo objetivo es enseñar la esencia del contenido de los capítulos correspondientes. *El lector podrá encontrar estas películas —muchas de ellas galardonadas con prestigiosos premios nacionales e internacionales— en la página www.franklincoveymex.com.* Estas películas, algunas realistas y otras de ficción, son muy impactantes y están cargadas de emociones. Estoy convencido de que, gracias a ellas, el lector podrá *ver, sentir* y *comprender* mejor este material. También creo que disfrutará con ellas y que las encontrará muy valiosas. Pero si a algún lector no le interesan, no hay problema. Puede seguir leyendo sin necesidad de detenerse en las referencias que hago a ellas.

2
EL PROBLEMA

Cuando cambia la infraestructura, retumba todo.[1]

Estamos asistiendo a uno de los cambios más importantes de la historia de la humanidad. Peter Drucker, uno de los principales pensadores de nuestro tiempo en el campo de la gestión, lo expresa así:

«Dentro de unos cientos de años, cuando la historia de esta época se escriba desde una perspectiva distante, es probable que el acontecimiento más importante para los historiadores no sea la tecnología, ni Internet, ni el comercio electrónico, sino un cambio sin precedentes en la historia de la humanidad. Por primera vez —literalmente— hay muchísimas personas que pueden elegir y su número crece con rapidez. Por primera vez tendrán que gestionarse a sí mismas.

Y la sociedad no está preparada para ello».[2]

Para comprender el problema esencial y las profundas implicaciones de la profética afirmación de Drucker, primero debemos contemplar el contexto de la historia y, concretando más, las cinco eras de la voz de la civilización: en primer lugar, la era del cazador-recolector; en segundo lugar, la era de la agricultura; en tercer lugar, la era industrial; en cuarto lugar, la era del trabajador del conocimiento y de la información; y, por último, la incipiente era de la sabiduría.

Imaginemos por unos instantes que nos desplazamos hacia atrás en el tiempo y que somos cazadores y recolectores de alimentos. Cada día salimos con arco y flechas o con piedras y palos a conseguir comida para nuestra familia. Esto es todo lo que hemos llegado a saber, a ver y a hacer para sobrevivir. Imaginemos ahora que se nos acerca alguien que trata de convencernos para que nos convirtamos en lo que él llama un «agricultor». ¿Cuál creemos que sería nuestra reacción?

Vemos que escarba la tierra y que echa en ella unas semillas, pero nada más. Vemos cómo riega la tierra y la limpia de malas hierbas, pero seguimos sin ver nada. Pero al final vemos una gran cosecha. Nos damos cuenta de que su producción como «agricultor» es cincuenta veces mayor que la nuestra como cazadores-recolectores, y eso que estamos entre los mejores. ¿Qué haríamos? Lo más probable es

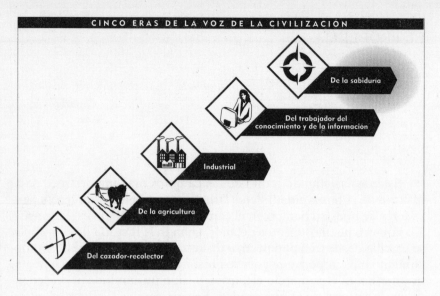

Figura 2.1

que nos dijéramos: «Aunque quisiera hacerlo, no podría. No tengo las habilidades ni las herramientas». Simplemente, no sabríamos cómo trabajar de aquella manera.

Ahora, el agricultor es tan productivo que le vemos ganar dinero suficiente para enviar a sus hijos a la escuela y darles grandes oportunidades. Nosotros sobrevivimos a duras penas. Poco a poco, nos sentimos atraídos a transitar por el intenso proceso de aprendizaje que supone convertirse en un agricultor. Criamos a nuestros hijos y a nuestros nietos como agricultores. Esto es exactamente lo que ocurrió en los albores de nuestra historia. Los cazadores-recolectores perdieron su trabajo; su número se redujo en más del 90 %.

Después de varias generaciones entramos en la era industrial. Se construyen fábricas y la gente aprende la especialización, la delegación y la escalabilidad. Aprende a tratar materias primas en una línea de montaje con unos niveles de eficiencia muy elevados. Se estima que la productividad de la era industrial es cincuenta veces mayor que la de la agricultura familiar. Si fuéramos unos agricultores que produjeran cincuenta veces más que los cazadores-recolectores y, de repente, viéramos que surge una fábrica industrial que empieza a producir cincuenta veces más de lo que produce nuestra granja, ¿qué diríamos? Podríamos sentir envidia e incluso sentirnos amenazados. Pero, ¿qué nos haría falta para participar en la era industrial? Necesitaríamos un nuevo esquema de habilidades y un nuevo esquema de herramientas. Más importante aún, necesitaríamos un nuevo esquema mental, una nueva manera de pensar. El hecho es que la fábrica de la era industrial producía cincuenta veces más que la agricultura familiar y, con el tiempo, los agricultores se redujeron en un 90 %. Los que sobrevivieron y siguieron dedicándose a la agricultura adoptaron el concepto de la era industrial y crearon el cultivo industrializado. Hoy en día, sólo se dedica a la agricultura el 3 % de la población estadounidense, pero produce la mayor parte de los alimentos para todo el país y para gran parte del mundo.

¿Cree el lector que la era del trabajador del conocimiento y de la información en la que estamos entrando producirá cincuenta veces más que la era industrial? Yo creo que sí. Justo estamos empezando a verlo. Producirá cincuenta veces más: no dos, ni tres, ni diez veces, sino cincuenta. Nathan Myhrvold, en otra época director de tecnología de Microsoft, lo expresó así: «Los principales desarrolladores de *software* no son diez, ni cien, ni siquiera mil veces más productivos que los desarrolladores de *software* normales: lo son 10.000 veces más».

El trabajo del conocimiento de calidad es tan valioso que liberar su potencial ofrece a las organizaciones una oportunidad extraordinaria para la creación de valor. Si esto es así, pensemos en el valor de desarrollar el potencial de nuestros hijos. El trabajo del conocimiento refuerza todas las otras inversiones que hayan hecho una familia o una organización. En realidad, los trabajadores del conocimiento son la conexión entre todas las otras inversiones de la organización. Permiten hacer uso de esas inversiones con precisión, creatividad e influencia para una mejor consecución de los objetivos de la organización.

¿Cree el lector que la era del trabajador del conocimiento acabará provocando una reducción del 90 % de los trabajadores de la era industrial? Yo creo que sí. Las tendencias actuales en cuanto a subcontratación y desempleo no son más que la punta del iceberg. En realidad, estas tendencias se han convertido en una cuestión política muy candente. Pero el hecho es que gran parte de la pérdida de puestos de trabajo de la era industrial tiene que ver más con el cambio drástico de nuestra economía en la era del trabajador del conocimiento que con la política del gobierno o los acuerdos de libre comercio. ¿Cree el lector que para la población activa de hoy será una amenaza aprender el nuevo esquema mental, el nuevo esquema de habilidades y el nuevo esquema de herramientas de esta nueva era? Imaginemos qué es lo que hará falta. Imaginemos qué hará falta para que *nosotros* podamos actuar en esta nueva era. ¡Imaginemos lo que exigirá de nuestra organización!

Drucker compara de la siguiente manera al trabajador de la era industrial-manual con el trabajador de la actual era del conocimiento:

> La contribución más importante y, sin duda, la más distintiva, de la administración propia del siglo XX, fue que multiplicaba por cincuenta la productividad del TRABAJADOR MANUAL en la fabricación.
>
> De manera similar, la contribución más importante que la administración debe hacer en el siglo XXI es aumentar la productividad del TRABAJO DEL CONOCIMIENTO y del TRABAJADOR DEL CONOCIMIENTO.
>
> El activo más valioso de una empresa del siglo XX era su *aparato de producción*. El activo más valioso de una institución del siglo XXI, tenga o no un carácter comercial, serán sus *trabajadores del conocimiento* y la *productividad* de los mismos.[3]

Según el gran historiador Arnold Toynbee podemos resumir casi toda la historia de la sociedad y de sus instituciones en seis palabras: *Nada fracasa tanto como el éxito*. Dicho de otro modo, cuando nos enfrentamos a un reto y nuestra respuesta está a la altura de ese reto, hablamos de éxito. Pero cuando nos enfrentamos a un nuevo desafío, la antigua respuesta que antes tuvo éxito ya no sirve. Por eso hablamos de fracaso. Nos encontramos en la era del trabajador del conocimiento pero llevamos nuestras organizaciones siguiendo un modelo de control de la era industrial, que impide por completo la liberación del potencial humano. La voz es esencialmente irrelevante. Se trata de una conclusión asombrosa. La mentalidad de la era industrial que aún predomina hoy en día en el lugar de trabajo simplemente no servirá en la era del trabajador del conocimiento ni en su nueva economía. Y el hecho es que la gente adopta esta misma mentalidad controladora en su casa. Con frecuencia predomina en el trato y en la comunicación con nuestro cónyuge y en nuestros intentos de controlar, motivar y disciplinar a nuestros hijos.

La mentalidad cosificadora de la era industrial

Durante la era industrial, el principal activo y los principales impulsores de la prosperidad económica eran las máquinas y el capital: *cosas*. La gente era necesaria pero reemplazable. Los trabajadores manuales se podían controlar y cambiar sin más trascendencia: la oferta era mucho mayor que la demanda. Simplemente teníamos más cuerpos sanos dispuestos a seguir los procedimientos más estrictos. Las personas eran como cosas: podíamos ser eficientes con ellas. Cuando todo lo que queremos de una persona es su cuerpo y, en el fondo, no queremos su mente, su corazón ni su espíritu (todos ellos inhibidores de los fluidos procesos de la era de las máquinas), reducimos esa persona a una cosa.

Muchas de nuestras modernas prácticas de gestión tienen su origen en la era industrial.

Nos dio la creencia de que debemos controlar y dirigir a las personas.

Nos dio nuestra noción de la contabilidad, que contempla a las personas como gastos y a las máquinas como activos. Reflexionemos sobre ello. Las personas se colocan en la cuenta de ganancias y pérdidas como un gasto; las máquinas se consignan en el balance como una inversión.

Nos dio nuestra filosofía de la motivación basada en premios y castigos («la zanahoria y el palo»), la técnica que motiva colocando una zanahoria delante (recompensa) y conduciendo con un palo desde atrás (temor y castigo).

Nos dio el presupuesto centralizado —donde se extrapolan tendencias al futuro y se conforman jerarquías y burocracias para que «salgan los números»—, un obsoleto proceso reactivo que produce culturas empeñadas en «gastar para no perder el año que viene» y en resguardar nuestro departamento.

Todas estas prácticas y muchas, muchas más, proceden de la era industrial, de trabajar con trabajadores manuales.

El problema es que los directivos de hoy en día siguen aplicando el modelo de control de la era industrial a los trabajadores del conocimiento. Puesto que muchos que se encuentran en posiciones de autoridad no ven la verdadera valía y el verdadero potencial de su personal y no poseen una comprensión completa y precisa de la naturaleza humana, *dan a las personas el mismo trato que a las cosas*. Esta falta de comprensión también les impide aprovechar las motivaciones superiores y el talento de esas personas. ¿Qué ocurre cuando hoy tratamos a las personas como si fueran cosas? Hace que se sientan insultadas y alienadas, despersonaliza el trabajo y genera una cultura sindicalizada y pleiteadora basada en la desconfianza. ¿Y qué ocurre cuando tratamos a nuestros hijos adolescentes como si fueran cosas? También hace que se sientan insultados y alienados, despersonaliza las valiosísimas relaciones familiares y genera desconfianza, disputas y rebelión.

La espiral descendente de la codependencia

¿Qué ocurre cuando tratamos a las personas como si fueran cosas? Dejan de creer que el liderazgo pueda ser una elección. La mayoría de las personas conciben el liderazgo como una posición y, en consecuencia, no se ven a sí mismas como líderes. Hacer del liderazgo (la influencia) personal una elección es como tener la libertad de tocar el piano. Es una libertad que se debe ganar: sólo así puede convertirse el liderazgo en una elección.

Hasta entonces, la gente piensa que decidir lo que se debe hacer sólo está en manos de quienes se encuentran en posiciones de autoridad. Han accedido, quizá de una manera inconsciente, a ser controladas como si fueran cosas. No tienen la iniciativa de actuar ni cuando perciben una necesidad. Esperan a que la persona con el título formal de líder les diga lo que deben hacer y responden tal como se les indica. En consecuencia, culpan al líder formal cuando las cosas salen mal y le atribuyen el mérito cuando salen bien. Y ven que se les agradece «su cooperación y su apoyo».

La extendida renuencia a tomar la iniciativa, a actuar con independencia, no hace más que alimentar el imperativo de los líderes formales para dirigir o controlar a sus subordinados. Creen que esto es lo que deben hacer para que sus seguidores actúen. Y este círculo vicioso se intensifica rápidamente hasta llegar a la codependencia. Los defectos de cada parte refuerzan y, en última instancia, justifican, la conducta de la otra. Cuanto más controla un directivo, más conductas suscita que necesitan más control o dirección. La cultura de la codependencia que así se desarrolla se acaba institucionalizando hasta el punto de que nadie asume la responsabilidad. Con el tiempo, tanto los líderes como los seguidores confirman sus roles en un pacto inconsciente. Impiden su propio facultamiento [*disempowerment*] creyendo que los otros deben cambiar para que sus propias circunstancias puedan mejorar. Y este círculo vicioso también se da en las familias, entre padres e hijos.

Esta conspiración silenciosa se da por todas partes. No hay muchas personas con el valor suficiente para reconocerlo ni siquiera en sí mismas. Siempre que oyen hablar de esta idea, buscan instintivamente *fuera* de ellas. Cuando enseño este material a grandes públicos, suelo hacer una pausa tras un par de horas y planteo esta pregunta: «¿A cuántos les gusta este material pero creen que la gente que *de verdad* lo necesita no se encuentra aquí?». Normalmente estallan en una carcajada, pero la mayoría alzan la mano.

Quizá el lector también esté pensando que la gente que de verdad necesita un libro como éste no lo lee. Pero esta idea misma revela codependencia. Si vemos este material en función de las debilidades de los demás impedimos nuestro propio facultamiento y alimentamos esas debilidades para que sigan despojando a nuestra vida de iniciativa, energía y entusiasmo.

Película: *Max & Max*

Antes de profundizar más, me gustaría ilustrar la naturaleza del *problema* del que hemos estado hablando con un pequeño pero gran cortometraje titulado *Max & Max*. Es la historia ficticia de Max, el perro de caza, y de Max, el responsable del servicio al cliente. También nos habla de un jefe, de nombre Harold, que trata a sus empleados, incluido al recién contratado Max, igual que Max trata a su perro.

La acción de este breve cortometraje se desarrolla en el lugar de trabajo. Pero recordemos que *todo el mundo* tiene un lugar de trabajo. Para los estudiantes, los enseñantes y los administradores educativos es un centro de enseñanza. Para muchos es un puesto en una empresa, en un servicio público o en la administración. Para las familias es el hogar. Y para otras personas es la comunidad, la iglesia, la sinagoga o la mezquita. Así que la película no trata sólo del trabajo: trata de las relaciones humanas y de las interacciones entre personas unidas por un propósito común. Desafío al lector a que traslade el escenario de este filme a todas las situaciones a las que dedique su vida en compañía de otras personas.

La gente se identifica con esta película y resuena con ella tanto desde el punto de vista personal como desde el punto de vista de la organización. Invito al lector a que vea ahora *Max & Max* buscando este cortometraje en la página www.franklincoveymex.com.

Reflexionemos ahora sobre la película que acabamos de ver. Max, como la mayoría de nosotros cuando empezamos un trabajo nuevo, está lleno de pasión, entusiasmo y ardor. Cuando tiene la iniciativa de captar y mantener clientes, el señor Harold le echa una bronca descomunal. Max se ve tan maniatado que, al final, su espíritu se quebranta y, lleno de temor, pierde la visión de su propósito, su potencial y la libertad de elegir. Pierde su *voz*. Jura no volver a tener nunca más una iniciativa. Max, la persona, adquiere una mentalidad de codependencia con el señor Harold y podemos ver cómo se convierte poco a poco en Max, el perro, únicamente a la espera de la próxima orden. Podríamos sentirnos tentados a culpar del problema al señor Harold,

pero observemos que *su propio* jefe le trata a él de la misma manera
que él trata a Max, su perro. Este control tan insultante es endémico
en toda la empresa. Toda la cultura es codependiente. Nadie ejerce el
liderazgo (iniciativa e influencia) porque todo el mundo da por sentado que el liderazgo es una función de la posición.

La verdad es que la mayoría de las organizaciones no son muy diferentes de la de Max y el señor Harold. Hasta las mejores organizaciones con las que he trabajado durante los últimos cuarenta años están llenas de problemas. El dolor que surge de estos problemas y
desafíos se hace mucho más agudo a causa de los cambios que se están dando en el mundo. En general, y como ocurre en *Max & Max*, estos desafíos caen en tres categorías: *organización*, *relación* y *personal*.

En el nivel de la *organización*, una filosofía de la gestión basada en
el control hace que el rendimiento, la comunicación, la remunera-
ción/recompensa, la formación, la información y otros sistemas básicos supriman el talento y la voz del ser humano. Esta filosofía de control tiene sus raíces en la era industrial y ha llegado a convertirse en la
manera de pensar predominante de quienes se hallan en puestos de
autoridad en todas las industrias y profesiones. A esta manera de pensar la llamo *mentalidad «cosificadora» de la era industrial*.

La mayoría de las organizaciones también están llenas de *codependencia* en el nivel de la *relación*. Existe una falta fundamental de
confianza y muchas organizaciones carecen de la capacidad y la mentalidad necesarias para solucionar sus diferencias de una manera
auténtica y creativa. Y aunque los sistemas de organización y las prácticas de gestión basadas en el control contribuyen a fomentar esta codependencia, el problema se ve agravado por el hecho de que tantas
personas hayan crecido viéndose comparadas con otras personas de
su familia y compitiendo con los demás en la escuela, en los deportes
y en el trabajo. Estas influencias tan poderosas inculcan una mentalidad de escasez que hace que a muchas personas les cueste alegrarse
de verdad por el éxito de los demás.

En el nivel *personal*, estas organizaciones están llenas en todos los
niveles de personas inteligentes, creativas y con talento que se sienten
maniatadas, infravaloradas y poco inspiradas. Están frustradas y no
creen tener el poder de cambiar las cosas.

El poder de un paradigma

El escritor John Gardner escribió en una ocasión: «La mayoría de
las organizaciones aquejadas de problemas han desarrollado una ce-

guera funcional a sus propios defectos. No sufren porque no puedan resolver sus problemas, sino porque no pueden *verlos*». Einstein lo expresaba así: «Los problemas significativos que afrontamos no pueden solucionarse en el mismo nivel de pensamiento en el que estábamos cuando los creamos».

Estas afirmaciones subrayan uno de los conocimientos más profundos de mi vida: si queremos realizar cambios y mejoras *de poca entidad* de una manera paulatina, trabajemos con prácticas, conductas o actitudes. Pero si queremos hacer mejoras grandes e importantes, trabajemos con *paradigmas*. La palabra *paradigma* procede de la palabra griega *paradeigma* y originalmente era un término científico que hoy se suele usar para designar una percepción, un supuesto, una teoría, un marco de referencia o una lente a través de la cual contemplamos el mundo. Es como el mapa de un territorio o de una ciudad. Si es inexacto, dará lo mismo que nos esforcemos mucho por encontrar nuestro destino o que pensemos de una manera muy positiva: nos perderemos igual. Si es exacto, la diligencia y la actitud sí que tendrán importancia.

Por ejemplo, ¿cómo intentaban curar a la gente en la Edad Media? Haciendo *sangrías*. ¿Y cuál era el paradigma? El mal estaba en la sangre y así se sacaba. Y si no pusiéramos en duda ese paradigma, ¿qué haríamos? Lo haríamos más. Lo haríamos más rápido. Lo haríamos con menos dolor. Aplicaríamos a la sangría la metodología Six Sigma o la gestión de calidad total. Haríamos análisis de varianza, controles de calidad estadísticos. Realizaríamos estudios estratégicos de viabilidad y diseñaríamos brillantes planes de *marketing* para poder anunciar: «¡Tenemos la *mejor* unidad de sangría del mundo!». O podríamos llevar a la gente a la montaña y dejar que se lanzaran desde precipicios a los brazos de los demás para que cuando volvieran a la unidad de sangría del hospital trabajaran con más amor y confianza. O podríamos hacer que los miembros de la unidad de sangría se sentaran en círculo en *jacuzzis* y exploraran sus psiques mutuamente con el fin de desarrollar una comunicación más auténtica. Incluso podríamos enseñar pensamiento positivo a nuestros pacientes y a nuestros empleados para que la energía positiva fuera óptima cuando se hiciera una sangría.

¿Puede el lector imaginar lo que ocurrió cuando se descubrió la teoría de los gérmenes, cuando Semmelweis en Hungría, Pasteur en Francia y otros científicos empíricos descubrieron que los microorganismos eran una de las principales causas de enfermedad? Explicó de inmediato por qué las mujeres querían parir con la ayuda de comadronas. Las comadronas eran más limpias. Se lavaban. Explicaba por qué en el campo de batalla moría más gente por infecciones que por las balas. Las enfermedades se propagaban tras las líneas del frente por medio de los microbios. La teoría de los gérmenes abrió nuevos campos para la investigación y ha guiado las prácticas de la asistencia sanitaria hasta el día de hoy.

Éste es el poder de un paradigma acertado. *Explica* y luego *guía*. Pero el problema es que los paradigmas, al igual que las tradiciones, no desaparecen sin más. Los paradigmas erróneos siguen vigentes durante siglos después de que se haya descubierto otro mejor. Por ejemplo, aunque los libros de historia dicen que George Washington murió de una infección en la garganta, es probable que muriera a causa de una sangría. La infección de garganta era el síntoma de algo más. Puesto que el paradigma era que el mal estaba en la sangre, le sacaron varios litros de sangre en veinticuatro horas. Hoy, en general, se aconseja que una persona sana no dé más de medio litro de sangre cada dos meses.

La nueva era del trabajador del conocimiento se basa en un paradigma nuevo que difiere por completo del paradigma *cosificador* de la era industrial. Llamémosle paradigma de la persona completa.

El paradigma de la persona completa

En el fondo, sólo hay una razón muy sencilla y general de que haya tantas personas insatisfechas con su trabajo y de que la mayoría de las organizaciones sean incapaces de aprovechar el talento, el ingenio y la creatividad de su personal y no lleguen a ser organizaciones realmente grandes y duraderas. La razón es *un paradigma incompleto de quiénes somos, de nuestra concepción fundamental de la naturaleza humana*.

La realidad más fundamental es que los seres humanos no son simples *cosas* a las que se deba motivar y controlar; los seres humanos tienen cuatro dimensiones: cuerpo, mente, corazón y espíritu.

Si estudiamos todas las filosofías y religiones, sean occidentales u orientales, desde los inicios de la historia conocida, hallaremos básicamente estas cuatro dimensiones: la física/económica, la mental, la social/emocional y la espiritual. Se suelen usar palabras diferentes, pero siempre reflejan estas cuatro dimensiones universales de la vida. También reflejan las *cuatro necesidades y motivaciones básicas de todas las personas* que se ilustran en la película correspondiente al primer capítulo: vivir (supervivencia), amar (relaciones), aprender (crecimiento y desarrollo) y dejar un legado (sentido y aportación); véase la figura 2.3.

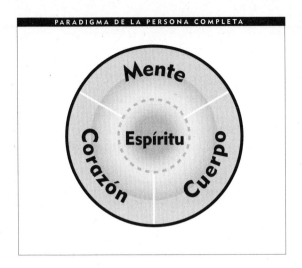

Figura 2.2

Las personas pueden elegir

Así pues, ¿cuál es la conexión directa entre el paradigma de control de la «cosa» (piezas-personas) que predomina en el trabajo de hoy en día y la incapacidad de los directivos y las organizaciones de inspirar a su personal para que contribuya con su talento? La respuesta es

Figura 2.3

simple. La gente elige. Consciente o subconscientemente, la gente decide en qué medida se va a entregar a su trabajo en función del trato que reciba y de las oportunidades que tenga para utilizar las *cuatro* partes de su naturaleza. Estas opciones van desde rebelarse o renunciar, hasta trabajar con excitación creativa.

Ahora consideremos por unos instantes cuál de las seis opciones que aparecen en la figura 2.4 elegiríamos —rebelión o abandono, obediencia maliciosa, condescendencia voluntaria, cooperación placentera, compromiso genuino, excitación creativa— en los cinco escenarios siguientes:

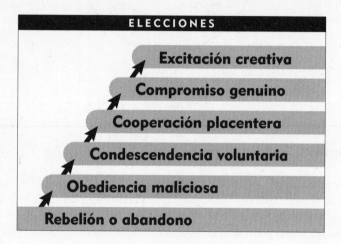

Figura 2.4

Primero, no se nos trata con justicia. Es decir, en nuestra organización hay mucha política; hay nepotismo; el sistema salarial no parece justo; nuestro propio salario no refleja con exactitud el nivel de nuestra contribución. ¿Cuál sería nuestra elección?

Segundo, supongamos que nos pagan lo correcto pero que no se nos trata muy bien. Es decir, no se nos respeta; se nos trata de una manera arbitraria y caprichosa, quizá dictada principalmente por el humor de nuestro jefe. ¿Cuál sería nuestra elección?

Tercero, supongamos que nos pagan correctamente y nos tratan bien, pero cuando se precisa nuestra opinión nadie nos la pide. En otras palabras, se valoran nuestro cuerpo y nuestro corazón, pero no se valora nuestra mente. ¿Cuál sería nuestra elección?

Cuarto, supongamos que nos pagan correctamente (cuerpo), que nos tratan bien (corazón) y que podemos participar de una manera creativa (mente), pero se nos dice que cavemos un hoyo y lo volvamos a rellenar o que redactemos informes que nadie va a leer o usar. En otras palabras, el trabajo carece de sentido (espíritu). ¿Cuál sería nuestra elección?

Quinto, supongamos que nos pagan correctamente, que nos tratan bien y que podemos participar de una manera creativa en un trabajo significativo, pero a costa de engañar y mentir a los clientes, a los proveedores y a otros empleados (espíritu). ¿Cuál sería nuestra elección?

Obsérvese que hemos transitado por las cuatro partes del paradigma de la persona completa: cuerpo, mente, corazón y, por último, espíritu (habiendo dividido el espíritu en dos partes: hacer un trabajo carente de sentido y trabajar sin escrúpulos). La cuestión es que si desatendemos alguna de las cuatro partes de la naturaleza humana, convertimos las personas en cosas, ¿y qué es lo que hacemos con las cosas? Debemos controlarlas, dirigirlas y usar la zanahoria y el palo para motivarlas.

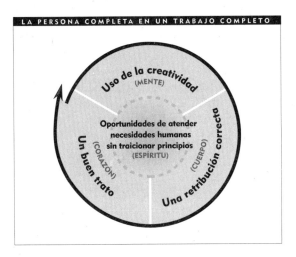

Figura 2.5

He planteado estas preguntas por todo el mundo y en diversos escenarios y, de una manera prácticamente inevitable, la respuesta siempre cae en una de las tres categorías inferiores: la gente se rebela o renuncia, obedece maliciosamente (es decir, hace lo que le dicen pero esperando que no funcione) o, como mucho, se limita a cumplir. Pero en la actual era del trabajador del conocimiento y de la información, sólo quienes se ven respetados como personas completas con un trabajo completo —lo que supone *una retribución correcta, un buen trato, el uso de la creatividad* y oportunidades de *atender necesidades humanas sin traicionar principios* (véase la figura 2.5)— optan por una de las tres opciones superiores: cooperación placentera, compromiso genuino o excitación creativa (véase de nuevo la figura 2.4).

> Identidad es destino.

¿Puede el lector empezar a ver por qué los problemas fundamentales del trabajo de hoy y la solución fundamental a estos problemas residen en el paradigma actual de la naturaleza humana? ¿Puede ver cuántas de las soluciones a los problemas de nuestros hogares y de nuestras comunidades se basan en el mismo paradigma? Este paradigma «cosificador» de la era industrial y todas las prácticas que emanan de él son el equivalente moderno de la sangría. Más adelante, a partir del capítulo 6, se hará una descripción exhaustiva de *cuatro problemas crónicos* de las organizaciones debidos al descuido de las cuatro partes de la naturaleza humana, y también veremos la solución a estos problemas, que supone *cuatro roles* de la influencia del *liderazgo*. Pero antes abordaremos la respuesta y la solución *individual* al dolor y a los problemas que hemos examinado.

3
LA SOLUCIÓN

> *No hay nada más poderoso que una idea a la que le ha llegado su tiempo.*
>
> VICTOR HUGO

Henry David Thoreau escribió en una ocasión: «Mil cortes en las hojas del árbol del mal equivalen a uno solo en las raíces».[1] Este libro se dedica a atacar la raíz de los importantes problemas a los que nos enfrentamos.

Hemos empezado con el *dolor*; hemos explorado el *problema* subyacente, un problema que tiene raíces personales y que supone un paradigma y un conjunto de tradiciones muy arraigados en el lugar de trabajo. Veamos ahora el contexto para la *solución* y un resumen de cómo se irá desarrollando en el resto del libro.

He trabajado con organizaciones de todo el mundo durante más de cuarenta años y he estudiado las conclusiones de las grandes mentes que han estudiado las organizaciones. La mayoría de los grandes cambios culturales —los que han dado origen a grandes organizaciones que *mantienen* a largo plazo su crecimiento, su prosperidad y su contribución al mundo— empezaron con la elección de *una sola persona*. A veces, esa persona era el líder formal, el presidente. Pero, en muchas ocasiones, estos cambios los había *iniciado* otra persona: un profesional, un encargado de línea, el ayudante de alguien. Con independencia de su posición, estas personas cambiaron antes ellas mismas *desde dentro hacia fuera*. Su carácter, su competencia, su iniciativa y su energía positiva —en pocas palabras, su autoridad moral— inspiraba y elevaba a los demás. Poseían un sentido de la identidad muy sólido y arraigado, habían descubierto sus virtudes y sus talentos y los aplicaban a satisfacer necesidades y a producir resultados. Los demás se daban cuenta y por ello les daban más responsabilidad. Ellas asumían esta responsabilidad y aún producían más resultados. Más y más personas empezaron a hacerles caso. Las personas que ocupaban puestos importantes deseaban conocer sus ideas, saber cómo podían hacer *tanto*. La cultura se fue acercando a ellas y a su visión.

Este tipo de personas no se dejan arrastrar ni rebajar mucho tiempo por todas las fuerzas desmoralizadoras, negativas e insultantes de la organización. Y, curiosamente, sus organizaciones no son mejores que la mayoría. En cierta medida, *todas* son un desastre. Estas personas simplemente se dan cuenta de que no pueden esperar a que su jefe o su organización decidan cambiar. Se convierten en una isla de grandeza en un mar de mediocridad. Y esto se contagia.

¿De dónde sacan tales personas esta fortaleza interna para ir a contracorriente, resistirse a provocaciones culturales negativas e intereses egoístas, y crear y mantener su visión y su determinación?

Aprenden a conocer su verdadera naturaleza y sus dones. Los usan para desarrollar la visión de las grandes cosas que desean realizar. Con gran sabiduría, toman la iniciativa y cultivan una profunda comprensión de las necesidades y las oportunidades que les rodean. Satisfacen las necesidades que concuerdan con sus aptitudes personales, que canalizan sus motivaciones superiores, que les permiten hacer cambios. En resumen, *encuentran su voz y la utilizan*. Sirven e inspiran a los demás. Aplican PRINCIPIOS que gobiernan el crecimiento y la prosperidad de los seres humanos Y de las organizaciones, principios que sacan lo mejor y más elevado de una «persona completa»: cuerpo, mente, corazón y espíritu. Igualmente importante, también eligen influir e *inspirar a los demás para que hallen su voz* mediante estos mismos principios.

Esta solución en dos partes —*encontrar una voz propia* e *inspirar a los demás para que encuentren la suya*— es un mapa para que las personas de CUALQUIER nivel de una organización maximicen su desarrollo y su influencia, se conviertan en colaboradores irreemplazables* e inspiren a su equipo y al conjunto de su organización para que hagan lo mismo. En consecuencia, este libro se divide en dos grandes partes:

1. Encontrar una voz propia.
2. Inspirar a los demás para que encuentren su voz.

A continuación se ofrece una breve presentación de las mismas.

---

* Para consultar el informe que compara nuestra evaluación de la capacidad de nuestro equipo o nuestra organización para ejecutar sus máximas prioridades con otros casos de todo el mundo véase <www.The8thHabit.com/offers>.

Encontrar una voz propia

> *Dos caminos divergían en un bosque*
> *Y seguí el menos transitado.*
> *Y eso lo ha cambiado todo.*[2]
> ROBERT FROST

En la figura 3.1 se ilustran dos caminos de la vida totalmente diferentes; es un esquema o mapa sencillo del octavo hábito: encontrar una voz propia e inspirar a los demás para que encuentren la suya. Este diagrama de los dos caminos aparecerá al principio de los siguientes capítulos hasta el capítulo 14. *Cada versión nueva del diagrama destacará el tema central del capítulo correspondiente.* Así podremos ver dónde nos hallamos, dónde hemos estado y hacia dónde nos dirigimos.

Todo el mundo *elige* uno de dos caminos en la vida: jóvenes y viejos, ricos y pobres, hombres y mujeres por igual. Uno es el camino amplio y muy transitado hacia la mediocridad, el otro es el camino hacia la grandeza y el sentido. La gama de posibilidades existentes entre estos dos destinos es tan amplia como la diversidad de dones y personalidades de la estirpe humana. Pero el contraste entre los dos destinos es como el que hay entre el día y la noche.

El camino a la mediocridad limita el potencial humano. El camino a la grandeza libera y realiza este potencial. El camino a la mediocridad supone abordar la vida de una manera rápida, por un atajo. El camino a la grandeza es un proceso de crecimiento secuencial de dentro hacia fuera. Quienes viajan por el camino inferior de la mediocridad viven el «*software*» *cultural* del ego, la competición, la escasez, la comparación, la extravagancia y el victimismo. Quienes transitan el camino superior hacia la grandeza se elevan por encima de las influencias culturales negativas y *eligen* convertirse en la fuerza creativa de su vida. Hay una palabra que expresa el camino hacia la grandeza. Voz. Quienes siguen este camino hallan su voz e inspiran a los demás para que hallen la suya. Los otros nunca lo hacen.

La búsqueda de sentido por parte del alma

En el fondo de cada uno de nosotros existe el anhelo de vivir una vida de *grandeza* y de contribución, de importar de verdad, de marcar

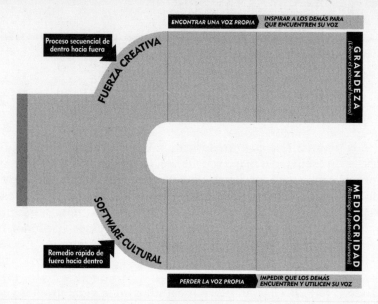

Figura 3.1

una verdadera diferencia. Puede que dudemos de nosotros mismos y de nuestra capacidad para hacerlo, pero quiero que el lector sepa que estoy plenamente convencido de que *puede* vivir de esa manera. Tiene el potencial en su interior. Todos lo tenemos. Es un derecho inalienable de la estirpe humana.

Una vez charlé con el comandante de una base militar que estaba verdaderamente comprometido con el objetivo de llevar a cabo un cambio cultural importante en el seno de su organización. Llevaba más de treinta años de servicio, ya había llegado a coronel y tenía el derecho a solicitar el retiro aquel mismo año. Tras haber estado enseñando e instruyendo a su organización durante muchos meses, le pregunté por qué deseaba emprender aquella iniciativa de tanta envergadura y que le supondría ir a contracorriente y enfrentarse a las fuerzas tremendamente resistentes de la tradición, el aletargamiento, la indiferencia y la desconfianza. Incluso llegué a decirle: «Podría descansar. Tendría un buen retiro. Se organizarían banquetes en su honor. Sus seres queridos y sus colaboradores le colmarían de elogios».

Se puso muy serio y, después de una larga pausa, decidió contarme una experiencia muy personal, casi sagrada. Me dijo que su padre había fallecido hacía poco. Cuando el padre estaba en su lecho de muerte, llamó a su esposa y a su hijo (el coronel) para despedirse de ellos. Apenas podía hablar. Su esposa se pasó llorando toda la visita;

el hijo se acercó a su padre y éste le susurró al oído: «Hijo, no vivas como he vivido yo. No me he portado bien con tu madre ni contigo y, en el fondo, nunca he hecho nada importante. Hijo, prométeme que no vivirás como yo».

Éstas fueron las últimas palabras que el coronel oyó de su padre, quien falleció poco después. Pero las tenía por el mejor legado que su padre podría haberle dejado. Entonces fue cuando decidió que haría algo importante en todas las facetas de su vida.

Más adelante, el coronel me confesó que *había* pensado en retirarse y descansar. En el fondo esperaba que su sucesor no actuara tan bien como él y que todo el mundo pudiera verlo con claridad. Pero cuando tuvo esta revelación al morir su padre, no sólo se decidió a convertirse en un catalizador del cambio para incorporar unos principios de liderazgo duraderos a la cultura de su mando: también decidió asegurarse de que su sucesor pudiera tener *más* éxito del que había tenido él. Esforzándose por institucionalizar estos principios de liderazgo en las estructuras, los sistemas y los procesos de su organización, aumentaría la probabilidad de que su legado pasara del líder de una generación al líder de la siguiente.

También me dijo que hasta aquella experiencia con su padre había seguido con plena conciencia el camino más fácil, actuando básicamente como custodio de las tradiciones del pasado y eligiendo una vida de mediocridad. Pero, tras la muerte de su padre, tomó la resolución que antes no había tomado de vivir una vida de grandeza, una vida de verdadera contribución, una vida de importancia, una vida que de verdad le permitiera dejar huella.

Todos nosotros podemos decidir conscientemente dejar atrás una vida de mediocridad y llevar una vida de grandeza en el hogar, en el trabajo y en la comunidad. Sean cuales sean nuestras circunstancias, todos y cada uno de nosotros podemos tomar esta decisión: sea manifestando esta grandeza eligiendo afrontar una enfermedad incurable con un espíritu magnífico, sea influyendo de una manera positiva en la vida de un niño y dando a ese niño una sensación de valía y de potencial, sea convirtiéndonos en catalizadores del cambio en una organización o poniendo en marcha una gran causa en la sociedad. Todos podemos decidir que queremos vivir una vida *grande* o, más sencillo aún, que no sólo queremos tener un buen día, sino un *gran* día. No importa el tiempo que llevemos transitando por la senda de la mediocridad: siempre podemos elegir cambiar de camino. Siempre. Nunca será demasiado tarde. Podemos encontrar nuestra voz.

Una vez que hemos tomado la *decisión* de seguir el «camino menos transitado», el sendero para encontrar nuestra propia voz es:

1. **Descubrir nuestra voz** llegando a comprender nuestra verdadera naturaleza —lo que yo llamo *los tres espléndidos dones de nacimiento* (capítulo 4)— y desarrollar y aplicar con integridad la *inteligencia* vinculada a cada una de las cuatro partes de nuestra naturaleza.
2. **Expresar nuestra voz** cultivando las manifestaciones más elevadas de estas inteligencias humanas: *visión, disciplina, pasión* y *conciencia* (capítulo 5).

Película: *Discovery of a character*

Me gustaría compartir con el lector un relato impactante y verdadero que encarna este proceso de encontrar nuestra voz. Hace varios años, nuestra empresa colaboró con nuestra sede local de la televisión pública para emitir una dramatización en vídeo que habíamos creado y grabado en Inglaterra. El personaje central de esta extraordinaria historia es un ciudadano inglés que había superado su infancia en las calles hasta convertirse en un escritor de bastante éxito con una casa muy bonita y una familia muy afectuosa. Sin embargo, en el momento de la historia sufría del llamado «bloqueo del escritor». Parecía que su creatividad se había agotado. Sus deudas iban en aumento. El editor le presionaba mucho con los plazos de entrega. Cada vez se sentía más deprimido. Empezó a temer que sus propios hijos acabaran en las calles como tantos otros que había conocido, como le había pasado a él mismo en su infancia, sobre todo cuando su padre estuvo en prisión por una deuda.

Estaba muy desanimado. Ni siquiera podía dormir. Empezó a pasar las noches vagando por las calles de Londres. Pudo ver la pobreza, las condiciones inhumanas de los niños que de noche trabajaban en las fábricas, la terrible lucha de los padres que a duras penas podían sustentar a sus familias. Poco a poco se dio cuenta plenamente de la realidad de lo que estaba viendo: el impacto del egoísmo y la codicia de quienes se aprovechan de los demás. Pero en su corazón surgió una idea que empezó a crecer en su mente. ¡Había algo que podía hacer y que podía cambiar las cosas!

Volvió a escribir, pero con una energía y un entusiasmo que nunca había sentido. La visión de su contribución le apasionaba y le consumía. Ya no sentía dudas ni desánimo. No se preocupaba por sus propios asuntos económicos. Quería publicar esa historia, hacerlo de la forma más barata posible, ponerla al alcance del mayor número posible de personas. Su vida había cambiado por completo. Al final, había hallado su voz.

Invito al lector a que vea el breve cortometraje que narra la experiencia excepcional de este hombre, buscándolo en www.franklincoveymex.com. Creo que se sentirá inspirado por el resto de la historia.

Inspirar a los demás para que encuentren su voz

Cuando ya hemos hallado nuestra propia voz, la *elección* de extender nuestra influencia, de engrandecer nuestra contribución, es la elección de inspirar a otras personas para que encuentren *su* propia voz. Inspirar (que se deriva del latín *inspirare*) significa insuflar vida. Cuando reconocemos y respetamos a los demás, cuando creamos maneras para que puedan dar voz a *las cuatro partes de su naturaleza* —física, mental, emocional/social y espiritual— se liberan el genio, la creatividad, la pasión, el talento y la motivación que estaban latentes. Las organizaciones donde una masa crítica de personas y de equipos expresen plenamente su voz serán las que darán el siguiente gran paso en el terreno de la productividad, la innovación y el liderazgo en el mercado y en la sociedad.

La segunda parte de *El 8º hábito* se inicia en el capítulo 6. Su objetivo es inspirar a los demás para que encuentren una voz propia. Puesto que la mayor parte del trabajo se lleva a cabo en organizaciones, se centra en los principios que podemos aplicar para influir positivamente en las restantes personas de cualquier organización (empresa, educación, gobierno, ejército, comunidad, incluso familia).

Es muy probable que el lector también se plantee muchas dudas prácticas del tipo «Ya, pero...». Para ayudarle, *al final de cada uno de los restantes capítulos encontrará un breve apartado con las preguntas más frecuentes y mis respuestas a las mismas*. Espero que le sean útiles, aunque puede saltárselas si no le interesan. Después del último capítulo, también encontrará un «apartado» dedicado a preguntas y respuestas de carácter más general y exhaustivo.

Sacar el mayor partido de este libro: aprender mediante la enseñanza y la práctica

Si el lector desea sacar el máximo partido de este libro e iniciar un profundo proceso de cambio y crecimiento en su vida y en su organización, le recomiendo dos ideas muy sencillas. Si decide ponerlas en práctica, le garantizo unos resultados espectaculares. La primera es que *enseñe* a otros lo que aprenda; la segunda es que *aplique* lo que aprenda de una manera sistemática: ¡practíquelo!

ENSEÑAR Y COMPARTIR SOBRE LA MARCHA

Prácticamente todo el mundo reconoce que *se aprende mejor cuando se enseña a otra persona* y que lo aprendido se interioriza cuando se *vive*.

Hace años, cuando enseñaba en la universidad, conocí a un profesor visitante, el doctor Walter Gong, que procedía de San José, California, y que impartía un curso semestral destinado al cuerpo docente que se titulaba «Cómo mejorar la enseñanza». La esencia de aquel programa era este gran principio: *la mejor manera de conseguir que alguien aprenda es convertirle en un enseñante*. En otras palabras, aprendemos mejor un material cuando lo enseñamos.

Enseguida apliqué este principio en mi trabajo y en mi casa. Cuando empecé a dar clases en la universidad, sólo asistían entre quince y treinta estudiantes. Cuando empecé a aplicar el principio del doctor Gong, vi que podía enseñar de una manera efectiva a muchos más; en realidad, en algunas de mis clases llegó a haber cerca de mil alumnos y su rendimiento y las puntuaciones que obtenían en los tests aumentaron claramente. ¿Por qué? Porque cuando enseñas aprendes mejor. Cada estudiante se convierte en un enseñante y cada enseñante se convierte en un estudiante.

Pero el paradigma típico dice que el número de alumnos por cada enseñante es crucial, que tener menos estudiantes supone una enseñanza de más calidad. Sin embargo, si convertimos nuestros alumnos en enseñantes, nuestra acción se multiplica porque desplazamos el punto de apoyo.

Por otro lado, cuando enseñamos a otras personas lo que estamos aprendiendo adquirimos implícitamente el compromiso social de vivir lo que enseñamos. Y, naturalmente, estaremos más motivados para vivir lo que aprendemos. Este compartir constituye una base para profundizar en el aprendizaje, el compromiso y la motivación, para otorgar legitimidad al cambio y formar un equipo de apoyo. También veremos que compartir crea vínculos con los demás, especialmente con nuestros hijos. Hagamos que nos enseñen con regularidad lo que aprenden en la escuela. Mi esposa Sandra y yo hemos visto que algo tan sencillo como esto elimina prácticamente toda necesidad de una motivación externa para que estudien. Quienes enseñan lo que aprenden son, con diferencia, los mejores estudiantes.

INTEGRAR A NUESTA VIDA LO QUE APRENDEMOS

Saber y no hacer, en realidad es no saber. Aprender y no practicar no es aprender. En otras palabras, comprender algo pero no ponerlo en práctica, equivale a no comprenderlo. El conocimiento y la comprensión sólo se interiorizan *haciendo, aplicando.* Por ejemplo, podríamos estudiar el tenis como deporte leyendo libros y asistiendo a conferencias, pero no llegaremos a conocerlo de verdad si no lo practicamos. Saber y no hacer es no saber.

> *La mejor forma de conocerse uno mismo no es la contemplación, sino la acción. Esforzaos por cumplir vuestro deber y pronto sabréis de qué sustancia estáis hechos.*
> JOHANN W. GOETHE

Por lo menos hay cuatro enfoques que el lector podrá adoptar para aplicar lo que aprenda en este libro.

1. El primero consiste simplemente en leer el libro de principio a fin y decidir después qué queremos aplicar a nuestra vida y a nuestro trabajo. Ésta es la forma en que la mayoría de las personas abordan un libro. Refleja el deseo de muchos de nosotros de conectar emocionalmente o mentalmente con el flujo de las ideas de un libro y aplicarlas después.
2. El segundo enfoque consiste en leer todo el libro y luego usar la comprensión general y la motivación acumulada para volver a leerlo, esta vez con la intención de aplicarlo sobre la marcha. Este enfoque puede ser muy útil para muchas personas.
3. Otro enfoque —que en mi opinión es el que produce mejores resultados— consiste en contemplar el libro como *un programa*

de crecimiento y desarrollo personal de un año de duración. De-
diquemos un mes a cada uno de los doce capítulos restantes.
Empecemos leyendo el siguiente capítulo, enseñémoslo, y luego apliquémoslo durante el resto del mes. Veremos que si de
verdad procuramos aplicar lo que aprendemos en cada capítulo durante un mes, nuestra comprensión de los restantes capítulos mejorará considerablemente.

4. El cuarto enfoque simplemente consiste en adaptar el tercero a
nuestro propio ritmo personal. Algunos lectores querrán trabajar con más o menos de un capítulo al mes, leer y aplicar un capítulo nuevo cada semana, o cada dos, o cada dos meses o con
la periodicidad que consideren oportuna. Ello conserva el poder del tercer enfoque al tiempo que nos ofrece la flexibilidad
de adaptarlo a nuestros propios deseos y circunstancias.

Para ayudar al lector a aplicar los principios de cada capítulo del
libro, e independientemente del enfoque que decida seguir, he
reunido varias ideas y diversos ejercicios que le ayudarán a dar
los primeros pasos. Basta con entrar a <www.The8thHabit.
com/offers> para obtener estos ejercicios. También he incluido en
las páginas 462-463 del libro un cuestionario que puede ayudar
al lector a superar lo que podríamos llamar «el reto del 8º hábito»
y que supone realizar en cada capítulo los siguientes pasos de
desarrollo/acción:

1. Leer el capítulo.
2. Enseñar el capítulo por lo menos a dos personas, ya sean compañeros de trabajo, miembros de la familia, amigos, etc.
3. Hacer un esfuerzo sincero y coordinado por vivir los principios
   que se incluyen en el capítulo durante un mes.
4. Informar a un colega de confianza, a un familiar o a un amigo
   de los resultados y las cosas que se hayan aprendido mientras
   se intentaba vivir conforme a las ideas del capítulo.

Una vez que el lector haya completado en su totalidad el cuestionario del «Reto del 8º hábito», de la pág. 462, podrá certificar que lo
ha hecho en <www.The8thHabit.com/challenge> y recibirá un reconocimiento especial por su logro.

Antes de pasar a la primera parte, «Encontrar una voz propia»,
consideremos las siguientes palabras de Abraham Lincoln: «Los dog-
mas del tranquilo pasado no sirven para el presente tempestuoso». Te-

nemos que replantearnos las cosas. No sólo debemos desarrollar una nueva mentalidad: también debemos desarrollar unas nuevas habilidades y nuevas herramientas. Y esto es difícil de hacer; nos aleja de nuestras comodidades. Pero ha surgido una nueva realidad, una nueva economía, un nuevo desafío. Este nuevo desafío —no sólo sobrevivir en la nueva realidad, sino encontrarnos verdaderamente a gusto en ella— exige una nueva respuesta, un nuevo hábito. Recordemos que los hábitos radican en la intersección entre actitudes, habilidades y conocimiento. A medida que el lector vaya desarrollando estas tres dimensiones del 8º hábito, se irá poniendo a la altura del nuevo desafío y de sus propias posibilidades ilimitadas.

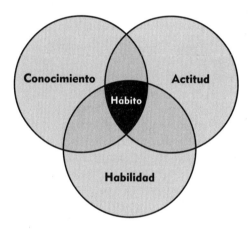

Figura 3.2

ENCONTRAR UNA VOZ PROPIA

4

DESCUBRIR NUESTRA VOZ: DONES DE NACIMIENTO NO DESCUBIERTOS

Son tantos los dones
De nacimiento aún no descubiertos,
Tantos los bellos obsequios
Que Dios te ha enviado.
Al amado no le importa repetir,
«Tuyo es también todo lo que tengo».
Son tantos, amado, los dones
De tu nacimiento aún no descubiertos.[1]

HAFIZ

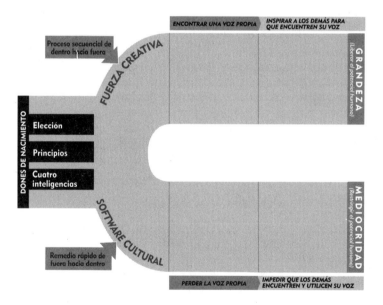

Figura 4.1

El poder de *descubrir* nuestra voz radica en el potencial que nos fue otorgado al nacer. Las semillas de la grandeza se plantaron en estado latente, sin germinar. Nos fueron concedidos unos espléndidos «dones de nacimiento» —talentos, capacidades, privilegios, inteligencias, oportunidades— que en gran medida quedarían sin descubrir de no ser por nuestra propia decisión y nuestro propio esfuerzo. Gracias a estos dones, el potencial de cada persona es enorme, incluso infinito. En el fondo no podemos ni imaginar de lo que puede ser capaz una persona. Puede que un bebé sea la creación más dependiente del universo, pero al cabo de unos años se convierte en la más poderosa. Cuanto más usamos y desarrollamos nuestras aptitudes actuales, más aptitudes se nos conceden y mayor es nuestra capacidad.

> *Todos los niños nacen siendo genios; con rapidez,*
> *sin darse cuenta, 9.999 de cada 10.000*
> *son desposeídos de su condición de genios*
> *por los adultos.*
> BUCKMINSTER FULLER

Veamos a continuación los tres dones más importantes (figura 4.2):

En primer lugar, *la libertad y la capacidad de elegir*.
En segundo lugar, unas *leyes o principios naturales* de carácter universal que nunca cambian.
En tercer lugar, *cuatro inteligencias o capacidades*: física/económica, emocional/social, mental y espiritual. Estas inteligencias/capacidades se corresponden con las cuatro partes de la naturaleza humana simbolizadas por el cuerpo, el corazón, la mente y el espíritu.

DONES DE NACIMIENTO
(En su mayoría no descubiertos)
■ Libertad y capacidad de elegir
■ Principios (leyes naturales)
■ Universales
■ Intemporales
■ Manifiestos
■ Las 4 inteligencias/capacidades
(IM) MENTAL   (IES) ESPIRITUAL
(IF) FÍSICA/ECONÓMICA   (IE) EMOCIONAL/SOCIAL

Figura 4.2

La escritora Marianne Williamson expresó a la perfección con qué frecuencia nos sobrecogen y hasta nos aterran nuestras dotes innatas, algo que en mi opinión se debe, en gran medida, a la sensación de responsabilidad que nos imponen:

Nuestro temor más profundo no es que no estemos a la altura. Nuestro temor más profundo es que nuestro poder es inconmensurable. Nuestra luz, no nuestra oscuridad, es lo que más nos amedrenta. Nos preguntamos: ¿quién soy yo para tener inteligencia y belleza, para ser alguien fabuloso y con talento? Pero, en realidad, ¿quiénes somos para no ser así? Somos hijos de Dios. Hacernos los insignificantes no le sirve al mundo. No hay nada de inteligente en rebajarnos para que los demás no se sientan inseguros en nuestra compañía. Todos estamos hechos para brillar, como hacen los niños. Hemos nacido para manifestar la gloria de Dios que está en nuestro interior. No está sólo en algunos de nosotros; está en todos. Y cuando dejamos que brille nuestra propia luz, inconscientemente damos permiso a los demás para que hagan lo mismo. Cuando nos liberamos de nuestro propio temor, nuestra presencia libera automáticamente a los demás.[2]

Nuestro primer don de nacimiento: la libertad de elegir

Durante medio siglo me he dedicado al tema de este libro en muchos contextos diferentes de todo el mundo. Si alguien me preguntara qué tema o cuestión parece tener más impacto en la gente, qué gran idea ha resonado en el alma con más profundidad que cualquier otra, si se me preguntara qué ideal es el más práctico, más importante, más oportuno con independencia de las circunstancias, respondería enseguida, sin ninguna reserva, con la más profunda convicción, de todo corazón y con toda mi alma, que *somos libres de elegir*. Después de la vida misma, la facultad de elegir es nuestro mayor don. Esta facultad y esta libertad contrastan claramente con la mentalidad de *victimismo* y la cultura de la *culpa* que tanto predominan en la sociedad de hoy.

En esencia, somos producto de la elección, no de la naturaleza (los genes) ni de la cultura (la educación, el entorno). Es indudable que los genes y la cultura suelen ejercer una gran influencia pero no nos determinan.

> *La historia del hombre libre nunca está escrita por el azar sino por la elección: su propia elección.*[3]
> DWIGHT D. EISENHOWER

La esencia del ser humano es la capacidad de dirigir la propia vida. El ser humano actúa, los animales y los «robots» humanos reaccionan. El ser humano es capaz de tomar decisiones basándose en sus valores. La facultad de elegir el rumbo de nuestra vida nos permite reinventarnos a nosotros mismos, cambiar nuestro futuro e influir con fuerza en el resto de la creación. Es el don que nos permite usar los restantes dones; es el que nos permite elevar nuestra vida a unos niveles cada vez más altos.

Durante todos estos años, al hablar a distintos grupos, una y otra vez han acudido personas a mí diciéndome básicamente: «Por favor, dígame algo más sobre mi libertad y mi facultad de elegir. Por favor, hábleme otra vez de mi valía y de mi potencial, de que no tengo ninguna necesidad de compararme con otros». Muchos también han comentado que, aparte de lo interesante (o aburrida) que hubiera podido ser la charla, lo que literalmente había electrizado su alma era la sensación interior de su propia libertad para elegir. Era algo tan delicioso para ellos, tan excitante, que a duras penas podían reflexionar sobre ello con suficiente tiempo o profundidad.

Esta facultad de elegir significa que *no* somos sólo el producto de nuestro pasado o de nuestros genes; *no* somos el producto del trato que nos dispensan los demás. Es indudable que influyen en nosotros, pero *no* nos determinan. Nos determinamos a nosotros mismos por medio de nuestras elecciones. Si hemos entregado nuestro *presente* al *pasado*, ¿también debemos entregar nuestro futuro?

Una de las experiencias que ha influido en mi vida con más profundidad —y que desde un punto de vista conceptual ha sido fundamental para mi trabajo con los siete hábitos— tuvo lugar mientras me encontraba pasando un período sabático en Hawai. Un día me encontraba paseando sin prisas entre las estanterías de una biblioteca. Hallándome en un estado de ánimo muy meditabundo y reflexivo, tomé un libro. En él leí tres frases que me dejaron totalmente estupefacto:

Entre estímulo y respuesta hay un espacio.
En ese espacio reside nuestra libertad y nuestra facultad
para elegir la respuesta.
En estas elecciones residen nuestro crecimiento y nuestra felicidad.

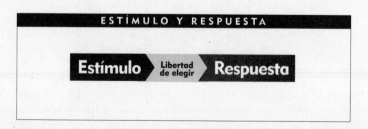

Figura 4.3

Desde un punto de vista intelectual, ya había aprendido de muchas fuentes sobre nuestra libertad de elegir nuestra respuesta a cualquier cosa que nos pueda pasar. Pero aquel día, con aquel estado de ánimo reflexivo, en aquel clima de tranquilidad, la idea del espacio entre lo que nos ocurre y nuestra respuesta a ello me impactó con toda su fuerza. Desde entonces he acabado comprendiendo y creyendo que el *tamaño* de ese espacio está determinado básicamente por nuestra herencia genética o biológica y por nuestra educación y nuestras circunstancias actuales.

Para muchas personas que han crecido en un entorno lleno de cariño y de apoyo, este espacio puede ser muy grande. Para otras puede ser muy pequeño a causa de diversas influencias genéticas y ambientales. Pero lo esencial es que sigue habiendo un espacio y que en el *uso* de ese espacio es donde existe la oportunidad de ampliarlo. Algunas personas que tienen un espacio muy grande, cuando se enfrentan a unas circunstancias adversas pueden optar por derrumbarse y ceder, reduciendo así el tamaño del espacio entre estímulo y respuesta. Otras con un espacio pequeño pueden luchar contra poderosas fuerzas genéticas, sociales y culturales y ver que su libertad se expande, que su crecimiento se acelera, que su alegría se hace más profunda. Las primeras, simplemente, no abren el más preciado de todos los dones de nacimiento. Poco a poco se convierten más en el resultado de sus condiciones que de sus decisiones. Las segundas, quizá a trompicones y con un esfuerzo grande y constante, vislumbran este inestimable don de la facultad de elegir y descubren la fuerza que liberan casi todos los otros dones recibidos al nacer. El heterodoxo psiquiatra R. D. Laing expresó con las siguientes palabras que el hecho de no reparar en que poseemos ese espacio anula nuestra capacidad para cambiar. Sólo el ser humano tiene conciencia de sí mismo. Leamos la siguiente cita, reflexionemos sobre ella, y volvamos a leerla:

> *La gama de lo que pensamos y hacemos está limitada por aquello que no advertimos. Y puesto que no reparamos en lo que no advertimos, poco podemos hacer para cambiar hasta que no nos damos cuenta de que el hecho de no darnos cuenta conforma nuestros pensamientos y nuestros actos.*

Cobrar conciencia de nuestra libertad y de nuestra facultad para elegir nos reafirma porque excita nuestra sensación de posibilidad y de potencial. También puede amenazar e incluso provocar pavor porque, de repente, nos enfrentamos a la responsabilidad, es decir, a la «capacidad de responder». Nos hacemos responsables. Si hasta ahora nos hemos protegido achacando nuestra situación y nuestros problemas a unas circunstancias pasadas o presentes, pensar de otra forma es verdaderamente aterrador. De repente, no tenemos excusa.

No importa lo que nos haya pasado, lo que nos esté pasando o lo que nos pueda pasar: existe un espacio entre esas cosas y nuestras respuestas a ellas. Si existe aunque sólo sea una fracción de segundo entre estímulo y respuesta, ese espacio representa nuestra facultad de elegir la respuesta ante cualquier situación.

Sin duda nos ocurren cosas ante las que no tenemos elección. Una de ellas sería nuestra dotación genética. Aunque no elegimos nuestros genes, tenemos la facultad de elegir cómo responder a ellos. Si tenemos una predisposición genética a una enfermedad concreta, ello no significa que la vayamos a padecer necesariamente. Si partimos de este conocimiento, si tenemos la voluntad de seguir un régimen adecuado de ejercicio y de alimentación y si hacemos uso de los conocimientos médicos más avanzados, podemos evitar cánceres y otras enfermedades que hayan podido acabar con la vida de nuestros antepasados.

Quienes desarrollan su facultad de elegir y un poder interior cada vez mayor, también pueden convertirse en lo que llamo *personas de transición*, personas que impiden el paso a sus descendientes (hijos y nietos) de tendencias inadecuadas que proceden de generaciones anteriores.

Hace poco tuve el honor de recibir el premio Fatherhood (Paternidad) de la National Fatherhood Initiative. Me emocionaron profundamente las palabras que pronunció otra de las personas galardonadas al recibir el premio. Su primer comentario fue que aquel premio era para él el máximo honor y el más importante de todos los que había recibido. Aunque los otros premios indicaban una carrera con éxito, consideraba que el National Fatherhood Award que recibía era una señal de un «éxito» aún mayor. Empleando otras palabras, vino a decir lo siguiente: «Yo nunca conocí a mi padre; mi padre nunca conoció a su padre; pero mi hijo sí conoce a su padre». Esta afirmación representa verdaderamente uno de los éxitos más importantes y magníficos de la vida. Indica verdadera grandeza y verdadero éxito; pero, más importante aún, su papel como persona de transición tendrá un impacto profundo y muy positivo en las generaciones venideras.

También podemos ser personas de transición para las organizaciones en las que trabajamos. Por ejemplo, puede que tengamos un jefe totalmente despreciable. Las circunstancias de nuestro trabajo quizá no sólo sean desagradables, sino también injustas. Sin embargo, mediante el uso acertado de nuestra libertad de elección, podemos modificar estas circunstancias e influir en nuestro jefe de una manera profunda y positiva o, por lo menos, protegernos de la obsesión o no dejarnos dominar emocionalmente por las debilidades de los demás. Recordemos que cuando nuestra vida emocional depende de los puntos débiles de alguien más, impedimos nuestro facultamiento y facultamos esas debilidades para que sigan destrozando nuestra vida. De nuevo, el ayer tiene al mañana como rehén.

Veamos una historia verdadera que ilustra de una manera muy convincente nuestra capacidad de elegir. Está narrada directamente por una persona valiente e inspiradora que aprendió a influir, e incluso a guiar, a un «mal» jefe:

Cuando me incorporé como director de recursos humanos, oí contar cosas horribles sobre la manera de ser de mi jefe. Yo mismo me encontraba en su despacho cuando perdió los estribos ante un empleado. En aquel mismo momento juré no ganarme nunca su antipatía. Y cumplí con mi promesa. Le hablaba con amabilidad cuando me cruzaba con él en los pasillos. Presentaba mis informes a su secretaria con toda puntualidad. Procuraba no ser uno de los últimos en salir de la oficina para almorzar con el fin de que no me destacara. Ni siquiera quería jugar al golf con él por si le acababa ganando.

Poco después empecé a verme a mí mismo con todo mi cobarde esplendor. Me consumían cosas del trabajo sobre las que no tenía ningún control. Malgastaba mi preciosa energía creativa ideando soluciones a problemas que aún no se habían planteado. Como tenía miedo, no me esforzaba al máximo por la empresa. No era un agente del cambio. En el fondo, el único cambio que me era fácil instituir era cambiar de empresa. Incluso había concertado una entrevista.

Avergonzado, anulé aquella entrevista y me comprometí a concentrarme únicamente en las cosas en las que pudiera influir de verdad durante exactamente noventa días. Empecé decidiendo que, por encima de todo, quería establecer una relación sólida con mi jefe. No teníamos que ser amigos del alma, pero sí relacionarnos como colegas.

Un día, el jefe entró en mi despacho. Tras cierta discusión y después de haber tragado saliva y haber practicado mentalmente las palabras unas cuantas veces, le dije: «Por cierto, ¿qué podría hacer para ayudarte a ser más efectivo?».

Se quedó perplejo. «¿Qué quieres decir?».

Con valentía, seguí adelante. «¿Qué puedo hacer para aligerar parte de la presión que tienes en tu trabajo? Mi misión es procurar que tu tra-

bajo sea más fácil.» Le ofrecí una gran sonrisa nerviosa, como diciendo «No me mires como a un bicho raro». Nunca olvidaré la expresión de su rostro. Eso fue lo que realmente marcó el inicio de nuestra relación.

Al principio sólo me pidió que hiciera cosas de poca importancia, cosas en las que, en el fondo, no pudiera meter la pata como «Pásame esta nota a máquina» o «¿Podrías hacer esta llamada por mí?». Tras seis semanas haciendo esto, vino y me dijo: «Creo que por tu experiencia conoces muy bien las indemnizaciones a los trabajadores. ¿Te importaría trabajar en este aspecto de los seguros? Pagamos mucho dinero; mira qué puedes hacer». Era la primera vez que me pedía que hiciera algo que tuviera un impacto significativo en la organización. Tomé una prima de 250.000 dólares anuales y la reduje a 198.000. Además, conseguí que renunciaran a la cantidad por finalizar anticipadamente nuestro contrato negociando algunas reclamaciones mal llevadas. Esto supuso un ahorro adicional de 13.000 dólares.

Una vez que tuvimos una desavenencia le demostré que la cosa quedaba estrictamente entre los dos. Del departamento de marketing *no le llegó ninguna noticia al respecto. Pronto descubrí que mis noventa días de prueba estaban dando fruto. Mi relación y mi influencia mejoraron al centrarme en lo que podía hacer para cambiar el entorno en el que trabajaba. Hoy, la confianza entre mi jefe y yo es muy alta y siento que estoy aportando algo.*

> *Una embarcación se dirige a Oriente y otra a Occidente*
> *Y soplan los mismos vientos.*
> *Es la posición del velamen,*
> *Y no los vendavales,*
> *Lo que nos dicta el rumbo a seguir.*
> *Como los vientos del mar es el destino;*
> *Cuando viajamos por la vida,*
> *Es la posición del alma*
> *Lo que decide su meta,*
> *No la calma, ni la lucha.*[4]
> ELLA WHEELER WILCOX

Desafío al lector a que reflexione a fondo sobre este primer don, a que medite sobre ese espacio que existe entre estímulo y respuesta y a que lo use con buen criterio para ampliar sus libertades y seguir en constante crecimiento, siempre aprendiendo y contribuyendo. Al final, el ejercicio que haga de esta facultad ampliará la respuesta hasta que la naturaleza misma de sus respuestas empezará a dar forma a los estímulos. Literalmente, creamos el mundo en el que vivimos. El gran psicólogo y filósofo estadounidense William James enseñaba sistemáticamente que cuando cambiamos nuestro pensamiento cambiamos nuestra vida.

Nuestro segundo don de nacimiento: principios o leyes naturales

Hemos estado hablando de usar con sabiduría el espacio entre estímulo y respuesta, nuestra libertad para elegir. ¿Qué significa este «usar con sabiduría»? ¿Dónde está la sabiduría? Básicamente significa vivir guiándonos por *principios* o *leyes naturales* en lugar de seguir la cultura de hoy basada en *remedios rápidos*.

Cuando Einstein vio la aguja de una brújula a los cuatro años de edad, comprendió que debía haber «algo detrás de las cosas, algo profundamente oculto». Esto también se aplica a todos los otros ámbitos de la vida. Los principios son *universales*, es decir, trascienden la cultura y la geografía. También son *intemporales*, no cambian nunca: principios como la justicia, la amabilidad, el respeto, la honestidad, la integridad, el servicio, la contribución. Distintas culturas pueden traducir estos principios a distintas prácticas y, con el tiempo, hasta pueden llegar a oscurecer por completo estos principios mediante el uso indebido de la libertad. Con todo, están presentes. Como la ley de la gravedad, actúan constantemente.

Otra cosa que he descubierto es que estos principios son *indiscutibles*. Es decir, son manifiestos. Por ejemplo, no es posible gozar de una confianza duradera sin honestidad. Pensemos en ello; es una ley natural.

Una vez actué como instructor auxiliar de supervivencia de un grupo de unas treinta personas. Tras haber pasado unas veinticuatro horas sin comer, beber ni dormir, bajamos por una montaña y tuvimos que cruzar un río con una corriente muy fuerte para llegar a la comida y el agua que había en la otra orilla. Había una cuerda tendida entre un árbol de una orilla y un árbol de la otra donde nos esperaba el desayuno. Me ofrecí a pasar el primero. Creyéndome mucho más fuerte de lo que en realidad era, empecé a dar brincos y a hacer el tonto en mitad de la cuerda en lugar de usar toda mi fuerza para pasar a la otra orilla. Cuando sentí que las fuerzas me empezaban a abandonar, traté de pasar inmediatamente al otro lado, pero mis fuerzas no dejaban de flaquear. Apliqué todas las técnicas que conocía, incluyendo la visualización y la fuerza de voluntad, pero todo fue en vano. Al final caí en la corriente. Cuando llegué a la otra orilla unos veinte metros río abajo y me eché exhausto sobre ella, todos mis alumnos estallaron en vítores y carcajadas, ilustrando a la perfección el dicho de que «Cuanto mayor es el orgullo, más dura será la caída». El cuerpo es un sistema natural. Está gobernado por la ley natural. Ninguna medida de actitud mental positiva podía sortear los límites literales de la preparación física de mi musculatura.

Me gusta cómo habla C. S. Lewis de quienes dicen que no hay principios universales:

> Siempre que encuentres a alguien que diga no creer en un verdadero Bien y Mal, verás que ese mismo hombre se desdice unos momentos después. Puede que rompa la promesa que te ha hecho, pero si intentas romper una que le hayas hecho tú, en menos que canta un gallo protestará diciendo «No es justo». Un país puede decir que los tratados no importan; pero un instante después se desdice afirmando que el tratado concreto que desea romper es injusto. Pero si los tratados no importan y si el Bien y el Mal no existen —en otras palabras, si no existe la Ley Natural— ¿cuál es la diferencia entre un tratado justo y uno injusto? ¿No se le ha visto el plumero al demostrar que, diga lo que diga, en el fondo conoce la Ley Natural como el que más?
>
> Así pues, parece que estamos obligados a creer en un verdadero Bien y Mal. Puede que, en ocasiones, la gente se confunda con ellos del mismo modo que, a veces, se confunde al sumar, pero no son una simple cuestión de gusto o de opinión más que lo puedan ser las tablas de multiplicar. [...] Éstas son, pues, las dos cosas que quería decir. En primer lugar, que todos los seres humanos de la Tierra abrigan esta curiosa idea de que deben comportarse de una forma dada y, en el fondo, no pueden deshacerse de ella. En segundo lugar, que, en realidad, no se comportan así. Conocen la ley natural: y la quebrantan. Estos dos hechos son la base de toda reflexión clara sobre nosotros mismos y sobre el universo en el que vivimos.[5]

AUTORIDAD NATURAL Y MORAL

La *autoridad natural* es el dominio de las leyes naturales. No podemos ignorar las leyes naturales y no tenemos otra opción salvo seguirlas. Nos guste o no, es inevitable. Si nos tiramos desde un edificio de diez pisos no podemos cambiar de idea cuando estemos a la altura del quinto piso. La gravedad manda. Ésta es la impronta de la naturaleza. La naturaleza también ha dejado en los seres humanos la impronta de la libertad y la facultad de elegir y, en consecuencia, tienen una autoridad o dominio natural sobre todo el resto de la creación. Las especies en peligro sólo sobreviven gracias a nuestro consentimiento. No tienen libertad ni facultad de elegir. Carecen de conciencia de sí mismas. No pueden reinventarse a sí mismas. Están totalmente sometidas al ser humano que, por ser consciente de sí mismo, es el único que tiene libertad y poder para elegir y para reinventarse a sí mismo. Esto es autoridad natural.

¿Qué es la *autoridad moral*? Es el ejercicio basado en principios de nuestra libertad y nuestra facultad de elegir. En otras palabras, si nos guiamos por principios en nuestra relación con los demás obtenemos permiso de la naturaleza. Las leyes naturales (como la gravedad) y los principios (como el respeto, la honestidad, la amabilidad, la integridad, el servicio y la justicia) controlan las consecuencias de nuestras elecciones. De la misma forma que obtenemos un aire malo y una agua mala si violamos constantemente el medio ambiente, también se destruye la confianza (el pegamento de las relaciones) si siempre somos crueles y deshonestos con los demás. Mediante el uso humilde y basado en principios de la libertad y del poder, la persona humilde obtiene autoridad moral sobre personas, culturas, organizaciones e incluso sociedades enteras.

Los *valores* son normas sociales: son algo personal, emocional, subjetivo y discutible. Todos tenemos valores. Hasta los delincuentes los tienen. La pregunta que nos debemos hacer es: *¿Nuestros valores están basados en principios?* A fin de cuentas, los principios son leyes naturales: son impersonales, objetivos y manifiestos. Las consecuencias están gobernadas por los principios y la conducta está regida por los valores; así pues, ¡valoremos los principios!

Quienes están obsesionados con la celebridad son un ejemplo de personas cuyos valores puede que no estén anclados en principios. La popularidad conforma su centro moral. No saben quiénes son y no saben dónde está el «norte». No saben qué principios seguir porque su vida se basa en valores sociales. Se debaten entre la conciencia social y la conciencia de sí mismas por un lado, y la ley natural y los principios por otro. En un avión, eso se llama vértigo: perdemos todo sentido de la referencia del suelo (principios) y nos perdemos por completo. Muchas personas pasan por la vida con vértigo o sensiblería moral. Todos vemos personas así. Las vemos en nuestra vida y en la cultura popular. Nunca han pagado el precio para llegar a estar profundamente centradas ni anclar sus valores en unos principios inalterables.

Así pues, la tarea principal consiste en determinar dónde se encuentra el «verdadero norte» y luego alinearlo todo en esa dirección. De lo contrario, viviremos con las inevitables consecuencias negativas. Y esas consecuencias son inevitables porque, si bien los valores controlan la conducta, los principios controlan las consecuencias de la conducta. La autoridad moral exige el sacrificio de los intereses egoístas a corto plazo y el ejercicio del coraje para subordinar los valores sociales a los principios. Y nuestra conciencia es depositaria de esos principios.

Película: *Law of the harvest*

Invito ahora al lector a que vea la película titulada *Law of the harvest*. En esta película verá una ilustración sencilla pero convincente de cómo enseña la Madre Naturaleza la ineludible ley de la cosecha. Todos los resultados duraderos se producen en una secuencia, están regidos por principios y surgen de dentro hacia fuera. Mientras vemos la película, recordemos que lo mismo se aplica a la naturaleza *humana*. Existe una «ley de la cosecha» que gobierna el carácter humano, la grandeza humana y todas las relaciones humanas. Y presenta un claro contraste con nuestra cultura de remedios rápidos, victimismo y culpa.

Nuestro tercer don de nacimiento: las cuatro inteligencias/capacidades de nuestra naturaleza

Como decía antes, las cuatro partes magníficas de nuestra naturaleza son cuerpo, mente, corazón y espíritu. En correspondencia con

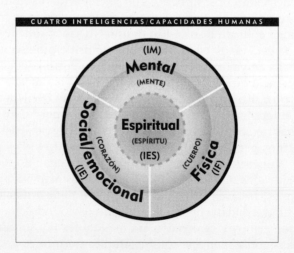

Figura 4.4

ellas hay cuatro capacidades o *inteligencias* que todos poseemos: la inteligencia física o corporal (IF), la inteligencia mental (IM), la inteligencia emocional (IE) y la inteligencia espiritual (IES). Estas cuatro inteligencias constituyen nuestro tercer don de nacimiento.

INTELIGENCIA MENTAL (IM)

Cuando hablamos de inteligencia, normalmente pensamos en la *inteligencia mental (IM)*, es decir, en nuestra capacidad de analizar, razonar, pensar en abstracto, usar el lenguaje, visualizar y comprender. Pero esta interpretación de la inteligencia es demasiado estrecha.

INTELIGENCIA FÍSICA (IF)

La *inteligencia física (IF)* del *cuerpo* es otra clase de inteligencia de la que todos somos conscientes de una manera implícita y que con frecuencia pasamos por alto. Pensemos en lo que hace nuestro cuerpo sin necesidad de un esfuerzo consciente. Se encarga del sistema respiratorio, del sistema circulatorio, del nervioso y de otros sistemas vitales. Explora constantemente su entorno, destruyendo células enfermas y luchando por sobrevivir.

> El cuerpo humano es un sistema increíble: aproximadamente siete billones de células con un nivel inconcebible de coordinación física y bioquímica para pasar una página, toser o conducir un automóvil. Cuando consideramos lo poco que debemos pensar en ello, aún es más asombroso. ¿Cuándo fue la última vez que recordamos a nuestro corazón que debe latir, a nuestros pulmones que se deben dilatar y contraer, o a nuestros órganos digestivos que deben secretar los compuestos adecuados en el momento oportuno? Estos y muchísimos otros procesos están controlados de una manera inconsciente en cada momento de nuestra vida. La inteligencia gobierna todo el sistema, en su mayor parte inconsciente.[6]
>
> DOC CHILDRE Y BRUCE CRYER

Los médicos son los primeros en reconocer que el cuerpo se cura a sí mismo. La medicina simplemente facilita la curación y puede eliminar obstáculos, pero también puede crearlos si va en contra de la inteligencia corporal.

¿Cómo equilibra y armoniza el cuerpo el funcionamiento del cerebro, que contiene la mente, con el funcionamiento del corazón, que representa simbólicamente la inteligencia emocional? Nuestro cuerpo es una maquinaria fenomenal cuyo rendimiento incluso supera al del ordenador más avanzado. Nuestra capacidad de actuar sobre nuestros pensamientos y sentimientos y de hacer que ocurran cosas no tiene igual en ninguna otra especie del mundo.

Los estudios científicos y controlados de laboratorio con metodología de doble ciego están obteniendo cada vez más pruebas de la estrecha relación existente entre el cuerpo (físico), la mente (pensamiento) y el corazón (sentimiento).

> Placa vista en una tienda rural de Carolina del Norte:
> *El cerebro dijo: «Soy el órgano más listo del cuerpo».*
> *El corazón dijo: «¿Y quién te lo había dicho?»*[7]

INTELIGENCIA EMOCIONAL (IE)

La *inteligencia emocional (IE)* es el conocimiento de uno mismo, la autoconciencia, la sensibilidad social, la empatía y la capacidad de comunicarnos satisfactoriamente con los demás. Es un sentido de oportunidad y de adecuación social, de tener el coraje de reconocer debilidades y de expresar y respetar diferencias. Antes de la década de 1990, cuando la IE se puso de moda, a veces se describía como una capacidad del hemisferio derecho del cerebro que no posee el hemisferio izquierdo. Se consideraba que el hemisferio izquierdo era más analítico, la sede del pensamiento lineal, del lenguaje, el razonamiento y la lógica; y que el hemisferio derecho era más creativo, la sede de la intuición, de la sensibilidad y la holística. La clave es respetar los dos hemisferios y ejercer la elección en el desarrollo y el uso de sus capacidades exclusivas. Combinar el pensamiento y el sentimiento crea un equilibrio, un juicio y una sabiduría mejores.

> *La intuición dice a la mente pensante dónde mirar*
> *a continuación.*
> DR. JONAS SALK, DESCUBRIDOR DE LA VACUNA DE LA POLIO

Hay muchas investigaciones que indican que, a la larga, la inteligencia emocional es un factor determinante más preciso del éxito en la comunicación, en las relaciones y en el liderazgo que la inteligencia mental. El escritor Daniel Goleman, una autoridad en IE, dice lo siguiente:

> Para una actuación estelar en cualquier trabajo y en cualquier campo, la capacidad emocional es el doble de importante que las aptitudes puramente cognitivas. Para el éxito en los niveles más elevados, en posiciones de liderazgo, la capacidad emocional explica virtualmente toda la ventaja. [...] Ya que las capacidades emocionales forman dos terceras partes o más de los ingredientes de una actuación destacada, los datos indican que hallar personas que tengan estas capacidades o educarlas en los empleados actuales añade un enorme valor al balance final de una organización. ¿En qué medida? En trabajos sencillos como los de los administrativos o los operarios, quienes se encontraban en el 1 % superior en cuanto a capacidad emocional eran tres veces más productivos (en valor). En trabajos de complejidad media, como el de los dependientes o los mecánicos, una sola persona muy capaz desde el punto de vista emocional era doce veces más productiva (en valor).[8]

La teoría de la inteligencia emocional puede ser desestabilizadora para las personas que han anclado su estrategia para el éxito en la pura inteligencia mental. Por ejemplo, una persona puede tener un diez en una escala de IM de diez puntos pero tener solamente un dos desde el punto de vista emocional y no saber cómo relacionarse bien con los demás. Pueden compensar esta deficiencia recurriendo en exceso a su intelecto y tomando fuerza prestada de su posición formal. Pero, con ello, suelen exacerbar sus propias deficiencias y, en sus interacciones, también las deficiencias de los demás. Luego tratan de racionalizar intelectualmente su conducta.

> Tomar fuerza prestada intensifica la debilidad de uno mismo, de los demás y de las relaciones.

Desarrollar una inteligencia emocional más fuerte es uno de los mayores retos a los que se enfrentan los padres y los líderes en todos los niveles de las organizaciones.

INTELIGENCIA ESPIRITUAL (IES)

La cuarta inteligencia es la *inteligencia espiritual (IES)*. Al igual que la IE, la IES se está estableciendo cada vez más en la investigación científica y en el debate filosófico/psicológico. La inteligencia espiritual es la más importante de todas las inteligencias porque se convierte en la fuente de *orientación* para las otras tres. La inteligencia espiritual representa nuestra voluntad de sentido y de conexión con el infinito.

Richard Wolman, autor de *Thinking with your soul*, escribe sobre lo «espiritual» de esta manera:

> Por espiritual entiendo la búsqueda antigua y perenne del ser humano de la conexión con algo mayor y más fidedigno que nuestro ego: con nuestra propia alma, con los demás, con los mundos de la historia y de la naturaleza, con el aliento indivisible del espíritu, con el misterio de estar vivos.[9]

La inteligencia espiritual también nos ayuda a distinguir principios verdaderos que forman parte de nuestra conciencia y que están simbolizados por la brújula. La brújula es una excelente metáfora física de los principios porque siempre señala el norte. La clave para mantener una elevada autoridad moral es seguir continuamente unos principios de «verdadero norte».

> *El espíritu del hombre es la candela del Señor.*[10]
> PROVERBIOS 20, 27

Consideremos la siguiente cita de los escritores Danah Zohar e Ian Marshall en *SQ: Connecting with our spiritual intelligence*:

> A diferencia de la IM, que los ordenadores poseen, y de la IE, que existe en los mamíferos superiores, la IES es exclusivamente humana y es la más fundamental de las tres. Está relacionada con la necesidad que tiene la humanidad de sentido, una cuestión que las personas tienen muy presente. [...] La IES es lo que usamos para desarrollar nuestro anhelo y nuestra capacidad de sentido, visión y valor. Nos permite soñar y esforzarnos. Subyace a aquello en lo que creemos y en el papel que desempeñan nuestras creencias y nuestros valores en los actos que llevamos a cabo. En esencia, es lo que nos hace humanos.[11]

LA SEMÁNTICA Y LA NATURALEZA SUPERIOR DE LA INTELIGENCIA ESPIRITUAL

Se han realizado numerosísimos estudios, observaciones e investigaciones en el campo de la inteligencia, sobre todo durante los últimos veinte años. Hay numerosos libros y todo un corpus bibliográfico. A veces se usan distintas palabras para describir lo mismo. Algunas personas pueden llamar inteligencia emocional a parte de lo que yo llamo inteligencia espiritual y viceversa. Reconozco plenamente esta dificultad semántica. De nuevo insto al lector a que no se detenga en la definición de las palabras y a que busque sin cesar el significado subyacente.

El libro de Howard Gardner sobre la teoría de las inteligencias múltiples, *Frames of mind,* es un brillante tratado sobre el concepto de varias inteligencias separadas pero imbricadas. También me ha servido mucho el trabajo de Robert Cooper y Daniel Goleman sobre la inteligencia emocional. He escuchado sus presentaciones en distintos lugares y sé que sus enfoques son exhaustivos y se basan en la investigación, e incluyen algunos de los elementos de los que he hablado bajo la inteligencia espiritual.

Algunos libros separan la inteligencia visual de la verbal, la analítica, la artística, la lógica, la creativa, la económica y otras. Aprecio sus contribuciones, pero de nuevo creo que las podemos reunir todas bajo las cuatro áreas de cuerpo, mente, corazón y espíritu: las cuatro dimensiones de la vida.

> *En momentos de gran belleza, surgen emociones que pueden derretir hasta la más gruesa y más cínica de las pieles. Las endorfinas fluyen. La tensión se libera. Energías internas y externas fluyen y se conectan. La experiencia no es sólo suave y tranquila, sino que también contiene el poder y la creatividad de la naturaleza y del universo. Crear y trabajar conscientemente en estos momentos de conexión es ejercitar lo que podríamos llamar nuestra musculatura espiritual y nuestra inteligencia espiritual. ¿Qué entiendo por espiritual? Simplemente me refiero a toda esa realidad y dimensión que es más grande, más creativa, más afectuosa, más poderosa, más visionaria, más sabia, más misteriosa que la materialista existencia cotidiana del ser humano. No hay teología ni sistema de creencias que se identifique con este significado de lo espiritual.[12]*
> WILLIAM BLOOM

Nunca olvidaré una experiencia en Hawai con la Young President's Organization. Un pequeño grupo de presidentes de empresa se reunieron para desayunar con algunas de las principales autoridades del campo de la gestión y el liderazgo, cada una de las cuales había escrito destacados *best-sellers* y eran muy respetadas y citadas. En un foro donde no se citaba a nadie y donde había mucho respeto mutuo, uno de los presidentes preguntó con verdadera humildad: «En el fondo, ¿no están todos ustedes diciendo lo mismo?». Ante aquella persona, reconocieron que sí. Cada una tenía su propia semántica y sus propias definiciones y, con frecuencia, tenían algunas ideas exclusivas no expresadas por las demás aunque eran iguales desde el punto de vista de los elementos más básicos. Hablaban más en función de principios subyacentes que de cuestiones prácticas.

La verdad es que me he tenido que esforzar mucho para evitar yo mismo el problema de la semántica y lo hago tratando de buscar siempre los significados subyacentes. Pero realmente creo que hay otra dimensión de la inteligencia que no se ha tratado en profundidad en otros lugares. Se trata del papel de la inteligencia espiritual guiando y dirigiendo a las otras inteligencias. En este sentido, es superior a las otras inteligencias.

Contaré una experiencia que puede ayudar a explicar que la inteligencia espiritual es la más elevada de nuestras capacidades. Estoy enormemente impresionado por el trabajo del difunto Anuar el Sadat, presidente de Egipto, en sus esfuerzos por alcanzar los Acuerdos de Paz de Camp David entre Israel y Egipto con el ex presidente de Estados Unidos Jimmy Carter y el ex primer ministro israelí Menahem Begin.

Hace unos años, mientras me llevaba de visita en un carrito de golf por las instalaciones de Camp David, el presidente de los Estados Unidos me señaló el lugar exacto donde se firmaron los acuerdos. Fue una experiencia muy emotiva para mí. He llegado a ver en Sadat a una persona que era consciente del espacio que hay entre estímulo y respuesta. Desarrolló un enorme espacio cuando, siendo un hombre joven, estuvo incomunicado en la celda 54 de la prisión central de El Cairo. Sintamos como se refleja la profundidad de esta comprensión en las siguientes palabras:

> Quien no puede cambiar la trama misma de sus pensamientos nunca podrá cambiar la realidad, y por lo tanto no hará ningún progreso.[13]

Antes de este cambio de postura en relación con Israel, Sadat se había convertido en un presidente muy popular y profundamente comprometido con la causa árabe. Viajó por todo Egipto dando discursos políticos en los que decía que nunca estrecharía la mano de un israelí mientras ocuparan un sólo centímetro de suelo árabe, gritando: «¡Nunca! ¡Nunca! ¡Nunca!». La multitud le devolvía el grito: «¡Nunca! ¡Nunca! ¡Nunca!».

Cuando la historia del mundo y de sus instituciones, sociedades, comunidades, familias e individuos se acabe escribiendo, el tema dominante será la medida en que las personas han vivido no según su conciencia socializada sino de acuerdo con su conciencia divina. Ésta es la sabiduría innata e intuitiva contenida en los principios o leyes naturales que enseñan todas las grandes religiones y filosofías del mundo. No serán la geopolítica, la economía, el gobierno, las guerras, la cultura social, el arte, la educación ni las iglesias. La dimensión moral o espiritual —hasta qué punto las personas y las instituciones son fieles a los principios eternos y universales del Bien y del Mal— será la fuerza gobernante suprema, omnímoda y subyacente.

Invitamos a la mujer de Sadat, madame Jehan Sadat, para que diera el discurso inaugural de nuestro Simposium Internacional. Tuve el privilegio de almorzar con ella. Le pregunté cómo había sido vivir con Anuar el Sadat, sobre todo en la época en que había emprendido la audaz iniciativa de visitar el parlamento de Israel, un paso que culminó en los acuerdos de Camp David.

Me dijo que a ella le había costado mucho creer en aquel cambio de postura, sobre todo después de lo que Sadat había dicho y hecho. A continuación reproduzco lo que me contó.

Encarándose con él en las dependencias privadas del palacio, le preguntó: «Tengo entendido que piensas ir a Israel. ¿Es eso verdad?».

«Sí.»

«¿Cómo es posible que lo hagas después de todo lo que has dicho?»

«Estaba equivocado y ahora voy a hacer lo correcto.»

«Perderás el liderazgo y el apoyo del mundo árabe.»

«Supongo que podría ocurrir, pero no creo que pase.»

«Perderás la presidencia de tu país.»

«Eso también podría pasar.»

«Perderás la vida.» (Y, como sabemos, murió en un atentado.)

Respondió: «Mi vida está predestinada. No durará ni un minuto más ni un minuto menos de lo que deba durar».

Ella le abrazó y le dijo que era la persona más grande que había conocido.

Luego le pregunté qué había pasado cuando volvió de Israel. Me dijo que normalmente se tardan treinta minutos para hacer el recorrido entre el aeropuerto y el palacio. Aquel día, el recorrido duró tres horas. Las carreteras y las calles estaban atestadas con centenares de miles de personas que vitoreaban con entusiasmo a Sadat apoyándole por lo que estaba haciendo, las mismas personas que justo una semana antes habían aplaudido exactamente la postura contraria. Estaba haciendo lo correcto y lo sabían. La inteligencia espiritual es un don más elevado que la inteligencia emocional. Reconocían que no podemos pensar ni vivir independientemente en un mundo *inter*dependiente.

Sadat había subordinado su ego y su IE (sensibilidad social, empatía y aptitudes sociales) a su IES (conciencia) y los resultados resonaron en todo el mundo. El liderazgo de su inteligencia espiritual elevó sus otras inteligencias y se convirtió en una persona con una autoridad moral formidable.

Este camino hacia la autoridad moral, la realización personal y la influencia beneficiosa no es un ámbito exclusivo de los grandes líderes mundiales. El potencial para una autoridad moral sencilla, grande y tranquila se encuentra en el interior de cada uno de nosotros.

Desarrollo de las cuatro inteligencias/capacidades

Puesto que es evidente que estas cuatro dimensiones de la vida están imbricadas, en el fondo no podemos trabajar exclusivamente en una de ellas sin tocar directamente o indirectamente las demás. Desarrollar estas inteligencias y hacer uso de ellas creará en nuestro interior una confianza tranquila, seguridad y fuerza interior, la capacidad de ser al mismo tiempo valientes y considerados, y autoridad moral personal. En muchos sentidos, nuestros esfuerzos por desarrollar estas inteligencias tendrán un profundo impacto en nuestra capacidad para influir en los demás e inspirarles para que encuentren su voz.

Para ayudar al lector a desarrollar aún más sus cuatro inteligencias innatas, he preparado una guía de actuación al final del libro que le ofrecerá varios métodos prácticos y bien fundamentados para desarrollar cada una de estas inteligencias. Se titula «Apéndice 1: El desarrollo de las cuatro inteligencias/capacidades: una guía práctica para la acción» y se puede consultar en la página 367. Aunque el lector puede encontrar que parte de ello es puro sentido común, hará bien en recordar que sentido común y práctica común no son lo mismo y le garantizo que si concentra sus esfuerzos en esas áreas verá que su vida empezará a tener una gran paz y mucho poder.

> *Detrás de cada vida noble están los principios que la han formado.*[14]
> GEORGE H. LORIMER

También me he dado cuenta de que partiendo de cuatro simples supuestos podemos empezar a llevar de inmediato una vida más equilibrada, integrada y poderosa. Son simples, uno por cada parte de nuestra naturaleza, pero prometo al lector que si los aplica con constancia encontrará un nuevo manantial de fuerza y de integridad al que acudir cuando más lo necesite.

1. Para el *cuerpo*: supongamos que hemos sufrido un ataque al corazón; y vivamos en consecuencia.
2. Para la *mente*: supongamos que la vida media de nuestra profesión es de dos años; y preparémonos en consecuencia.
3. Para el *corazón*: supongamos que los demás pueden oír lo que decimos de ellos; y hablemos en consecuencia.
4. Para el *espíritu*: supongamos que cada tres meses nos encontramos cara a cara con nuestro Creador; y vivamos en consecuencia.

Película: *A. B. Combs Elementary*

¿En qué momento de nuestra vida empezamos a desarrollar la autoridad moral y la fuerza interior que fluyen de las cuatro inteligencias humanas? Lo ilustraré mediante un cortometraje que el lector no se debe perder. Es la historia de una mujer, la directora de la A. B. Combs Elementary School de Raleigh, Carolina del Norte, una *magnet school* (centro público para alumnos brillantes) cuya misión es producir líderes para la sociedad. Puede que aparezca en su mejor momento, pero sospecho que habrá muchos más en el futuro.

Pero antes de que el lector empiece a ver el filme, plantearé una pregunta: ¿cuándo es el mejor momento para aprender el *software* que nos permite encontrar nuestra voz? ¿Qué momento de nuestra vida es el mejor para hacer que el revestimiento cultural, este *software*, esté totalmente en armonía con nuestros dones de nacimiento? Creo que todos estaremos de acuerdo en que este momento es nuestra infancia, sobre todo los primeros años que pasamos en el hogar. Pero, ¿y si los primeros años de vida familiar de una persona fueran malos y apren-

diera el *software* del victimismo y la escasez, y los cánceres metastásicos de la competición, la queja, la disputa, la comparación y la crítica?
Esta vida familiar inicial, ¿podría tener lugar en la escuela? ¿Podría un
enseñante o un director de escuela convertirse en un padre putativo
para, quizá, compensar la disfuncionalidad del hogar cuando los niños
son muy pequeños e impresionables, inocentes e incorruptos?

> *Los datos científicos —principalmente del campo de la
> neurociencia, que se ocupa de la biología básica y el desarrollo de
> nuestro cerebro— indican que los niños están «cableados para
> conectar». Estamos cableados para conectar con los demás, con
> significados morales y espirituales, con la apertura a lo
> trascendente. Satisfacer estas necesidades básicas de conexión es
> esencial para la salud y el florecimiento del ser humano.*[15]
> INFORME DE LA COMMISSION ON CHILDREN AT RISK PARA LA NACIÓN:
> YMCA (ESTADOS UNIDOS), DARMOUTH MEDICAL SCHOOL,
> INSTITUTE FOR AMERICAN VALUES

Mejor aún, ¿y si pudiéramos establecer una asociación entre el
hogar y la escuela para que entre las dos partes se pueda dar un refuerzo y un alineamiento continuo y en todo momento del niño?
¿Puede el lector imaginar el resultado si el *software* y el *hardware* se
alinearan durante los primeros años de la infancia? ¿Puede imaginar
la clase de personas que ello produciría y los tipos de logros que flui-
rían de su carácter y de sus capacidades?

Dada la baja calidad de su producción, el cortometraje que acon-
sejo al lector que vea se parece más a un vídeo casero que a una película profesional. Trata de una espléndida asociación entre una escuela y las familias de sus alumnos debida principalmente al liderazgo de
la directora, Muriel Thomas Summers.

La señora Summers tuvo una visión de las posibilidades de introducir una educación del carácter basada en principios en el currículo
de un centro de primaria K-5 (para niños de 5 a 10 años de edad) y de
hacer participar en su preparación al personal de administración del
centro, al cuerpo docente y a las familias. Eligió como currículo *Los 7
hábitos de la gente altamente efectiva*. El lector verá en la guía de actuación (Apéndice 1) que se encuentra al final del libro que *Los 7 hábitos* ofrece un poderoso marco de referencia para el desarrollo de las
inteligencias humanas, sobre todo la IE.

Francamente, esta película hace que me sienta un poco violento y
hasta he dudado en darla a conocer porque habla de «los hábitos Co-

vey». Así que cuando visité la escuela les reafirmé que estos hábitos son unos principios universales y eternos que pertenecen a toda la humanidad y que yo los he organizado en un marco de pensamiento secuencial y realizable. Cité las siguientes palabras de T. S. Eliot: «No debemos dejar de explorar. Y al final de nuestras exploraciones llegaremos al lugar del que partimos, y lo conoceremos por vez primera».

El lector verá en el vídeo que la escuela celebra una asamblea y que los niños pequeños son los que la dirigen y pronuncian los discursos. No verá las familias delante, pero están ahí: podrá oír unos bebés llorando que indican su presencia. Se formó una verdadera asociación y los principios de responsabilidad, propósito, integridad, ganar/ganar, tratar de comprender primero, sinergia y afilar la sierra se acabaron integrando en todo el currículo.

Muchas personas creen que no existe una verdadera conexión entre el rendimiento en los estudios y el carácter; muchas también creen que no hay ninguna relación entre el aprendizaje de las materias y los principios. Pero todo el concepto que hay detrás de «Encontrar una voz propia» e «Inspirar a los demás para que encuentren su voz» es un concepto sinérgico. Lo que acaba liberando el potencial humano es la integración de nuestras inteligencias y capacidades. Pregunté a la directora qué impacto tenía en el rendimiento académico la introducción en el currículo de la formación del carácter basada en estos principios. Dijo que el impacto era muy profundo. Le pregunté si tenía algún dato. Me respondió: «Sí. Hace dieciocho meses, el sesenta y siete por ciento de nuestros alumnos rindieron al nivel de su curso o por encima en las pruebas nacionales; hoy lo hacen el noventa y cuatro por ciento». Reflexionemos sobre la importancia de lo que dijo: las familias, las instalaciones, el currículo básico, los materiales de aprendizaje y los edificios no habían cambiado; sólo había cambiado una variable: la introducción y la integración en las clases y en las vidas de aquellos alumnos de unos principios del carácter. ¡Dieciocho meses!

¡Esto sí que es superponer a los dones de nacimiento un *software* basado en principios y la libertad de elegir! Qué maravilloso sería que esto pudiera ocurrir en los hogares y en las escuelas de los niños de todo el mundo, las personas del futuro. Es una respuesta al dilema planteado por el escritor y fundador/presidente emérito de Visa International, Dee Hock: «El problema no radica en tener pensamientos nuevos e innovadores, sino en deshacerse de los viejos».[16]

Unas palabras más antes de ver la película. El «muro maravilloso» del que hablan y que me pidieron que les ayudara a dar a conocer aparece un tanto borroso y es difícil de distinguir, pero básicamente está hecho de 560 paneles de cerámica, pintado cada uno por un niño, que

se han combinado en un montaje de bellos colores. En el centro se exponen las cuatro partes de nuestra naturaleza tal como se manifiestan
en las cuatro necesidades: vivir, amar, aprender, dejar un legado. En
esta película no hay nada preparado ni ensayado: todo es auténtico y
espontáneo, tal como sucedía, y estoy seguro de que el lector podrá
notarlo desde el principio. A este centro asisten niños de cincuenta y
seis nacionalidades distintas. Cuando llegué a la escuela muchos de
ellos iban vestidos con trajes típicos y llevaban en la mano la bandera
de su país. Nunca he visto, ni por asomo, tanta diversidad en un mismo lugar como entonces.

El centro A. B. Combs ha recibido numerosos premios, incluyendo los siguientes:

- National Blue Ribbon School of Excellence (concedido por el
  Ministerio de Educación de Estados Unidos).
- National Magnet Schools of Excellence Award, tres años segui-
  dos (el mayor premio que otorga la National Magnet Schools of
  America). Nombrada una de las cinco mejores *magnet schools*
  (de entre varios miles) de Estados Unidos por su rendimiento
  académico ya que el 98 % de sus alumnos rindieron al nivel co-
  rrespondiente a su curso o mejor.
- North Carolina School of Excellence (por su rendimiento aca-
  démico).
- North Carolina Governor's Entrepreneurial Award (otorgado al
  liderazgo y al valor en el campo de la educación).
- Ganador del National Schools of Character.
- Invitado a la Model Schools Conference, 2004.
- Finalista del 21st Century Award for Educational Excellence,
  2004.

Que el lector disfrute de la película.

PREGUNTAS Y RESPUESTAS

**P: ¿Somos básicamente un producto de la naturaleza (nues-
tros genes) o de la cultura (la educación y las condiciones de
nuestro entorno)?**

R: La pregunta misma se basa en una falsa dicotomía. Se basa en
un falso paradigma o mapa de la naturaleza humana: el determinismo. No somos producto de la naturaleza ni de la cultura; somos producto de la elección porque siempre existe un espacio entre estímulo

y respuesta. Cuando ejercemos con sabiduría nuestro poder de elegir basándonos en principios, este espacio se va ampliando. Puede que los niños pequeños y los disminuidos psíquicos no tengan ese espacio, pero la inmensa mayoría de los adultos sí lo tienen. El determinismo está muy arraigado en la cultura actual y está reforzado por la aterradora sensación de que si realmente podemos elegir, entonces también somos responsables de nuestra situación actual. Hasta que una persona no pueda decir con franqueza: «Yo soy quien soy» y «Estoy donde estoy porque así lo he elegido», no podrá decir con convicción «Elijo otra cosa».

P: Los líderes, ¿nacen o se hacen (en el sentido de estar formados y condicionados por el entorno)?

R: De nuevo, esta pregunta se basa en una falsa dicotomía, en el falso paradigma del determinismo. A causa del espacio entre estímulo y respuesta, la gente tiene el poder de elegir; en consecuencia, los líderes ni nacen ni se hacen en el sentido de estar formados por el entorno. Se hacen a sí mismos mediante respuestas elegidas, y si eligen basándose en principios y desarrollan una disciplina cada vez mayor, su libertad para elegir aumenta. En su libro *Geeks and geezers: How era, values, and defining moments shape leaders*, Warren G. Bennis y Robert J. Thomas argumentan que los líderes no nacen: se hacen.[17] El concepto básico es que, a raíz de una intensa experiencia transformadora, eligen opciones que les permiten convertirse en líderes. El doctor Noel Tichy también dice básicamente que los líderes no nacen: se les enseña. De nuevo, esto implica que eligen la *opción* de ser enseñados y de seguir las enseñanzas. En los dos casos, lo que en el fondo dicen estos autores es que los líderes no nacen ni se hacen, sino que se hacen a sí mismos: el liderazgo es la consecuencia de las elecciones.

P: ¿Debemos desarrollar *las cuatro* capacidades o inteligencias?

R: Sí, porque en realidad no podremos desarrollar ninguna de ellas hasta un estado de madurez sostenible si no trabajamos en las cuatro. Esto es lo que significa integridad. Significa que el *conjunto* de nuestra vida se integra en torno a unos principios. A fin de cuentas, nuestra capacidad de producir y de disfrutar es una función de nuestro carácter, de nuestra integridad. Hace falta un esfuerzo constante para poder desarrollar la fibra muscular física, la fibra muscular emocional/social, la fibra muscular mental y la fibra muscular espiritual alejándonos de nuestras comodidades y realizando ejercicios que rompen las fibras (dolor); pero las fibras se reparan, se alargan y se refuerzan tras un período adecuado de relajamiento y de descanso. Véase *The power of full engagement*, de Jim Loehr y Tony Schwartz.[18]

P: ¿Qué nos puede decir del retiro?

R: Retirémonos de nuestro trabajo, pero nunca de proyectos significativos. Si queremos que nuestra vida sea larga necesitamos eustrés, es decir, una profunda sensación de sentido y de contribución a proyectos y causas que valen la pena, sobre todo nuestra familia intergeneracional. Si queremos morir pronto, retirémonos para jugar al golf, para pescar, para estar sentados tragando píldoras y ver de vez en cuando a nuestros nietos. ¿Queremos pruebas de esto? Estudiemos el libro de Hans Selye, *Stress without distress*.

5
EXPRESAR NUESTRA VOZ: VISIÓN, DISCIPLINA, PASIÓN Y CONCIENCIA

Es más poderoso quien tiene poder sobre sí mismo.

LUCIO ANNEO SÉNECA

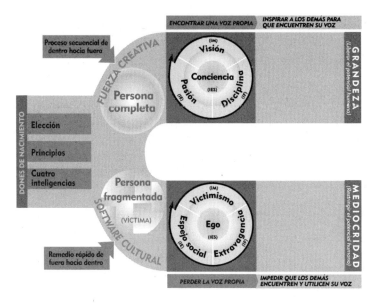

Figura 5.1

Cuando estudiamos la vida de *todas* las personas que han alcanzado el éxito —que han ejercido la mayor influencia en los demás, que han hecho contribuciones importantes, que simplemente han hecho que ocurrieran cosas— encontramos un patrón. Mediante su lucha interior y la perseverancia en su esfuerzo han aumentado en gran medida sus cuatro inteligencias o capacidades humanas innatas. Las manifestaciones más elevadas de estas cuatro inteligencias son: para la mental, la *visión*; para la física, la *disciplina*; para la emocional, la *pasión*; para la espiritual, la *conciencia*. Estas manifestaciones también representan los medios principales para *expresar nuestra voz*.

Visión es ver con el ojo de la mente lo que es posible en las personas, en los proyectos, en las causas y en las empresas. La visión se produce cuando nuestra mente relaciona posibilidad y necesidad. Co-

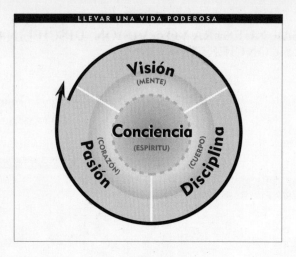

Figura 5.2

mo dijo William Blake en una ocasión, «lo que ahora se demuestra, otrora fue sólo imaginado». Cuando la gente no tiene visión, cuando descuida el desarrollo de la capacidad de la mente para crear, cae presa de la tendencia humana al *victimismo* (véase el camino inferior de la figura 5.1).

> *Quien quiera gobernar a los demás deberá primero ser dueño de sí mismo.*[1]
> PHILIP MASSINGER

Disciplina es pagar el precio para traer esa visión a la realidad. Es abordar los hechos duros, pragmáticos y brutales de la realidad y hacer lo que haga falta para que ocurran las cosas. La disciplina surge cuando la visión se une al compromiso. Lo contrario de la disciplina y el compromiso que inspira el sacrificio es la *extravagancia*: sacrificar lo que más importa en la vida por el placer o la emoción del momento.

Pasión es el fuego, el deseo, la fuerza de convicción y el impulso que sostiene la disciplina para alcanzar la visión. La pasión surge cuando la necesidad humana se superpone al talento personal. Cuando uno no posee la pasión que surge de hallar y utilizar la propia voz para servir a grandes propósitos, el vacío se llena de inseguridad y del vano parloteo de mil voces que surge del *espejo social*. En las relaciones y las organizaciones, la pasión incluye compasión.

Conciencia es el sentido moral interior de lo que es bueno y lo que es malo, el impulso hacia el sentido y la aportación. Es la fuerza que guía la visión, la disciplina y la pasión. Muestra un marcado contraste con la vida dominada por el *ego*.

> *Cualquier cosa que os debilite la razón, que dañe la ternura de vuestra conciencia, que oscurezca vuestro sentido de Dios, que os impida gozar de lo espiritual, cualquier cosa que agrande la autoridad del cuerpo sobre la mente, es un pecado, por inocente que pueda parecer.*[2]
> SUSANA WESLEY (MADRE DE JOHN WESLEY)

Estas cuatro palabras —visión, disciplina, pasión y conciencia— en esencia encarnan muchas, muchas otras características usadas para describir las cualidades que asociamos con las personas cuya influencia es grande, sean conocidas por muchos o por pocos.

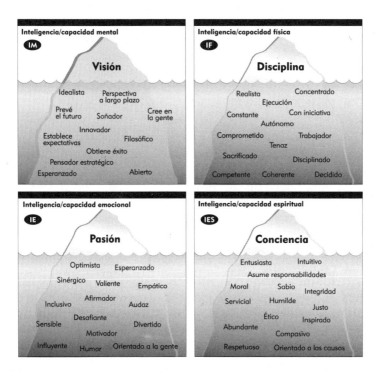

Figura 5.3

La mayoría de las diferencias en las palabras que usamos para describir a las personas que admiramos —sea en casa, en la comunidad, en una empresa o en el gobierno— son simplemente una cuestión de semántica. Véanse en la figura 5.3 muchas de estas cualidades detalladas en la masa sumergida de los icebergs etiquetados con las palabras visión, disciplina, pasión y conciencia.

> *Los mejores líderes actúan en cuatro dimensiones: visión, realidad, ética y coraje. Éstas son las cuatro inteligencias, las cuatro formas de percibir, los lenguajes para comunicar que son necesarios para lograr resultados importantes y sostenidos. El líder visionario es ambicioso, innovador, planificador y, lo más importante, está en contacto con la profunda estructura de la conciencia y el potencial creador del ser humano. Debemos obtener el control de las pautas que gobiernan nuestra mente: nuestra visión del mundo, nuestras creencias sobre lo que merecemos y sobre lo que es posible. Ésta es la zona del cambio, la fuerza y la energía fundamentales, y el verdadero significado del coraje.*[3]
>
> PETER KOESTENBAUM, FILÓSOFO DE LA GESTIÓN

La visión, la disciplina y la pasión gobiernan el mundo

Cualquier persona que haya ejercido una profunda influencia en otras personas, en instituciones o en la sociedad, cualquier padre que haya tenido una influencia intergeneracional, quienquiera que verdaderamente haya hecho un cambio para bien o para mal: todos han tenido en común tres atributos: visión, disciplina y pasión. Yo diría que estos tres atributos han gobernado el mundo desde el principio. Representan el liderazgo eficaz.

Consideremos cómo han influido en algunos líderes destacados de la historia moderna:

George Washington tuvo la visión de crear una nueva nación, unida y libre de injerencias extranjeras. Se disciplinó a sí mismo con el fin de reclutar hombres para el Ejército Revolucionario e impedir que desertaran. Enfurecido por la discriminación contra los oficiales militares coloniales, por las políticas territoriales de los británicos y por los límites a la expansión estadounidense, Washington sentía una profunda pasión por la causa de la libertad.

Florence Nightingale, fundadora de la moderna enfermería, dedicó toda su vida como adulta a mejorar la calidad de la enfermería en los hospitales militares. Su visión y su pasión vencieron sus resistencias personales.

Mohandas K. Gandhi jugó un papel decisivo en el establecimiento de la India como estado independiente aunque nunca fue elegido ni designado para ocupar ningún cargo. No ocupaba una posición formal desde la que conducir a la gente. La autoridad moral de Gandhi creó unas normas sociales y culturales tan sólidas que acabaron conformando la voluntad política. Su vida estaba gobernada por la visión de una conciencia universal que residía en el interior de las personas, de la comunidad internacional y hasta de los propios ingleses.

Margaret Thatcher fue la primera mujer que dirigió uno de los grandes países industrializados. Fue elegida tres veces seguidas para el cargo de primera ministra del Reino Unido, el período de tiempo más prolongado en este cargo de todo el siglo xx. Sus críticos no son pocos, pero le apasionaba impulsar la libre empresa en su país e instar a la gente a que asumiera la disciplina de la responsabilidad personal y desarrollara su independencia. Mientras llevó las riendas de la política británica, ayudó a que el Reino Unido saliera de la recesión económica.

> *Tener poder es como ser una dama; si tienes que decirle a la gente que lo eres, es que no lo eres.*
> MARGARET THATCHER

Nelson Mandela, ex presidente de Sudáfrica, se pasó casi veintisiete años encarcelado por su lucha contra el régimen del *apartheid*. Mandela estaba más impulsado por su imaginación que por sus recuerdos. Podía imaginar un mundo mucho más allá de los confines de sus recuerdos y de su experiencia, que incluía encarcelamientos, injusticias, guerras tribales y desunión. En lo más profundo de su alma resonaba la creencia en el valor de todos los ciudadanos sudafricanos.

La *Madre Teresa de Calcuta* se dedicó plenamente, con toda libertad y sin reservas al servicio de los pobres. Legó a su organización el mantenimiento altamente disciplinado de los votos de pobreza, pureza y obediencia, un legado que ha crecido y se ha reforzado aun después de su muerte.

> *El fruto del silencio es la ORACIÓN. El*
> *fruto de la oración es la FE. El fruto de la fe*
> *es el AMOR. El fruto del amor es el*
> *SERVICIO. El fruto del servicio es la PAZ.*[4]
> MADRE TERESA DE CALCUTA

El lector recordará que he mencionado que quienquiera que verdaderamente haya hecho un cambio en el mundo para bien o *para mal* posee tres atributos: visión, disciplina y pasión. Consideremos ahora otro líder que poseía los tres, pero que produjo unos resultados terriblemente diferentes. *Adolf Hitler* comunicó apasionadamente su visión de una hegemonía de mil años del Tercer Reich y de una raza aria superior. Erigió uno de los aparatos militares-industriales más disciplinados que haya visto el mundo. Y dio muestras de una brillante inteligencia emocional en su apasionada oratoria, inspirando en las masas una entrega y un temor casi fanáticos que canalizó hacia el odio y la destrucción.

Pero entre el liderazgo que funciona y el liderazgo que perdura existe una diferencia enorme; salvo el último, cada uno de los líderes antes mencionados estableció unas bases y ofreció unas contribuciones que han perdurado.

> *En cuanto llegue al poder, mi primera y más*
> *importante tarea será aniquilar a los judíos.*[5]
> ADOLF HITLER

Cuando la conciencia gobierna la visión, la disciplina y la pasión, el liderazgo perdura y cambia el mundo para bien. En otras palabras, *la autoridad moral hace que la autoridad formal surta efecto*. Si la conciencia no gobierna la visión, la disciplina y la pasión, el liderazgo no perdura y tampoco perduran las instituciones creadas por él. En otras palabras, la autoridad formal no surte efecto sin la autoridad moral.

Las palabras «para bien» se refieren a algo que «eleva» y que «perdura». Hitler tenía visión, disciplina y pasión pero estaba gobernado por el ego. La falta de conciencia supuso su caída. La visión, la disciplina y la pasión de Gandhi estaban gobernadas por su conciencia, que las puso al servicio de la causa y de la gente. De nuevo destaco que carecía de autoridad formal y sólo tenía autoridad moral, pero fue el padre y fundador del segundo país más grande del mundo.

Cuando la visión, la disciplina y la pasión están gobernadas por una autoridad formal sin conciencia ni autoridad moral, también cambian el mundo, pero no para bien, sino para mal. En lugar de elevar, destruyen; en lugar de perdurar, se acaban extinguiendo.

Examinemos más detalladamente cada uno de estos cuatro atributos: visión, disciplina, pasión y conciencia.

Visión

Visión es ver un estado futuro con el ojo de la mente. La visión es imaginación aplicada. Todas las cosas se crean dos veces: primero, una creación mental; segundo, una creación física. La primera creación, la visión, es el principio del proceso de reinventarse uno mismo o de que una organización se reinvente a sí misma. Representa deseos, sueños, esperanzas, metas y planes. Pero estos sueños o visiones no son meras fantasías. Son realidad aún no llevada a la esfera física, como el plano de una casa antes de que se construya o las notas musicales de una partitura que esperan a ser tocadas.

La mayoría de nosotros no imaginamos ni realizamos nuestro propio potencial. William James dijo: «La mayoría de la gente vive en un círculo muy limitado de su ser potencial. Todos tenemos unas reservas de energía y de genio a las que podemos recurrir que ni siquiera imaginamos».

Todos tenemos un poder y una capacidad inconmensurables para reinventar nuestra vida. En el siguiente relato veremos que una mujer desconsolada fue capaz de crear una nueva visión de su vida:

Yo tenía cuarenta y seis años de edad cuando a mi marido, Gordon, le diagnosticaron un cáncer. Sin dudarlo, me jubilé anticipadamente para estar junto a él. Aunque su muerte dieciocho meses después estaba anunciada, la pena me consumía. Lloraba por nuestros sueños sin cumplir. Yo sólo tenía cuarenta y ocho años y ninguna razón para vivir.

La gran pregunta que llenaba mi dolor era: ¿Por qué Dios se ha llevado a Gordon y no a mí? Creía que Gordon tenía muchas más cosas que ofrecer al mundo que yo. Con mi cuerpo, mi mente y mi espíritu totalmente agotados, me sentí motivada para hallar un nuevo sentido a mi vida.

Me aferré a la idea de que todas las cosas se crean dos veces, primero mentalmente y luego físicamente. Tenía que preguntarme cuáles eran mis aptitudes. Un test de evaluación me aclaró cuáles eran mis aptitudes más destacadas. Para crear una sensación de equilibrio en mi vida,

me centré en las cuatro partes de mi naturaleza. En el plano intelectual,
me di cuenta de que me encantaba enseñar; desde el punto de vista espi-
ritual y social, deseaba seguir apoyando la armonía racial que nos ha-
bíamos esforzado por crear en nuestro matrimonio birracial; desde el
punto de vista emocional, sabía que tenía que dar amor. Cuando mi ma-
dre aún vivía solía acunar a los niños pequeños gravemente enfermos
del hospital. Quería dar consuelo como había hecho ella y continuar su
legado de amor incondicional.

Tenía miedo de fracasar, pero me dije a mí misma que estaría bien
probar cosas diferentes, como quien se prueba sombreros. Si después de
un trimestre veía que no me gustaba enseñar, no tenía por qué volver.
Empecé siguiendo unos cursos de posgrado para poder enseñar en la
universidad. Los estudios en sí ya eran difíciles, ¡pero aún lo eran más
con cuarenta y ocho años de edad! Estaba tan acostumbrada a pasar
documentos a mi secretaria para que los mecanografiara que tardé casi
un semestre en aprender a mecanografiarlos yo misma. Apagar el televi-
sor y devolver el descodificador de la televisión por cable fueron actos
que me exigieron mucha fuerza de voluntad.

Acabé los estudios de posgrado y empecé a enseñar en una universi-
dad con un alumnado tradicionalmente negro de Little Rock, Arkansas.
El rector me asignó a la Martin Luther King Commission para mejorar
las relaciones raciales. Acuno a bebés víctimas del crack y del SIDA co-
nectados a respiradores artificiales por muy poco que sea el tiempo de vi-
da que les pueda quedar. Sé que les doy consuelo y eso me produce una
sensación de paz.

Ahora mi vida está bien. Puedo sentir que Gordon me sonríe. Antes
de morir me decía una y otra vez que quería que mi vida estuviera llena de
risas, de buenos recuerdos y de cosas buenas. ¿Cómo podía malgastar
mi vida con aquella directriz en mi conciencia? No creo que hubiera po-
dido. Tengo la obligación de vivir mi vida lo mejor que pueda por la gen-
te que más quiero, tanto si están aquí como si están en el más allá.

Albert Einstein dijo: «La imaginación es más importante que el conocimiento». El recuerdo es pasado. Es finito. La visión es futuro. Es infinita. La visión es más grande que la historia, más grande que nuestro bagaje, más grande que las cicatrices emocionales del pasado.

Cuando alguien preguntó a Einstein qué pregunta le haría a Dios si le pudiera hacer una, respondió: «¿Cómo empezó el universo? Porque todo lo que vino después es matemática». Sin embargo, tras pensárselo un poco, cambió de opinión. Dijo: «En lugar de eso preguntaría «¿Por qué fue creado el universo?», porque entonces conocería el sentido de mi propia vida».

Quizá la visión más importante de todas sea desarrollar un sentido del yo, un sentido de nuestro propio destino, un sentido de nuestra misión y de nuestro papel singular en la vida, un sentido de propósito y de significado. Al evaluar nuestra propia visión personal, preguntémonos primero: ¿aprovecha esta visión mi voz, mi energía mi talento singular? ¿Me ofrece una sensación de «vocación», de una causa digna de mi compromiso? Obtener este significado exige una profunda reflexión personal, plantearse preguntas profundas e imaginar.

Sir Laurens van der Post, creador, cineasta y escritor de fama mundial, dijo: «Sin una visión todos sufrimos de una insuficiencia de datos. Miramos la vida con miopía, es decir, a través de nuestra propia lente, de nuestro propio mundo. La visión nos permite trascender nuestra autobiografía, nuestro pasado, para alzarnos por encima de nuestro recuerdo. Esto es especialmente práctico en las relaciones humanas y crea un espíritu magnánimo hacia los demás».

Cuando hablamos de visión, es importante no tener sólo en cuenta la visión de lo que es posible «ahí fuera», sino también la visión de lo que vemos en otras personas, de su potencial oculto. La visión se refiere a algo más que simplemente hacer cosas, realizar alguna tarea, lograr algo; se refiere a descubrir y ampliar nuestra visión de los demás afirmándolos, creyendo en ellos, ayudándoles a descubrir y a realizar el potencial que hay en su interior: ayudándoles a encontrar su propia voz.

En muchas culturas orientales la gente se saluda colocando los brazos en forma de V invertida a la altura del pecho y haciendo una reverencia. Con ello están diciendo: «Saludo la grandeza que hay en ti», o «Saludo la divinidad que hay en tu interior». Conozco a una persona que, cuando se encuentra con otra, dice de forma audible o bien en su corazón: «Te amo. ¿Cómo te llamas?». Ver a la gente a través de la lente de su potencial y de sus mejores actos en lugar de verla a través de la lente de su conducta o de su debilidad actual genera energía positiva que se extiende y abraza a los demás. Esta acción afirmadora también es una de las claves para reconstruir relaciones rotas. También es la clave para tener éxito como padres.

> *Me alzáis a mí y yo os alzaré y juntos ascenderemos.*
> PROVERBIO CUÁQUERO

Existe un gran poder en ver a las personas separadas de su conducta porque, al hacerlo, afirmamos su valor fundamental e incondicional. Cuando vemos y reconocemos el potencial de los demás es como si alzáramos ante ellos un espejo que reflejara lo mejor de su interior. Esta visión afirmadora no sólo los libera a ellos para que se conviertan en lo mejor de sí mismos: también nos libera a nosotros de reaccionar a la conducta no deseada. Cuando la gente se comporta muy por debajo de su potencial, nuestra actitud y nuestras palabras afirmadoras se convierten en «Eso no es propio de ti».

Recuerdo que, hace años, mientras realizaba un viaje internacional, me presentaron a un joven de unos 18 años. Había pasado por algunos problemas graves durante su juventud, incluido el abuso de alcohol y de otras drogas. Aunque estaba dando un nuevo rumbo a su vida, mientras los dos conversábamos en privado pude ver que se esforzaba por hallar una sensación de dirección y que dudaba de sí mismo. También pude ver que era un joven muy especial, lleno de grandeza y de verdadero potencial. Irradiaba de su semblante y de su espíritu. Antes de despedirnos, le miré a la cara y le dije que creía que sería una persona de gran influencia en el mundo durante toda su vida y que poseía unos dones y un potencial fuera de lo común.

Casi veinte años después se ha convertido en uno de los hombres más prometedores y capaces que conozco. Tiene una familia maravillosa y es un profesional de gran éxito. Un amigo mío conversó con él hace poco. Durante su conversación, el joven le contó espontáneamente la experiencia que he descrito antes. De ella dijo: «No sabe usted el impacto que aquellos momentos tuvieron en mi vida. Alguien me dijo que yo tenía un potencial que superaba en mucho lo que nunca había imaginado. Aquel pensamiento prendió en mi interior. Y ha tenido la mayor importancia del mundo».

Cultivar el hábito de afirmar a la gente, de darles a conocer con frecuencia y con sinceridad que creemos en ellos —sobre todo si son adolescentes que están pasando por su segunda crisis de identidad— es sumamente importante. Es una inversión relativamente pequeña que produce unos resultados incalculables e increíbles. Recordemos de nuevo el increíble efecto que tiene el hecho de que alguien nos diga que cree en nosotros (nuestro potencial) cuando no creemos en nosotros mismos (nuestra historia).

Disciplina

La disciplina es tan importante como la visión aunque se encuentra en segundo lugar en la cadena. La disciplina representa la segunda creación. Es la ejecución, el hacer que ocurra algo, el sacrificio que supone hacer lo que haga falta para realizar esa visión. La disciplina es fuerza de voluntad encarnada. Peter Drucker observó en una ocasión que el primer deber de un directivo es definir la realidad. La disciplina define la realidad y la acepta; es la voluntad de sumergirse por completo en ella en lugar de negarla. Reconoce los hechos insensibles y brutales de las cosas como son.

> *Cuando la frescura de la mañana ha sido reemplazada por la fatiga del mediodía, cuando la musculatura de las piernas tiembla por la tensión, el ascenso parece interminable y, de repente, nada acaba de salir como queremos: entonces es cuando no debemos dudar.*[6]
> DAG HAMMARSKJÖLD

Sin visión y sin una sensación de esperanza, aceptar la realidad puede ser algo deprimente y desalentador. A veces se define la felicidad como la capacidad de subordinar lo que queremos ahora a lo que querremos más adelante. De este sacrificio personal, del proceso de subordinar los placeres de hoy a un bien superior más distante trata, precisamente, la disciplina.

> *El liderazgo es la capacidad de trasladar la visión a la realidad.*
> WARREN BENNIS

La mayoría de las personas equiparan la disciplina a la ausencia de libertad. «El deber acaba con la espontaneidad», «en el deber no hay libertad», «quiero hacer lo que quiera. Eso, y no el deber, es libertad».

En realidad ocurre todo lo contrario. Sólo las personas disciplinadas son realmente libres. Las indisciplinadas son esclavas de los cambios de humor, de los apetitos y las pasiones.

¿Puede el lector tocar el piano? Yo no. No poseo la libertad de tocar el piano. En ningún momento me he disciplinado para ello. He preferido jugar con mis amigos en lugar de practicar como querían mis padres y mi profesor. No creo que nunca llegara a imaginarme tocando el piano. Nunca tuve la sensación de lo que podría significar, una especie de libertad para crear un arte magnífico que podría ser valioso para mí mismo y para otros durante toda mi vida.

¿Y qué decir de la libertad de perdonar, de pedir perdón? ¿Qué decir de la libertad de amar de una manera incondicional, de ser faros y no jueces, de ser modelos en lugar de criticar? Pensemos en la disciplina que esto supone. La disciplina surge de ser «discípulos» de una persona o de una causa.

El gran educador Horace Mann dijo en una ocasión: «En vano hablan de la felicidad quienes nunca dominan sus impulsos en obediencia a un principio. Quienes nunca han sacrificado un bien presente por otro futuro o un bien personal por otro general sólo pueden hablar de la felicidad como un ciego puede hablar del color».

Recuerdo la lucha interior a la que me enfrenté, como profesor de universidad, cuando a los 50 años decidí abandonar el refugio seguro y las comodidades de enseñar en la universidad para poner en marcha mi propio negocio. De no haber sido por la visión del bien mayor que podía hacer, nunca habría tenido la disciplina necesaria para hacer este sacrificio y emprender el abnegado proceso de fundar un nuevo negocio, volver a hipotecar la casa y meterme en grandes deudas. Incluso se me ocurrió un nuevo lema medio en broma: «La felicidad es una buena liquidez». Pagar las nóminas me costó sudores durante años. Nunca habría podido superar este período tan difícil si no hubiera tenido la visión de lo que era posible ni la disciplina necesaria para perseverar.

Creo firmemente que la disciplina es el rasgo común a todas las personas de éxito. Admiro el trabajo del ejecutivo de seguros Albert E. N. Gray, que dedicó toda su vida a tratar de descubrir el común denominador del éxito. Al final llegó a la simple pero profunda conclusión de que si bien el esfuerzo en el trabajo, la buena suerte y las relaciones humanas inteligentes son importantes, la persona de éxito ha «desarrollado el hábito de hacer las cosas que quienes fracasan no gustan de hacer».[7] Y no es que a quienes tienen éxito les guste hacerlas, pero su desagrado cede ante la fuerza de su propósito.

Las personas que carecen de disciplina y son incapaces de subordinarse y sacrificarse, simplemente juegan a trabajar. En cierto sentido, cada día de trabajo es como un largo baile de máscaras. Se pasan el día creando cortinas de humo, escribiendo correos electrónicos donde detallan en qué están trabajando, comunicando por teléfono el progreso de sus proyectos, entablando largas discusiones sobre la manera de hacer las cosas. En general, la gente que dedica su tiempo a preparar excusas es la que carece de norte y de disciplina. Los contratiempos son inevitables; el sufrimiento es una opción. Siempre hay razones, nunca hay excusas.

Pasión

La pasión nace del corazón y se manifiesta en forma de optimismo, entusiasmo, conexión emocional, determinación. Alimenta un impulso implacable. El entusiasmo está profundamente arraigado en la capacidad de elegir, no en las circunstancias. Para quien siente entusiasmo, la mejor manera de predecir el futuro es crearlo. En el fondo, el entusiasmo se convierte en un imperativo moral, haciendo que la persona forme parte de la solución en lugar de ser parte del problema de sentirse desesperada e impotente.

Aristóteles dijo: «Donde los talentos y las necesidades del mundo se cruzan, ahí esta vuestra vocación». Nosotros podríamos decir: «Ahí está nuestra pasión, nuestra voz», lo que llena de energía nuestra vida y nos da impulso. Es el combustible que se encuentra en el corazón de la visión y de la disciplina. Hace que sigamos adelante cuando todo lo demás nos dice que abandonemos. Cuando un médico preguntó a un paciente cuántas horas trabajaba a la semana, el hombre respondió: «No lo sé. ¿Cuántas horas a la semana respiramos?» Cuando la vida, el trabajo, el juego y el amor giran en torno a lo mismo, ¡sentimos pasión!

La clave para crear pasión en nuestra vida es hallar nuestro talento personal, nuestro papel y nuestro propósito en el mundo. Es fundamental que nos conozcamos a nosotros mismos antes de decidir cuál es el trabajo que queremos hacer.* El principio filosófico griego «Conócete a ti mismo, contrólate a ti mismo, date a ti mismo», es muy acertado y está exquisitamente ordenado. Nuestro talento, nuestra misión o nuestro papel en la vida en general se descubren en lugar de inventarse. El conocido creador, cineasta y escritor sir Laurens van der Post escribió:

> Debemos mirar hacia dentro para vernos a nosotros mismos, mirar en este recipiente que es nuestra alma; mirarlo y escucharlo. Hasta que no hayamos escuchado eso que sueña a través de nosotros, en otras palabras, hasta que no hayamos respondido a la llamada en la puerta que se halla en la oscuridad, no podremos salir de este momento en el tiempo en el que estamos prisioneros para volver al nivel donde el gran acto de la creación sigue actuando.

---

* El lector puede consultar, gratuitamente, un folleto electrónico y una grabación en formato MP3 sobre los principios fundamentales de forjarse una carrera, incluidos temas como «Cómo obtener cualquier trabajo que queramos», en <www.The8thHabit.com/offers>.

Quienes hacen grandes contribuciones a la vida son quienes, aún temerosos de la llamada a la puerta, responden a ella. El coraje es la esencia de la pasión y, como dijo una vez Harold B. Lee, es «la cualidad de toda virtud que actúa en su mayor momento de prueba».[8]

Un error muy común es pensar que la habilidad de una persona es su talento. Sin embargo, las habilidades no son talentos. Por otro lado, el talento exige habilidad. Una persona puede tener habilidades y conocimientos en áreas donde no tiene talento. Si tiene un trabajo que exige su habilidad pero no su talento, su organización no sacará partido de su pasión ni de su voz. Cumplirá con las formalidades, pero ello sólo hará que parezca necesitar una supervisión y una motivación externas.

Si podemos contratar a personas cuya pasión coincida con su trabajo, no necesitarán supervisión. Se controlarán ellas mismas mejor que nadie. Su ardor procede del interior, no del exterior. Su motivación es interna, no externa. Pensemos en las veces que nos hemos sentido apasionados ante un proyecto, algo tan atractivo y absorbente que difícilmente podíamos pensar en otra cosa. ¿Hacía falta que alguien nos controlara o supervisara? Por supuesto que no; el solo pensamiento de que alguien nos dijera cuándo y cómo hacerlo nos hubiera parecido insultante.

Cuando podemos entregarnos a un trabajo que combina una necesidad con nuestro talento y nuestra pasión, nuestro poder se libera.

Conciencia

> *Trabajad para mantener viva [...] esa pequeña llama del fuego celestial, la conciencia.*[9]
> GEORGE WASHINGTON

Mucho se ha dicho desde el principio de este libro sobre la importancia singular de la conciencia. Existen muchísimas pruebas de que la conciencia, este sentido moral, esta luz interior, es un fenómeno universal. La naturaleza espiritual o moral de la persona también es independiente de la religión y de cualquier enfoque religioso concreto, así como de la cultura, la geografía, la nacionalidad o la raza. Pero todas las grandes tradiciones religiosas del mundo coinciden cuando se trata de ciertos principios o valores básicos subyacentes.

Immanuel Kant dijo: «Hay dos cosas que nunca dejan de asombrarme; el cielo estrellado sobre mi cabeza y la ley moral en mi interior». La conciencia es la ley moral de nuestro interior. Es donde coinciden la ley moral y la conducta. Muchos creen, como creo yo, que es la voz de Dios que habla a sus hijos. Otros pueden no compartir esta creencia pero reconocen que existe una sensación innata de equidad y de justicia, un sentido innato del bien y del mal, de lo que está bien y lo que está mal, de lo que contribuye y lo que resta, de lo que embellece y lo que destruye, de lo que es verdadero y lo que es falso. Hay que reconocer que la cultura traduce este sentido moral básico a diferentes clases de prácticas y de palabras, pero esta traducción no niega el sentido subyacente del bien y del mal.

Cuando trabajo en países con distintas religiones y culturas, veo manifestarse una y otra vez esta conciencia universal. Sin duda hay un conjunto de valores, un sentido de la *justicia*, de la *honestidad*, del *respeto* y de la *contribución* que trasciende la cultura, algo eterno que trasciende las épocas y que al mismo tiempo es claramente manifiesto. En realidad, es tan manifiesto como el hecho de que la confianza exige honestidad.

CONCIENCIA Y EGO

La conciencia es esa vocecita de nuestro interior. Es tranquila. Es pacífica. El ego es tirano, déspota y dictador.

El ego se centra en la propia supervivencia, en el propio placer y en la propia mejora sin tener en cuenta a los demás: su ambición es egoísta. Contempla las relaciones en función de que supongan o no una amenaza, como los niños pequeños que clasifican a todas las personas como «buenas» o «malas». En cambio, la conciencia democratiza y eleva el ego hasta un sentido más grande del grupo, del todo, de la comunidad, del bien mayor. Contempla la vida en función del servicio y de la contribución, en función de la seguridad y la realización de los demás.

El ego actúa ante las verdaderas crisis pero no tiene criterios para determinar su gravedad o su amenaza. La conciencia tiene unos criterios sólidos y detecta el grado de amenaza. Posee un amplio repertorio de respuestas. Tiene la paciencia y la sabiduría necesarias para decidir qué hacer y cuándo hacerlo. La conciencia ve la vida como un continuo. Es capaz de una compleja adaptación.

El ego no descansa. Lo controla todo. El ego impide nuestro facultamiento. Reduce nuestra capacidad. Descuella en el control. La conciencia venera profundamente a las personas y ve su potencial de autocontrol. La conciencia nos faculta. Refleja el valor y la valía de todas las personas y afirma su capacidad y su libertad para elegir. Entonces surge el autocontrol natural que no está impuesto ni desde arriba ni desde el exterior.

El ego se siente amenazado por el *feedback* negativo y castiga al mensajero. Interpreta todos los datos en función de su supervivencia. Censura información constantemente. Niega gran parte de la realidad. La conciencia valora la información e intenta distinguir la verdad que pueda contener. No teme la información y puede interpretar lo que ocurre con precisión. No tiene necesidad de censurar la información y está abierta a concebir la realidad desde cualquier dirección.

El ego es miope e interpreta la totalidad de la vida en función de su agenda. La conciencia actúa como un ecólogo social que escucha y siente la totalidad del sistema y del entorno. Llena el cuerpo de luz, es capaz de democratizar el ego para que refleje con más precisión el mundo entero.

MÁS IDEAS SOBRE LA CONCIENCIA

La conciencia es sacrificio, es subordinar el propio yo o el propio ego a un propósito, una causa o un principio superior. En el fondo, sacrificio significa renunciar a algo bueno por algo mejor. Pero, en la mente de la persona que se sacrifica, en realidad no hay sacrificio: sólo hay sacrificio a ojos del observador.

Los sacrificios pueden adoptar muchas formas cuando se manifiestan en las cuatro dimensiones de nuestra vida: pueden ser sacrificios físicos o económicos (el cuerpo); pueden consistir en cultivar una mente abierta e inquisitiva y eliminar los propios prejuicios (la mente); pueden ser el mostrar a los demás un respeto y un amor muy profundos (el corazón); pueden ser el subordinar la propia voluntad a una voluntad superior en aras de un bien mayor (el espíritu).

> *Una nueva filosofía, una nueva manera de vivir, no se conceden a cambio de nada. Se deben pagar caras y sólo se pueden lograr con mucha paciencia y gran esfuerzo.*
> FIODOR DOSTOIEVSKI

La conciencia nos enseña que los fines y los medios son inseparables, que, en realidad, los fines preexisten en los medios. Immanuel

Kant enseñaba que los medios empleados para lograr los fines son tan importantes como los fines mismos. Maquiavelo enseñaba lo contrario, que los fines justifican los medios.

Consideremos las siete cosas que, según las enseñanzas de Gandhi, nos acabarán destruyendo. Si las estudiamos despacio y con atención, veremos que cada una de ellas representa de una manera muy poderosa un *fin* que se alcanza con unos *medios* carentes de principios o de valor:

- Riqueza sin trabajo
- Placer sin conciencia
- Conocimiento sin carácter
- Comercio sin moral
- Ciencia sin humanidad
- Adoración sin sacrificio
- Política sin principios

¿No es interesante que cada uno de estos fines admirables se puedan alcanzar de forma inadecuada? Pero si alcanzamos un fin admirable empleando medios incorrectos, ese fin se acabará convirtiendo en polvo en nuestras manos.

LOS MANDAMIENTOS PARADÓJICOS

1. La gente es ilógica, poco razonable y egocéntrica. Ámala de todos modos.

2. Si haces el bien, la gente te atribuirá motivos egoístas ocultos. Haz el bien de todos modos.

3. Si tienes éxito, obtendrás falsos amigos y verdaderos enemigos. Ten éxito de todos modos.

4. El bien que hagas hoy será olvidado mañana. Haz el bien de todos modos.

5. La honestidad y la franqueza te vuelven vulnerable. Sé honesto y franco de todos modos.

6. A los hombres y mujeres más grandes con las más grandes ideas pueden dispararles los hombres y mujeres más pequeños con las mentes más pequeñas. Aspira a ser grande de todos modos.

7. La gente favorece a los desvalidos pero sigue sólo a los afortunados. Lucha por algunos desvalidos de todos modos.

8. Lo que pases años construyendo puede destruirse de la noche a la mañana. Construye de todos modos.

9. La gente verdaderamente necesita ayuda pero puede atacarte si la ayudas. Ayuda a la gente de todos modos.

10. Da al mundo lo mejor que tienes y recibirás una patada en los dientes. Da al mundo lo mejor que tienes de todos modos.

KENT M. KEITH

En nuestros tratos comerciales sabemos qué personas son honradas con nosotros y mantienen sus promesas y sus compromisos. También conocemos bien a quienes son arteros, falsos y deshonestos. Y aunque firmemos un contrato legal con alguien deshonesto, ¿de verdad confiamos en que lo respete y mantenga su palabra?

Es la conciencia la que nos dice constantemente el valor de los fines y los medios y que son inseparables. Pero es el ego el que nos dice que el fin justifica los medios, ignorando que un fin valioso nunca se puede alcanzar empleando medios indignos. Quizá parezca posible, pero hay consecuencias no buscadas que al principio no se ven y que acaban destruyendo el fin. Por ejemplo, podemos gritar a nuestros hijos diciéndoles que ordenen sus habitaciones, y si nuestro fin es que las habitaciones estén ordenadas, eso será lo que conseguiremos. Pero garantizo al lector que este medio no sólo va a influir negativamente en las relaciones, sino que las habitaciones no estarán ordenadas cuando nos ausentemos de casa unos cuantos días.

> *Sabiduría significa que los mejores fines se persiguen con los mejores medios.*[10]
> FRANCES HUTCHESON

La conciencia altera profundamente la visión, la disciplina y la pasión introduciéndonos en el mundo de las relaciones. Nos hace pasar de un estado independiente a un estado interdependiente. Cuando esto sucede, todo cambia. Nos damos cuenta de que la visión y los valores se deben compartir para que la gente esté dispuesta a aceptar la disciplina institucionalizada de las estructuras y los sistemas que encarnan esos valores compartidos. Esta visión común crea disciplina y orden sin exigirlos. La conciencia suele proporcionar el *por qué*, la visión identifica el *qué* (lo que tratamos de lograr), la disciplina representa el *cómo* (la manera de lograrlo) y la pasión representa la fuerza de los sentimientos que hay detrás del por qué, el qué y el cómo.

La conciencia transforma la pasión en compasión. Genera una preocupación sincera por los demás, una combinación de solidaridad y empatía donde el dolor de uno es compartido y recibido. La compasión es la expresión interdependiente de la pasión. JoAnn C. Jones, colaboradora de *Guideposts*, relata una experiencia en la que un profesor de universidad le enseñó a vivir y a aprender bajo la guía de su conciencia:

En el segundo mes que pasé en la escuela de enfermería, nuestro profesor nos puso una prueba con varias preguntas. Como era una alumna muy aplicada fui respondiendo a las preguntas con toda facilidad hasta que leí la última: ¿Cuál es el nombre de pila de la mujer encargada de la limpieza del centro?

Seguro que se trataba de una broma. Había visto a la mujer de la limpieza varias veces. Era alta, de pelo oscuro y rondaba la cincuentena, pero ¿cómo iba yo a saber cuál era su nombre? Entregué el examen con la última pregunta en blanco.

Antes de que acabara la clase, un alumno preguntó si la última pregunta iba a contar para la calificación de la prueba. «Por supuesto», dijo el profesor. «En vuestra carrera conoceréis a muchas personas. Todas son importantes. Merecen toda vuestra atención aunque todo lo que hagáis sea sonreír y saludarles».

Nunca he olvidado esa lección. Ni que aquella mujer se llamaba Dorothy.[11]

Cuando la gente se esfuerza por vivir según su conciencia, el resultado es integridad y serenidad. William J. H. Boetcker, pastor presbiteriano de origen alemán y conferenciante/escritor sobre la motivación, dijo a principios del siglo XX: «Para conservar vuestro amor propio es mejor que contrariéis a los demás haciendo lo que sabéis que está bien que complacerlos temporalmente haciendo lo que sabéis que está mal». A su vez, el amor propio y la integridad producen en quienes los poseen la capacidad de ser al mismo tiempo amables y valientes con los demás: *amables* en el sentido de mostrar gran respeto y veneración por ellos, por sus opiniones, sus sentimientos, sus experiencias y convicciones; *valientes* en el sentido de expresar sus propias convicciones sin amenazas personales. La interacción entre distintas opiniones puede producir terceras alternativas que son mejores que lo que cada persona haya propuesto inicialmente. Esto es verdadera sinergia, donde el todo es mayor que la suma de las partes.

La gente que no vive de acuerdo con su conciencia no sentirá esta integridad y esta serenidad interior. Verán que su ego intenta controlar las relaciones. Aunque puedan fingir o simular amabilidad y empatía de vez en cuando, usarán unas formas sutiles de manipulación e incluso llegarán a comportarse de una forma amable pero dictatorial.

La victoria personal de la integridad es la base para las victorias públicas de establecer una visión, una disciplina y una pasión comunes. El liderazgo se convierte en una tarea interdependiente en lugar de convertirse en una interacción inmadura entre unos dirigentes fuertes, independientes y gobernados por el ego, y unos seguidores obedientes y dependientes.

Película: *Stone*

Hay un hombre en Uganda que ilustra a la perfección el poder de dejar que la conciencia guíe con sabiduría nuestra visión, nuestra disciplina y nuestra pasión. Su nombre es Stone y fue un gran jugador de fútbol. El sueño de cualquier niño de Uganda es llegar a ser un futbolista muy bueno y acabar fichando por algún club europeo. Y Stone estaba en la mira de varios clubes importantes cuando, durante un partido, un contrario le hizo una entrada que le destrozó la rodilla. Su carrera profesional se acabó.

Stone pudo haber abrigado deseos de venganza. Pudo haberse deleitado en la autocompasión o vivir a costa de su celebridad durante toda la vida. Pero no lo hizo. En lugar de ello, eligió su respuesta. Usó su imaginación (visión) y su conciencia para inspirar e influir a niños y jóvenes «problemáticos» de Uganda que, de lo contrario, se habrían perdido en la vida por carecer de posibilidades de trabajo, de modelos que seguir y de esperanza.

Quisiera invitar al lector a que vea a Stone en acción. Deseo que sienta su espíritu, su corazón y su visión. Podemos ver la historia de Stone en un cortometraje breve, impactante y premiado que encontrará en www.franklincoveymex.com. Sé que disfrutará de la experiencia.

Mientras ve la pelicula le recomiendo que observe cómo supera Stone el impulso cultural hacia la venganza recurriendo a sus dones de nacimiento. Que observe cómo ha pagado personalmente el precio en forma de sacrificio y de disciplina. Y que observe también que, en su implacable pasión, tendió la mano a los jóvenes de su país para que también ellos pudieran aprender a gobernar su propia vida guiándose por su conciencia, además de tener la visión de convertirse primero en buenos futbolistas, de alcanzar luego la independencia económica y de llegar a ser adultos, padres y ciudadanos responsables. Que observe, por último, que Stone comunicó la valía y el potencial de estos jóvenes con tal claridad que éstos se sintieron inspirados para verlo en sí mismos.

Puede que al lector le interese saber que un colega mío visitó a Stone en Uganda varios años después de que se rodara la película. Me puso al corriente de la vida que llevaba: «Me impresionó enormemente su *equilibrio* de cuerpo, mente, corazón y espíritu. Estaba muy activo físicamente y no dejaba de enseñar fútbol a sus chavales, ¡seis equipos al día! Su mente está muy alerta, siempre a la busqueda de nuevas formas de cumplir su misión de guiar a los jóvenes hacia nuevos horizontes. Es cristiano pero vive en un barrio musulmán y su casero también es musulmán. Sus actividades cotidianas generan paz y armonía en su vecindario. Desde el punto de vista social se interesa por cada niño, padre o persona que encuentra. Su carácter y su profunda integridad me emocionaron muchísimo más que lo que se dice de él en la película».

Primera parte: Encontrar una voz propia: resumen y un reto final

Ahora que nos acercamos al final de esta sección dedicada a encontrar nuestra voz, volvamos atrás y conectemos de nuevo con nuestros principales propósitos.

Sabemos que existe una dolorosa distancia entre poseer un gran potencial y llegar a plasmarlo en una vida de grandeza y de contribución, entre ser consciente de los enormes problemas y retos del trabajo y desarrollar la fuerza interior y la autoridad moral para superar esos problemas y ser una fuerza importante en su resolución.

Vuelvo a recomendar al lector esta sencilla manera de plantearse la existencia: ser una persona completa (cuerpo, mente, corazón y espíritu), con cuatro necesidades básicas (vivir, aprender, amar, dejar un legado), cuatro inteligencias o capacidades (física, mental, emocional y espiritual) y sus manifestaciones más elevadas (disciplina, visión, pasión y conciencia), que en su conjunto representan las cuatro dimensiones de la voz (necesidad, talento, pasión y conciencia).

PERSONA COMPLETA	4 NECESIDADES	4 INTELIGENCIAS/ CAPACIDADES	4 ATRIBUTOS	VOZ
CUERPO	Vivir	Inteligencia física (IF)	Disciplina	Necesidad («Ver» cómo satisfacer necesidades)
MENTE	Aprender	Inteligencia mental (IM)	Visión	Talento (Concentración disciplinada)
CORAZÓN	Amar	Inteligencia emocional (IE)	Pasión	Pasión (Hacer con ardor)
ESPÍRITU	Dejar un legado	Inteligencia espiritual (IES)	Conciencia	Conciencia (Hacer lo correcto)

Tabla 1

Cuando respetamos, desarrollamos, integramos y equilibramos estas inteligencias y sus manifestaciones más elevadas, la sinergia entre ellas alumbra nuestro *fuego interior* y encontramos nuestra voz. Quizá al lector le interese saber que presenté por primera vez la idea y el lenguaje del «fuego interior» en el libro *Primero, lo primero*,* que escribí junto con Roger y Rebecca Merrill. Años después, el comité organizador de los Juegos Olímpicos de Invierno de 2002 de Salt Lake City me llamó solicitándome autorización para usar como tema central de los juegos el lema «Alumbremos el fuego interior». Sin dudarlo, les dije: «Por supuesto; para nosotros será un honor». Me sentí muy inspirado y emocionado al ver cómo usaban el tema «Alumbremos el fuego interior» para representar el magnífico potencial del espíritu humano. Varias semanas después de los juegos, Mitt Romney, presidente del comité olímpico de Salt Lake City, me dijo que, por lo que él sabía, era la primera vez en la historia de los juegos olímpicos que los organizadores habían tenido éxito en crear un tema duradero que realmente hubiera «prendido» en el corazón y en la mente de los atletas, los voluntarios y los espectadores de todo el mundo.

En el capítulo 1, propuse que la *voz* (véase la figura 5.4) se encuentra en la intersección entre el *talento* (nuestros dones y virtudes naturales), la *pasión* (las cosas que nos infunden vigor, que nos apasionan, nos motivan y nos inspiran de una manera natural), la *necesidad* (incluyendo lo que necesita el mundo) y la *conciencia* (esa vocecita interior que nos dice qué está bien y que nos impulsa a hacerlo).

Figura 5.4

* Barcelona, Paidós, 1997.

También decía que cuando nos dedicamos a un trabajo (profesional, en la comunidad, en la familia) que aprovecha nuestro *talento* y alimenta nuestra *pasión*, que surge de una gran *necesidad* en el mundo a la que nuestra *conciencia* nos impulsa a responder, que ahí se encuentra nuestra voz, nuestra vocación, la clave de nuestra alma.

Quizás el lector haya observado la similitud entre estas cuatro dimensiones de la voz y los cuatro atributos personales del liderazgo: visión, disciplina, pasión y conciencia (véase la figura 5.5). Dos de estos términos, pasión y conciencia, son idénticos. Los otros dos, *talento* y *necesidad*, son paralelos a *disciplina* y a *visión*. En realidad, si trasladáramos el círculo de la «conciencia» (sombreado para indicar su papel central y preeminente) de la figura 5.4 hasta el centro, tendríamos el mismo modelo.

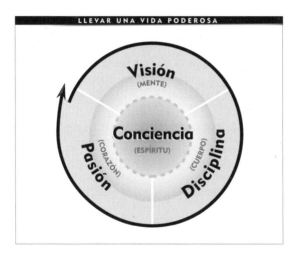

Figura 5.5

Estas cuatro dimensiones de la *voz* se ilustran a la perfección en la historia de Muhammad Yunus. ¿Cómo halló su voz? En primer lugar fue consciente de una *necesidad*. La voz de la *conciencia* le inspiró para que pasara a la acción. Puesto que su talento estaba a la altura de la necesidad, *disciplinó* su *talento* para ofrecer una solución. El trabajo que suponía la solución no sólo sacaba partido de su talento, sino que también alimentaba su *pasión*. De la *necesidad* surgió la *visión*: la visión de multiplicar la capacidad de las personas y de las instituciones para paliar necesidades similares en todo el mundo, inspirando de este modo a los demás para que encuentren *su* voz.

Con el final de la primera parte, «Encontrar una voz propia», presento al lector una promesa y un reto. Mi promesa: si el lector aplica estas cuatro capacidades —talento (disciplina), necesidad (visión), pasión y conciencia— a cualquier rol de su vida, podrá hallar su voz en ese rol. Mi sencillo reto: que el lector tome dos o tres de los principales roles de su vida y que, para cada uno de ellos, se plantee las cuatro preguntas siguientes:

1. ¿De qué *necesidad* soy consciente (en mi familia, en mi comunidad, en la organización para la que trabajo)?
2. ¿Poseo un verdadero *talento* que, si se disciplina y se aplica, puede paliar esa necesidad?
3. ¿La oportunidad de paliar esa necesidad alimenta mi *pasión*?
4. ¿Me inspira mi *conciencia* para que me comprometa y pase a la acción?

Si el lector puede responder afirmativamente a las cuatro preguntas y establece el *hábito* de desarrollar un plan de actuación para luego llevarlo a la práctica, le garantizo que empezará a encontrar su verdadera voz en la vida: una vida de profundo sentido, satisfacción y grandeza.

Pasemos ahora a la segunda parte, «Inspirar a los demás para que encuentren su voz».

Preguntas y respuestas

P: Este enfoque del liderazgo personal, ¿podría ayudarme a resolver uno de mis problemas de siempre: perder peso y mantenerme en forma?

R: Si usted es como la mayoría de la gente, habrá tomado de vez en cuando la resolución de ponerse en forma y, en la mayor parte de los casos, esto suele suponer perder algo de peso. Con frecuencia, ponerse en forma no significa más que cambiar la grasa por músculo, algo que en realidad puede hacernos ganar peso porque el músculo pesa casi el doble que la grasa. Sin embargo, nuestra tarea fundamental es ponernos en forma y llegar a estar físicamente sanos, fuertes y en forma. Ésta es la visión. ¿Cuál es la disciplina? Normalmente supone seguir un estricto régimen de ejercicio, una alimentación adecuada, descansar y controlar el estrés. La pasión representa la profundidad del sentimiento, el compromiso emocional y el impulso. La conciencia proporciona el por qué, la razón, las causas por las que vale la pena estar sano con el fin de poder vivir más, mantener adecuadamente a nuestra familia, ayudar a criar a nuestros nietos o, simplemente, sentirnos mejor. También veremos que si la motivación sólo es externa —tener mejor aspecto, vanidad, un cambio de estación, un propósito de año nuevo, etc.—, ésta casi siempre perderá su poder y dejará de mantenerse porque la causa no es digna de ese compromiso total. Antes de hacer una mala elección en relación con la comida, habituémonos a decirnos interiormente: «Mi tentación es emocional y resistirme me ayudará a perder peso y a fortalecer mi carácter. Además, no hay sabor que supere la sensación de estar delgado».

Es muy normal caer en el desaliento a causa del ciclo de marcarse el objetivo de perder peso y luego abandonarlo al cabo de unos días o incluso unas horas. Muchos se lamentan: «No soy disciplinado». Mi experiencia es que el mayor problema no es la disciplina; es que aún no hemos pagado el precio de la visión, que aún no estamos conectados con nuestros valores y nuestras motivaciones más profundas (conciencia), con las cosas que más nos importan. Lo ilustraré con la experiencia de un amigo.

Había trabajado mucho a lo largo de mi carrera. Cuando llegué a los cuarenta y cinco años de edad ya disfrutaba de mucho éxito. También pesaba unos treinta kilos de más porque comía compulsivamente en momentos de estrés y el trabajo no me dejaba tiempo para hacer ejercicio de una manera regular. Cuando cumplió cinco años, mi hijo Logan me regaló un libro sobre la vida sana. Su madre le había ayudado a escribir en el interior las siguientes palabras: «Papá, para mi cumpleaños de este año quiero que estés sano. Quiero que estés mucho tiempo conmigo». Buen golpe, sí señor. ¡Uy!

Este ruego de mi hijo cambió por completo mi manera de ver la forma de vida que llevaba. El hecho de comer y de no hacer ejercicio físico con regularidad ya no era una elección exclusivamente mía. De repente comprendí que estaba creando un legado muy poco sano para mis hijos. Como modelo les estaba enseñando que el propio cuerpo carecía de importancia, que el autocontrol carecía de importancia, que lo único por lo que valía la pena esforzarse en esta vida era por el dinero y el prestigio. Me di cuenta de que mi responsabilidad para con mis hijos suponía algo más que atender únicamente a sus necesidades físicas, económicas y emocionales. También suponía ofrecerles un modelo sano en el que pudieran basar su vida. Y no lo estaba haciendo.

Así que me comprometí a ser una persona sana por mis hijos. No a perder peso, sino a ser una persona sana. Ésta es la clave para mí. Mi compromiso tenía que ser con algo que tuviera verdadero valor para mí. Antes ya había probado muchas dietas y muchos programas de ejercicio. Normalmente, todo iba bien hasta que volvía a enfrentarme a una situación de estrés. El hecho de que perder peso fuera la motivación que me inspiraba no era suficiente. Pero mis hijos sí que son lo bastante importantes. Me importan lo suficiente como para poder tomar decisiones sanas. Me marqué el objetivo de que quería estar sano. Quería ser una persona vital, tener energía para jugar con mis hijos después del trabajo, poder jugar en el torneo de softball de la empresa sin quedarme sin resuello al correr hacia la primera base. Como medio para alcanzar ese objetivo me impuse una dieta y un programa de ejercicios. La clave residía en que ni la dieta ni el programa eran el objetivo. El objetivo era estar sano para mis hijos. Decidí compartir mi objetivo con otra persona que también quería estar sana. Ahora trabajamos juntos en un programa de ejercicios. Me aseguré de reservar tiempo para poder alcanzar mis objetivos. Aprendí a saber cuándo debía dejar de trabajar y a prestar atención a las necesidades de mi cuerpo.

Han pasado dos años desde que cambié mi manera de pensar. Ya no me esfuerzo por salir de la cama. Hacer ejercicio forma parte de mi vida. Ya no pienso en abandonar el programa de ejercicios como hacía al principio. Naturalmente, aún hay días en que no cumplo del todo. Pienso que estoy cansado, que tengo un esguince en el tobillo, que me duele la cabeza, que hace demasiado calor. Algunos días simplemente me convenzo de no salir a correr. Pero ahora me es mucho más fácil volver al buen camino. Al tener este objetivo superior, este mayor compromiso con alguien a quien amo más que a mí mismo, puedo volver al buen camino de inmediato.

P:¿Qué nos puede decir de conseguir un trabajo?

R: Ponerse en forma es, básicamente, un esfuerzo independiente. Es evidente que conseguir el trabajo que queremos es un esfuerzo altamente interdependiente que depende del desarrollo efectivo de la influencia en otras personas.

Consideremos detenidamente cómo podemos conseguir el trabajo que queremos examinando los mismos cuatro atributos de la influencia personal: visión, disciplina, pasión y conciencia. La clave está en los cuatro. Si omitimos alguno de ellos nos será mucho más difícil conseguir el trabajo que queremos y, si lo conseguimos, no seremos capaces de mantener nuestro compromiso ni lo que este compromiso exige de nosotros.

Supongamos que el mercado laboral es muy precario y que la mayoría de las empresas despiden más personal del que contratan, sobre todo en la industria en la que queremos trabajar y en la ciudad en la que queremos vivir. ¿Cómo podemos conseguir el trabajo deseado?

En primer lugar, para poder tener una visión, debemos saber de qué trabajo se trata. Usemos la disciplina para entender qué supone en realidad ese trabajo. Usemos la disciplina para comprender el trabajo, para comprender la organización de la que queremos ser empleados, para comprender los requisitos especiales del trabajo y para comprender el mercado con el fin de entender las fuerzas que entran en juego, incluyendo la competición, las carencias y necesidades de los clientes y las características y tendencias de esa industria. En otras palabras, paguemos el precio de comprender los retos y los problemas a los que se enfrenta la organización a la que nos queremos incorporar.

A continuación, identifiquemos cuál es nuestra pasión; por ejemplo: ¿refleja este trabajo de una manera especial nuestro talento, nuestros dones, nuestros intereses, nuestras capacidades y nuestras aptitudes? Si es así, ¿nos dice nuestra conciencia que este trabajo es digno de nuestro compromiso? Si es así, ¿podemos imaginarnos trabajando de esa manera?

Tras haber hecho toda esta tarea preliminar ya estamos listos para pasar a la entrevista de trabajo, pero no como otro problema que el entrevistador deba afrontar, sino como una solución a los problemas a los que se enfrentan quienes toman decisiones.

Mostremos que comprendemos sus problemas más importantes mucho mejor que la mayoría de las personas a las que dan trabajo actualmente. Mostremos un nivel de pasión y de compromiso que permita afrontar su situación mejor que la mayoría de las personas a las que dan trabajo. Si fuera necesario, propongamos un período de prueba, aunque sea sin cobrar, hasta que se convenzan de que somos mejor solución a su problema que cualquier otra persona que estén considerando contratar o que muchas de las que ya tienen empleadas simplemente porque somos unos líderes. Tomamos iniciativas para hacer que ocurran cosas buenas. No esperamos a que se nos digan las cosas. Siempre actuamos, pero nunca lo hacemos sin pensar. Somos muy conscientes. Somos muy sensibles. Somos muy empáticos y respetuosos.

También abordamos este proceso de encontrar trabajo siguiendo unos principios. No exageramos para impresionar, no engañamos, no manipulamos, no mentimos, no hacemos trampas, no aparentamos, no rebajamos a los demás. Nos concentramos totalmente en las necesidades de la organización, en sus inquietudes y sus problemas, y en las necesidades, inquietudes y problemas de sus clientes. Usamos este lenguaje. Quienquiera que adopte este enfoque ante alguien que tome decisiones captará su atención y, en la mayoría de los casos, le impresionará vivamente por la profundidad de su preparación, su disciplina y su buena disposición a pagar el precio y sacrificarse.

Con los años he dado este consejo una y otra vez a muchas personas. Un pequeño porcentaje de ellas lo han seguido y en casi todos los casos han tenido éxito en obtener el trabajo que querían. Normalmente también les recomiendo que estudien la última edición del libro de Richard Bolles *What color is your parachute?* para que les ayude a comprender mejor este proceso.

P:¿Qué nos puede decir de alcanzar el equilibrio en la vida?

R: Según se desprende de múltiples estudios, uno de los principales desafíos al que se enfrenta la mayoría de las personas es el equilibrio en la vida. La gente tiende a centrarse tanto en el trabajo y en otras actividades apremiantes que éstas acaban desplazando las relaciones y las actividades que en el fondo aprecian más. Acaban convirtiéndose en adictas a la urgencia.

Ilustraré una solución mediante la historia de un hombre que cayó atrapado en esta vorágine de urgencia. Obsérvese que dedicó tiempo a pensar en lo que más le importaba (conciencia, visión y pasión), y que luego utilizó estos criterios para decidir de una manera creativa cómo organizar su vida para que estuviera en armonía con sus prioridades (disciplina) y crear en su vida el equilibrio que deseaba. Obsérvese también que la solución surgió de la sinergia con su esposa. He aquí su verdadera historia contada con sus propias palabras:

Siempre he mantenido una amistad muy especial con mi madre. Hemos superado juntos una serie de dificultades y esto ha creado una relación maravillosa. En una época de mi vida, aunque amaba a mi madre y realmente disfrutaba estando junto a ella, me dejé atrapar por mis compromisos con el trabajo, la comunidad y mi propia familia. Estaba tan ocupado que pasaban semanas antes de que pudiera hacer una rápida llamada telefónica para saber cómo le iban las cosas. Y cuando conseguía encontrar un hueco para poder visitarla, apenas nos habíamos sentado para hablar y ya tenía que marcharme: otra reunión a la que asistir, otro plazo de entrega que cumplir. Mi contacto con aquella mujer maravillosa estaba prácticamente en manos del azar.

Mi madre nunca me presionó para que la visitara con más frecuencia, pero a mí no me gustaba aquella situación. Sabía que mi vida estaba fuera de control si no podía pasar un rato con mi madre con regularidad. Así pues, mi esposa y yo nos devanamos los sesos tratando de hallar una solución. Ella propuso encontrar un momento cada semana o cada dos que fuera conveniente para nuestra familia y para mi madre. Cuando miramos el calendario, vimos que mi mujer tenía ensayo con el coro cada miércoles por la noche. Y reservé esas noches para estar con mi madre.

Ahora mi madre sabe que cada una o dos semanas iré a verla una noche concreta y a una hora concreta. No tengo que marcharme al cabo de diez minutos y las interrupciones son pocas. Si quiere hacer un poco de ejercicio salimos juntos a dar un paseo. En otras ocasiones me hace la cena. A veces la llevo de compras al centro comercial, que está más lejos de lo que se atreve a ir en su coche. Hagamos lo que hagamos, siempre hablamos: sobre la familia, sobre temas de actualidad, sobre recuerdos.

Cada noche que paso con mi madre es un oasis de paz en mi atareada vida. Le diré a mi esposa que es una de las mejores sugerencias que me ha hecho nunca.

Esta breve y hermosa historia no es más que una ilustración de lo que se puede hacer cuando concentramos nuestro corazón y nuestra mente en lo que de verdad importa y luego vivimos con integridad para hacerlo. Cuando mi propio padre murió, decidí que iba a mantener e incluso intensificar mi relación muy especial con mi madre por el nuevo vacío en su vida. Decidí que, a pesar de tener un programa de viajes muy denso y sin importar dónde me encontrara, la llamaría por teléfono cada día durante el resto de su vida. Aunque vivíamos a unos ochenta kilómetros de distancia, también hice un esfuerzo especial para visitarla por lo menos cada dos semanas. Vivió diez años más y apenas puedo expresar la profundidad de mi gratitud por su vida y por los preciosos momentos que pasamos juntos.

Aprendí que cuando nos comunicamos con frecuencia con otra persona llegamos a un nuevo nivel de comprensión pleno de matices. Encontré que la llamada telefónica diaria no era tan diferente de nuestros encuentros quincenales; nos sentíamos tan cerca el uno del otro, tan abiertos y tan auténticos como cuando estábamos juntos. Era como una conversación continua. En el fondo no importaba mucho que habláramos por teléfono o cara a cara, algo que me sorprendía porque siempre había pensado que nada podía sustituir al contacto personal. Estoy seguro de que en otro sentido eso es así. Puesto que cada conversación contiene el efecto acumulado de las conversaciones anteriores, apenas hay que ponerse al día de nada. En cambio, podemos compartir ideas y sentimientos profundos en lugar de simples experiencias. La comunicación íntima significa ver en el interior del otro.

Como el protagonista de la historia anterior, también yo he gozado de la enorme ventaja de tener una esposa muy comprensiva, que me brinda todo su apoyo y posee la «mentalidad de la abundancia». Mi esposa, Sandra, no ve la vida como una porción de pastel donde sólo hay una cantidad fija de tiempo; no pensaba que el tiempo que pasaba con mi madre suponía dedicarle menos tiempo a ella. Comprendía que aquellos momentos con mi madre en el fondo aumentaban la profundidad de nuestra propia relación.

Cuando mi madre falleció, pusimos en su lápida un verso del soneto XXIX de Shakespeare: «Pues recordar tu dulce amor es tal fortuna...». Animo al lector a que lea este soneto despacio y con detenimiento. Que deje que su imaginación se llene con la riqueza y el significado de cada frase:

Cuando hombres y Fortuna me abandonan,
Lloró en la soledad de mi destierro
Y al cielo sordo con mis quejas canso
Y maldigo al mirar mi desventura,
Soñando ser más rico de esperanza,
Bello como éste, como aquél de amigos rodeado,
Deseando el arte de uno, el poder de otro,
Insatisfecho con lo que me queda;
A pesar de que casi me desprecio,
Pienso en ti y soy feliz y mi alma entonces,
Como al amanecer la alondra, se alza
De la tierra sombría y canta al cielo;
Pues recordar tu dulce amor es tal fortuna
Que no cambio mi estado con los reyes.

Quizá la familia sea la manera más elevada de dar equilibrio a la vida. La primera forma de crecimiento personal y la más exigente también tiene lugar en la familia y proporciona la mayor contribución a la sociedad.

Como dijo un sabio líder una vez, creo que la tarea más importante que hacemos en el mundo tiene lugar entre las paredes del propio hogar. David O. McKay enseñaba que «ningún otro éxito puede compensar el fracaso en el hogar».[12] Mis convicciones sobre la importancia de la familia son tan fuertes y profundas que hace varios años me llevaron a escribir el libro *The 7 habits of highly effective families*.

La paternidad es la responsabilidad de liderazgo más importante de la vida y ofrece los niveles más elevados de dicha y de felicidad. Y cuando el verdadero liderazgo —es decir, la visión, la disciplina, la pasión y la conciencia— no se manifiesta en la paternidad, proporciona la mayor fuente de decepción y de dolor.

Me asombra ver que unos pequeños ajustes en la propia vida basados en la visión, la disciplina, la pasión y la conciencia puedan tener tan enormes consecuencias. Creo que, en el futuro, todos nos sentiremos asombrados y al mismo tiempo entristecidos al darnos cuenta de que unos cambios tan pequeños habrían podido dar lugar a unos resultados tan grandes.

Creo que la prueba mejor y más definitiva del liderazgo es que los padres inculquen un sentido de visión y de posibilidad en la familia y que ejerzan la disciplina y el sacrificio para lograr esa visión y para superar las épocas difíciles con una profunda sensación de pasión, impulso y compromiso, todo ello dirigido por la conciencia. Si parte de la visión es ver que esta cultura familiar se transmite de una generación a la siguiente, quizá sólo por esto nuestra vida será dichosa y se verá realizada aunque no logremos nada más. Pero si fracasamos en esto podemos encontrar que el éxito en otras cosas no lo llega a compensar. Con frecuencia pienso en las conmovedoras palabras de John Greenleaf Whittier: «De todas las palabras tristes habladas o escritas, las más tristes son estas: ¡Podría haber sido!»[13] Pero alguien más enseñó que «nunca es demasiado tarde para llegar a ser lo que podríamos haber sido».

SEGUNDA PARTE

INSPIRAR A LOS DEMÁS PARA QUE ENCUENTREN SU VOZ

6
INSPIRAR A LOS DEMÁS PARA QUE ENCUENTREN SU VOZ: EL RETO DEL LIDERAZGO

> *En algún momento de la vida de todo el mundo se apaga el fuego interior.*
> *Pero, entonces, un encuentro con otro ser humano lo hace estallar en llamas. Todos debemos estar agradecidos a esas personas que reavivan el espíritu interior.*
>
> ALBERT SCHWEITZER

Cuando era joven, viví una experiencia con un líder que marcó profundamente el resto de mi vida. Había decidido dejar mi formación y dedicarme al voluntariado durante un largo período. Llegó la invitación de trasladarme a Inglaterra y, sólo cuatro meses y medio después de llegar, el presidente de la organización se me acercó y me dijo: «Tengo una nueva misión para ti. Quiero que viajes por el país y formes a los líderes locales». Me quedé estupefacto. ¿Quién *era yo* para formar a líderes que me doblaban o triplicaban la edad? Al percatarse de mis dudas, se limitó a mirarme a los ojos y decirme: «Confío mucho en ti. Puedes hacerlo. Te proporcionaré materiales que te ayudarán a prepararte para formar a esos líderes y que te facilitarán el intercambio mutuo de los mejores métodos de actuación».

Su confianza, su capacidad de ver en mí más de lo que yo mismo veía, su buena disposición para confiarme una responsabilidad que me exigiría aprovechar al máximo mi potencial liberó algo en mi interior. Acepté la tarea y di lo mejor de mí mismo. Explotó mis recursos físicos, mentales, emocionales y espirituales. Crecí y vi crecer a otros. Identifiqué pautas en los principios básicos del liderazgo. Cuando llegué a casa, había empezado a descubrir el trabajo al que quería dedicarme el resto de mi vida: liberar el potencial humano. Encontré mi «voz» y el líder fue la persona que me inspiró para encontrarla.

Con el tiempo me di cuenta de que no fui el único al que trató de este modo. Su afirmación de los demás, su capacidad para unirnos en una visión del trabajo que nos inspiraba y motivaba, su costumbre de proporcionarnos recursos que nos capacitaran y facultaran para actuar como auténticos líderes con responsabilidad y sentido de la administración se convirtió en norma de toda la organización. Empezamos a liderar y a servir a los demás del mismo modo y los resultados obtenidos fueron notables.

Desde entonces, me he dado cuenta de que los principios rectores de su liderazgo son comunes al gran liderazgo en cualquier organización, con independencia del nivel o el cargo oficial que ocupe la persona. Mi experiencia de formación, consultoría y liderazgo en empresas, universidades y organizaciones religiosas y de voluntariado —y, sobre todo, en mi propia familia— me ha enseñado que la influencia del liderazgo se rige por unos principios. Cuando se vive con arreglo a esos principios, se incrementa la influencia y la autoridad moral de uno y, con frecuencia, se le confiere incluso una mayor autoridad formal. Las parábolas bíblicas de las diez minas y los talentos nos demuestran que, cuanto más se utilizan y se amplían los dones o talentos que uno ha recibido, más dones y talentos se reciben. Pero si se ignoran o se entierran, sin explotarlos ni utilizarlos, los propios talentos o dones que uno ha recibido se pierden y acaba recibiéndolos otro. De manera que no sólo se acaban perdiendo los talentos, sino también la influencia y las oportunidades.

Definición del liderazgo

Expresándolo de forma sencilla, en su nivel más elemental y práctico, *el liderazgo consiste en transmitir a las personas su valía de un modo tan claro que éstas acaben viéndola en sí mismas.* Piense en esta definición. ¿Acaso no es ésta la esencia de la clase de liderazgo que influye y perdura realmente? Transmitir la valía y el potencial de las personas de una manera tan clara, convincente y coherente que realmente éstas lleguen a verlos en su interior pondrá en marcha el proceso de *ver, hacer* y *transformarse.*

> El liderazgo consiste en transmitir a las personas su valía de un modo tan claro que éstas acaben viéndola en sí mismas.

¡Menuda manera de pensar y definir el insustituible papel de los *abuelos*! El papel más esencial de los abuelos es transmitir, de cuantas maneras sea posible, la valía y el potencial de sus hijos, nietos y bisnietos de un modo tan claro que éstos se lo crean realmente y actúen con arreglo a esa creencia. Si este espíritu inundara nuestra cultura y sociedad, tendría unas consecuencias magníficas e infinitas, difíciles de concebir, en la civilización del mundo.

Pasemos ahora a explorar a fondo el que tal vez sea —junto con las relaciones— el medio más habitual y continuo de transmitir a la gente su valía y potencial: la *organización*.

DEFINICIÓN DE LA ORGANIZACIÓN

Al pasar ahora a la segunda parte del octavo hábito —«Inspirar a los demás para que encuentren su voz»—, entramos en el ámbito del liderazgo. Una vez más, no se trata de liderazgo en tanto que cargo oficial, sino el liderazgo en tanto que elección de un modo de tratar a las personas que les transmita su valía y potencial de tal manera que lleguen a verlo en sí mismas. Centrándonos en este tipo de liderazgo en la *organización*, me gustaría destacar cuatro puntos sencillos:

1. En el nivel más elemental, una organización no es ni más ni menos que *una relación con un objetivo (su voz)*. Ese objetivo está encaminado a satisfacer las necesidades de una o más personas o interesados. La organización más sencilla serían dos personas que comparten un objetivo, como sucede en una sencilla asociación empresarial o un matrimonio.
2. Casi *todas* las personas pertenecen a algún tipo de organización.
3. *Gran parte* del trabajo del mundo se realiza en organizaciones y se canaliza a través de ellas.
4. El mayor reto dentro de las organizaciones, incluidas las familias, es crearlas y dirigirlas de un modo que permita a cada uno percibir en su interior su valía y potencial innatos para alcanzar la grandeza y aportar sus talentos únicos y su pasión —en otras palabras: su voz propia— para alcanzar el objetivo y las prioridades más importantes de un modo organizado con arreglo a unos principios. Podríamos denominar esto *el reto del liderazgo*.

En resumen, una organización está constituida por individuos que *mantienen una relación* y *comparten un objetivo*. Por lo tanto, es posible ver de qué manera afecta esta aplicación organizativa a cada uno de nosotros.

¿Administración y/o liderazgo?

En los últimos años se han publicado, en sentido literal, cientos de libros y miles de artículos sobre la cuestión del liderazgo; una circunstancia reveladora de la vital importancia que reviste el tema. El liderazgo es, realmente, el arte de *posibilitar*. El objetivo de la escuela es educar a los niños, pero con un liderazgo deficiente se obtiene una educación deficiente. El objetivo de la medicina es ayudar a la gente a curarse, pero con un liderazgo deficiente se obtiene una medicina deficiente. Podríamos aportar inacabables ejemplos para demostrar que el liderazgo constituye la más elevada de las artes, simplemente porque *posibilita* que funcionen las demás artes y profesiones. Esto es especialmente cierto en el caso de la familia.

Me he pasado la vida estudiando, enseñando y escribiendo tanto sobre el liderazgo como sobre la administración. De hecho, como parte de la preparación necesaria para redactar este libro, emprendí un repaso de la bibliografía sobre teorías del liderazgo en el siglo XX. Lo he incluido al final de la obra como «Apéndice 2: Repaso bibliográfico a las teorías del liderazgo» (véase la pág. 391).

Como parte de este repaso, he recopilado afirmaciones de autores punteros que describen las diferencias entre liderazgo y administración. Incluyo aquí una pequeña muestra (Tabla 2), aunque la lista

Liderazgo	Administración
«Los líderes son personas que hacen las cosas correctas.» WARREN BENNIS	«Los administradores son personas que hacen las cosas bien.»
«El liderazgo tiene que ver con enfrentarse al cambio.» JOHN KOTTER	«La administración tiene que ver con enfrentarse a la complejidad.»
«El liderazgo transmite una sensación cinética, un sentido del movimiento [...]» KOUZES Y POSNER	La administración tiene que ver con "manejar" cosas, mantener el control; tiene que ver con la organización y el control.»
«[...] Los líderes se preocupan por el sentido que tienen las cosas para la gente.» ABRAHAM ZALEZNIK	«Los administradores se preocupan por cómo se hacen las cosas.»
«Los líderes son los arquitectos [...]» JOHN MARIOTTI	Los administradores son los constructores.
«El liderazgo se centra en crear una visión común [...]» GEORGE WEATHERSBY	La administración es el diseño del trabajo [...], tiene que ver con el control [...]

Tabla 2

completa puede encontrarse al final del libro, en el Apéndice 3 («Afirmaciones representativas sobre liderazgo y administración», véase la pág. 401).

Este repaso a la literatura me ha reafirmado en la creencia de que *tanto* la administración *como* el liderazgo resultan fundamentales; que cualquiera de las dos habilidades resulta insuficiente sin la otra. En algunos momentos de mi vida he caído en la trampa de hacer un excesivo hincapié en el liderazgo y descuidar la importancia de la administración. Estoy seguro de que esto se debe a que para mí es muy evidente que muchas organizaciones, familias incluidas, son objeto de una excesiva administración, cuando lo que necesitan desesperadamente es algo más de liderazgo. Este desequilibrio ha constituido una importante motivación en mi vida profesional y me ha conducido a centrarme en los principios del liderazgo. No obstante, me han recordado con mucha intensidad el papel fundamental que desempeña la administración.

Aprendí (con mucho dolor) que no puedes «liderar» cosas. De hecho, no resultó verdaderamente provechoso hasta que cedí la administración de mi empresa a mi hijo, Stephen, y a un equipo de personas con puntos fuertes que compensaban mis debilidades. No puedes liderar existencias, ni flujos de caja, ni costes. Tienes que administrarlos. ¿Por qué? Porque las cosas no tienen capacidad ni libertad de elegir; sólo la tienen las personas. De manera que se *lidera* (se faculta) a personas; las cosas *se administran y se controlan*. Aquí tenemos una lista del tipo de cosas que necesitan ser administradas (véase la figura 6.1):

¿QUÉ COSAS NECESITAN SER ADMINISTRADAS (CONTROLADAS)?

COSAS SIN LIBERTAD DE ELEGIR

Dinero	Estructuras	Recursos físicos
Costes	Sistemas	Instalaciones
Información	Procesos	Instrumentos
Tiempo	Existencias	

A VECES...

Las «personas» optan por ser administradas bajo su propio liderazgo (muchos profesionales y otros fabricantes).

Figura 6.1

Este repaso de la bibliografía también me ha recordado la profunda influencia que han tenido en mí muchos de esos grandes sabios y profesores durante todos estos años. A ellos debo mi reconocimiento. Mis experiencias y la docencia impartida también me llevan a concluir que la clave para entender el comportamiento organizativo no es estudiar el comportamiento organizativo en sí. Y es que, una vez se han entendido los elementos fundamentales de la naturaleza humana, se tiene la llave para abrir el potencial que existe en el interior de las personas y las organizaciones. Precisamente por esta razón el paradigma de la persona completa —simbolizado por cuerpo, mente, corazón y espíritu— resulta sumamente pertinente para entender las organizaciones, además de a los individuos. En un sentido muy estricto, no existe tal comportamiento organizativo. Únicamente hay comportamiento *individual* colectivizado en organizaciones.

«¿Y qué?», tal vez se pregunte el lector. ¿Qué tiene que ver toda esta teoría con los retos a los que me enfrento un día sí y otro también? ¿Por qué es tan necesario comprender las organizaciones para comprender mejor y resolver mis problemas?

La sencilla, casi obvia, respuesta, es que mantienen una estrecha interrelación. Todos vivimos y trabajamos en una organización u otra, incluyendo aquí a la familia. Necesitamos *contexto* para comprendernos a nosotros mismos.

Como se ha mencionado antes, todas las organizaciones, incluso las mejores, están totalmente repletas de problemas. He trabajado con miles. Incluso las organizaciones que más admiro pasan apuros hasta cierto punto. Y lo interesante es que muchos problemas son casi los mismos. Es cierto que hay personalidades y circunstancias únicas relacionadas con los problemas, pero cuando se reducen a lo esencial, en lo más profundo, muchos problemas tienen raíces comunes. Peter Drucker lo expresó con estas palabras:

> Por supuesto, existen diferencias en la administración de las distintas organizaciones; después de todo, las misiones definen la estrategia y la estrategia define la estructura. Pero, sorprendentemente, las diferencias existentes entre administrar una cadena de comercios minoristas y una diócesis católica son menores de lo que advierten los ejecutivos minoristas y los obispos. Las diferencias estriban, principalmente, en la aplicación y no tanto en los principios. Por ejemplo, los ejecutivos de todas esas organizaciones pasan casi la misma cantidad de tiempo ocupándose de problemas de la gente y los problemas de la gente casi siempre son los mismos.
>
> Ya se esté administrando una empresa de programas informáticos, un hospital, un banco o una organización escultista, las diferencias sólo

son aplicables a aproximadamente un 10 % del trabajo. Este 10 % viene determinado por la misión específica de la organización, su cultura específica, su historia específica y su vocabulario específico. El resto es prácticamente intercambiable.[1]

Mi objetivo en la segunda parte de este libro, «Inspirar a los demás para que encuentren su voz», es ayudar al lector a descubrir cómo, trabajando y esforzándose por resolver sus problemas y retos personales, es posible incrementar enormemente su influencia y la influencia de su organización, ya sea en un equipo, departamento, división o en toda la organización, familia incluida.

Empecemos examinando primero la naturaleza dual de los problemas a los que nos enfrentamos. Antes de hacerlo, invito al lector a que se prepare mentalmente para encontrar la energía que exige abarcar plenamente nuestros complejos desafíos organizativos. Yo lo hago con dos citas. La primera es, una vez más, la observación de Albert Einstein: «Los problemas significativos que afrontamos no pueden solucionarse en el mismo nivel de pensamiento en el que estábamos cuando los creamos». Usted ha recibido un nuevo paradigma de la naturaleza humana, el paradigma de la persona completa: cuerpo, mente, corazón y espíritu. Habrá advertido que supone una enorme diferencia con respecto al paradigma de control de la «cosa», propio de la era industrial en que vivimos. Necesitará esta visión de «la persona completa» para comprender y resolver los problemas a los que se enfrenta en su organización.

La segunda cita es de Oliver Wendell Holmes, que dijo: «Me importa un bledo la simplicidad en el lado cercano de la complejidad; pero daría mi brazo derecho por la simplicidad en el lado lejano de la complejidad». Lo que significa es que los desafíos importantes no pueden resolverse con programas del mes pequeños y simplistas a modo de remedios rápidos, ni con fórmulas y eslóganes que infundan ánimo a nuestra psique. Debemos *ganarnos* la comprensión de la *naturaleza* y la raíz de los problemas a los que nos enfrentamos en las organizaciones y, de igual modo, ganarnos el conocimiento de los *principios* que gobiernan las soluciones incorporando a nuestro carácter el nuevo conjunto de actitudes y habilidades que representan. Esto exigirá realizar un verdadero esfuerzo, pero prometo al lector que, si persevera, conseguirá una combinación profundamente *sencilla* y clara de CONOCIMIENTO, ACTITUD y HABILIDAD —los tres elementos del HÁBITO—, que le situará a la altura de los nuevos retos del nuevo mundo. Habrá desarrollado el octavo hábito que libera el potencial humano.

Cambios globales y sísmicos

Ahora que pasamos a buscar un conocimiento más profundo del reto organizativo, invito al lector a considerar siete cambios sísmicos que caracterizan la nueva era del trabajador del conocimiento. En ellos se encuentra el contexto del actual mundo laboral y de los desafíos *personales*.

- *La globalización de los mercados y las tecnologías*: Las nuevas tecnologías están convirtiendo muchos mercados locales, regionales y nacionales en mercados globales sin fronteras.
- *La aparición de la conectividad universal*: En el libro *Volando en pedacitos: cómo se transforma la estrategia de negocios en la nueva economía de la información*, Evans y Wurster afirman: «Los canales de comunicación integrados, limitados y de marca que unen a las personas o las empresas se han quedado obsoletos casi de la noche a la mañana. Y, con ellos, las propias estructuras empresariales que crearon o explotaron esos canales también se han quedado obsoletas. En definitiva, el pegamento que tradicionalmente ha mantenido unidas todas nuestras actividades económicas se está derritiendo rápidamente al calor de la conectividad universal. Y esto separará el *flujo* de información del *flujo* de cosas por primera vez en la historia».[2]
- *La democratización de la información y de las expectativas*: Nadie controla Internet, circunstancia que supone un cambio radical de proporciones globales. Por primera vez en la historia, la voz pura del espíritu humano se oye en millones de conversaciones inéditas, libre de las trabas que suponen las fronteras. La información a tiempo real impulsa las expectativas y la voluntad social y éstas, a su vez, impulsan en última instancia la voluntad política que afecta a todas las personas.
- *Un crecimiento exponencial de la competencia*: Internet y las tecnologías vía satélite convierten en un posible competidor a cualquiera que esté conectado. Las organizaciones deben desarrollar constantemente mejores métodos para poder competir con precios más bajos en mano de obra, precios más bajos en materiales, una innovación más rápida, mayor eficacia y mayor calidad. Las fuerzas de la libre empresa y la competencia están aumentando la calidad, reduciendo los costes e imprimiendo una mayor velocidad y flexibilidad para realizar el trabajo por el que nos ha contratado el cliente. Nadie puede permitirse hacer simplemente una comparación de prácticas empresariales (*bench-*

marking) con los competidores, ni siquiera de una supuesta grandeza; hay que medirse a «nivel mundial».

- *El desplazamiento de la creación de riqueza desde el capital financiero hasta el capital social e intelectual*: El movimiento de creación de riqueza se ha desplazado desde el dinero hasta las personas; desde el capital financiero hasta el concepto sumario de capital humano (tanto intelectual como social), que incluye todas las dimensiones. Más de dos tercios del valor añadido a los productos actuales procede de trabajo vinculado con el conocimiento; hace veinte años era menos de un tercio.
- *Libre intervención*: Las personas cada vez están más informadas y, más que nunca, son conscientes de las posibilidades y alternativas. El mercado laboral se está convirtiendo en un mercado de agentes libres y las personas cada vez son más conscientes de las opciones. Los trabajadores del conocimiento resistirán los esfuerzos de la dirección para catalogarlos y pondrán cada vez más empeño en etiquetarse ellos mismos.
- *Turbulencias permanentes*: Vivimos en un entorno constantemente revuelto y cambiante. Cuando hay turbulencias, todas y cada una de las personas deben poseer algo en el interior que guíe sus decisiones. Deben comprender de forma independiente el objetivo y los principios rectores del equipo o la organización. Si intenta dirigirlos, ni siquiera le oirán. Sencillamente, el ruido, el fragor, la inmediatez y la urgencia de todos los desafíos dinámicos a los que se enfrentan serán demasiado grandes.

Película: *Permanent whitewater*

Hemos desarrollado un breve y atractivo vídeo que describe las condiciones turbulentas y la complejidad que estamos viviendo en la actualidad. En él se establece una comparación entre el pasado y el presente y se señalan tres constantes en las que podemos confiar al abordar los retos presentados en este capítulo.

Invito al lector a ver la película conectando con www.franklincoveymex.com. y seleccionando *Permanent whitewater*.

Problemas crónicos y agudos

Existen dos tipos de problemas tanto en el cuerpo físico como en las organizaciones: los crónicos y los agudos. *Crónico* significa subyacente, causal, continuado. *Agudo* significa doloroso, sintomático, debilitante. Las organizaciones, al igual que las personas, pueden tener problemas crónicos que todavía no sean agudos. El tratamiento de esos problemas agudos puede ocultar la enfermedad crónica subyacente.

Hace varios años, viví una experiencia fascinante que ilustra esta cuestión. Un amigo mío era jefe de cirugía de un hospital de Detroit y estaba especializado en medicina cardiovascular. Le pedí que me permitiera pasar un día observando a los cirujanos practicar operaciones, y la experiencia me dejó absolutamente alucinado. Durante una operación en particular practicada por mi amigo, tuvo que sustituir tres vasos. Cuando terminó, le pregunté: «¿Por qué has tenido que *sustituir* los vasos? ¿Por qué no los limpiaste simplemente?»

Él, empleando un lenguaje para profanos en la materia, me explicó: «En las primeras fases sí es posible hacerlo, pero con el tiempo se va acumulando placa hasta que acaba formando parte de la propia pared».

Entonces yo le pregunté: «Ahora que has corregido estos tres puntos, ¿el hombre ya está limpio?». A lo que mi amigo replicó: «Stephen, es algo crónico. Lo tiene en todo el cuerpo». Y guió mi mano enguantada para que tocara los vasos. Era posible sentir la quebradiza acumulación de colesterol. «Pero, fíjate —dijo mi amigo—, este hombre hace ejercicio; ha desarrollado *algo* de circulación suplementaria que proporciona oxígeno a los músculos, pero este suplemento no basta para esos tres vasos obstruidos. Todavía podría sufrir un infarto o una apoplejía si se formara un coágulo sanguíneo. Padece una importante afección cardiaca *crónica.*»

No todas las enfermedades crónicas poseen síntomas agudos. Antes de que aparezcan los primeros síntomas agudos, enfermedades como el cáncer pueden extenderse hasta que ya es demasiado tarde.* Sólo porque no se vean los síntomas en la superficie no significa que los problemas subyacentes no estén ahí. En ocasiones, las personas sufren infartos cuando someten al cuerpo a una tensión repentina, como la que conlleva retirar con una pala la nieve acumulada tras la primera tormenta invernal de la temporada. No se dan cuenta de que padecen una enfermedad cardiaca hasta que las condiciones de tensión sacan a relucir los síntomas agudos.

Lo mismo sucede en las organizaciones. Es posible padecer graves problemas crónicos en una organización que no muestra ningún indicio

---

* Para oír un breve documento de audio en MP3 sobre los principios de la medicina preventiva, véase <www.The8thHabit.com/offers>.

importante, porque algunas organizaciones no compiten en un mercado duro y global, sino que lo hacen en un ámbito local o en un mercado protegido. Pueden tener éxito desde el punto de vista económico; mucho éxito, en ocasiones. Pero, como sabe el lector, el éxito es algo relativo. Los problemas de la competencia pueden ser peores; así que ¿por qué cambiar?

Predicción de cuatro problemas crónicos y sus síntomas agudos

La fuerza de un paradigma preciso radica en su capacidad de explicar y predecir. Por lo tanto, si este paradigma de la persona completa que pretende explicar la naturaleza humana es preciso, debería proporcionarle una extraordinaria capacidad de explicar, predecir y diagnosticar los problemas más graves de su vida y su organización. No sólo debería ayudarle a reconocer los síntomas agudos más obvios que presentan los problemas, sino también a identificar sus «raíces» subyacentes y crónicas. Sólo entonces será capaz de utilizar este paradigma para empezar a solucionar sus problemas, ampliando su influencia hasta crear una organización o un equipo de alto rendimiento y dignos de toda confianza, una organización que sea capaz de *centrarse* sistemáticamente en sus máximas prioridades y *ejecutarlas*.

Esta razón explica que en todo el libro aparezca el mismo esquema (véase la figura 6.2). Simplemente voy añadiendo nuevas palabras

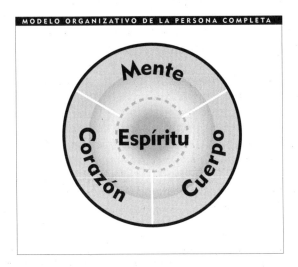

Figura 6.2

o frases para reflejar una nueva aplicación de los cuatro ámbitos elegidos: cuerpo, mente, corazón y espíritu. En este caso, el lector podrá ver que el paradigma de la persona completa le proporciona una capacidad en desarrollo para identificar tanto los problemas crónicos como los agudos que surgen siempre cuando una organización no cuida la mente, el cuerpo, el corazón y el espíritu de su personal.

Pongámoslo a prueba en un marco organizativo. Puede aplicarse la misma idea a un equipo, una familia, una comunidad o a cualquier tipo de relación. Trate de identificar de forma específica el problema en cada caso antes de proseguir la lectura.

En primer lugar, empecemos en el centro del esquema con el *espíritu*. Si el espíritu, o la conciencia, se descuida sistemáticamente en toda una organización, ¿qué problema surgirá? Piénselo. ¿Qué sucede en las relaciones cuando las personas son tratadas o actúan de forma contraria a su conciencia? ¿Acaso no se producirá una evidente pérdida de confianza? *Un bajo nivel de confianza* es el primer problema crónico al que se enfrentan todas las organizaciones. ¿Cuáles serían sus manifestaciones más agudas? En las organizaciones con baja confianza que operan en unas condiciones de mercado duras abundan síntomas agudos y dolorosos como murmuraciones, luchas internas, victimismo, actitudes defensivas, retención de información y comunicación a la defensiva y protectora.*

En segundo lugar, ¿qué problemas crónicos aparecen cuando no se cuida lo suficiente la *mente* o la visión de una organización? Ausencia de *visión o valores compartidos*. En estas condiciones, ¿qué comportamiento sintomático cabe esperar? Se ve de qué manera la gente actúa con propósitos ocultos, se implica en tramas políticas y emplea criterios dispares al tomar decisiones. Se observa una cultura ambigua y caótica.

En tercer lugar, ¿qué problemas surgen en una organización cuando se descuida de forma generalizada el *cuerpo* político (estructura del esqueleto, sistemas, procesos)? En otras palabras, ¿qué afección cabe esperar cuando, tras las prioridades de la organización, no existe un apoyo para su ejecución ni un apoyo del sistema? Sencillamente, no se generará *alineamiento* ni disciplina en las estructuras, sistemas, procesos y cultura de la organización. Cuando los directores poseen paradigmas de la naturaleza humana imprecisos e incompletos, diseñan sistemas —de comunicación, contratación, selección, colocación,

---

* Para comprobar cómo medir exactamente los tremendos costes económicos de problemas como un bajo nivel de confianza en SU organización, véase «Apéndice 4: El alto precio de la desconfianza».

contabilidad, gratificación y remuneración, promoción, formación y desarrollo y sistemas de información— que no consiguen sacar a relucir todo el potencial de las personas. Ni los individuos, equipos, departamentos, ni toda la organización estarán alineados con una misión esencial, un conjunto de valores y una estrategia. Esto creará importantes desalineaciones con respecto al mercado y los clientes y proveedores externos a la organización.

> *Todas las organizaciones están perfectamente alineadas para conseguir los resultados que consiguen.*
> ARTHUR W. JONES

Esta desalineación se manifestará de mil maneras y contribuirá a suscitar una confianza incluso menor, además de un comportamiento más politizado y rivalidades interdepartamentales. Las *reglas* ocuparán el lugar del juicio humano porque, a medida que la situación se va escapando de las manos, los directores sienten la necesidad de poseer un mayor control. La burocracia, las jerarquías, las reglas y las normas se convertirán en algo parecido a una *prótesis* de la confianza. Cualquier sugerencia de las personas o desarrollo de liderazgo se considerará blando, «delicado», poco realista, un despilfarro y muy costoso. Las personas, como las cosas, se convertirán en un gasto, no en una inversión. Cada vez resultará más evidente la necesidad de una mayor administración y un mayor control, lo que generará una situación codependiente de «Espere instrucciones» en la gran mayoría de las personas, como ya hemos comentado anteriormente. Esto servirá de prueba adicional para demostrar a los supuestos líderes oficiales que no sucederá nada hasta que apliquen externamente la política del palo y la zanahoria, motiven, controlen e, incluso, descarguen el puño de hierro cuando sea necesario, pues la pasividad justifica la motivación externa y el control justifica una mayor pasividad. Es una profecía que acarrea en sí misma su propio cumplimiento. Administrar (controlar) a las personas nunca las inspira para alcanzar sus más elevadas cotas de trabajo y contribuciones en torno a su auténtica voz o pasión. Son algo voluntario.

En cuarto lugar, ¿qué sucede cuando se descuida el *corazón*? ¿Qué sucede cuando no hay pasión, no existe conexión emocional con los objetivos o el trabajo, no hay un entusiasmo interno que surja libremente, ni un compromiso en el interior de la organización? La consecuencia es una importante *imposibilidad de facultamiento* en las personas. Toda la cultura cae presa del miedo. ¿Qué síntomas agudos cabe esperar? Tómese un tiempo y trate de predecirlos. Abundará el pluriempleo, personas que sueñan despiertas, aburrimiento, evasión, ira, miedo, apatía y obediencia maliciosa.

¿Ve la capacidad de explicación y predicción que posee este modelo o paradigma? Si se descuida el cuerpo, la mente, el corazón o el espíritu, surgen cuatro problemas crónicos en una organización —*baja confianza, visión y valores no compartidos, desalineación e imposibilidad de facultamiento*—, además de todos sus síntomas agudos (véase la figura 6.3).

Figura 6.3

La consecuencia colectiva de estos problemas crónicos y sus síntomas es el agudo dolor del fracaso en el mercado, un flujo de tesorería negativo, una mala calidad, unos costes inflados, inflexibilidad, lentitud y muchas acusaciones: una cultura de la culpabilidad en lugar de una cultura de la responsabilidad.

Si piensa de nuevo en la película *Max & Max*, será capaz de identificar cada uno de estos cuatro problemas crónicos.

El paradigma en la práctica

Permítame que ilustre la capacidad explicativa de este paradigma.

Recuerdo la primera visita que me hicieron en una ocasión los altos ejecutivos de una gran organización; les pedí que me enunciaran su misión. Con vacilaciones, lograron expresarla. En esencia, afirmaron: «Nuestro objetivo es incrementar los activos de los propietarios». Les pregunté si habían pegado en la pared esa frase para inspirar a sus empleados y clientes. Todos sonrieron y dijeron: «Bueno, no, tenemos otro enunciado colgado en la pared, pero no es lo que perseguimos realmente».

Aunque solamente estaba conociendo su industria y empresa, declaré: «¿Quieren saber cómo es su cultura corporativa? Están divididos. Si su industria está sindicalizada, están plagados de conflictos laborales. Se ponen a dar vueltas alrededor de las cosas, a comprobarlas, a aplicar la política del palo y la zanahoria con sus empleados para que hagan su trabajo. Hay una enorme cantidad de energía negativa dedicada a conflictos interpersonales, rivalidades interdepartamentales, propósitos ocultos y tramas políticas».

Muy sorprendidos por mis facultades adivinatorias, me preguntaron: «¿Cómo puede saber tanto? ¿Cómo puede describirnos con tanta exactitud?»

Les dije: «No tengo que saber muchas cosas de su industria o de ustedes. Todo lo que tengo que saber está relacionado con la naturaleza humana. Su verdadero objetivo únicamente se centra en una de las cuatro partes de nuestra naturaleza —el cuerpo (económico)— y en un solo interesado: los propietarios. Descuidan por completo las otras tres partes (mente, corazón y espíritu) y los demás interesados. Es imposible hacer algo así sin sufrir nefastas consecuencias». Y seguí con las predicciones: «Cuando se disuelva esta reunión, la mitad de ustedes se pondrá a hablar de la otra mitad. No hay confianza. La duplicidad resulta evidente». Les sorprendió lamentablemente la exactitud de mis observaciones, y eso que se les consideraba una organización «con éxito». La verdad es que no se puede tener éxito con los accionistas si no se tiene éxito primero en el mercado, y no se puede tener éxito en el mercado hasta que no se tiene éxito en el lugar de trabajo.

«Bueno, ¿qué podemos hacer para cambiar?», preguntaron.

Les dije: «Tienen que ponerse a trabajar en serio con las cuatro partes. Implicar las mentes de todos para que las personas sigan la misma partitura. Vivir con arreglo a los principios universales del juego limpio, la honestidad, la integridad y la verdad, para desarrollar unos cimientos de confianza donde construir esa partitura común. Utilicen los criterios plasmados en su visión y sus valores para guiar todas las decisiones estratégicas, estructurales y operativas. Deben crear condiciones de confianza tanto personal como organizativa antes de conseguir un verdadero facultamiento o liberación del potencial humano». Incluso sugerí que podrían empezar desarrollando el enunciado de una misión para su propio equipo ejecutivo.

Me preguntaron cuánto tiempo se tardaría en conseguirlo.

Les pregunté: «¿Cuánto les duele?».

A lo que ellos contestaron: «No mucho».

Proseguí: «Entonces, puede suceder que no sean capaces de conseguirlo. No duele lo suficiente, las circunstancias no obligan lo suficiente, no hay suficiente humildad». Les sugerí que se olvidaran de todo el proyecto.

Ellos dijeron: «Sí, pero hemos oído cosas buenas sobre lo que ha sucedido en otros sitios donde usted ha trabajado. También presentimos que, como el mercado está cambiando y la competencia se volverá encarnizada, es posible que haya algunas luchas reales en perspectiva. Seguramente necesitemos la ayuda. Queremos introducir cambios».

Les señalé que si, realmente, eran sinceros y trabajaban juntos de verdad, podrían introducir esos cambios; pero, posiblemente, pasarían dos, tres años o, incluso, más tiempo.

Uno de ellos apuntó: «No sabe lo rápidos y eficientes que somos». Refiriéndose a la idea de redactar un enunciado que recogiera los detalles de su misión, prosiguió: «Nos apretaremos las clavijas este fin de semana». En otras palabras, estaba pensando que podrían irse fuera para montar una especie de taller de la visión empresarial y producir un enunciado con nuevas frases grandilocuentes que resultaran más atractivas para la gente.

De forma gradual, esos ejecutivos se dieron cuenta de que el pensamiento a corto plazo y las técnicas fáciles y rápidas jamás tendrían los resultados a largo plazo que deseaban. Poco a poco, fueron comprendiendo las cuestiones crónicas subyacentes, empezando por sí mismos, y desarrollaron un gran respeto por las cuatro partes de la naturaleza humana. Con el tiempo, se percataron de que el liderazgo era una responsabilidad de todos y que cada persona necesitaba adoptar un enfoque de adentro hacia afuera.

La organización se fortaleció desde las raíces. Fueron necesarios entre tres y cuatro años. Al final, llegaron a poseer tal fortaleza, tales niveles de facultamiento y confianza que fueron capaces de enfrentarse a la nueva y pujante competencia que estaba emergiendo, al tiempo que mantenían en el mercado sus patrones de actuación satisfactorios. Muchos de los ejecutivos de mayor rango asumieron cargos de directores generales fuera de la empresa, pero la cultura de la organización y los parámetros de referencia estaban tan arraigados que la empresa continuó creciendo y obteniendo beneficios.

La respuesta de la era industrial

¿Cuál sería la respuesta de la era industrial para los cuatro problemas crónicos?

Si el nivel de *confianza* es bajo y no hay autoridad moral, el *jefe* se encuentra en el centro; el líder es quien más sabe y toma todas las decisiones: «Es como yo digo o nada».

En cuanto a la falta de visión y valores compartidos, las *reglas* ocuparán el lugar de la visión y la misión. «No se preocupe por nada que no sea su trabajo. Limítese a hacer lo que le digan, siga las reglas y deje para mí lo de pensar.»

¿Desalineación? Sólo hay que imprimir una mayor eficacia: a las máquinas, a las políticas, a las personas, a todo. La *eficiencia* es lo fundamental.

¿Imposibilidad de facultamiento? Hay que mantener el *control*. No se puede confiar en las personas. La única manera de conseguir mucho de las personas es emplear la política del palo y la zanahoria: hay

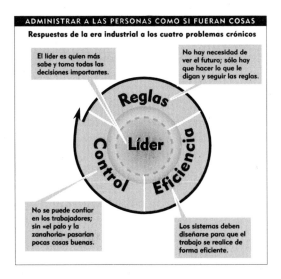

ADMINISTRAR A LAS PERSONAS COMO SI FUERAN COSAS

Respuestas de la era industrial a los cuatro problemas crónicos

El líder es quien más sabe y toma todas las decisiones importantes.

No hay necesidad de ver el futuro; sólo hay que hacer lo que le digan y seguir las reglas.

Reglas

Control   Líder   Eficiencia

No se puede confiar en los trabajadores; sin «el palo y la zanahoria» pasarían pocas cosas buenas.

Los sistemas deben diseñarse para que el trabajo se realice de forma eficiente.

Figura 6.4

que colgar la zanahoria (recompensas) delante de ellos para motivarles y transmitir una razonable cantidad de temor con el palo (castigos o pérdida del trabajo) si no se logra realizar lo encomendado.

La solución del liderazgo en las organizaciones

La decisión de inspirar a los demás para que encuentren su voz conduce al lector directamente al meollo de los cuatro problemas organizativos crónicos que surgen como consecuencia del modelo de control propio de la actual era industrial.

Cada uno de los que hemos encontrado una voz propia poseemos la capacidad de sobrescribir en la organización el inadecuado *software* de «jefe, reglas, eficiencia, control» propio de la era industrial. En el proceso intervienen *cuatro roles* que se convierten en el antídoto para los cuatro problemas crónicos de la organización (véase la figura 6.6). Constituyen las manifestaciones positivas de cuerpo, corazón, mente y espíritu en una organización, mientras que los cuatro problemas crónicos son las manifestaciones negativas que surgen al descuidarlos. Siendo realistas, ¿de qué forma se solucionan estos cuatro problemas crónicos? Cuando existe un bajo nivel de confianza, nos centramos en *modelar* la confiabilidad para infundir confianza. Cuando no hay visión ni valores comunes, nos centramos en *explorar* o *encontrar caminos* [*pathfinding*] para construir una visión o un conjunto de valores comunes. Si hay *desalineación*, nos centramos en *alinear* objetivos, estructuras, sistemas y procesos con el objetivo de estimular y facultar a las personas y la cultura para que puedan cumplir la misión y los valores. Donde existe una imposibilidad de facultamiento, nos centramos en *facultar* a los individuos y los equipos en los proyectos o trabajos.

He denominado *los cuatro roles del liderazgo* a estos cuatro roles; una vez más, no estamos tratando de liderazgo en tanto que cargo, sino en tanto que intención proactiva de afirmar la valía y el potencial de los que nos rodean y de unirlos para formar equipo complementario en un esfuerzo por aumentar la influencia e impacto de la organización y las causas importantes de las que formamos parte. Hay que recordar que, en un equipo complementario, los puntos fuertes individuales (voces) se vuelven productivos y las debilidades no resultan relevantes, porque quedan compensadas por los puntos fuertes de los demás.

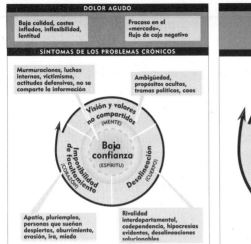

Figura 6.5

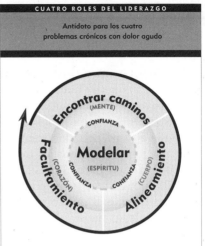

Figura 6.6

Los cuatro roles del liderazgo no son más que cuatro cualidades de liderazgo personal —visión, disciplina, pasión y conciencia—, *que adoptan una forma acentuada* en una organización (véase la figura 6.7):

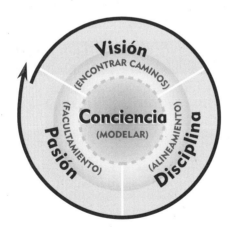

Figura 6.7

- *Modelar* (conciencia): dar buen ejemplo.
- *Encontrar caminos* (visión): determinar conjuntamente el rumbo.
- *Alineamiento* (disciplina): construir y administrar sistemas para no desviarse del rumbo.

- *Facultamiento* (pasión): concentrar el talento en los resultados, no en los métodos, y retirarse y proporcionar ayuda cuando se lo soliciten.

Quienes ocupen cargos oficiales de autoridad en una organización pueden considerar que, aunque suponen un reto, estos cuatro roles constituyen un modo natural de llevar a cabo su administración. Pero verlos *solamente* como roles para ejecutivos de rango superior perpetuaría la actitud codependiente imperante según la cual «el jefe se encarga de pensar y tomar las decisiones importantes». Estos cuatro roles son válidos para todo el mundo, con independencia del cargo. Sencillamente, constituyen la vía para aumentar su influencia y la influencia de su equipo u organización.

Mis colegas de FranklinCovey y yo llevamos enseñando los cuatro roles del liderazgo desde 1995, aunque muchos otros expertos en el campo del liderazgo han logrado por su cuenta modelos basados en los mismos principios. Por ejemplo, en el perspicaz libro *Liderazgo basado en resultados: cómo los líderes fortalecen la empresa e incrementan los beneficios* (1999), los autores Dave Ulrich (Universidad de Michigan), Jack Zenger y Norm Smallwood, tras varios años de investigación, observación y consultas, desarrollaron un modelo de liderazgo con cuatro recuadros que resulta casi idéntico al modelo de los cuatro

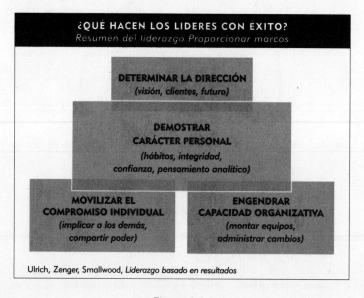

Figura 6.8

roles.[3] La principal diferencia radica en las palabras que utilizan, pero puede verse que, en esencia, el significado es el mismo.

Se encuentra otra validación de este modelo de liderazgo en un estudio de cinco años de duración, publicado recientemente, que fue dirigido por Nitin Nohria, William Joyce y Bruce Robertson (véase «What really works», *Harvard Business Review*, julio de 2003). En lo que denominan proyecto Evergreen, «examinaron más de 200 prácticas de administración muy arraigadas durante el período de diez años en que estuvieron trabajando para 160 empresas». Esta investigación les permitió distinguir las prácticas de administración que realmente tenían resultados superiores. Su fascinante conclusión es que, sin excepciones, las empresas que superaban a sus iguales en el sector *destacaban en cuatro prácticas de administración primarias*:

1. **Estrategia**: concebir y mantener una estrategia claramente establecida y centrada.
2. **Ejecución**: desarrollar y mantener una impecable ejecución de las operaciones.
3. **Cultura**: desarrollar y mantener una cultura orientada hacia los resultados.
4. **Estructura**: construir y mantener una organización rápida, flexible y uniforme.

Figura 6.9

El proyecto Evergreen llegó a la conclusión de que estas empresas también *adoptaban dos de cuatro prácticas secundarias*: talento, innovación, liderazgo y fusiones y adquisiciones. Pero pensemos en las cuatro primeras prácticas de administración *primarias* que identificaron. ¿Acaso estas prácticas que permiten a las empresas superar de forma espectacular a sus competidores no son, en esencia, otro modo de describir los cuatro roles del liderazgo? Una vez más, palabras distintas para idénticos principios subyacentes.

La importancia de la secuencia: *una metáfora deportiva*

Estos cuatro roles también son muy interdependientes. En cierto sentido, son *consecutivos*; aunque, en otro sentido, son *simultáneos*. Y ambos sentidos son correctos. Son consecutivos porque la confiabilidad debe infundir confianza antes de pasar a otros roles que liberen el potencial humano. Son simultáneos en el sentido de que, una vez se ha establecido la cultura basada en este liderazgo, debe prestarse una constante atención a los cuatro procesos, los cuatro roles.

Me gustaría ilustrar la importancia de la secuencia en estos cuatro roles estableciendo una comparación con el deporte profesional. En este ámbito, al igual que sucede en el mundo empresarial, existe una feroz competencia. Cuando un jugador sale a un campo de entrenamiento en baja forma —sin fuerza *muscular* y resistencia cardiovascular—, sencillamente es incapaz de desarrollar las *habilidades* que se esperan de él. Y si no puede desarrollarlas, es imposible que se convierta en un miembro *útil* de un equipo y forme parte de un sistema ganador.

En otras palabras el desarrollo muscular precede al desarrollo de las habilidades y el desarrollo de las habilidades precede al desarrollo del equipo y del sistema. El cuerpo es un sistema natural y está gobernado por leyes naturales. La metáfora deportiva constituye una imagen muy adecuada y con mucha fuerza, que podemos relacionar con el ámbito más amplio de aumentar la capacidad y encontrar una voz propia. El desarrollo personal precede el establecimiento de relaciones de confianza y las relaciones de confianza son un requisito previo absoluto para desarrollar una organización caracterizada por el trabajo en equipo, la cooperación y la contribución a la comunidad más amplia.

Por ejemplo, pongamos que una persona es incapaz hasta de cumplir las promesas que se ha hecho a sí misma: su vida es voluble, un tanto excéntrica y depende del humor que tenga. ¿Existe algún modo de entablar relaciones de confianza, saludables, con los demás? La respuesta resulta obvia. Y si hubiera falta de confianza en sus relaciones con los demás, ¿contaría con una base para una familia o una organización de equipo que realizara aportaciones importantes? Una vez más, la respuesta resulta obvia: no.

Igual que un niño no puede correr antes que andar, ni andar antes que gatear; igual que no se puede hacer cálculo sin comprender el álgebra y no se puede hacer álgebra sin comprender las matemáticas básicas, algunas cosas forzosamente vienen antes que otras. Una vez que se entienda la importancia de esta secuencia, se verá por qué, aunque las dos sean interdependientes, resulta fundamental pagar primero las consecuencias de esforzarse por encontrar una voz propia *en un nivel personal* antes de *intentar* siquiera desarrollar las habilidades que permiten entablar relaciones con una elevada dosis de confianza y solucionar problemas de forma creativa. El esfuerzo sinérgico que suponen las relaciones con elevada dosis de confianza se convierte, entonces, en los cimientos para crear un equipo u organización de personas que colaboran; equipos que van a la par en cuanto a objetivos y valores, y están dispuestos a desempeñar su papel en este contexto. Finalmente, los individuos, equipos y organizaciones son capaces de ampliar su influencia sirviendo y satisfaciendo las necesidades de quienes son responsables. Poner el *servicio por encima de uno mismo* confiere sentido a los tres niveles y nos conduce a la *era de la sabiduría*, la quinta era de la civilización.

Tal vez el mejor modo de ilustrar la enorme importancia y fuerza de esta secuencia sería compartir la experiencia que suelo transmitir al público que asiste a mis sesiones de formación. Invito a un hombre con aspecto muy fuerte y saludable a salir al estrado y realizar veinte flexiones con la espalda recta. Si realmente es fuerte y tiene práctica, lo hace con bastante facilidad. Pero muy pocos pueden; muchos de los que parecen fuertes y saludables no pasan de cinco o seis.

Utilizando esta analogía física, me atrevo a afirmar que, hasta que no se pueda hacer veinte flexiones emocionales a nivel personal, no se tiene ni capacidad ni libertad para hacer las treinta flexiones emocionales necesarias para satisfacer los retos y demandas de las relaciones. Y hasta que no puedan hacer las cincuenta flexiones en un nivel tanto personal como relacional, es imposible formar un equipo y engendrar una cultura organizativa con confianza y resultados elevados.

A continuación, teniendo esta secuencia en mente, pasamos del *desarrollo del carácter* implicado en la búsqueda de una voz *propia* al *desarrollo de habilidades* y al *desarrollo de equipos y sistemas* necesarios para inspirar a los demás para que encuentren su voz propia en *organizaciones*.

Enfoque y ejecución: un resumen para el resto del libro

Como muestra el nuevo esquema ampliado de las páginas 140 y 141, los cuatro roles también representan el camino superior que permite «inspirar a los demás para que encuentren su voz» y lograr la grandeza organizacional, mientras que los cuatro problemas organizativos crónicos representan el camino inferior para impedir que los demás encuentren su voz, lo que tiene como resultado el encorsetamiento y la mediocridad.

El proceso de inspirar a los demás para que encuentren su voz puede sintetizarse en dos palabras: ENFOQUE y EJECUCIÓN. El *enfoque* encarna los roles de modelar y encontrar caminos; la *ejecución*, los roles de alineamiento y facultamiento. En el resto del libro, el lector aprenderá a convertir en HÁBITO el hecho de inspirar a los demás para que encuentren una voz propia desarrollando la ACTITUD, la HABILIDAD y el CONOCIMIENTO de los siguientes principios:

ENFOQUE: modelar y encontrar caminos

1. **La voz de la influencia.** Ser un *modelo* implica encontrar primero una voz propia (Primera parte) para optar, después, por la ACTITUD de iniciativa; ser lo que denomino un «*pequeño timón*» o tomar la iniciativa para ampliar la propia influencia cada vez que se presenta la oportunidad (**capítulo 7**).
2. **La voz de la confiabilidad.** *Modelar* carácter y competencia sienta las bases de la confianza en todas las relaciones y organizaciones. Es imposible que haya confianza sin confiabilidad. El CONOCIMIENTO de este principio y de los principios subyacentes a los roles de búsqueda de caminos, alineamiento y facultamiento abren las puertas a la influencia (**capítulo 8**).
3. **La voz y la rapidez de la confianza.** *Modelar* también implica desarrollar sólidas HABILIDADES para las relaciones que infundan confianza (**capítulo 9**) y **combinar voces**, idear soluciones que constituyan una tercera alternativa para superar los retos y diferencias con los demás (**capítulo 10**).
4. **Una voz.** *Encontrar caminos* implica crear con los demás una visión común de las máximas prioridades y de los valores por medio de los cuales se logran dichas prioridades (**capítulo 11**).

EJECUCIÓN: alineamiento y facultamiento

5. **La voz de la ejecución.** *Alinear* objetivos y capacitar sistemas para lograr resultados (**capítulo 12**).
6. **La voz del facultamiento.** Liberar la pasión y el talento, despejar el camino y, después, retirarse (**capítulo 13**). El *facultamiento* es la clave de un equipo y constituye el fruto culminante de los cuatro roles del liderazgo.

Capítulo 14: «El 8º hábito y el punto álgido» mostrará cómo el enfoque esbozado en este libro fomenta tres dimensiones de *grandeza*: personal, organizacional y de liderazgo. El lector aprenderá cómo se combinan y pueden traducirse en *cuatro disciplinas de ejecución*, que posibilitan la obtención de unos resultados espectaculares por parte de la organización en la era del trabajador del conocimiento.

Capítulo 15: «Utilizar nuestras voces con sabiduría para servir a los demás» ata todos los cabos mostrando cómo el octavo hábito («Encontrar una voz propia e inspirar a los demás para que encuentren la suya») nos conducirá hasta la siguiente era de la voz humana: la era de la sabiduría. Una vez más, esta parte final concluye con un apartado de «Preguntas y respuestas», las preguntas que suelen plantearse con mayor frecuencia y que he ido tratando durante mis años de trabajo con las cuestiones que contempla este libro.

PREGUNTAS Y RESPUESTAS

P: ¿Cómo definiría el liderazgo?
R: Una vez más, el liderazgo consiste en transmitir a las personas su valía y potencial de un modo tan claro que lleguen a verlas en sí mismas. Fíjese en las palabras *valía* y *potencial*. Las personas deben albergar un sentimiento intrínseco de *valía* —es decir, poseen valor intrínseco—, totalmente independiente de la comparación con los demás, y sentir que son merecedores de amor incondicional, con independencia de su comportamiento o su rendimiento. Entonces, cuando se consigue transmitir ese potencial y se crean oportunidades para desarrollarlo y utilizarlo, se está construyendo sobre una base sólida. Transmitir el potencial de las personas y proporcionarles un sentimiento de valía *extrínseca* es una base errónea, y nunca se optimizará su potencial.

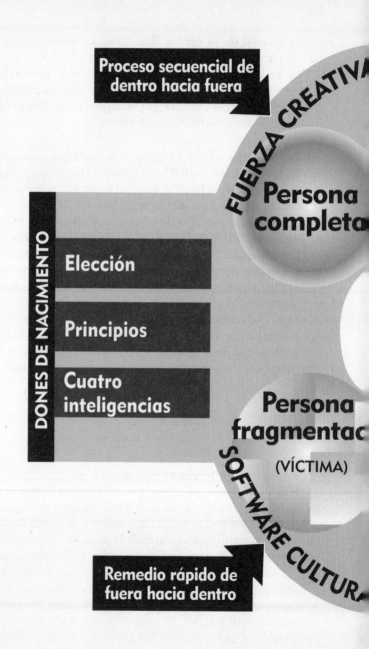

Figura 6.10

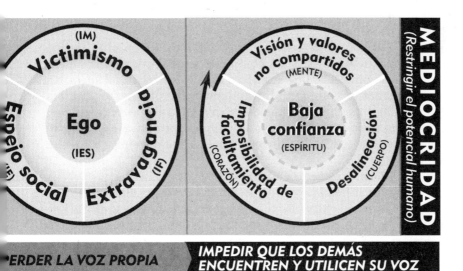

P: Hoy en día se publican muchos libros sobre liderazgo; ¿qué aspectos del material que propone resultan verdaderamente únicos y le confieren mayor valor?

R: ¿Qué tiene de único este material sobre el liderazgo que le confiere un auténtico valor? Yo diría que cinco aspectos. En primer lugar, el *desarrollo secuencial*. No conozco ningún libro que se centre en la absoluta necesidad de desarrollo personal e integración antes de construir la confianza en el nivel de las relaciones y éste insiste en que ambos aspectos son necesarios antes de construir organizaciones efectivas y duraderas, incluido familias. En segundo lugar, adopta un *enfoque que engloba la persona completa*. No tengo conocimiento de ningún material publicado que trate las cuatro inteligencias, resaltando especialmente la inteligencia espiritual o conciencia, a la hora de guiar las otras tres. En tercer lugar, se basa totalmente en unos *principios* que son intemporales, universales y manifiestos, a diferencia de los valores que poseen todas las personas u organizaciones, pero que pueden no estar basados en principios. Como usted sabe, los valores controlan nuestro comportamiento, pero los principios controlan las consecuencias de nuestro comportamiento. Cuando uno recoge una punta del palo también recoge la otra. En cuarto lugar, el material enseña que el liderazgo por mediación del proceso de desarrollo basado en principios puede convertirse en una *elección* (autoridad moral) en lugar de ser únicamente un cargo (autoridad formal) y que la clave de la nueva era del trabajador del conocimiento es pensar en términos de liberación, no de control; en términos de transformación, no simplemente de transacción. En otras palabras, se administran las cosas, pero se lidera a las personas. En quinto y último lugar, el enfoque de la persona completa resulta «manifiesto» para una organización, por lo que se refiere a los *cuatro roles del liderazgo*: modelar, encontrar caminos, alineamiento y facultamiento. Se trata de un paradigma con una capacidad explicativa sorprendentemente potente, que puede emplearse para diagnosticar casi cualquier problema o desafío y para identificar los pasos que más influyen en su resolución.

P: ¿El liderazgo puede enseñarse?

R: No, pero sí puede aprenderse. Una vez más, la clave está en el ejercicio del espacio entre el estímulo (es decir, la formación) y la respuesta (es decir, el aprendizaje), y si las personas ejercen su libertad de elección para aprender el conocimiento, las habilidades y los rasgos característicos asociados con el liderazgo (visión, disciplina, pasión y conciencia), aprenderán a ser unos líderes que los demás seguirán de buen grado. En un sentido muy real, ambos son seguidores de principios. En última instancia, un buen equipo de dirección es un equipo complementario donde los puntos fuertes de las personas se convierten en productivos y sus debilidades resultan irrelevantes gracias a los puntos fuertes de los demás.

MODELAR Y ENCONTRAR CAMINOS

7
LA VOZ DE LA INFLUENCIA: SER UN PEQUEÑO TIMÓN

> *Debemos convertirnos en el cambio que buscamos en el mundo.*
>
> GANDHI

Modelar constituye el espíritu y el centro de cualquier esfuerzo de liderazgo. Empieza con el descubrimiento de la voz propia: desarrollar las cuatro inteligencias y expresar la voz en la visión, la disciplina, la pasión y la conciencia. Modelar estas características de liderazgo personal altera y transforma los otros tres roles en su núcleo mismo.

Modelar se realiza, *principalmente*, en el curso de los otros tres roles, lo que suscita una sensación de seguridad y confianza en el líder. Sin embargo, el liderazgo sólo se produce realmente cuando la gente llega a experimentar por sí misma cómo una persona impulsada por su conciencia modela la exploración, el alineamiento y el faculta-

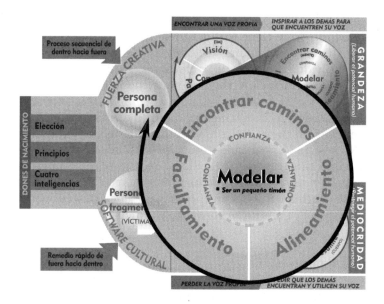

Figura 7.1

miento. Así, las personas llegan a saber por sí mismas lo respetadas, apreciadas y valoradas que son. ¿Por qué? Porque se buscan sus opiniones; se respetan sus aportaciones; se valora su experiencia única. Están verdaderamente implicadas en el proceso de exploración. Son participantes; no se limitan a escuchar el enunciado de la misión y el plan estratégico. Ayudan a desarrollarlos. Les pertenecen. En el caso de que el enunciado de la misión y el plan estratégico se hubieran desarrollado con antelación, se identifican con ellos, ya sea porque han realizado una elección consciente antes de subir a bordo o por la admiración que profesan por el líder que sirve de modelo.

En ocasiones, la *identificación* mental y emocional supone una fuerza más poderosa que la implicación. Esto se ve con los seguidores de un Gandhi, un Martin Luther King o un Nelson Mandela. Tal vez el propio lector haya admirado tanto a alguien que apoya su visión sin reservas, aunque no estuviera implicado en la creación de dicha visión. Esto es la identificación. Se trata de una fuerza psicológica muy poderosa, en ocasiones más poderosa que la propia participación. Se da especialmente el caso con la visión y la planificación estratégica, más que con los valores. Los visionarios y estrategas brillantes suelen ser únicos en su género, algo que suele reconocer la cultura misma, pero una vez más, sólo si existe confianza y confiabilidad personal. En última instancia, sin embargo, la identificación se basa en algún tipo de *implicación*, directa o indirecta.

Modelar no es el esfuerzo de un único individuo; es el esfuerzo de un *equipo*. Cuando se tiene un equipo de personas que se apoyan en los puntos fuertes de cada uno y se organiza de tal manera que las debilidades individuales resultan irrelevantes, se tiene una verdadera fuerza en una organización. De modo que cuando el lector piense en modelar, debe pensar en un individuo *y un equipo complementario*. El espíritu de un equipo complementario radica en que uno está ahí para desempeñar un papel único que compensa las debilidades de los demás. No se está ahí para identificar sus debilidades y centrarse en ellas, ni para criticarlos a sus espaldas. Se está para compensar sus debilidades al tiempo que ellos compensan las nuestras. Nadie tiene sólo puntos fuertes y muy pocas personas pueden destacar en todos los roles. El respeto mutuo se convierte en imperativo moral.

La actitud de influencia

El hábito de responder al deseo interno de marcar la diferencia, de importar, de ampliar nuestra influencia para llegar a las personas y causas que más valoramos empieza con una disposición o ACTITUD, una elección, la elección de utilizar *la voz de la influencia*.

Cuando enseño los principios que contiene este libro, me gusta abrirme a preguntas, ya sea en privado o en público, durante todo el día. Inevitablemente, alguien levantará la mano y dirá algo parecido a esto: «Doctor Covey, estos principios son magníficos y me los creo; ¡cómo me gustaría vivirlos! Pero no tiene ni idea de lo que es trabajar en una organización como la mía. Si tuviera un jefe como el mío, comprendería que no hay manera de conseguir lo que nos está contando. ¿Qué hago?» Puedes ver lo que están pensando. Sólo contemplan dos posibilidades. «Mi jefe es un imbécil y no va a cambiar. O me marcho (algo que no puedo permitirme) o lo hago lo mejor que puedo y vivo con ello».

Cuando enseño de qué manera se aplican estos principios al matrimonio y la familia, hay mujeres que se me acercan y, básicamente, me dicen lo mismo de sus maridos y maridos que me dicen lo mismo de sus mujeres: «Si conociera a mi marido sabría a lo que me refiero. Esto jamás funcionará». Una vez más, dos posibilidades: o marcharse o aguantarlo el máximo tiempo posible.

Qué fácil resulta a las personas pensar y sentir: «Soy una víctima; lo he intentado todo; no puedo hacer nada más; estoy atascada». Se sienten tristes y frustradas, pero no ven más opciones.

> El victimismo arruina su futuro.

Mi respuesta a sus preguntas suele sorprenderles un poco. Para empezar, veo, porque abren los ojos como platos, que algunos incluso se sienten ofendidos. Les digo lo siguiente:

«Cada vez que piensa que el problema está *ahí afuera*, ese mismo pensamiento *es* el problema».

«¿Acaso está insinuando que es *mi* problema?», replican algunos.

«Lo que estoy intentando decir es que cada vez que envuelve las debilidades de otra persona con su vida emocional, está regalando su libertad emocional a esa persona y dándole permiso para seguir arruinándole la vida.» Su pasado toma como rehén a su futuro.

Obviamente, se trata de un problema de relación, pero hasta que las personas no encuentren una voz propia, no hay modo de poseer la madurez, la seguridad interior o la fuerza de carácter necesarias para aplicar la solución basada en principios con el jefe «imbécil». También podría suceder que poseyeran la fuerza interior pero aún no hubieran desarrollado las habilidades que resultan de la paciencia y de la práctica constante.

La interacción continua durante la formación suele tener un efecto muy aleccionador para ellos pero, finalmente, llegamos al punto en que reconocen que no son una víctima y que pueden elegir su respuesta al comportamiento de la otra persona. Así que la sociedad fabrica y refuerza la actitud de victimismo y culpabilidad. Pero usted y yo tenemos la capacidad de utilizar nuestras dotes innatas para convertirnos en la fuerza creativa de nuestras propias vidas y decantarnos por un enfoque que aumente nuestra influencia en una organización. Podemos convertirnos en el líder de nuestro propio jefe.

La filosofía griega de la influencia

La filosofía griega de la influencia denominada *ethos, pathos y logos* constituye una excelente síntesis del proceso de ampliar la propia influencia (véase la figura 7.2).

El *ethos* se refiere, fundamentalmente, a la naturaleza ética, la credibilidad personal, la cantidad de confianza que suscita en los demás la integridad y competencia de cada uno. Cuando las personas habitualmente cumplen lo que han prometido y lo que se espera de ellas de un modo basado en principios, poseen *ethos. IES.*

FILOSOFÍA DE LA INFLUENCIA

ETHOS Modelo de confiabilidad Confianza

PATHOS Procurar primero comprender

LOGOS Y después, ser comprendido

Figura 7.2

El *pathos* es el lado empático, el sentimiento. Significa que entiendes cómo se siente una persona, qué necesidades tiene, de qué forma ve las cosas y qué es lo que está tratando de comunicar, y la persona lo siente. *IE.*

El *logos* representa, básicamente, la lógica. Está relacionado con el poder y la persuasión de la propia presentación, el propio pensamiento. *IM.*

La secuencia, por supuesto, tiene vital importancia. Pasar al *logos* antes de que las personas se sientan comprendidas es inútil; tratar de crear entendimiento cuando no hay fe en el propio carácter resulta igual de inútil.

En una ocasión impartí docencia en el Grupo de Veinte, un grupo de veinte profesionales de los seguros que se reúne cada tres meses en un foro de formación para intercambiar ideas. Durante dos años, fui su persona de referencia. Un mes de enero, en la reunión, todos murmuraban y se quejaban sobre el pésimo programa de formación y desarrollo de la empresa. Y la gota que colmó el vaso se produjo antes de Navidad, durante la gran ceremonia internacional de premios que se celebró en Hawai, donde se dedicó parte del tiempo a la formación. Dicha formación no contemplaba el intercambio ni el aprendizaje mutuo. En el mejor de los casos, constituía un espectáculo de láser costoso e impresionante. Se quejaban de que era algo típico de la formación que recibían y que, básicamente, resultaba efímero e inútil.

Les pregunté por qué no lo cambiaban. Y contestaron: «Bueno, esa no es nuestra función; no nos encargamos de eso». Les dije que estaban eludiendo responsabilidades y que podían cambiar el programa de formación si se empeñaban de verdad en hacerlo. Se encontraban entre los agentes de seguros de mayor categoría de toda la empresa y poseían una enorme credibilidad o *ethos*. Podían charlar con cualquier miembro de la compañía que quisieran. Les propuse que hicieran una presentación a los encargados de tomar decisiones y que se aseguraran de empezar describiendo el punto de vista de éstos (*pathos*) igual de bien o mejor que el suyo propio; debían incluir todas sus preocupaciones potenciales sobre la introducción de cambios en el programa de formación y en las celebraciones anuales tan bien organizadas. El objetivo sería describir esas preocupaciones hasta que los ejecutivos se sintieran tan bien comprendidos que se abrieran al *logos*, o lógica, de las recomendaciones propuestas por los agentes.

De modo que enviaron dos representantes a entrevistarse no sólo con el presidente y el director general, sino también con el responsable de formación y desarrollo. Se tomaron todo el tiempo necesario para describir el enfoque de la empresa y las razones que lo justificaban, además de los forcejeos económicos, políticos y culturales que implica introducir un cambio. Prosiguieron con la descripción hasta que resultó obvio que los responsables de tomar la decisión se sentían comprendidos En cuanto se sintieron comprendidos, se mostraron muy abiertos a la influencia (la clave de la influencia siempre es ser influido primero; o lo que es lo mismo: mostrarse abierto primero y buscar el entendimiento). Preguntaron literalmente qué recomendaciones hacían esos dos agentes y éstos no sólo se las dieron, sino que también les proporcionaron un plan de acción que contemplaba todas las realidades económicas, políticas y culturales que habían descrito anteriormente.

Los responsables de tomar la decisión se quedaron pasmados. Aunque les habían recomendado empezar con el diseño de un programa piloto, enseguida lo convirtieron en un plan a escala empresarial.

Tres meses después, en la siguiente reunión, me contaron lo que había sucedido. Y yo les dije: «Ahora, ¿de qué quieren encargarse? ¿Hay alguna otra cosa estúpida que suceda en la empresa y que les gustaría que cambiara?» En el sentido literal de la expresión, este Grupo de Veinte se quedó de piedra al ver hasta qué punto se habían facultado, cómo había merecido la pena su valor y empatía. Dejaron de protestar, quejarse y murmurar y empezaron a asumir cada vez más responsabilidad. Sin dejar de arar sus pequeñas parcelas, inspeccionaban campos mayores y observaban las cosas en un contexto más amplio. Veían a los responsables de las decisiones como seres humanos que luchaban igual que lo hacían ellos, que necesitaban modelos en lugar de críticas, que necesitaban luz en lugar de juicios.

Esta anécdota ilustra claramente el enfoque de dentro hacia fuera y su fuerza. Recuerde que siempre que uno piense que el problema está ahí afuera, *ese mismo pensamiento* es el problema.

Es de esperar que el lector ya esté en disposición de ver claramente cómo, ejerciendo la iniciativa y la empatía, construyendo *ethos*, centrándose y trabajando en lo que se encuentra dentro de su ámbito de influencia, puede convertirse en catalizador del cambio en cualquier situación. Una vez más, al hacerlo, se convertirá en el líder de su jefe, en el sentido literal de la expresión; dicho de otro modo: aunque el jefe posea la autoridad formal, usted poseerá la autoridad moral y la capacidad de influir.

Un pequeño timón

Comprendo que Buckminster Fuller, el sorprendente impulsor de un cambio de paradigma, escogiera el siguiente epitafio para su tumba: «Sólo un pequeño timón [*trim-tab*]». Un *trim-tab* en un barco o un avión es un timón pequeño que permite el giro del timón grande, que, a su vez, determina la dirección de toda la nave (véase la figura 7.3). Ese Grupo de Veinte era un pequeño timón. También Gandhi lo fue.

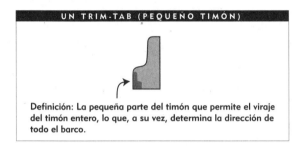

UN TRIM-TAB (PEQUEÑO TIMÓN)

Definición: La pequeña parte del timón que permite el viraje del timón entero, lo que, a su vez, determina la dirección de todo el barco.

Figura 7.3

Creo que existen numerosos timones pequeños en potencia en todas las organizaciones —empresas, gobierno, escuelas, organizaciones comunitarias, organizaciones no lucrativas—, con capacidad para liderar y ampliar su influencia, con independencia del cargo que ocupen. Pueden moverse y mover a su equipo o departamento de tal modo que afecte de forma positiva a toda la organización. El «pequeño timón» líder obra tomando la *iniciativa* dentro de su propio círculo de influencia (véase la figura 7.4), por muy pequeño que sea.

Círculo de preocupación

Círculo de influencia

SU TRABAJO

Figura 7.4

Para ilustrar la idea, observe el esquema (figura 7.4) formado por dos círculos; el más amplio es el círculo de preocupación (las cosas que le preocupan e interesan) y el más pequeño, el círculo de influencia (las cosas sobre las que tiene control o influencia). También indica que el trabajo de una persona queda, en gran medida, fuera del círculo de influencia propio.

En el capítulo primero, empecé citando algunos datos absolutamente sorprendentes obtenidos en un estudio llevado a cabo por Harris Interactive que utilizaba nuestro cuestionario xQ (Cociente de Ejecución). Como las implicaciones de esta investigación arrojan tanta luz, me referiré a más resultados en el resto del libro. Con respecto al tema de la influencia, al lector tal vez le interese saber que únicamente el 31 % de los encuestados en el cuestionario xQ afirmaba que se centraba en las cosas sobre las que podía influir de manera directa, y no en aquellas sobre las que no tenía influencia. Los líderes que hacen las veces de «pequeños timones» —con independencia del cargo— aplican visión, disciplina, pasión y conciencia al borde exterior de su círculo de influencia, lo que propicia su ampliación. En muchos casos, se trata de personas sin cargos importantes ni poder decisorio oficial.

Tomar la iniciativa constituye un modo de autofacultamiento. Ningún líder oficial le ha facultado; la estructura organizativa no le ha facultado; la descripción de su trabajo no le ha facultado. Usted se faculta a sí mismo en función del tema, el problema o el desafío que se tenga a mano. Usted ejerce el nivel apropiado de iniciativa o autofacultamiento.

> La pregunta clave siempre es: ¿Qué es lo mejor que puedo hacer en estas circunstancias?

Siete niveles de iniciativa o autofacultamiento

En el siguiente esquema (véase la figura 7.5), se observa un *continuum* de siete niveles de iniciativa: desde el «Espere instrucciones», en el nivel inferior, pasando por el «Pregunte», «Haga una recomendación» y el «Tengo la intención de», hasta el «Hágalo e informe de inmediato», «Hágalo e informe periódicamente» y, finalmente, el simple «Hágalo», que se encuentra justo en el centro de la capacidad de control e influencia.

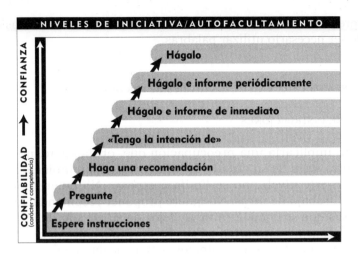

Figura 7.5

Uno escoge el nivel de iniciativa que utilizará en función de lo alejada que se encuentre la tarea, ya sea dentro o fuera, del círculo de influencia. Esto requiere sensibilidad y criterio situacional, pero, poco a poco, su círculo de influencia se irá ampliando.

La elección del nivel de iniciativa amplía nuestra definición de «voz», para que podamos encontrarla en cualquiera de las circunstancias posibles. Puede darse en un trabajo con el que no disfrutamos en absoluto. Aplicando un nivel de iniciativa, podemos cambiar la naturaleza de ese trabajo o podemos influir en otras personas que se encuentran en nuestro círculo de influencia, pero fuera del trabajo.

En el puesto de trabajo que ocupamos, podemos esforzarnos por conseguir la grandeza. Podríamos comparar nuestras prácticas empresariales (*benchmarking*) a escala mundial, en lugar de a nivel nacional/regional/local. Un abogado podría ser más un pacificador. Un educador podría ser más un pastor comprensivo, un entrenador y un mentor. Un médico podría centrarse más en la educación y la prevención, además de tratar a la persona completa en lugar de limitarse a partes del cuerpo, tecnología y química. Un padre podría esforzarse por lograr un 80 % de interacciones positivas, con sólo un 20 % de escarmientos, medidas correctivas y disciplinarias. El vendedor podría escuchar más las necesidades y adaptarse a ellas con integridad. El responsable de *marketing* podría garantizar la integridad del *merchandising* y la publicidad. El ejecutivo de una empresa debería tener cuidado con cumplir un poco lo mucho que promete. En definitiva:

siempre y en todas partes podemos enseñar principios y, en ocasiones, puede ser necesario utilizar palabras.

EXPLOREMOS CADA UNO de los niveles de iniciativa.

1. ESPERE INSTRUCCIONES

Esto implicaría una preocupación que, obviamente, no sólo se encuentra *fuera* de su círculo de influencia, sino también de su trabajo. En este nivel, uno se limita a esperar. No quiere ponerse a hacer el trabajo de otros. No quiere proponer recomendaciones sobre cosas que se encuentran muy lejos de su círculo de influencia. Las personas no confiarían en sus recomendaciones por varios motivos. Las considerarían totalmente inapropiadas y, tal vez, llegaran a considerarle fuera de lugar. De hecho, la actuación en ámbitos muy alejados de su círculo de influencia llegaría a provocar la reducción de dicho círculo.

Y, ¿qué hace? Sonríe; como la Oración de la serenidad que se utiliza en Alcohólicos Anónimos:

> *Dios, concédeme serenidad*
> *para aceptar las cosas que no puedo cambiar,*
> *valor para cambiar aquellas que puedo*
> *y sabiduría para reconocer la diferencia.*

Ya no desperdicia sus energías en algo en lo que no puede hacer nada. Ahora bien, si tiene influencia en alguien que sí puede hacer algo, todo cambia. Entonces, está en disposición de incrementar los niveles de iniciativa y autofacultamiento.

Pero no resulta fácil sonreír y no hacer nada sobre el tema por el momento. Muchas personas se obsesionan con cosas que no pueden cambiar en el momento presente. Intercambian historias de luchas con sus compañeros de trabajo y manipulan el coraje de cada uno con respecto a las cosas que no pueden cambiar. Pero eso, simplemente, debilita su capacidad de que pasen cosas relacionadas con los temas y preocupaciones sobre los que *sí pueden* hacer algo. Una vez más, su pasado toma como rehén a su futuro.

Entonces, caen en la trampa de la codependencia, una circunstancia que genera lo que, una vez más, denomino los cinco cánceres emocionales metastásicos: criticar, quejarse, comparar, competir y enfrentarse. Las personas que no tienen bien equilibrados sus actos internos buscan seguridad en fuentes externas a sí mismas. Como son codependientes con respecto al entorno, entran en estos comportamientos cancerosos y destructivos.

En el sentido literal de la palabra, estos cinco cánceres emocionales generan metástasis de células cancerosas en las relaciones y, en ocasiones, en toda una cultura. Como consecuencia, la organización queda tan polarizada, tan dividida, que resulta casi imposible ofrecer sistemáticamente una alta calidad a los clientes.

CINCO COMPORTAMIENTOS CANCEROSOS

▶ **Crítica**

▶ **Queja**

▶ **Comparación**

▶ **Competición**

▶ **Disputa**

Figura 7.6

Un apunte sobre la competición: aunque la rivalidad por lograr un sentimiento de valía en el interior de las relaciones, las familias, los equipos de trabajo y las culturas resulta perjudicial, estoy convencido de que puede ser muy saludable en terrenos como los deportes o el mercado. Puede exigir aportar el máximo esfuerzo y sacar lo mejor de las personas o las organizaciones. En el mercado, se ve a los competidores como los profesores con los que medirse. Mientras se está intentando derrotar a los competidores, lo que uno realmente trata de hacer es mejorar para los clientes y aprender de quienes lo hacen mejor y más rápido. Ése es el poder del sistema de libre empresa: competencia en el mercado, cooperación en el lugar de trabajo. Recuerde que debe ser «bilingüe» y evitar el inquebrantable peligro que señaló Abraham Maslow: «El que es hábil con el martillo suele pensar que todo es un clavo».

2. PREGUNTE

Sería razonable y lógico preguntar sobre algo que se encuentra *dentro* de la descripción de su trabajo, pero *fuera* de su círculo de influencia. Como se halla fuera del círculo de influencia, no puede hacer mucho; pero como afecta a su trabajo, la mayoría de las personas considerarían legítimo, por lo menos, preguntar. Si la pregunta es inteligente y surge como resultado de un concienzudo análisis y una cuidadosa reflexión, podría resultar muy impresionante y tal vez amplíe su círculo de influencia.

3. Haga una recomendación

¿Dónde situaría «Haga una recomendación»? Justo en el borde exterior de su círculo de influencia; ni siquiera está en su trabajo. Está proponiendo una recomendación que se encuentra fuera de su trabajo y en el borde exterior de su círculo de influencia.

Un hermoso ejemplo del tercer nivel de iniciativa y autofacultamiento se encuentra en la doctrina militar del Completed Staff Work. Los cinco pasos básicos de dicha doctrina son:

1. Analice el problema.
2. Proponga una alternativa y recomiende soluciones.
3. Desarrolle los pasos recomendados para poner en práctica la solución.
4. Incorpore una conciencia de todas las realidades (política, social, competencias económicas, etc.)
5. Haga una recomendación que sólo requiera aprobación mediante una sola firma.

Esta estrategia exige que el ejecutivo eficiente espere a que llegue el mejor trabajo. Primero, solicita a la gente que reflexione cuidadosamente sobre problemas y cuestiones. Entonces, cuando hayan reflexionado haciéndolo lo mejor que saben, están listos para proponer una recomendación final. El ejecutivo sólo contempla esa recomendación final.

Cuando se utiliza el sistema Completed Staff Work, la dirección superior no rescata a las personas con respuestas rápidas y sencillas, aunque éstas las reclamen. Si el ejecutivo no espera a que se haga el trabajo, está engañando a las personas al robarles crecimiento, mientras que éstas, a su vez, le engañan a él y a la empresa robándoles tiempo. Además, no se puede responsabilizar a las personas de los resultados si se les proporciona los métodos.

> *Cuando estuve en Sicilia, le dije a un general que se mostraba un*
> *tanto reacio a atacar que confiaba plenamente en él. Para*
> *demostrárselo, me marché a casa.*
> *Si nunca dices a las personas lo que tienen que hacer, te*
> *sorprenderán con su ingenio.*[1]
> GENERAL GEORGE S. PATTON

El lector se percatará del tiempo y esfuerzo que ahorra esta estrategia al ejecutivo y de la mayor cantidad de iniciativa que exige por parte del empleado. La he visto funcionar estupendamente en muchísimas situaciones. Además, amplía de forma inmediata el círculo de influencia.*

4. «TENGO LA INTENCIÓN DE»

«Tengo la intención de» implica, de hecho, una pizca más de iniciativa que proponer una recomendación y constituye una prolongación de este último nivel. Aprendí por primera vez este principio mientras navegaba por las islas Hawai en el *USS Santa Fe*, un submarino nuclear con un coste multimillonario, durante unas maniobras que simulaban un conflicto bélico. Qué espectáculo más magnífico era estar en el puente de mando con el comandante, el capitán David Marquet, mientras salíamos del puerto de Lahaina y ver ese enorme tubo negro de unos noventa metros de longitud (casi la longitud de un campo de fútbol americano), que se hundía unos treinta metros, surcando el agua.

Mientras charlábamos, se acercó un oficial y dijo: «Capitán, tengo la intención de descender unos veinte metros». El capitán preguntó: «¿Qué sondeo [profundidad hasta el fondo marino] tenemos?»; a lo que él respondió: «Unos doscientos ochenta». «¿Qué dice el sonar [el dispositivo electrónico que detecta barcos, buques, submarinos y otros objetos]?» El oficial contestó: «Nada, únicamente peces». Y el capitán le dijo: «Concédanos veinte minutos más y lleve su intención a la práctica».

Durante todo el día, miembros de la tripulación se acercaban al capitán y le decían: «Tengo la intención de hacer esto» o «Tengo la in-

---

* Para recibir una copia gratuita de un artículo completo sobre el Completed Staff Work, véase <www.The8thHabit.com/offers>.

tención de hacer aquello». A veces, el capitán hacía preguntas y después decía: «Muy bien». Otras veces, no hacía preguntas y se limitaba a contestar: «Muy bien». El capitán sólo reservaba su confirmación personal para las decisiones que eran la punta del iceberg. La gran masa del iceberg —el 95 % de decisiones restante— se realizaba sin ningún tipo de implicación o confirmación por parte del capitán.

Pregunté al capitán por su estilo de liderazgo. Afirmó que quería facultar a su gente lo máximo posible dentro de los límites del contexto naval. Pensaba que, si les exigía que reconocieran no sólo el problema, sino también la solución, empezarían a considerarse a sí mismos como un eslabón de vital importancia en la cadena de mando. Maduró la cultura hasta el punto de que los oficiales y marineros declaraban sus propias intenciones con respecto a la autoridad del capitán para tomar decisiones.

«Tengo la intención de» es cualitativamente distinto a «recomiendo». La persona ha realizado más esfuerzo analítico, hasta el punto de estar totalmente preparada para ejecutar la acción en cuanto reciba la aprobación. No sólo ha reconocido el problema, sino también la solución y está dispuesta a ponerla en práctica.

Esos marineros albergaban en su interior un verdadero sentimiento de valor añadido, algo que, como me indicaron, no habían sentido con ningún otro capitán cuando se habían movido únicamente en los parámetros del «Espere instrucciones». Ésta es la razón que explica que el «Tengo la intención de» se encuentre en el borde exterior del círculo de confianza y del trabajo. Un facultamiento coherente reduce de forma significativa las fugas de personal o, lo que es lo mismo, la marcha de los altos cargos a otros trabajos mejor remunerados.

Algunos meses después de mi experiencia en el submarino, me hizo mucha ilusión recibir una carta del capitán Marquet donde me informaba de que habían concedido al *USS Santa Fe* el trofeo Arleigh Burke al submarino, buque o escuadrón de aviación con mayores mejoras del Pacífico. ¡Tal es el fruto del facultamiento por efecto de un pequeño timón!

5. HÁGALO E INFORME DE INMEDIATO

«Hágalo e informe de inmediato» se encontraría en el borde exterior del círculo de influencia, pero dentro del trabajo. Lo comunica de forma inmediata porque las demás personas necesitan saberlo. Esto permite que verifiquen que todo se ha hecho de forma correcta y posibilita la introducción de las oportunas correcciones si es necesario.

También proporciona la información que necesitan los demás antes de tomar decisiones consecuentes y de emprender acciones de seguimiento.

6. Hágalo e informe periódicamente

Este nivel de iniciativa contempla las acciones que podrían formar parte de una autoevaluación normal en una visita de evaluación de resultados o en un informe oficial, para que otras personas puedan comunicar y utilizar la información. Cuando se informa periódicamente, uno se encuentra claramente dentro de la descripción de su trabajo y dentro de su círculo de influencia.

7. Hágalo

Cuando algo se localiza justo en el centro de su círculo de influencia y en el núcleo de la descripción de su trabajo, hay que hacerlo. En ocasiones, en algunas culturas, es más fácil obtener el perdón que el permiso, de modo que si uno está convencido de que tiene razón y de que la acción no se encuentra alejada del círculo de influencia, tal vez lo mejor sea «hacerlo».

La idea de asumir responsabilidad y hacerlo, hacer que suceda, encierra un gran poder. Este nivel más elevado de iniciativa me recuerda una historia verdadera conocida como «Un mensaje para García».

Cuando estalló la guerra entre España y Estados Unidos a finales de siglo, el presidente estadounidense necesitaba hacer llegar un mensaje a un revolucionario cubano llamado García. Se escondía en alguna parte de la isla de Cuba, fuera del alcance del correo o el telégrafo. Nadie sabía cómo llegar hasta él. Pero un oficial sugirió que, si había alguien que pudiera hacerlo, ése era un oficial llamado Rowan.

Cuando McKinley entregó la carta a Rowan en Washington D. C., el oficial no le preguntó: «¿Dónde está? ¿Cómo llego hasta ahí? ¿Qué quiere que haga cuando llegue? ¿Cómo regreso?». Se limitó a coger el mensaje e imaginar cómo llegaría hasta García. Tomó un tren hasta Nueva York y un barco hasta Jamaica. Rompió el bloqueo español para llegar a Cuba en barco de vela. A continuación, vinieron desenfrenados viajes en carromato, caminatas y cabalgadas por la selva cubana. Nueve días de viaje después, Rowan entregó el mensaje a García a las nueve de la mañana. La misma tarde, a las cinco, emprendió su viaje de regreso a Estados Unidos.

Para que se comprenda mejor, el autor Elbert Hubbard escribió:

> Estoy con el hombre que hace su trabajo tanto cuando el «jefe» no está como cuando está en casa, [...] el hombre que, cuando se le da una carta para García, entrega la misiva con rapidez, sin hacer preguntas estúpidas y sin ninguna intención de tirarla a la alcantarilla más cercana ni de hacer otra cosa que no sea entregarla. [...] La civilización constituye una larga y angustiada búsqueda de tales individuos. Cualquier cosa que solicite un hombre de esta naturaleza será concedida; este tipo de hombres es tan poco común que ningún empresario puede permitirse dejarlo escapar. Lo quieren en todas las ciudades, pueblos y aldeas, en todas las oficinas, tiendas, almacenes y fábricas. El mundo los pide a gritos: necesitan, y lo necesitan desesperadamente, al hombre que puede llevar «Un mensaje para García».*

El espíritu de los «pequeños timones»

El lector verá que, con independencia de la cuestión, el problema o la preocupación que tenga entre manos, puede facultarse tomando la iniciativa de algún modo. Sea sensible, sea sensato, tenga cuidado con el momento que elige, pero haga *algo* con la situación. Evite quejarse, criticar o mostrarse negativo; esté en guardia para no eludir la responsabilidad y culparlos a «ellos» de los fallos. Vivimos en una cultura de la culpa: más del 70 % de los encuestados en el cuestionario xQ contestó que las personas de su organización solían culpar a otros cuando las cosas iban mal. Por lo tanto, asumir la responsabilidad supondrá nadar a contracorriente.

Tomar la iniciativa exige algún tipo de *visión*, algún nivel por alcanzar, alguna mejora que lograr. Exige *disciplina* al hacerlo. Exige poner en ello todo el corazón y la *pasión* y hacerlo de un modo regido por la *conciencia* o los principios para alcanzar un fin que merezca la pena.

Tom Peters describe la actitud y el espíritu de los «pequeños timones» con estos términos:

> A los ganadores, y no lo digo en broma, les gustan los trabajos basura. ¿Por qué? Porque esos trabajos permiten montones de espacio. ¡A nadie le importa! ¡Nadie está mirando! ¡Está solo! ¡Es el rey! ¡Es posible ensuciarse las manos, cometer errores, asumir riesgos, conseguir milagros!

---

* Para obtener una copia gratuita y pública del texto completo de «Un mensaje para García», véase <www.The8thHabit.com/offers>.

El lamento más frecuente de quienes «carecen de poder» [*unempowered*] es que no tienen «espacio» para hacer nada que esté bien. Algo a lo que siempre contesto: ¡Tonterías!

Lo fundamental: ¡Saboree la «pequeña» misión o «tarea rutinaria» que nadie quiere! ¡BÚSQUELA! Es una oportunidad que propicia el auto-facultamiento, ya sea diseñando de nuevo un molde o planificando una escapada de fin de semana para un cliente. [...] Puede convertirlo en algo glorioso, y ¡guau!²

En una ocasión, estuve trabajando como auxiliar administrativo del rector de una universidad. En muchos sentidos, era dictatorial, controlador, siempre daba por sentado que sabía qué era lo mejor y tomaba todas las decisiones importantes. Por otra parte, era un visionario, una persona brillante y con talento; pero trataba a todos como recaderos: «Vaya a buscar esto, vaya a buscar aquello», como si no tuvieran opinión. Poco a poco, estos hombres y mujeres con mucha formación y motivación fueron desencantándose y acabaron impidiendo el facultamiento. Se pasaban el día en los pasillos quejándose del rector.

«No puedo creer lo que hizo…»

«Sabes, deja que te cuente la última…»

«Y crees que eso está mal. Deberías de ver lo que hizo cuando entró en nuestro departamento…»

«Realmente, nunca había oído algo así.»

«Pues sí, nunca he estado en un puesto de trabajo donde me sienta tan cohibido y encorsetado por esas reglas estúpidas y esa burocracia. Me estoy quedando empantanado.»

Se pasaban horas consolándose.

Y, luego, estaba Ben. Sencillamente, adoptó otro enfoque: fue directo al tercer nivel de autofacultamiento e iniciativa. Aunque a él también le trataba como a un recadero, decidió empezar por el nivel «Haga una recomendación».

Decidió ser el mejor recadero. Esto le reportó credibilidad, *ethos*. Luego se anticipaba a las necesidades del rector y a las razones que había detrás de sus peticiones al recadero: «Veamos, ¿para qué quiere esta información el rector? Está preparando una reunión de la junta directiva y quiere que recopile datos sobre cuántos servicios de seguridad de campus universitarios llevan armas, porque está recibiendo críticas por nuestra postura. Creo que le ayudaré a preparar la reunión».

> Complemente a su jefe, no le critique.

Ben llegó a una reunión previa, presentó los datos que le había pedido como recadero y, a continuación, dio el segundo paso en el análisis y las recomendaciones. El rector se volvió hacia mí, estupefacto. Luego, se volvió hacia Ben y le dijo: «Quiero que venga a la reunión de la junta directiva y proponga la recomendación. Su análisis es brillante; ha previsto exactamente lo que se necesita».

El resto de los miembros del personal había apoyado la conspiración silenciosa del «Espere instrucciones». Pero Ben no lo hizo. Había ejercido liderazgo identificándose con el rector, determinando qué era lo que éste realmente quería y necesitaba. Ben empezó con un cargo bastante bajo, pero enseguida pasó a realizar presentaciones regulares ante la junta directiva.

Estuve trabajando cuatro años en ese puesto. Al final de los cuatro años, Ben era la segunda persona más influyente del campus aunque no había ascendido desde las categorías académicas. El rector no hacía ningún movimiento importante sin su bendición. Cuando Ben se jubiló, se le concedió un premio de reconocimiento especial. ¿Por qué? Porque constituyó un modelo de confiabilidad, lealtad hacia la universidad y disposición para lo que fuera necesario.

Creo que Ben entendió la inutilidad de desear que algo sea diferente. ¿Ve en esta historia cómo el liderazgo puede convertirse en una elección? ¿Ve cómo usted también puede convertirse en el líder de su jefe, como hizo Ben?

> Cuando afirmamos que el liderazgo es una elección, significa básicamente que es posible escoger el nivel de iniciativa que se quiera llevar a la práctica como respuesta a la pregunta: ¿Qué es lo mejor que puedo hacer en estas circunstancias?

Ante estos siete niveles de iniciativa, siempre se deberá tomar una decisión que depende de la conciencia de cada uno. Se requiere criterio y sabiduría para saber qué nivel de iniciativa aplicar: *qué* debe hacerse, *cómo* debe hacerse, *cuándo* debe hacerse y, quizá lo más importante, *por qué* debe hacerse. La pregunta «¿Por qué?» suele explotar la inteligencia espiritual al llegar al sistema de valores, la fuente de la motivación. La pregunta «¿Qué hacer?» suele explotar la inteligencia intelectual al pensar de forma analítica, estratégica y conceptual. Las preguntas «¿Cuándo hacerlo?» y «¿Cómo hacerlo?» suelen explotar la inteligencia emocional al percibir el entorno, captar las normas culturales y políticas que están en funcionamiento e identificar los propios puntos fuertes y debilidades. La inteligencia en el hacer también entra en juego al llevar a cabo sus intenciones y poner en práctica tácticamente el «cómo».

Cuando se utiliza la iniciativa sabiamente en todos y cada uno de los siete niveles, el lector descubrirá que su círculo de influencia se amplía cada vez más hasta englobar el trabajo en su totalidad. No deja de ser curioso —y esto sucede casi siempre— que, a medida que se va ampliando el círculo de influencia, también lo hace el círculo de preocupación.

Un líder que actúa como «pequeño timón» es constante —como un faro, no como una veleta—, una fuente de luz constante y digna de confianza, no alguien que gira con cualquier viento social.

> *Si se da al mundo lo mejor que uno tiene, es posible salir herido. Pero, de todos modos, hay que dar lo mejor de uno mismo.*
> MADRE TERESA DE CALCUTA

Al ir adoptando este enfoque de dentro hacia fuera que permite aprovechar la iniciativa, las personas que ocupen cargos de responsabilidad irán depositando cada vez más confianza en su carácter y competencia. Aumentará la confianza. Casi resulta inevitable que quieran construir cada vez mayores niveles de iniciativa y facultamiento en su trabajo. Se acabará convirtiendo en el líder de su jefe…, y éste, de forma natural, acabará formando parte de un equipo complementario en tanto que líder servidor.

Película: *Mauritius*

Invito al lector a ver la película *Mauritius*, que encontrará en la web: www.franklincoveymex.com. No sólo las organizaciones y los individuos pueden ser pequeños timones; la película ilustra cómo un país o una sociedad al completo puede actuar como un pequeño timón para conseguir un éxito y una cultura propios, a pesar de profundas diferencias étnicas, raciales, culturales y de otro tipo. En realidad, si ha generado una fuerza cultural tan notable no es a pesar de esas diferencias, sino *gracias a* ellas.

Las declaraciones que se muestran al principio de la película se corresponden con el momento de su producción. Desde entonces, han cambiado bastante algunas condiciones en Mauricio, donde cada vez existen más bolsas de conflictos sociales. Sin embargo, la verdadera razón de la historia no es que Mauricio sea una sociedad perfecta, sino que, *sean cuales sean* los cambios a los que nos enfrentemos —ya sea en tanto que individuos, familias, organizaciones o, incluso, naciones—, podemos trabajar dentro de nuestro círculo de influencia y abrirnos paso de forma creativa, como «pequeños timones», a través de esos cambios.

Preguntas y respuestas

P: Todo eso suena muy bien, pero usted no conoce a mi jefe. Es un obseso del control y las personas competentes que le rodean suponen una amenaza para él. Mi situación es muy distinta.

R: Sí, cada situación es única y distinta en algún sentido. Pero por otra parte, en el fondo, los desafíos y los problemas son siempre muy parecidos. La clave no está en la circunstancia; está en el espacio entre el estímulo y la respuesta, o lo que es lo mismo: en la circunstancia y en su respuesta ante ésta. Ése es el ámbito de la libertad de elección. Si utiliza esa libertad con sabiduría y fundamenta sus elecciones en principios, no solamente ampliará el tamaño de su libertad de elección, sino que también desarrollará una fuente interna de seguridad personal para que su vida no vaya en función de las debilidades de los demás. Dejará de quitarse facultamiento a sí mismo y de facultar las debilidades de los demás para seguir arruinándose la vida. Tal vez haga un análisis de costes y beneficios y decida hacer algo distinto o ir a otra parte. O tal vez, sencillamente, decida confiar en los aspectos prácticos del mercado y abrirse, como si de un «pequeño timón» se tratara, un círculo de influencia más amplio hasta resultar indispensable a su jefe y, con el tiempo, llegar a convertirse incluso en el líder de éste. Debe utilizar las cuatro inteligencias para ser creativo y, además, una inspiración. También se requiere trabajar dentro del círculo de influencia, aunque fuera del trabajo, y poner en práctica un gran nivel de iniciativa y voluntariado para comprender las necesidades no satisfechas y los problemas no resueltos y poder aplicar el nivel adecuado de iniciativa. También se requiere realizar su trabajo a la perfección para merecer la confianza de los demás, sondear otros campos al tiempo que cultiva bien el propio. Recuerde: primero, *ethos* (credibilidad); segundo, *pathos* (empatía); y tercero, *logos* (lógica).

P: De modo realista, ¿cómo puede una persona convertirse en líder de su jefe?

R: Conviértase en una luz, no en un juez. Conviértase en un modelo, no en un crítico. Póngase a trabajar dentro del propio círculo de influencia para que se desarrolle y expanda su autoridad moral y tenga credibilidad. Tome la iniciativa con valentía para conseguir que sucedan cosas buenas. Muestre empatía con el mundo de su jefe, sus preocupaciones, objetivos y modo de pensar. Muestre empatía, también, con la cultura y el mercado, y luego, tome esas iniciativas. Recuerde, una vez más, que está totalmente prohibido hablar mal de nada. Sea paciente y perseverante, y su influencia se ampliará. Los aspectos prácticos de los resultados convertirán al cínico. Esto es el liderazgo: recuerde que es una elección, no un cargo.

P: Suele decir que es más fácil obtener el perdón que el permiso, pero a veces, si uno toma algo de iniciativa basándose en esa idea, recibe severas reprimendas o, incluso, le despiden.

R: Si continúa invirtiendo en el desarrollo personal y profesional y en la capacidad de producir soluciones a los problemas, siempre dispondrá de una fuente de seguridad económica. Su seguridad no surge del trabajo o del auspicio de los demás; surge de su capacidad de satisfacer necesidades y solucionar problemas. Continúe invirtiendo en esas capacidades y tendrá infinitas oportunidades. Además, escoja las luchas con cautela: no tome iniciativas que se encuentren muy lejos de su círculo de influencia. En lugar de hacer eso, debe trabajar fuera del trabajo, pero dentro del círculo de influencia. Después, tome iniciativas y proponga recomendaciones que surjan como resultado de un análisis muy meditado e, inevitablemente, verá cómo va aumentando cada vez más su círculo de influencia.

8
LA VOZ DE LA CONFIABILIDAD: MODELAR CARÁCTER Y COMPETENCIA

> *Indiscutiblemente, la mayor cualidad para el liderazgo es la integridad. Sin ella, es imposible ningún éxito auténtico, ya sea en una cuadrilla de trabajadores, en un campo de fútbol, en un ejército o en una oficina.*
>
> DWIGHT DAVID EISENHOWER

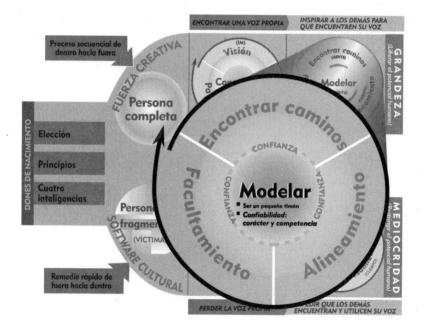

Figura 8.1

Hace algún tiempo me pidieron que prestara mis servicios de consultoría a un banco que estaba teniendo problemas con la moral de los empleados. «No sé que es lo que falla», se lamentó el joven presidente. Brillante y carismático, había ascendido desde las categorías más bajas sólo para ver cómo su institución se tambaleaba. La productividad y los beneficios habían caído y culpaba a los empleados: «No importa los incentivos que conceda —afirmó—, no se quitan de encima ese pesimismo».

Tenía razón. El ambiente parecía enrarecido por la sospecha y la falta de confianza. Durante dos meses, estuve organizando talleres, pero nada funcionaba. Estaba totalmente perplejo.

«¿Cómo puede alguien confiar con lo que está sucediendo aquí?», era la cantinela habitual de los empleados. Pero nadie me decía de dónde procedía la desconfianza.

Finalmente, en conversaciones más informales, salió a relucir la verdad. El jefe, que estaba casado, mantenía relaciones con una empleada y todo el mundo lo sabía.

Ahora estaba claro que los malos resultados de la empresa se debían a esta conducta. Pero ese hombre se estaba haciendo el mayor daño a sí mismo. Sólo pensaba en su propia satisfacción y hacía caso omiso a las consecuencias a largo plazo. Además, había traicionado una confianza sagrada con su esposa.

En definitiva: su fallo era de *carácter*.

El 90 % de todos los fallos de liderazgo son fallos de carácter.

Igual que la confianza es la clave de todas las organizaciones, también es el pegamento que las mantiene unidas. Es el cemento que une los ladrillos. Asimismo, he aprendido que *la confianza es el fruto de la confiabilidad tanto de las personas como de las organizaciones*. La confianza emana de tres fuentes: la personal, la institucional y la que surge de una persona que opta de forma consciente por *dársela* a otra, un acto que me hace *sentir* la creencia de que puedo aportar valor. Tú me das confianza y yo la devuelvo. *Confiar* y *confianza* son un verbo Y un sustantivo. Cuando confluyen ambos se da algo recíproco y compartido entre las personas. Ésa es la esencia de cómo una persona se convierte en líder de su jefe. Merece la confianza al darla. *Confiar*, el verbo, viene de la confiabilidad potencial de la persona que recibe la confianza y de la confiabilidad manifiesta de la persona que entrega la confianza. El cuarto rol —facultamiento— encarna el hacer de la *confianza* un verbo: *confiar*.

Hemos encuestado a más de 54.000 personas pidiéndoles que identificaran las cualidades fundamentales de un líder; la integridad fue, con mucho, la respuesta más habitual (véase la figura 8.2).

Hoy en día, en muchos ámbitos, está pasado de moda hablar en términos de carácter. Se ha equiparado con algo delicado, íntimo o con la religión. Algunos se preguntan si nuestros valores interiores siguen teniendo importancia. Después de todo, ¿acaso nuestro famoso ejecutivo del banco no ha triunfado de modo manifiesto, a pesar de sus transgresiones?

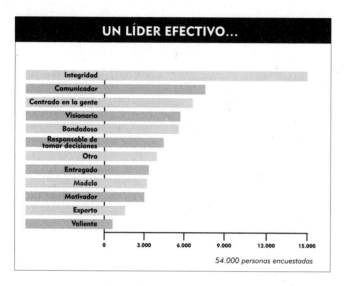

Figura 8.2

Esta pregunta demuestra un dilema de la vida moderna. Muchos han llegado a creer que lo único necesario para triunfar es talento, energía y personalidad. Pero la historia nos ha enseñado que, a largo plazo, quiénes *somos* es más importante que quien parecemos ser.

Mientras repasaba la literatura sobre el éxito y el liderazgo remontándome al nacimiento de Estados Unidos, como preparación previa a la redacción de *Los siete hábitos*, descubrí que, durante los primeros ciento cincuenta años, la atención se centraba casi en exclusiva en la importancia del carácter y los principios. Al entrar en la era industrial y después de la Segunda Guerra Mundial, la atención empezó a desplazarse hacia la personalidad, las técnicas y las tecnologías, lo que denominaríamos la «ética de la personalidad».

Esta tendencia es continuada, pero percibo la emergencia de una tendencia contraria a medida que la gente va experimentando los frutos de una cultura organizativa sin valores. Cada vez más organizaciones están reconociendo la necesidad de la confiabilidad, el carácter y el suscitar confianza en la cultura. Cada vez más personas están viendo la necesidad de examinar a fondo sus almas, percibir de qué manera ellos, ellos mismos, contribuyen a la creación de los problemas y calcular exactamente qué pueden hacer para contribuir a la solución y atender las necesidades humanas.

> *El carácter, a largo plazo, es el factor decisivo en la*
> *vida de individuos y naciones por igual.*[1]
> THEODORE ROOSEVELT

¿Qué fue del presidente de banco que mantenía relaciones íntimas con una empleada? Cuando le confié que estaba al corriente de su relación y el efecto que estaba causando en sus empleados, empezó a pasarse los dedos por el cabello. «No sé por dónde empezar», dijo.

«¿Se ha terminado?», pregunté.

Me miró directamente a los ojos: «Sí, desde luego».

«Pues, entonces, empiece por decírselo a su esposa», respondí.

Se lo contó y ésta le perdonó. Después, convocó una reunión con los empleados y abordó el problema de su moral. «He descubierto la causa del problema —dijo—. Soy yo. Les estoy pidiendo que me den otra oportunidad.»

Se necesitó tiempo, pero, finalmente, la moral de los empleados —una sensación de apertura, optimismo y confianza— mejoró. Sin embargo, al final, el ejecutivo se había hecho un favor a sí mismo. Estaba encontrando su propio camino hacia el carácter.

Confiabilidad personal

Donde existe confianza duradera, existe confiabilidad. Siempre es así; es un principio. Igual que la confianza emana de la confiabilidad, la confiabilidad emana del *carácter* y la *competencia*. Cuando se desarrolla tanto una confiabilidad como un carácter fuertes, el fruto es la sabiduría y el criterio, los cimientos de todo logro y confianza grandes y duraderos. El siguiente esquema (véase la figura 8.3) ayuda a identificar los principales factores que tienen que ver con la producción de confianza.

Empecemos con los tres aspectos del *carácter* personal: integridad, madurez y mentalidad de abundancia.

Integridad significa estar integrado con los principios y leyes naturales que, en última instancia, gobiernan las consecuencias de nuestro comportamiento. La honestidad es el principio de decir la verdad. La integridad es cumplir las promesas que uno se ha hecho a sí mismo o ha hecho a los demás.

Figura 8.3

> *Un hombre no puede actuar de forma correcta en un ámbito de la vida mientras se dedica a actuar de forma incorrecta en cualquier otro ámbito. La vida es un todo indivisible.*[2]
> MAHATMA GANDHI

La *madurez* se desarrolla cuando una persona asume las consecuencias de la integridad y de ganar la victoria personal a uno mismo, una circunstancia que permite ser valiente y amable al mismo tiempo. En otras palabras: una persona de estas características puede tratar cuestiones difíciles con compasión. La combinación de coraje y amabilidad es tanto la fuente de donde brota la integridad como la consecuencia de ésta.

Mentalidad de abundancia significa que, en lugar de ver la vida como una competición con un solo ganador, se ve como un cuerno de la abundancia repleto de oportunidades, recursos y riqueza cada vez mayores. Uno no se compara con los demás y siente verdadera alegría por sus éxitos. Las personas con mentalidad de escasez son resultado de una identidad basada en la comparación y se sienten amenazadas por el éxito de los demás. Aunque finjan y digan otra cosa, saben que les consume. Los poseedores de una mentalidad de abundancia ven a sus competidores como unos de los profesores más valorados e importantes. Esos mismos atributos —integridad, madurez y mentali-

dad de abundancia— describen a la perfección a un equipo complementario.

Veamos ahora la vertiente de *competencia* que posee la confiabilidad personal.

La *competencia técnica* es la habilidad y el conocimiento necesarios para realizar una determinada tarea.

El *conocimiento conceptual* es ser capaz de contemplar el panorama general, ver cómo se relacionan las partes unas con otras. Es ser
capaz de pensar de forma estratégica y sistemática, no sólo táctica.

La *interdependencia* es ser consciente de la realidad de que todos
los aspectos de la vida están relacionados, sobre todo las organizaciones y los equipos complementarios que están tratando de ganar y mantener la lealtad de clientes, socios, proveedores y propietarios. Una vez
más, un pensamiento independiente en una realidad interdependiente
se asemejaría a jugar al tenis con un equipo de golf o pensar ideas ana-
lógicas en un mundo digital.

Cuando mi yerno Matt estaba siendo entrevistado para matricu-
larse en una facultad de medicina, le preguntaron a quién preferiría:
a un cirujano honesto que fuera incompetente o a un cirujano competente que no fuera honesto. Estuvo reflexionando y dio una respuesta muy buena: «Depende de la cuestión. Si necesitara la cirugía,
me decantaría por el competente. Si la cuestión fuera someterme a cirugía o no, optaría por el honesto».

Por supuesto, tanto la competencia como el carácter son necesarios, pero también resultan insuficientes cuando van por separado. El
general Norman H. Schwarzkopf lo expresó en estos términos:

> He conocido a muchos líderes en el ejército que eran muy, muy com-
> petentes. Pero no tenían carácter. Por todo lo que hacían bien en el ejér-
> cito, buscaban recompensas en forma de ascensos, en forma de premios
> y condecoraciones, en forma de avanzar a costa de otra persona, en for-
> ma de otro papel que les concediera otro título, [...] un camino seguro
> hacia la cima. Sabe, eran gente competente, pero les faltaba carácter.
> También he conocido a muchos líderes que poseían un carácter fantásti-
> co, pero carecían de competencia. No estaban dispuestos a pagar el pre-
> cio del liderazgo, ni a dar el paso siguiente porque era lo que hacía falta
> para ser un buen líder. Para ser un líder en el siglo XXI [...] se exige tanto
> carácter como competencia.[3]

El lector descubrirá claramente, si no le resulta obvio ya, por qué
es imposible hacer progresos significativos en las relaciones con otras

personas si la propia vida es un desastre o si uno es, fundamentalmente, poco de fiar. Por eso, a fin de cuentas, para mejorar cualquier
relación se debe empezar siempre por uno mismo; se debe mejorar
uno mismo.

Modelar es vivir con arreglo a los siete hábitos de la gente altamente efectiva

Los siete hábitos de la gente altamente efectiva encarnan la esencia de convertirse en una persona equilibrada, integrada y fuerte, y
crear un equipo complementario basado en el respeto mutuo. Son los
principios del *carácter* personal. Resulta imposible tratar los hábitos
aquí de un modo que causen verdadero impacto; se experimentan mejor en el libro. Con todo, se incluye seguidamente un resumen de los
mismos:

Primer hábito: Sea proactivo

Ser proactivo es algo más que tomar la iniciativa. Es reconocer
que somos responsables de nuestras elecciones y que tenemos la libertad de elegir basándonos en principios y valores, y no en estados
de ánimo o condiciones. Las personas proactivas constituyen motores
del cambio y optan por no ser víctimas, por ser reactivas y no culpar
a los demás.

Segundo hábito: Empiece con un fin en mente

Los individuos, las familias, los equipos y las organizaciones forjan su propio futuro creando primero una visión mental de cualquier
proyecto, grande o pequeño, personal o interpersonal. No se limitan a
vivir al día sin un propósito claro en mente. Se identifican y compro-
meten con los principios, relaciones y objetivos que más importancia
tienen para ellos.

Tercer hábito: Establezca primero lo primero

Establecer primero lo primero significa organizar y llevar a cabo
las prioridades más importantes. Sea cual sea la circunstancia, implica vivir con arreglo a los principios que más valora y ser impulsado
por ellos, no por los asuntos urgentes y las fuerzas que le rodean.

Cuarto hábito: Pensar en ganar/ganar

Pensar en ganar/ganar constituye un estado mental y de corazón donde se busca el beneficio y el respeto mutuos en todas las interacciones. Implica pensar en términos de abundancia y oportunidad, en lugar de escasez y competencia adversa. No es pensar de forma egoísta (ganar/perder) o como un mártir (perder/ganar); es pensar en términos de «nosotros» y no de «yo».

Quinto hábito: Procure primero comprender, y después ser comprendido

Cuando escuchamos con la intención de comprender a los demás, y no con la intención de responder, iniciamos la construcción de una comunicación y una relación auténticas. Entonces, las oportunidades de hablar con franqueza y ser comprendido surgen con mayor naturalidad y facilidad. Procurar comprender exige consideración; procurar ser comprendido exige valor. La efectividad radica en el equilibrio o la combinación de ambos.

Sexto hábito: La sinergia

La sinergia es la tercera alternativa: ni mi manera, ni tu manera, sino una tercera manera que sea mejor de lo que propondríamos individualmente cualquiera de nosotros. Es el fruto de respetar, valorar e, incluso, celebrar las diferencias mutuas. Implica solucionar problemas, aprovechar oportunidades y resolver las diferencias. Es el tipo de cooperación creativa del 1 + 1 = 3, 11, 111 o más... La sinergia también constituye la clave de cualquier equipo o relación efectiva. Un equipo sinérgico es un equipo complementario, donde el equipo se organiza para que los puntos fuertes de unos compensen las debilidades de otros. De este modo se optimizan los puntos fuertes, se avanza con ellos y se consigue que las debilidades resulten irrelevantes.

Séptimo hábito: Afile la sierra

Afilar la sierra tiene que ver con la constante renovación de cada uno de nosotros en los cuatro ámbitos básicos de la vida: físico, social/emocional, mental y espiritual. Es el hábito que incrementa nuestra capacidad de vivir con arreglo a los otros hábitos de la efectividad.

Los tres primeros hábitos pueden sintetizarse en una expresión muy sencilla de cuatro palabras: *Hacer y mantener promesas*. La capacidad de hacer una promesa es proactividad (primer hábito). El contenido de la promesa es el segundo hábito y mantener las promesas es el tercer hábito.

> Sólo el 57 % de los trabajadores encuestados coincide en afirmar que sus organizaciones hacen sistemáticamente lo que dicen que van a hacer.

Los tres hábitos de los equipos complementarios siguientes pueden resumirse en una frase breve: *Implique a la gente en el problema y busquen juntos la solución*. Esto exige respeto mutuo (cuarto hábito), comprensión mutua (quinto hábito) y cooperación creativa (sexto hábito). El séptimo hábito («Afile la sierra») es aumentar la competencia en los cuatro ámbitos de la vida: cuerpo, mente, corazón y espíritu. Significa renovar la integridad personal y la seguridad de cada uno (hábitos primero, segundo y tercero) y renovar el espíritu y el carácter del equipo complementario.

Veamos seguidamente una tabla que describe los principios y paradigmas de cada uno de los siete hábitos:

PRINCIPIOS Y PARADIGMAS QUE ENCARNAN LOS SIETE HÁBITOS		
Hábito	*Principio*	*Paradigma*
❶ Sea proactivo	Responsabilidad/iniciativa	Autodeterminación
❷ Empiece con un fin en mente	Visión/valores	Dos creaciones/enfoque
❸ Establezca primero lo primero	Integridad/ejecución	Prioridad/acción
❹ Piense en ganar/ganar	Respeto/beneficio mutuos	Abundancia
❺ Procure primero comprender, y después ser comprendido	Comprensión mutua	Consideración/coraje
❻ La sinergia	Cooperación creativa	Valoración de las diferencias
❼ Afile la sierra	Renovación	Persona completa

Tabla 3

Principios que encarnan los siete hábitos

Observe con atención cada uno de estos principios. Como se ha mencionado anteriormente, advertirá tres cosas: primero, son *univer-sales* (significa que trascienden las culturas y se encuentran encarna-dos en las principales religiones del mundo y en las filosofías durade-ras); segundo, son *intemporales* (no cambian nunca); y tercero, son *manifiestos*. ¿Cómo sabemos cuándo algo es manifiesto? Como se ha indicado anteriormente, tratando de dar razones en su contra. Senci-llamente, es imposible. En el caso de los principios subyacentes a los siete hábitos, es indiscutible la importancia de la responsabilidad o la iniciativa, de tener un fin en mente, de la integridad, del respeto mu-tuo, de la comprensión mutua, de la cooperación creativa o de la im-portancia de la constante renovación. Los siete hábitos son principios de carácter que forjan *quién es y qué es uno*. Proporcionan una base de credibilidad, autoridad moral y habilidad para la influencia en una or-ganización, incluyendo la familia, la comunidad y la sociedad; se en-cuentran en el núcleo mismo del primero de los cuatro roles del lide-razgo: modelar. Por lo tanto, estos cuatro roles del liderazgo son *lo que hace uno* como líder para inspirar a otros para que encuentren su voz (véase la figura 8.4).

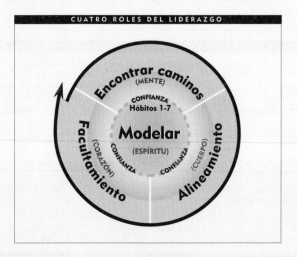

Figura 8.4

Muchas organizaciones han formado a sus empleados en los siete hábitos. Muchas de estas personas consideran que los siete hábitos resultan útiles *en el trabajo* si reciben el apoyo de las estructuras y los sistemas. Pero como, en muchos casos, las culturas con un bajo nivel de confianza y unas estructuras y sistemas desalineados no han prestado su apoyo, muchos han llegado a la conclusión de que los siete hábitos no funcionan realmente en el *trabajo*. Este modelo de los cuatro roles crea un contexto de apoyo compatible para los siete hábitos, para que sea posible vivir realmente con arreglo a ellos, tanto en el trabajo como en casa. De hecho, hemos descubierto que ésta es la manera de que la gente aprenda de verdad los siete hábitos, no como un ejercicio intelectual, sino como un ejercicio experiencial. Solamente cuando la gente aplica los siete hábitos —es decir, cuando los vive realmente—, llega a conocerlos de verdad. El contexto de los cuatro roles creará una vida totalmente nueva para los siete hábitos y éstos se percibirán como estratégicamente vitales para una organización y no como un agradable y secundario programa de formación. Los cuatro roles integran los siete hábitos.

Recuerdo que una vez estuve impartiendo formación a un grupo muy numeroso de altos ejecutivos de los sectores público y privado en Egipto. Pensaron que mi objetivo era venderles los siete hábitos. Mi comentario inicial fue: «Piensan que he venido aquí para venderles los siete hábitos. Les digo que *no* compren los siete hábitos, ya que sólo los verán como un programa de formación para otros trabajadores de categorías inferiores. No modificarán de forma esencial su estilo de liderazgo ni reinventarán las estructuras, sistemas y procesos que refuerzan los principios de los siete hábitos. Unos cambios de esas características exigen un nuevo paradigma de liderazgo. *Eso* es lo que he venido a enseñarles. Si se quiere ser líder del mundo árabe y estar al corriente del nuevo mercado económico global, se necesita un contexto más amplio para los siete hábitos y que preste más apoyo. Entonces se quedarán totalmente estupefactos de los resultados que pueden conseguir». Al parecer, les intrigué. Durante la pausa, tomaron los teléfonos móviles y el público se multiplicó por dos en sesiones posteriores.

Los paradigmas de los siete hábitos

Cada uno de los siete hábitos no sólo representa un principio, sino también un paradigma, una manera de pensar (véase de nuevo la tabla 3).

Cuando consideramos de un modo más profundo que los hábitos primero, segundo y tercero están representados en la expresión de cuatro palabras «hacer y mantener promesas», llegamos a comprender el paradigma que acompaña a cada hábito. El primer hábito («Sea proactivo») constituye un paradigma de autodeterminación y no de determinación genética, social, psíquica o ambiental: puedo hacer una promesa y voy a hacerla. Es la capacidad de *elección*. El segundo hábito («Empiece con un fin en mente») es el paradigma de que todas las cosas se crean dos veces, siempre hay una primera creación mental y, luego, una física; es el contenido de la promesa: puedo considerar tanto la esencia de la promesa como lo que quiero alcanzar con ella. Es la capacidad de *enfoque*. El tercer hábito es el paradigma de *prioridad, acción* y *ejecución*: tengo la capacidad y la responsabilidad de llevar a la práctica esa promesa.

En cuanto a los hábitos cuarto, quinto y sexto («Pensar en ganar/ganar», «Procure primero comprender, y después ser comprendido» y «La sinergia») son los paradigmas de la *abundancia* al tratar a otras personas —abundancia de respeto, de comprensión mutua (equilibrar la *consideración* y el *coraje*)— y de *valorar las diferencias*. Es el quid de un equipo complementario.

El séptimo hábito es el paradigma de la mejora continua de *la persona completa*. Significa educación, aprendizaje y nuevo compromiso; lo que los japoneses denominan «*kaizen*». Por eso en el esquema circular que aparece en todo el libro se utiliza una flecha que no completa el círculo, sino que crea una espiral ascendente. Dicha espiral representa la mejora constante en cada uno de los cuatro ámbitos de elección.

La herramienta para modelar: el sistema de planificación personal

Como servir de modelo siempre viene primero y se manifiesta principalmente en los otros tres roles, la primera tarea es organizarse, crear un ENFOQUE en su vida. Hay que decidir, sencillamente, qué tiene más importancia para usted. ¿Cuáles son sus valores más preciados? ¿Qué visión de la vida tiene? ¿Qué tal es su trabajo en casa como padre, madre, abuelo, abuela, tía, tío, hermana, hermano, primo, hijo o hija? ¿Qué tipo de servicio le gustaría prestar a su comunidad, su iglesia, sus vecinos o a cualquier otra persona que lo necesite? ¿Qué importancia tiene su salud? ¿Cómo va a mantenerla y mejorarla? Algunos dicen que la salud es riqueza y que, sin ella, ninguna otra riqueza tiene importancia. ¿Qué pasa con su mente, su crecimiento y desarrollo? ¿Hasta qué punto son importantes para usted? ¿Y el trabajo? ¿Cuáles son sus auténticos talentos? ¿Dónde radica su pasión? ¿Dónde se localizan las mayores necesidades de su organización y del mercado? ¿En función de qué proyectos e iniciativas su conciencia le inspira a actuar? ¿Cómo puede introducir un verdadero cambio en su trabajo? ¿Cuál será su legado?

La herramienta de enfoque del primer rol es el *sistema de planificación personal*. Se empieza escribiendo, ya sea en la agenda electrónica o en la de papel, lo que más importa y, luego, se incorporan esas prioridades rectoras al sistema de planificación, para equilibrar de forma efectiva la necesidad de estructura y disciplina con la necesidad de espontaneidad. En definitiva: enfoque y ejecución.

Incluso más poderosa que la visualización, la escritura tiende puentes entre la mente consciente y la inconsciente. La escritura es una actividad psico-neuromuscular y, en el sentido literal de la expresión, se graba en el cerebro. Para poner a prueba estas afirmaciones, antes de acostarse, escriba tres cosas que quiera hacer o pensar primero al día siguiente y vea qué sucede.

> Sólo un tercio de los encuestados en el cuestionario xQ dispone de un sistema de planificación personal.

Existen muchas maneras distintas de desarrollar y mantener un sistema de planificación personal. La clave es que el método funcione para mantener al individuo centrado en sus máximas prioridades. Algunas personas, entre las que me incluyo, consideran que este tipo de estructura proporciona libertad, mientras que otras la encuentran agobiante. Una herramienta potente de planificación y organización incorpora los tres criterios siguientes: está *integrada* en su vida/estilo de vida; es *portátil*, para que siempre resulte accesible; es *personalizada*, para que se adapte a sus necesidades de forma precisa.*

Hay un proceso sencillo que permite evaluar si las cosas en las que usted se centra están claramente alineadas con lo que más importancia tiene para usted. Considere la pirámide de productividad que aparece en la página siguiente:

---

* Puede descargar una versión gratuita, con sesenta días de prueba, de uno de los principales programas de productividad, el PlanPlus para Microsoft Outlook o PlanPlus para Windows, en <www.The8thHabit.com/offers>.

Figura 8.5

En la base, debemos *identificar* primero nuestra *misión* y los *principios rectores*, los valores morales e ideales. Elvis Presley decía: «Los valores son como las huellas dactilares, nadie las tiene iguales, pero se dejan en todo lo que se hace». Como hemos comentado anteriormente, estos valores deben estar anclados en *principios* para que su vida mantenga un núcleo inmutable y una fuente interior de seguridad, orientación, sabiduría y fuerza. Tal vez la clave para conseguirlo sea redactar un enunciado de la misión personal que describa los elementos a los que concede mayor importancia, incluyendo su visión y valores. Tener delante este enunciado de la misión permite establecer prioridades en su vida. Una vez se me acercó una mujer que me dijo: «Presencié el proceso del fallecimiento de mi padre. Estábamos muy unidos y resultó muy emotivo. Recuerdo que, en su libro de los siete hábitos, escribió que una de las maneras más eficaces de practicar el segundo hábito, "Empiece con un fin en mente", es redactar cuatro elogios que le gustaría que pronunciaran en su propio funeral: el primer orador es un ser querido; el segundo, un amigo; el tercero es un compañero de trabajo y el cuarto, una persona con quien colaboró en la iglesia o la comunidad. Por primera vez, al contemplar cómo mi padre se iba de este mundo y al preparar su funeral, me tomé en serio la redacción de un enunciado de la misión personal donde pudiera aclarar, en un sentido profundo, lo que más me importa».

Si el lector necesita algo de ayuda para ponerse manos a la obra con la misión personal, hemos desarrollado un método complementario que permite formular el enunciado de la misión personal y que le acompaña en este proceso paso a paso.*

A continuación, es importante identificar los *roles* más importantes (por ejemplo, miembro de la familia, voluntario en la iglesia/comunidad, amigo, madre/padre, líder de equipo) y *marcarse objetivos* semanales que estén alineados con aquellos valores y se asocien a los roles identificados. La herramienta de planificación personal le ayudará a marcarse objetivos que se puedan conseguir, de los que uno pueda responsabilizarse y que a su vez se puedan descomponer en objetivos más pequeños. Su nivel de compromiso con ellos guardará una correlación directa con el grado de relación que tengan con sus valores. Una clara conciencia de sus roles y objetivos le permite equilibrar su vida.

El tercer nivel de la pirámide es la *planificación semanal*. Durante ese rato de planificación, tiene la oportunidad de reflexionar sobre sus valores, escoger los «grandes puntales» y planificar esos primero al empezar a programar la semana. Esto le conduce a una *planificación diaria*, donde se elaboran listas de tareas que resulten realistas, se establecen prioridades entre las tareas y se revisan las citas programadas para ese día.

El libro que escribí junto con Rebecca y Roger Merrill, titulado *Primero, lo primero*, entra de lleno en estos enunciados de misiones personales y sistemas de planificación, para quien esté interesado en el tema.

Si sólo realiza una planificación *diaria*, que no entre en el contexto más amplio de los valores y objetivos para cada uno de sus roles en la vida y que tampoco entre en la planificación semanal, se pasará el tiempo luchando por apagar incendios y gestionar crisis. La urgencia definirá la importancia y se convertirá en algo adictivo. Se pasará su estresada vida metido de lleno en cosas insustanciales.

Película: *Big rocks*

En el libro *Primero, lo primero* presentábamos una metáfora perfecta de lo que es conseguir el equilibro en la vida y lograr esas cosas que más importan. Durante uno de los seminarios, grabamos en vídeo

---

* Puede accederse al método de formulación de la misión personal de forma gratuita en <www.The8thHabit.com/offers>.

una demostración de esta metáfora, en directo y sin ensayo previo. Se titula *Big rocks* y, a su manera, transmite cómo podemos utilizar nuestros tres dones de nacimiento —elección, principios y las cuatro inteligencias humanas— para introducir cambios positivos en nuestras vidas. Ahora es momento de ver la película en www.franklincoveymex.com.

De este ejercicio se pueden aprender muchas lecciones. La más importante es muy sencilla: *Ponga los grandes puntales en primer lugar*. Si primero llena el cuenco o la vida con guijarros y, después, sufre una crisis importante con uno de sus hijos, un revés económico o de salud o tiene una oportunidad creativa nueva e importante, ¿qué hace? Todo eso son los grandes puntales y no queda sitio para ellos en su vida. Siempre hay que pensar que los grandes puntales van primero. Determine lo más importante en su vida y tome las decisiones en función de esos criterios muy importantes. Los grandes puntales son, sencillamente, las cosas que más le importan en su vida. Lo principal es que lo primero siga siendo lo primero. Los tres dones de nacimiento supernaturales le otorgan la capacidad de tomar este tipo de decisiones y convertirse de verdad en la fuerza creativa de su propia vida. Con un encendido «sí» entre las máximas prioridades, resulta fácil decir «no» a cosas que son urgentes, pero no importantes; con una sonrisa, de buena gana y sin sentimiento de culpabilidad: «¡No!».

PREGUNTAS Y RESPUESTAS

P: Parece lógica la necesidad de tener personas en las que confiar en la organización para que exista confianza, pero ¿qué hacer si se tienen clientes que abusan de empleados dignos de confianza y los tratan mal?

R: ¡Echar a los clientes! Conozco una organización enormemente destacada que, cuando resulta evidente para todo el mundo, llega a escribir cartas a los clientes que se empeñan en seguir tratando mal a los empleados. Incluso llegaron a decir a los clientes que no estaban dispuestos a tratar con ellos. A pesar de todo, la respuesta mejor y de mayor altura es buscar alguna solución que constituya una tercera alternativa, con una buena comunicación; por supuesto, siempre escuchando primero.

9
LA VOZ Y LA RAPIDEZ DE LA CONFIANZA

Es mayor halago recibir confianza que recibir amor.

GEORGE MACDONALD

Cuando tratamos de ampliar nuestra influencia e *inspirar a otros para que encuentren su voz* (recuerde que *inspirar* significa insuflar vida a alguien), nos estamos moviendo en el mundo de las relaciones. La construcción de unas relaciones sólidas no sólo exige que el carácter posea unos cimientos de seguridad interna, abundancia y autoridad moral personal, como se ha expresado en la primera parte de este libro, sino que también implica exigirnos el máximo esfuerzo en el desarrollo de nuevas HABILIDADES interpersonales de vital importancia, que nos podrán a la altura de los desafíos a los que nos enfrentaremos junto con otras personas. Los dos capítulos siguientes sobre el modelado se centran en el desarrollo de estas habilidades.

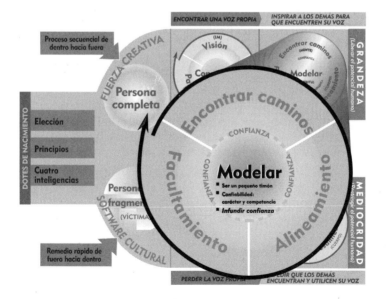

Figura 9.1

Casi todo el trabajo del mundo se realiza por mediación de relaciones con personas y en organizaciones. Pero, ¿cómo es la comunicación cuando no existe confianza? Es imposible. Es como caminar por un campo de minas. ¿Y qué sucede si su comunicación es clara y precisa y, sin embargo, no existe confianza? Siempre estará buscando sentidos y propósitos ocultos. La falta de confianza es la definición misma de una mala relación. En palabras de mi hijo Stephen: «La poca confianza es el gran impuesto oculto». De hecho, el importe de ese impuesto oculto es superior a la combinación de todos los impuestos y los intereses, ¡ocultos y no ocultos!

La rapidez de la confianza

Bien, ¿cómo es la comunicación cuando existe un elevado nivel de confianza? Es fácil, no cuesta ningún esfuerzo, es instantánea. ¿Qué sucede cuando existe un elevado nivel de confianza y usted comete errores? Apenas importa; la gente le conoce. «No se preocupe, lo entiendo.» «Olvídelo. Ya sé lo que quiere decir. Le conozco.» Ninguna tecnología que se haya inventado nunca puede hacer eso. Quizás, en cierto sentido, esto explica que el corazón sea más importante que el cerebro. Alguien puede estar clínicamente muerto, pero si el corazón sigue latiendo, se sigue viviendo; cuando muere el corazón, uno se muere.

Como dice mi hijo Stephen: «No hay nada más veloz que la rapidez de la confianza». Es más rápido que cualquier cosa que se le ocurra. Es más rápido que Internet, ya que cuando la confianza está presente, se olvidan y perdonan los errores. La confianza es la unión de la vida. Es el pegamento que mantiene unidas las organizaciones, las culturas y las relaciones. Resulta irónico que surja del ritmo que se adopta al ir lento. Con las personas, rápido es lento y lento es rápido.

Hace varios años, visité a un amigo que acababa de terminar un importante proyecto empresarial. Conocía bien su trabajo y le felicité por el enorme impacto positivo que estaba teniendo en la vida de miles de personas. Le pregunté qué había aprendido y él me contestó: «Sabes, Stephen, estoy seguro de que recordaré este proyecto de dos años como una de las más importantes contribuciones de mi vida». Después, hizo una pausa, sonrió levemente y, con un profundo sentimiento, prosiguió: «Pero lo que realmente he aprendido es que, sin una relación de unidad y cercanía con mi esposa, no significa nada».

«Por supuesto», repliqué. Al percibir mi interés, habló con franqueza y compartió la siguiente experiencia:

Cuando me pidieron por primera vez que asumiera el liderazgo de este proyecto, me entusiasmó la oportunidad que suponía. Mi mujer y mis hijos me apoyaban, de modo que me metí de lleno en él sin reservas. Sentí el gran peso de la responsabilidad y la sensación de albergar un objetivo me proporcionaba impulso y energía. Durante el segundo año del proyecto, trabajé día y noche en el sentido literal de la palabra. La importancia del trabajo me consumía. Sentía que estaba haciendo bien al seguir implicado en la vida de los niños, partidos de béisbol y recitales de baile incluidos. Solía cenar todas las noches con la familia. Pensaba que me las arreglaba bastante bien. Los últimos seis meses fueron los más intensos y fue durante este período cuando me percaté de lo habitual que resultaba que mi esposa se sintiera defraudada, normalmente por las cosas más pequeñas (por lo menos, a mí me lo parecía). Cada vez me molestaba más su falta de comprensión y apoyo hacia el trabajo que estaba realizando, sobre todo en un momento tan crítico. La comunicación se volvió más tensa, incluso por temas menores. Cuando, finalmente, el proyecto se terminó, ni siquiera quiso asistir a la cena de celebración. Acabó yendo, pero estuvo claro que no se divirtió. Sabía que teníamos que hablar, hablar de verdad. Eso es lo que hicimos y se abrieron las compuertas.

Empezó a contarme cómo se había sentido estando «sola» todo este tiempo. Incluso cuando yo estaba en casa, sentía que estaba en otra parte. Como nuestra costumbre de mantener citas semanales se convirtió en algo mucho menos frecuente y como todas las noches solía quedarme levantado hasta mucho después de que ella se hubiera acostado no hablábamos ni nos contábamos cosas como solíamos hacer y ella se fue sintiendo cada vez más aislada, menos valorada y desconectada. Apenas contaba nada. Estar firmemente centrado casi únicamente en el trabajo y otros compromisos se convirtió en un recordatorio constante de dónde no estaban centrados mis pensamientos y sentimientos. Me recordó que había llegado a olvidar su cumpleaños hasta que ya había transcurrido más de medio día. Y lo que resultó tan decepcionante no fue el hecho de olvidarlo, sino que representaba un símbolo de cómo se había sentido durante todo el año.

Cuando le pregunté por qué no se había abierto y había expresado sus preocupaciones antes, me dijo que no había querido disgustarme y distraerme del proyecto. La miré a los ojos y vi un dolor y una soledad profundos. Me sentí fatal. Me asombraba y avergonzaba el no haberme ni enterado. Su franqueza con respecto a la soledad que sentía me ayu-

dó a darme cuenta de lo vacío que había estado durante tanto tiempo. Habíamos perdido efectividad, tanto individualmente como juntos. Me disculpé y la tranquilicé diciendo que no había en la Tierra nada ni nadie más importante que ella. Pero pareció que mis palabras no llegaron a calar en ella. Me di cuenta de que había muchas otras cosas que llevaban demasiado tiempo comunicando algo distinto. Mi disculpa y compromiso de establecer nuevas prioridades en mi vida ayudaron, pero no hizo que las cosas mejoraran de la noche a la mañana. Se necesitaron días, semanas y meses de esfuerzo constante: hablar, compartir, estar ahí, hacer promesas y cumplirlas, dejar a un lado el trabajo al final del día por la familia, disculparse y reagruparse cuando me desviaba del camino un poco, antes de que se restableciera la sensación plena de confianza y conexión emocional y superara lo que había sido antes.

Desde que visité a mi amigo, ha terminado dos proyectos más de varios años, igual de exigentes e importantes que el primero. Y, sin embargo, la relación con su esposa se ha fortalecido en cada uno de ellos. La dolorosa primera experiencia, la mayor comprensión de su esposa y su compromiso con ella han producido un cambio duradero. No hace mucho, recordando ahora lo distintas que han sido sus experiencias, compartió conmigo algunas reflexiones más que permiten entender mejor lo sucedido:

Lo que realmente aprendí fue que puedes estar profundamente comprometido con el matrimonio, querer a tu esposa, vivir en un clima de fidelidad y lealtad mutuas, estar comprometido con la educación de tus hijos y, a pesar de todo, sufrir un deterioro de la relación y la confianza. No hay que pronunciar palabras duras y desagradables, ni faltar al respeto para herir a alguien. Con una persona muy cercana a ti, basta con descuidar el corazón, la mente y el espíritu. Las relaciones y la confianza no permanecen constantes. Se mantienen y se profundizan únicamente cuando se las alimenta de forma activa y se van construyendo con actos regulares de amabilidad, consideración, valoración y servicio. Aprendí que tanto la calidad de nuestro matrimonio como mi propia felicidad no tenían nada que ver con lo que ella hiciera por mí y sí con lo que yo tratara de hacer todos los días para fomentar su felicidad, compartir sus cargas y ser su compañero en las cosas que más valoramos. He aprendido que la unidad en la relación con mi mujer constituye una de las mayores y más capacitadoras fuentes de poder en mi vida, no solamente en nuestro trabajo más significativo en la familia y la comunidad conjuntamente, sino también en todos los ámbitos de mi vida, incluido el profesional. Crea un pozo de fuerza, paz, alegría, sensación de pertenencia y energía que me estimula la creatividad, y el dinamismo para contribuir y hacer el trabajo lo mejor posible.

Finalmente, estoy aprendiendo que las relaciones sólidas exigen un verdadero esfuerzo y sacrificio. Exigen poner el bienestar, el crecimiento y la felicidad de otra persona por delante de uno mismo. Y, sí, ¡merece la pena! Porque un esfuerzo de esta naturaleza constituye la puerta de la propia felicidad. ¿Qué haríamos sin el tirón de esas relaciones que nos ayudan a salir de nosotros mismos y ponernos a la altura de nuestro potencial?

Autoridad moral y rapidez de la confianza

La experiencia vivida por mi amigo ilustra de forma extraordinaria la realidad de que las relaciones están gobernadas por leyes naturales. La confianza duradera en una relación no se puede fingir y rara vez se produce como resultado de un único esfuerzo espectacular. Es el fruto de acciones regulares, inspiradas por la conciencia y el corazón. En *Los 7 hábitos de la gente altamente efectiva* presenté una metáfora de la confianza que denominé la «cuenta bancaria emocional». Es como una cuenta bancaria financiera donde se ingresan y se retiran fondos, sólo que en este caso, se trata de depósitos y reintegros emocionales en las relaciones, que las construyen o las destruyen. Como sucede con cualquier metáfora, si se lleva demasiado lejos, tiene sus limitaciones; pero, por lo general, constituye una manera sólida y sencilla de expresar la calidad de una relación.

En la tabla de la página siguiente aparece una lista de diez depósitos y reintegros clave que podemos hacer con los demás y que, con arreglo a mi experiencia, afectan profundamente al nivel de confianza en las relaciones. También detalla los *sacrificios* necesarios y los *principios* que encarna cada depósito.

Es importante admitir que la razón que explica que los diez depósitos infunden confianza radica en que encarnan principios fundamentales para las relaciones humanas. Al estudiar cada uno de los depósitos, ¿cuáles diría que son los elementos comunes? Me atrevo a sugerir que *un* denominador común de los depósitos es la *iniciativa*, que está constituida por fuerza de voluntad y determinación. El lector advertirá que todos los depósitos quedan dentro de sus posibilidades de realización. Cada uno de ellos se encuentra en su propia capacidad de influir. Como se fundamentan en principios, suscitan autoridad moral o confianza. Verá, por lo tanto, que es imposible realizar esos depósitos, llevar a la práctica ese valor, esa iniciativa, esa determinación, sin la capacidad de hacer las «veinte flexiones emocionales» a nivel personal.

AUTORIDAD MORAL Y RAPIDEZ DE LA CONFIANZA			
DEPÓSITOS	**REINTEGROS**	**SACRIFICIO NECESARIO**	**PRINCIPIOS INTERIORIZADOS**
Procurar primero entender	*Procurar primero ser entendido*	Impaciencia, ego, prioridades propias	Comprensión mutua
Mantener las promesas	*Romper promesas*	Estados de ánimo, sentimientos, emociones, tiempo	Integridad/ejecución
Honestidad, franqueza	*Manipulación sutil*	Ego, arrogancia, control	Visión/valores, integridad/ejecución, comprensión mutua
Detalles, atenciones	*No tener detalles, no prodigar atenciones*	Uno mismo, tiempo, percepciones, estereotipos, prejuicios	Visión/valores, integridad/ejecución
Pensar en ganar/ganar o no hay trato	*Pensar en ganar/perder o perder/ganar*	«Ganar significa "derrotar"», competitividad	Respeto/beneficio mutuo
Clarificar las expectativas	*No cumplir las expectativas*	Comunicación estilo «adulación»	Respeto/beneficio mutuo, comprensión mutua, cooperación creativa, renovación
Lealtad a los ausentes	*Deslealtad, duplicidad*	Algo de aceptación social, consuelo	Visión/valores, integridad/ejecución
Disculpas	*Orgullo, vanidad, arrogancia*	Ego, arrogancia, orgullo, tiempo	Visión/valores, integridad/ejecución
Recibir información y transmitir mensajes de «Yo»	*No recibir información y transmitir mensajes de «Tú»*	Ego, arrogancia, orgullo, comunicación reactiva	Comprensión mutua
Perdón	*Guardar rencor*	Orgullo, estar centrado en uno mismo	Visión/valores, integridad/ejecución

Tabla 4

¿Cuál es la segunda característica común de los depósitos? Me atrevo a proponer que es la ausencia de egoísmo y la presencia de *humildad*. Es la buena disposición para subordinarse a otra persona, principio o causa mayor. Es darse cuenta de que la vida no sólo es yo y lo mío; empleando las palabras del filósofo Martin Buber, es «yo y tú», sentir una profunda reverencia por la valía y el potencial de cada persona.

La autoridad moral, la confianza y la vinculación afectiva pueden evaporarse con el tiempo si no se realizan continuos depósitos, sobre todo con las personas que trabajan y viven todo el tiempo con nosotros. Sucede así porque sus expectativas son mucho mayores. A menudo, con las personas que llevamos años sin ver, es posible reanudar la relación donde la habíamos dejado. Se restablece de forma inmediata la confianza, la vinculación afectiva y el amor, porque, sencillamente, las expectativas no contemplan depósitos constantes.

> Autoridad moral: El ejercicio de la libre elección basado en sólidos principios, lo que casi siempre implica algún tipo de sacrificio.

Una tercera característica común es que, como casi todo lo que merece la pena en la vida, exige un *sacrificio* (recuerde: una buena definición de sacrificio es renunciar a algo —incluso a algo bueno— por algo mejor).

Si el lector ya está familiarizado con la cuenta bancaria emocional, le invito a considerarla ahora con nuevos ojos y abrirse a nuevos elementos adicionales que le permitirán encontrar su voz e inspirar a los demás para que encuentren la suya. Habrá observado que cada depósito representa una opción para utilizar sus dones de nacimiento en un esfuerzo encaminado a sacrificar un hábito personal ineficaz y sustituirlo por una acción que infunda autoridad moral en las relaciones con los demás.

> *Ningún sistema puede dominar por mucho tiempo las lealtades de los hombres y las mujeres si no espera de ellos ciertas medidas de disciplina y, particularmente, de autodisciplina. Puede tener un alto coste en comodidad. Puede exigir un verdadero sacrificio. Pero esta realidad muy exigente es la esencia de donde emana el carácter, la fuerza y la nobleza. La permisividad nunca genera grandeza. La integridad, la lealtad y la fuerza son virtudes con unos músculos que se desarrollan con las luchas internas que acompañan a la práctica de la autodisciplina, con los requerimientos de una verdad que habla de forma sublime.*[1]
> GORDON B. HINCKLEY

Procurar primero entender

¿Por qué *Procurar primero entender* debería ser el primer depósito? Por una sencilla razón: no se sabe lo que significa un depósito para otra persona hasta que no se la comprende desde su marco referencial. Lo que para usted puede ser un depósito de alto nivel puede ser un depósito de bajo nivel para otra persona o, incluso, un reintegro. Lo que puede ser una promesa importante para usted, puede carecer de importancia para otra persona. Su manera de expresar honestidad, franqueza, amabilidad y cortesía puede percibirse de forma completamente distinta cuando otros lo ven a través de sus particulares filtros culturales o personales. Aunque los principios subyacentes a cada depósito son válidos para todas las situaciones, exigen comprender a los demás desde *su* marco referencial para saber cómo aplicar la práctica de forma específica.

Tras haber aprendido la idea de realizar depósitos en la cuenta bancaria emocional, una mujer decidió ponerla a prueba. Esto es lo que me contó sobre la experiencia:

Decidí que iba a mejorar la relación con mi marido haciendo algo especial para él. Me imaginé que tener a los niños vestidos con ropa limpia cuando llegara a casa y hacer la colada más rápido le haría realmente feliz.

Tras dos semanas de ser la Mujer Superlavadora sin recibir ninguna respuesta por su parte —y quiero decir «ninguna»; me parece que ni siquiera se enteraba de nada—, empecé a sentirme un poco harta. «No vale la pena», pensé. Entonces, de repente, cuando se fue a acostar una noche entre sábanas limpias sin percatarse de ello, se me encendió la bombilla. «Oh, Dios, le importa un rábano que Zac tenga la cara limpia o lleve unos vaqueros limpios. Eso es lo que me hace feliz a mí. Seguro que le gustaría más que le rascara la espalda o que organizara una cita para la noche del viernes.» ¡Me hubiera dado de tortas! Ahí estaba yo, matándome por la colada y haciendo todos esos depósitos que no significaban nada para él.

Aprendí una verdad muy sencilla de un modo muy laborioso: un depósito debe significar algo para la otra persona.

He vivido innumerables experiencias propias con la poderosa capacidad de intentar comprender a otro. Nunca olvidaré cuando un ejecutivo de alto nivel, muy prestigioso, me invitó a aportar mi análisis y recomendaciones sobre la elección de un nuevo rector universitario. Fue una de las experiencias comunicativas más profundas que he vivido nunca. Salió de su despacho para entrar en la sala que había afuera, donde yo le estaba esperando. Tras saludarme, me hizo pasar gentilmente a su despacho y me sentó justo a su lado, enfrente de la mesa, donde podía hablar mirando directamente a los ojos, sin ninguna estructura física entre nosotros. Básicamente, me dijo: «Stephen, muchísimas gracias por venir. Estoy deseoso de comprender lo que quieras que comprenda».

Me había estado preparando para esta visita durante un considerable período de tiempo y había desarrollado un esbozo de mi presentación. Le entregué una copia y lo fue examinando lentamente, punto por punto. No me interrumpió, excepto para hacerme algunas preguntas de tipo aclaratorio. Me estuvo escuchando de un modo tan atento y completo que, cuando concluyó la presentación de treinta minutos, me sentí totalmente comprendido. No hizo absolutamente ningún comentario, ni de aprobación, ni de discrepancia, ni de transigencia, sino que, al final, se limitó a levantarse. Me miró a los ojos y, estrechándome la mano, manifestó cuánto me apreciaba y admiraba. Eso fue todo. Me conmovió profundamente su franqueza, su humildad, su gentileza y su escucha atenta y me sentí abrumado por un sentimiento de gratitud y lealtad. Como sentí que me comprendían tan bien y supe que mi aportación había sido escuchada y respetada de verdad, estaba totalmente preparado para apoyar cualquier decisión que se tomara.

Aunque había estado con este caballero muchas otras veces antes, esa experiencia de comunicación cara a cara, de persona a persona le confirió tal autoridad moral ante mis ojos que no he necesitado nunca otra visita o experiencia con él para renovarla o restablecerla. Me resulta sorprendente, incluso en el momento en que estoy escribiendo esto, sentir el impacto de una conversación tan valiosa.

Hacer promesas y mantenerlas

Nada destruye más rápido la confianza que hacer una promesa y no mantenerla. A la inversa, nada construye y fortalece más la confianza que *cumplir una promesa* que se ha hecho.

Hacer una promesa es fácil. Suele satisfacer rápidamente a los demás, sobre todo cuando están estresados o inquietos por algo y necesitan que nos ocupemos de ello. Cuando están contentos con la promesa, uno les gusta. Y a nosotros nos gusta gustar.

Nos creemos con más facilidad lo que deseamos con mayor fervor. Todo tipo de gente resulta estafada al embarcarse en tratos y acuerdos porque desean algo con tanto afán que se creen cualquier explicación, historia o promesa para conseguirlo. No quieren ver la información negativa y persisten en su creencia.

Pero *mantener las promesas* es difícil. Suele implicar un proceso de sacrificio doloroso, sobre todo cuando se acaban las agradables ganas de cumplir la promesa, cuando se impone la cruda realidad o cambian las circunstancias.

Me he entrenado para no utilizar nunca («Nunca digas: "De este agua, no beberé"») la palabra *promesa* a menos que esté totalmente preparado para pagar el precio que conlleve cumplirla, sobre todo con mis hijos. Con frecuencia, me han suplicado: «Promételo» y, luego, se sienten en paz sabiendo que no les fallaré, casi como si tuvieran lo que quieren *ahora*. Pero, muchas veces, me he sentido muy tentado de decir: «Lo prometo» sólo para satisfacerlos rápidamente y mantener la paz en ese momento. «Lo intentaré», «Ése es mi objetivo» o «Espero poder hacerlo» no satisfacen; sólo satisface «Lo prometo».

En alguna que otra ocasión, cuando cambiaban circunstancias que no podía controlar, pedía a mis hijos que me comprendieran y me exoneraran de la promesa. En muchos casos, me comprendieron y lo hicieron. Sin embargo, mis hijos pequeños, muchas veces, no lo entendían. Aunque *decían* que sí y me liberaban de la promesa en el plano intelectual, no llegaban a hacerlo en el plano emocional. De manera que yo la mantenía a menos que fuera muy imprudente hacerlo. En tales casos, tenía que vivir temporalmente con la disminución de la confianza y tratar de reconstruirla poco a poco de formas distintas.

Honestidad e integridad

El entrenador de baloncesto Rick Pitino, una leyenda en su campo, captó el principio de la honestidad de una manera sencilla y profunda: «La mentira hace que un problema forme parte del futuro; la verdad hace que un problema forme parte del pasado».[2]

Recuerdo que una vez estuve trabajando con un contratista de obras que se mostró increíblemente abierto y franco ante los desafíos a los que se enfrentaba, incluso ante los errores que había cometido en nuestro proyecto. Asumió la responsabilidad de los errores y presentó un informe contable tan completo y coherente, incluyendo además todas las opciones que podíamos considerar en las distintas fases de la construcción, que confié en ese hombre de forma absoluta e instintiva, y me fié de su palabra a partir de entonces. Supe que, llegado el caso, pondría nuestros intereses por delante de los suyos. Su buena disposición para poner su integridad y nuestra relación por encima de su orgullo y su deseo natural de ocultar los errores y evitar la vergüenza creó un vínculo de confianza poco común entre nosotros. Esa confianza le reportó un gran número de negocios. También he experimentado varias veces lo contrario, con el mismo tipo de desafíos del mundo de la construcción.

> *Ningún hombre puede poner mucho tiempo una cara para sí mismo y otra para la multitud sin que, finalmente, se quede perplejo por cuál será la verdadera.*[3]
> NATHANIEL HAWTHORNE

Otra vez que estuve trabajando en una universidad, tuve el privilegio de ser el anfitrión de un destacado psicólogo que, tiempo atrás, había presidido una asociación psicológica nacional. A este hombre se le consideraba el padre de la «terapia integral», un método de tratamiento psicológico basado en la idea de que la paz mental, la felicidad y el equilibrio verdaderos dependen de vivir una vida de integridad con la conciencia. Creía que la conciencia explota el sentido universal de lo que está bien y lo que está mal, común a todas las culturas, religiones y sociedades que han perdurado a lo largo del tiempo.

Una tarde, entre conferencia y conferencia, le llevé a las montañas para que contemplara las impresionantes vistas. Aproveché aquella oportunidad para preguntarle cómo había llegado a creer en la terapia integral.

Y contestó: «Fue algo muy personal. Yo era maniaco-depresivo y casi toda mi vida había sido una serie de altibajos. Con el tiempo, al orientar a la gente, me empecé a sentir estresado y muy vulnerable y caí en una depresión, casi hasta el punto de querer quitarme la vida. Tenía la suficiente conciencia de lo que estaba sucediendo, por mi educación profesional y mi trabajo, como para saber que era peligroso. Llegado a este punto, me interné en una institución para impedir que me quitara la vida. Transcurridos uno o dos meses, salí y volví al trabajo. Entonces, aproximadamente un año después, volví a caer en la misma situación, ingresé en un hospital por voluntad propia y, de forma gradual, fui retomando la investigación y la escritura.

En un momento dado, cuando presidía la asociación, me puse tan enfermo, estaba tan deprimido, que era incapaz de asistir a las reuniones y seguir ejerciendo mi cargo. Entonces me pregunté a mí mismo: "¿Es posible que esté desarrollando un marco equivocado en mi vida y en mi profesión?" En lo más profundo de mi ser, sabía que durante muchos años había vivido en una mentira. Existía una parte oscura de mi vida que no había confesado».

Cuando empezamos a conducir y él empezó a contarme esas cosas, me puse más serio y sentí que me estaba dando una lección de humildad. También me asustaba un poco lo que pudiera decir. Prosiguió: «Decidí hacer un cambio importante. Dejé a mi amante y se lo confesé a mi esposa. Y, por primera vez en muchos años, me sentí en paz, un tipo de paz distinto a lo que había vivido cuando salí de las depresiones y volví al trabajo productivo. Era una paz mental interior, una especie de honestidad con uno mismo, una especie de unidad con uno mismo, una integridad.

Fue entonces cuando empecé a explorar la teoría según la cual quizá muchos de mis problemas eran consecuencia de hacer caso omiso a la conciencia natural, negarla, no respetarla y provocar una pérdida de integridad personal. Así que empecé a trabajar con esa idea. La investigué e impliqué a otros médicos, que empezaron a trabajar con sus pacientes tomando ese paradigma como punto de partida. Los datos me convencieron de que estaba en lo cierto. Y así es cómo me metí en la terapia integral».

La franqueza de ese hombre y la hondura de su convicción me impresionaron sobremanera, igual que a cientos de estudiantes al día siguiente, en un foro universitario, donde, para mi sorpresa, relató la misma historia. El modelado y la franqueza eran elementos fundamentales de su enfoque terapéutico. También me impresiona cómo no tenía la menor duda de que la integridad personal resulta fundamental no sólo para todas nuestras relaciones, sino también para nuestra salud psicológica y nuestra capacidad de ser efectivos en las actividades por las que hemos optado en la vida.

Detalles y atenciones

Con las personas, las pequeñas cosas son las importantes. En una ocasión, un estudiante se me acercó al final del semestre y, tras elogiar la clase, me dijo básicamente: «Doctor Covey, usted es un experto en relaciones humanas, pero ni siquiera sabe cómo me llamo».

Tenía razón. Me sentí apesadumbrado, incómodo y recibí un castigo con toda la razón. Tengo que superar mi tendencia a sumergirme en la conceptualización intelectual, la orientación laboral y la eficiencia todo el tiempo. Mire, hasta que las relaciones no son fuertes y no se comparten los objetivos, esa eficiencia resulta ineficaz, sobre todo con las personas inseguras, «que necesitan mucho mantenimiento». No sucede lo mismo con las cosas; éstas no tienen sentimientos. Pero las personas sí, incluso los denominados «famosos», los VIPS. Las atenciones y los detalles constantes proporcionan enormes beneficios. Es la esfera de la IE.

Por otra parte, las personas calan las técnicas «amables» y superficiales, y saben cuándo están siendo manipuladas. Los detalles auténticos, las atenciones y el respeto brotan de un importante depósito de IES en el carácter e, incluso, ahorran la necesidad de sutilezas sociales y atenciones de tipo ceremonial.

Con frecuencia, cuando hablo con niños en casa o en el colegio, les digo que si aprenden y utilizan cuatro expresiones (que, en total, sólo suman ocho palabras) de forma sincera y consecuente, pueden conseguir lo que quieran en la mayoría de los casos.

Una expresión: «Por favor».

Una palabra: «Gracias».

Un verbo: «Te quiero».
Una pregunta: «¿Cómo puedo ayudar?».

Los adultos son niños grandes.

Pensar en ganar/ganar o no hay trato

Pensar en ganar/perder es *el* supuesto en que se fundamentan casi todas las negociaciones y la resolución de problemas. Surge de una sociedad con mentalidad de escasez, que afirma que cuánto más gane o consiga el otro, menos quedará para mí. El objetivo es conseguir lo que *usted* quiere, algo que, normalmente, implica calcular el modo de manipular al otro o sacarle ventaja para lograr que ceda el máximo posible. Muchos tratan de urdir diferencias con otros, incluso miembros de la familia, de la misma manera. Ambos bandos se enfrentan hasta que uno de ellos cede o se opta por una solución intermedia.

Recuerdo cuando hice una presentación donde enseñaba la idea de que la clave para acabar con esta mentalidad de ganar/perder radica en estar decidido, tanto desde el punto de vista emocional como mental, a abogar por que el otro bando «gane» tanto como el tuyo. Se requiere coraje, abundante reflexión y una gran creatividad para no optar por algo que suponga una transigencia para ambos bandos. Enseñé que otra clave era empezar con la opción de «no hay trato». De hecho, hasta que el «no hay trato» no se haya convertido en una opción viable en su mente, es decir, hasta que usted no esté totalmente preparado para escoger el «no hay trato», para desentenderse, para estar de acuerdo o discrepar agradablemente a menos que ambos bandos sientan realmente que supone una victoria para ellos, acabará manipulando y, a menudo, presionando o intimidando a otros para que acompañen su victoria. Sin embargo, cuando el «no hay trato» es una opción realmente viable, uno puede decir con honestidad al otro: «A menos que sea una verdadera victoria para ti y lo sientas de un modo profundo y sincero, y a menos que sea una verdadera victoria para mí y lo sienta de un modo profundo y sincero, pongámonos de acuerdo ahora mismo y optemos por el "no hay trato"». Ese proceso resulta tan liberador, aporta tanta libertad y exige una combinación tan enorme de humildad y amabilidad con fuerza y valor que, cuando se ha negociado de verdad, ambos bandos se transforman; se crea una vinculación afectiva tan intensa que, después, siempre se tendrán lealtad mutua en ausencia del otro.

Tras la presentación, un hombre que se había sentado en la primera fila se me acercó y me agradeció una idea tan oportuna. Era representante de Disney-Epcot y me dijo que tenía intención de ponerla en práctica al día siguiente, en una situación relacionada con la representación de un determinado país en el parque temático Epcot Center. Me explicó que las personas que estaban dispuestas a aportar gran parte de los fondos querían un pabellón que Disney consideraba sin excesivo interés general. Estaban recibiendo presiones para que cedieran y, de este modo, se consiguiera poner en marcha a tiempo la financiación y la construcción. Sin embargo, ahora veía una nueva posibilidad.

Tiempo después, me contó que, de un modo respetuoso, había dicho a la fuente de financiación: «Realmente queremos decantarnos por un acuerdo y una relación con usted que nos permitan ganar/ganar. Es indudable que necesitamos los fondos que nos está ofreciendo; sin embargo, teniendo en cuenta las diferencias fundamentales que nos separan, hemos llegado a la conclusión de que, si nuestro acuerdo y proyecto conjunto no va a suponer una *gran* victoria para ambos, sería preferible un "no hay trato"». En cuanto la fuente de financiación captó la sinceridad, la franqueza y la honestidad en la expresión, ellos mismos dejaron de manipular y presionar. Retrocedieron, se reagruparon y, entonces, se inició una auténtica comunicación hasta que se alcanzó un acuerdo que permitiera ganar/ganar, verdaderamente sinérgico.

El lector habrá advertido ya que la fuerza del depósito «Pensar en ganar/ganar o no hay trato» radica en la buena disposición inicial a sacrificarse, dejar en suspenso los propios intereses el tiempo suficiente como para comprender lo que más desea la otra persona y por qué. De este modo, es posible ponerse a trabajar juntos para hallar una solución nueva y creativa que contemple los intereses de *ambos*.

Clarificar las expectativas

Clarificar las expectativas es, en realidad, una combinación de todos los depósitos mencionados, por la cantidad de comprensión mutua y respeto necesarios para impulsar ese tipo de comunicación, sobre todo cuando se trata de clarificar las expectativas sobre *roles* y *objetivos*. Si se analizan las causas subyacentes que son responsables de todas las interrupciones en la comunicación o de culturas rotas o enfermas, se descubre que proceden de expectativas ambiguas o no cumplidas con respecto a *roles* y *objetivos*: en otras palabras, quién debe desempeñar ese rol y cuáles son los objetivos de esos roles que tienen máxima prioridad.

Recuerdo que una vez tenía que construir un equipo con los más altos ejecutivos de una gran asociación de restaurantes. Estaba tan claro que había prioridades y objetivos en conflicto que fue imposible obviar o tolerar la situación sin que ello tuviera terribles consecuencias para toda la organización. Me limité a tomar dos grandes pizarras y escribí en la parte superior de cada una: «Cómo ve MIS roles y objetivos» y «Cómo ve SUS roles y objetivos». No expresaron ningún juicio, acuerdo o desacuerdo hasta que se rellenaron las dos pizarras a gusto de quien las estaba rellenado. En cuanto todo el mundo pudo ver con sus propios ojos que esas diferencias aparentemente irreconciliables eran resultado de expectativas distintas sobre roles y objetivos, la humildad y el respeto se impusieron de nuevo. Fueron capaces de iniciar una verdadera comunicación clarificando las expectativas.

Guardar lealtad a los ausentes

Guardar lealtad a los ausentes constituye uno de los depósitos más difíciles de todos. Es una de las más altas pruebas tanto para el carácter como para la vinculación afectiva que se da en una relación; sobre todo cuando todo el mundo parece sumarse a las críticas y los ataques dirigidos a alguien que no está presente. Usted, de forma desinteresadamente justificada, puede decir lo que piensa afirmando: «Yo lo veo de forma distinta», o «Mi experiencia ha sido distinta», o «Tal vez tenga razón; hablémoslo con ella o con él». Haciendo esto, transmite al momento que la integridad es lealtad, no sólo con los ausentes, sino también con los presentes. Tanto si lo reconocen como si no, todas las personas presentes le admirarán y respetarán en su fuero interno. Sabrán que su nombre tiene gran valor para usted cuando ellos no están. Por otra parte, cuando la lealtad es un valor más preciado que la integridad, si usted cede, secunda y también se suma a las críticas, todos los presentes sabrán, de igual modo, que en condiciones de presión y estrés, usted hará lo mismo con ellos.

Recuerdo cuando dirigí una reunión de una gran organización donde los líderes oficiales estaban tratando distintas cuestiones de personal. Parecían estar totalmente de acuerdo sobre las debilidades de un individuo en concreto. Incluso empezaron a contar chistes y anécdotas divertidas sobre este individuo de un modo que jamás hubieran hecho si él hubiera estado delante. Más tarde, ese mismo día, uno de los ejecutivos se me acercó y me dijo que, por primera vez, podía fiarse de mis manifestaciones de aprecio y afecto hacia él. «¿Y por qué?», le pregunté. Y él contestó: «Porque cuando estábamos acuchillando a esa persona en la reunión anterior, navegó a contracorriente y mostró una preocupación, una inquietud y una atención auténticas hacia los demás». Le pregunté por qué le había impresionado y él me dijo: «Porque yo tengo unos puntos débiles parecidos, sólo que los suyos son peores. Nadie lo sabe, ni siquiera usted. Así que cada vez que ha expresado el aprecio y la estima que siente por mí, he dicho para mis adentros: "Pero es que no lo entiende". Hoy he sentido que sí. He sentido que se comportaría conmigo de forma sincera y leal incluso en mi ausencia y que puedo confiar en usted y creerme sus amables manifestaciones».

La clave para llegar a muchos suele ser llegar a uno; es cómo consideras y hablas de una persona en ausencia o presencia de esa persona lo que transmite a muchos cómo considerarías y hablarías de ellos en su presencia o ausencia.

Pedir disculpas

Aprender a decir «Estaba equivocado; lo siento» o «Se me subió el ego a la cabeza, reaccioné de forma exagerada, te ignoré y, por un momento, puse la lealtad por encima de la integridad» y, después, vivir con arreglo a eso constituye una de las *disculpas* más contundentes que pueden pedirse. He visto relaciones rotas durante años y que se han salvado en un período de tiempo relativamente corto gracias a la profundidad y sinceridad de una disculpa de esta naturaleza. Si dijo algo al calor del momento y realmente no lo pensaba, explique cómo se dejó llevar por el orgullo y lo que quería decir en realidad. Si lo dijo al calor del momento y sí lo pensaba, la naturaleza de la disculpa le exigirá que cambie realmente sus sentimientos, para arrepentirse en privado hasta que pueda afirmar con sinceridad: «Lo siento; me equivoqué en mis palabras y mis actos, y estoy esforzándome por corregir ambos».

Recuerdo que una vez mantuve un desagradable enfrentamiento con un individuo por una cuestión fundamental. Desde entonces, los sentimientos afectaron a la sinceridad de nuestra comunicación, aunque a primera vista pareciera cortés y agradable. Entonces, un día, se me acercó y me dijo que se sentía triste por la tensión que había en nuestra relación y quería recuperar su antigua unidad y armonía. Me dijo que era una de las cosas que más le costaban: mirar en lo más hondo de su corazón y buscar dónde se había equivocado. Quería disculparse de verdad. Su disculpa fue tan humilde y sincera, sin ningún tipo de autojustificación, que me impulsó a mirar en lo más hondo de mi propio corazón y asumir mi parte de responsabilidad. Volvimos a estar unidos.

Una antigua colega me contó en una ocasión una experiencia que vivió cuando trabajaba con un equipo de ejecutivos de alto nivel durante un retiro de una semana. Una mañana, el presidente empezó a animar al grupo para que intentaran de verdad escuchar y comprender a los demás en las discusiones antes de avanzar sus propios argumentos. Antes de pasar a la reunión, les contó una conmovedora experiencia personal que ilustra este punto.

Reproduzco a continuación su breve relato (los nombres se han cambiado, como se ha hecho en muchas de las anécdotas incluidas en este libro) de lo que sucedió después, aquella misma tarde:

En medio de nuestras conversaciones, un ejecutivo bastante odioso empezó a decir algo sobre un enfoque empresarial con el que estaba teniendo problemas. El grupo se le echó encima verbalmente. Para ser sincera, me hubiera gustado hacer lo mismo, pero sabía que no era el lugar más indicado. Entonces, oí a Jack, el presidente, riéndose a carcajadas, justo delante del tipo. De hecho, se estaba riendo de él delante de todo el grupo. Por supuesto, el grupo se subió al carro.

Me quedé estupefacta. Sólo unas horas antes, el presidente nos había contado esta conmovedora experiencia sobre el valor de esperar tu turno, tratando de comprender las acciones de la otra persona. Y ahora estaba haciendo precisamente lo contrario. Me resultaba imposible regañarle delante de todo el grupo; así que me limité a lanzarle una mirada feroz. Me entendió perfectamente. «Ha sido repugnante. ¡Si no hace nada para rectificar ahora mismo, me voy!» De verdad. Estaba tan enfadada que estaba dispuesta a dejar plantado a todo el grupo. Habían recuperado el antiguo comportamiento combativo y la dinámica de grupo perniciosa.

Me devolvió la mirada. Me erguí en el asiento y seguí mirándole furiosa: «¡Se la devuelvo, amigo!». Se encogió en el asiento y yo seguí mirándole fijamente. Esto se prolongó durante unos cinco minutos, durante los cuales los miembros de su equipo siguieron crucificando al pobre hombre. Entonces, de repente, el presidente detuvo la reunión y dijo: «Paremos. He hecho algo que está mal. David, quiero pedirle perdón».

«Perdón, ¿por qué?», David estaba un tanto desconcertado. Por lo que sabía, todo era normal.

«Ha sido algo inapropiado. No debí reírme. No escuchamos nada, sólo nos abalanzamos sobre usted. ¿Me perdona?»

Pensé que David, vicepresidente primero, diría algo como: «No hay problema, no se preocupe». Pero su respuesta fue sorprendente: «Jack, le perdono. Gracias». ¿Te das cuenta de cuánto coraje se necesita para perdonar de forma activa en lugar de intentar olvidar algo que ha sucedido?

Me senté. Me embargaba la emoción por el comportamiento de Jack. No tenía que disculparse. No tenía que pedir perdón delante de todo el grupo. Dirige una división de ochenta mil personas. No está obligado a hacer nada que no quiera. Tras la reunión, me acerqué a él y, con la emoción aún en la voz, le dije: «Gracias por hacer eso». Y él contestó: «Era lo correcto. Gracias por lanzarme esa mirada furiosa». No volvimos a hablar del incidente nunca más. Pero ambos sabemos que, ese día, alcanzamos la cima de nosotros mismos.

Dar y recibir información

Los estudiantes con quienes mantengo vínculos más estrechos desde mis años de profesor son los que recibieron de mí información más sólida. «Eres mejor que eso. No te voy a dejar escapar; no hay excusas, puedes cargar con las consecuencias.» Muchos me han contado que mantenerlos en el curso de la responsabilidad —hacerles que vivan con todas las consecuencias de sus acciones— fue un momento definitorio, que cambió su vida, aunque resultó duro para ambos en aquel entonces.

Dar información *negativa* es una de las comunicaciones más difíciles que existen. Pero también es una de las más necesarias. Muchísima gente tiene lagunas que no llega a combatir porque nadie sabe cómo darles información. A la gente le da mucho miedo romper una relación o comprometer su futuro por «enfrentarse» a su jefe.

La hipocresía de la denigrante situación que se relata en la historia de Jack resultó tan evidente para el ofensor que no era cuestión de que se quedara como una debilidad: era una cuestión de ego. El valor y la integridad de la mujer que dio una respuesta pudieron más que el estatus y el cargo. Por eso funcionó. En ocasiones, no puede más y no funciona, lo que puede requerir que nos dirijamos a la persona en privado y nos reconciliemos con ella. La mejor manera de dar información en una circunstancia privada es describirse *a usted mismo*, no a la persona. Describa sus sentimientos, sus preocupaciones o sus percepciones sobre lo que estuviera sucediendo en lugar de acusar, juzgar y etiquetar a la persona. Este enfoque suele propiciar que la otra persona se muestre abierta a la información sobre su debilidad sin sentirse tan amenazada desde un punto de vista personal.

Las personas que ostentan la autoridad deben legitimar el retroceder y dar información. Cuando se recibe información, es necesario hablar de ello de un modo explícito y expresar gratitud, por mucho que duela. Si no lo hace de forma explícita, se desarrollará una norma según la cual, básicamente, dar información negativa y retroceder constituye un tipo de deslealtad e insubordinación. Cuando se legitima el «retroceder», cuando se convierte, incluso, en norma social, también se libera a la persona con autoridad formal para que ésta también pueda «retroceder» sin temor a herir sentimientos, romper una relación o a que se tome como «la última palabra».

Todos necesitamos recibir información, en particular sobre nuestros puntos débiles, esas zonas más delicadas de debilidad que defendemos. Por eso resulta tan vital nuestro crecimiento personal, porque los puntos débiles no son tan delicados. El sentimiento de valía de cada uno es intrínseco y no surge de ninguna debilidad particular, conocida o desconocida.

Recuerdo que una vez mantuve un conflicto con uno de mis vecinos por lo difícil que le resultaba vivir tan cerca de nuestra numerosa, ruidosa y, a veces, poco respetuosa familia, a lo que debía añadirse un perro que ladraba y luces deslumbrantes a primera hora de la mañana y bien entrada la noche. Fui a verle y, básicamente, le dije que quería que fuéramos buenos vecinos y valoraba que me diera información sobre cómo podríamos mejorar la situación. No se atrevió a hablar, así que le di un empujoncito describiendo lo que debía de ser vivir en la puerta de al lado. Entonces se abrió y dejó que brotaran los sentimientos, las quejas y las preocupaciones que tenían él y su esposa. Pero cuanto más escuchaba yo, más parecía casi abrumado por el hecho de que le pidiera esa información, respetándola y tratando de implicar a mi familia en un esfuerzo para mejorar. También reconoció que había reaccionado de forma exagerada ante muchas cosas y que había sacado todo de quicio, que muchas cosas que estaba comentando formaban parte de la cháchara, la complejidad y la confusión inevitables que generaban las idas y venidas de una familia numerosa. Al despedirnos, me dijo que se sentía muy agradecido por la visita y también muy aliviado.

Perdonar

La ira es un ácido que puede dañar más el recipiente que la contiene que cualquier cosa sobre la que se vierta.
MAHATMA GANDHI

El auténtico *perdón* implica perdonar, dejarlo estar y pasar a otra cosa. Una vez, cuando estaba de viaje de negocios, recibí una llamada de uno de mis directores, que quería dimitir porque estaba siendo objeto de críticas por parte de su inmediato superior. Le pedí que aplazara una decisión tan precipitada hasta que pudiéramos reunirnos. Me dijo: «No te llamo para consultarte; te llamo para informarte. Dimito». Me di cuenta de que no le había escuchado, lo que hice de inmediato. Entonces, abrió una caja de Pandora repleta de experiencias, quejas y sentimientos, incluyendo algunos más fuertes de su esposa. Mientras escuchaba de verdad, se disipó la energía negativa de su expresión y, él solo, accedió a visitarme en cuanto regresara.

Cuando regresé, llevó a su esposa a mi oficina; a primera vista, ambos parecían agradables. Pero en cuanto nos pusimos a hablar de las cuestiones importantes, la auténtica ira y el resentimiento manaron a borbotones. Continué escuchando hasta que se sintieron comprendidos y, entonces, hablaron con mucha franqueza. Después, les enseñé el espacio entre el estímulo y la respuesta y cómo el mayor daño no está en lo que la gente nos hace sino en cómo reaccionamos ante lo que nos hacen. En un principio, pensaron que estaba manipulándolos para conseguir que se quedara. De modo que seguí escuchando hasta que fueron expresadas y comprendidas otras cuestiones, incluyendo cómo esos temas de trabajo habían afectado a su propio matrimonio y su vida familiar. Realmente, fue como ir pelando una cebolla hasta llegar a la blanda yema central.

Para entonces, ya se mostraban sumamente abiertos y educables, de modo que volví a hacer hincapié en la libertad de elección y en que consideraran pedir perdón a su superior por el resentimiento y la ira que albergaba el director hacia él. Su respuesta fue: «Pero, ¿qué quieres decir? Has tergiversado todo. *Nosotros* no debemos pedirle perdón; es *él* quien debe pedirnos perdón».

Se estuvo liberando más energía negativa hasta que se mostraron sumamente abiertos a la idea de que nadie puede herirnos sin nuestro consentimiento y que la respuesta que elegimos constituye la clave determinante de nuestra vida, que somos un producto de nuestras decisiones, no de nuestras circunstancias. Se mostraron muy humildes y accedieron a pensarlo. Más tarde, él me llamó por teléfono y dijo que había captado la sabiduría del principio que habíamos estado comentando y lo aceptaba, que había ido a pedir perdón a su jefe, que éste se quedó literalmente abrumado por esta manifestación y que, a su vez, él también le había pedido perdón y esto había restablecido la relación. Mi amigo me dijo que él y su esposa habían llegado a tal punto de aceptación del espacio entre el estímulo y la respuesta y la libertad de elección que, aunque hubiera rechazado su sincera petición de perdón, estaba decidido a quedarse y a hacer los máximos esfuerzos para que las cosas fueran un éxito.

> *El perdón rompe la cadena de causalidad, porque quien te «perdona», por amor, asume la consecuencia de lo que tú has hecho. Por consiguiente, el perdón siempre implica un sacrificio.*[4]
> DAG HAMMARSKJÖLD

No es la mordedura de la serpiente venenosa lo que causa el daño más grave, sino perseguir a esa serpiente que lleva el veneno hasta el corazón. Como todos cometemos errores, todos necesitamos perdonar y ser perdonados. Es mejor centrarse en nuestros propios errores y pedir perdón que centrarse en los errores de los demás, esperar a que pidan perdón ellos primero o concedérselo a regañadientes cuando lo hacen. Es mejor tener el espíritu de quien reza: «¡Oh, Dios mío, ayúdame a perdonar a quienes cometen pecados distintos a los míos!». En esta misma línea, C. S. Lewis afirmó:

Cuando llegan mis oraciones de la noche y trato de recordar los pecados del día, nueve de cada diez veces el más obvio es algún pecado contra la caridad; me he enfurruñado o he dicho algo con brusquedad o desprecio o he desairado o he vociferado a alguien. Y la excusa que se me ocurre inmediatamente es que la provocación resultaba repentina o inesperada. Me pilló desprevenido y no tuve tiempo para recobrar el dominio de mí mismo. [...] Sin duda, lo que hace un hombre cuando le pillan desprevenido es la mejor prueba del tipo de hombre que es. Sin duda, la verdad es lo que asoma antes de que el hombre tenga tiempo de ponerse un disfraz. Si hay ratas en el sótano, hay más posibilidades de verlas si se entra de forma inesperada. Pero lo inesperado no crea las ratas; sólo impide que se escondan. Del mismo modo, lo inesperado de la provocación no me convierte en un hombre con mal genio: sólo me demuestra el mal genio que tengo. [...] Ahora ese sótano queda fuera del alcance de mi voluntad consciente. [...] No puedo darme, mediante un esfuerzo moral directo, más motivos. Tras los primeros pasos [...] nos damos cuenta de que todo lo que es realmente necesario hacer en nuestras almas sólo lo puede hacer Dios.[5]

Unas últimas palabras sobre la confianza

Gran parte de mi interés en este capítulo sobre la construcción de la confianza se ha centrado en cosas que podemos hacer de un modo consciente para construir relaciones de confianza con los demás, en infundir *confianza*, el sustantivo.

Pero cabe recordar que *confiar* es un verbo. Empecé la segunda parte de este libro contando cómo, en los primeros años de mi vida adulta, alguien vio un potencial en mi interior que superaba con creces lo que yo veía en mí mismo. Esa persona estaba viendo más allá de la superficie, más allá de lo obvio y evidente. Miró mi corazón, mis ojos y mi espíritu y vio, en bruto y sin desarrollar, las semillas de la grandeza que albergamos todos y cada uno de nosotros.

Por eso me *confió* una carga y una responsabilidad que iban mucho más allá de mi experiencia y capacidad visibles. Me *dio* su confianza, sin indicios ni pruebas. Sencillamente, creía que me pondría a la altura del desafío y lo esperaba, de modo que me trató en consecuencia. Fue un acto de fe. Pero ese acto de fe afirmó hasta tal punto mi valía y potencial que me sentí inspirado para verlo yo mismo en mi interior. Su fe en mí aumentó mi propia fe y visión de mí mismo. Aspiraba a las inclinaciones más elevadas y nobles que latían en mi interior. No era perfecto, pero ¡cómo crecí! Para mí también se convirtió en una filosofía de vida. Afirmar a las personas. Afirmar a tus hijos. Creer en ellos, no en lo que ves, sino en aquello que no ves: su potencial.

Ciertas y profundas son las palabras del poeta Goethe, que afirmó: «Trata a un hombre tal como es y seguirá siendo lo que es. Trata a un hombre como puede y debe ser, y se convertirá en lo que puede y debe ser».

> La *confianza*, el sustantivo, se convierte en *confiar*, el verbo, cuando transmites a los demás su valía y potencial de un modo tan claro que se sienten inspirados para verlo ellos mismos en su interior.

La confianza no sólo es fruto de la confiabilidad, sino también la raíz de la motivación. Es la forma más elevada de motivación. *Amor*, el sustantivo, también se convierte en *amar*, verbo. Es algo que haces; amas o sirves a otros; confías en otros; ves su valía y potencial y proporcionas oportunidades, alimento y aliento. Si no se mantienen fieles a esta confianza, se deteriorará y no se sentirán inspirados para ver su propia valía y potencial. No tendrán capacidad de transmitir su valía y potencial a otras personas. Para ellos, *confiar* no será un verbo. De hecho, a una persona que no sea digna de confianza le resultará muy difícil confiar en nadie o creer en nadie de un modo sostenible.

Permítame ilustrar, con una anécdota que cuento a menudo, cómo el *amor*, igual que la *confianza*, puede convertirse en verbo. Durante un seminario, mientras estaba hablando, se me acercó un hombre y me dijo: «Stephen, me gusta lo que dice. Pero las situaciones difieren entre sí. Por ejemplo, mi matrimonio; me preocupa realmente. A mi esposa y a mí ya no nos unen los antiguos sentimientos. Supongo que ya no la amo, y que ella ya no me ama a mí. ¿Qué puedo hacer?».

—¿Ya no sienten nada el uno por el otro? —le pregunté.

—Así es. Y tenemos tres hijos, que realmente nos preocupan. ¿Usted qué sugiere?

—Ámela —le contesté.

—Pero le digo que ese sentimiento ya no existe entre nosotros.

—Ámela.

—No me entiende. El amor ha desaparecido.

—Pues ámela. Si el sentimiento ha desaparecido, ésa es una buena razón para amarla.

—Pero, ¿cómo amar cuando uno no ama?

—*Amar*, querido amigo, es un verbo. El *amor* —el sentimiento— es fruto de *amar*, el verbo. De modo que ámela. Sírvala. Sacrifíquese por ella. Escúchela. Comparta sus sentimientos. Apréciela. Apóyela. ¿Está dispuesto a hacerlo?

En la gran literatura de todas las sociedades progresistas, se habla de *amar*, del verbo. Las personas reactivas hablan del sentimiento. Ellas se mueven por sentimientos. Hollywood, por lo general, nos convence de que no somos responsables, de que el amor es un sentimiento. Pero los guiones de Hollywood no describen la realidad. Si nuestros sentimientos controlan nuestras acciones, ello se debe a que hemos renunciado a nuestra responsabilidad y que permitimos que los sentimientos nos gobiernen.

Las personas *proactivas* hacen hincapié en el verbo *amar*. Amar es algo que se hace: los sacrificios que se hacen, la entrega de uno mismo, como una madre que pone un recién nacido en el mundo. Para estudiar el amor, hay que estudiar a quienes se sacrifican por los demás, incluso por personas que los hieren o no les aman. Si es padre, observe el amor que profesa a los hijos por los que se ha sacrificado. El amor es un valor actualizado por medio de acciones amatorias. Las personas proactivas subordinan los sentimientos a los valores. El amor, el sentimiento, puede recuperarse.

¿Cuál es el mejor sitio para infundir confianza, transmitir la valía y el potencial de las personas? Sin lugar a dudas: la familia. Si la familia es disfuncional, ¿cuál es el segundo mejor sitio? La escuela. El profesor se convierte en una especie de padre sustituto que vuelve a iniciar el proceso de confianza.

Recuerde que atesora la capacidad de entregar su confianza a otros. Quizás se expondrá al riesgo de verse desilusionado y deberá mostrarse prudente a la hora de ejercer esta capacidad. Pero cuando lo haga, estará dando un regalo y una oportunidad inestimable a otras personas. El mayor riesgo es el riesgo de vivir una vida sin riesgos.

Película: *Teacher*

En este punto me gustaría que el lector viera otra película, la verdadera historia de Helen Keller y su profesora, Anne Sullivan. Helen Keller era ciega y sorda. Anne Sullivan también era legalmente ciega y vivió una infancia llena de desatenciones y maltratos, pero lo superó encontrando sentido en ayudar a una estudiante, Helen Keller.

La vida y aportaciones de Helen Keller resultan inspiradoras, sorprendentes e interminables. Ha influido de forma directa o indirecta en decenas de millones de personas. Pero la clave para comprenderla se encontraba en su profesora: Anne Sullivan. Cuando vea esta película, estúdiela bajo el prisma de los dos caminos: el camino superior, que conduce a la grandeza, y el camino inferior, que conduce a la mediocridad. Analice cómo, gracias a sus elecciones, Helen Keller se convirtió en una persona equilibrada, integrada y fuerte tras vivir en la oscuridad desde que nació. Analice cómo las relaciones de confianza entre Anne y Helen se fueron formando tras constantes depósitos; analice la rápida y sutil comunicación que se pudo establecer —la paciencia, la perseverancia, la comprensión— y la vinculación afectiva que acabó creándose.

En definitiva, se trata de la hermosa historia de dos personas magníficas que encontraron sus voces y dedicaron su vida a inspirar a los demás para que encontraran las suyas, «insuflando vida» a innumerables personas de todo el mundo.

Preguntas y respuestas

P: ¿Cómo mejorar la actitud? No hay nada más canceroso en una organización que las actitudes negativas. ¿Cómo aborda eso?

R: Permítame que intente dar una respuesta en tres niveles.

Primero, en un nivel personal, hay que ser un ejemplo de persona con actitud positiva, que evita los cánceres metastásicos de las quejas, las críticas, las comparaciones, la competición y la disputa. En serio le digo que no hay nada más poderoso que estar junto a una persona que sea una luz, no un juez; que sea un modelo, no un crítico.

Segundo, hay que dedicar un poco de tiempo personal e individualizado a construir una relación con la persona que parece mantener una actitud avinagrada o negativa. Las actitudes negativas constituyen, en realidad, un síntoma de cosas más profundas que están sucediendo. La gente necesita sentirse comprendida. Procurar comprender a otra persona resulta tan terapéutico, tan curativo y tan afirmante que, a menudo, acabas trabajando en las raíces en lugar de limitarte sólo a criticar la falta de frutos.

Tercero, en ocasiones hay otras fuerzas en juego, más poderosas que tu ejemplo o tu relación con una persona. Otras veces, basta con sonreír y no obsesionarse. Esto impide que el cáncer negativo se convierta en metástasis. Recuerde que, cuando construye su vida emocional tomando como base las debilidades de los demás, incluyendo sus actitudes negativas, está impidiendo su propio facultamiento y está concediendo a sus actitudes negativas la capacidad de continuar formando metástasis expandiendo las células cancerosas por toda la cultura. No puede cambiarlo todo; no puede cambiar a las personas; sólo puede cambiarse a sí mismo. Sin embargo, he descubierto que, en ocasiones, si las personas pueden desarrollar una habilidad o competencia que se encuentre alineada con un talento o don esencial que posean, mejora notablemente su actitud hacia sí mismos, hacia los demás y hacia la vida. Por ejemplo, pongamos que trata de enseñar a jugar al tenis a alguien. ¿Sería mejor hablar con esa persona sobre su actitud si pareciera un poco baja de moral o desilusionada y negativa? ¿O valdría más proporcionarle más conocimiento sobre golpes y voleas? O, sencillamente, ¿sería mejor salir a la pista, tomar la vía de la habilidad y permitir que practicara las habilidades hasta que, literalmente, deseara un mayor conocimiento? Verá, entonces, cómo su actitud se vuelve más positiva de un modo natural, cuando llega a disfrutar del juego. Éstas son las tres vías para introducir mejoras: el conocimiento, la habilidad y la actitud. La mayoría de la gente se centra en las vías de la actitud y el conocimiento. Me atrevo a afirmar que la clave de esas dos vías radica en la habilidad: la gente se siente mejor consigo misma y con la vida cuando son buenos haciendo algo.

P: ¿Cuál es el mejor consejo que ha dado nunca con respecto a la motivación?

R: Diría, en primer lugar, que ser un ejemplo y un modelo, para afirmar después la valía y el potencial de los demás de un modo tan claro que lleguen a verlo ellos mismos en su interior; no sólo mediante palabras, sino mediante sistemas de refuerzo e incentivos alineados. Es preciso darse cuenta de que tanto las motivaciones intrínsecas como las extrínsecas resultan importantes. El fuego interior de las personas se asemeja a una cerilla; en un principio, el modo de encender la llama es por fricción y, después, se encienden otras cerillas por el calor. No soy un fanático de dar muchos discursos de mentalización, aunque sí creo en el entusiasmo. Me gusta lo que nos enseña Ken Blanchard sobre pillar a las personas haciendo las cosas bien. Necesitan sentirse valoradas y apreciadas, pero también necesitan sentir que el trabajo en que andan metidas es digno de su compromiso y de sus esfuerzos más intensos.

P: En el mundo de Internet, donde se puede escapar de los encuentros cara a cara, ¿cómo optimizar las nuevas tecnologías sin llegar a despersonalizar el lugar de trabajo, manteniendo las mayores eficiencias que aportan estas nuevas tecnologías?

R: A mi juicio, la alta tecnología funciona a largo plazo sólo con mucho tacto. Cuando se tiene una relación, se puede pensar con eficiencia y operar con eficiencia. La tecnología permite ser eficiente, pero no puede sustituir a la relación. Recuerde que, con las personas, rápido es lento y lento es rápido. La tecnología, al igual que el cuerpo, es buen criado, pero mal señor.

10
COMBINAR VOCES: BUSCAR UNA TERCERA ALTERNATIVA

Los líderes no evitan, reprimen ni niegan el conflicto, sino que lo ven como una oportunidad.[1]

WARREN BENNIS

Estoy convencido de que uno de los problemas más difíciles y que más retos plantea en la vida, ya sea en casa, en el trabajo o en otras partes, es cómo se soluciona el conflicto, cómo se solucionan las diferencias humanas. Piense en sus propios retos, ¿acaso no es verdad? ¿Qué sucede cuando uno posee el carácter y la HABILIDAD para re solver diferencias empleando la sinergia, es decir: encontrar soluciones preferibles a cualquiera de las propuestas? La capacidad y aptitud para producir ese tipo de soluciones sinérgicas, ese tipo de cooperación creativa, se construye sobre una base de *autoridad moral* en un nivel personal y *confianza* en las relaciones.

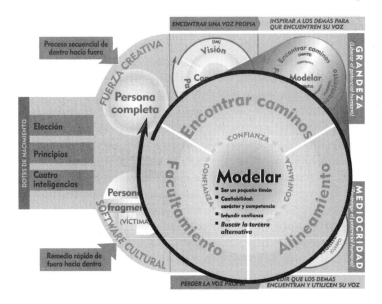

Figura 10.1

En una ocasión, oí al nieto de Gandhi, Arun Gandhi, contar esta impresionante anécdota sobre su abuelo. Todos los asistentes recibimos una lección de humildad y nos sentimos electrizados.

Resulta irónico que, de no ser por el racismo y los prejuicios, a lo mejor no hubiéramos tenido un Gandhi. Podría haber sido simplemente otro abogado de éxito que habría amasado una gran fortuna. Pero, por los prejuicios existentes en Sudáfrica, fue objeto de humillaciones la misma semana de su llegada. Le expulsaron de un tren por el color de su piel y esto supuso una humillación tan grande para él que se quedó sentado toda la noche en el andén de la estación pensando qué podría hacer para que se impusiera la justicia. Su primera respuesta fue la ira. Estaba tan enfadado que deseaba la justicia del «ojo por ojo». Deseaba responder con violencia a las personas que lo habían humillado. Pero se detuvo y pensó: «No está bien». Eso no le iba a favorecer. Tal vez hubiera conseguido sentirse bien en ese momento, pero no le iba a reportar ningún bien.

La segunda respuesta fue regresar a la India y vivir entre su gente con dignidad. También lo descartó diciendo: «No puedes huir de los problemas. Tienes que quedarte y enfrentarte a ellos». Y entonces fue cuando se le ocurrió la tercera respuesta: la respuesta de las acciones no violentas. Desde ese momento, desarrolló la filosofía de la no violencia y la practicó en su vida, además de en su búsqueda de la justicia en Sudáfrica. Acabó quedándose veintidós años en ese país para liderar después el movimiento en la India.[2]

La tercera alternativa no implica hacer las cosas a mi manera, ni a tu manera, sino a *nuestra manera*. No es una transigencia a medio camino entre mi manera y tu manera; es mejor que una transigencia. Una tercera alternativa es lo que los budistas denominan «el camino del medio», una posición media, superior, que es mejor que cualquiera de las otras dos, como la punta de un triángulo.

La tercera alternativa es una opción preferible a cualquiera de las propuestas. Es resultado de un puro esfuerzo creativo. Surge de las vulnerabilidades coincidentes que presentan dos o más personas, de su franqueza, su buena disposición a escuchar de verdad, su deseo de búsqueda. Sencillamente, no sabes dónde va a terminar. Sólo sabes que va a terminar mejor de lo que está ahora. Quizá cambie el contenido, el espíritu o el motivo, incluso dos o tres de estos elementos y, siempre, uno de ellos como mínimo.

Igual que con Gandhi, la tercera alternativa suele *empezar* en el interior de uno mismo. Pero, con frecuencia, se requiere la fuerza de la circunstancia, como alguna persona que se enfrente a usted antes de que empiece a producirse realmente en su interior. ¿Ha observado en la cita del nieto de Gandhi la interacción entre su lucha personal interna y sus relaciones interpersonales? Gandhi tuvo que realizar un considerable trabajo *personal* antes de poder enfrentarse a los desafíos de las *relaciones*.

Sólo se necesita uno: actitud para la búsqueda de una tercera alternativa

Igual que hacer veinte flexiones es una analogía física o metáfora del éxito *personal*, me gusta utilizar la metáfora del pulso en mis sesiones de formación para ilustrar tanto la actitud como el conjunto de habilidades necesarias para buscar y alcanzar una auténtica tercera alternativa. Solicito al público que mande a un «voluntario» que sea muy fuerte y supere el metro ochenta de estatura para subir y echar unos pulsos conmigo delante de toda la sala. Mientras convencen a la persona y ésta se acerca, le empiezo a decir con arrogancia que se prepare para perder. Alardeo de mi destreza, mi habilidad, mi fuerza y mi nivel de cinturón negro. Cuando, finalmente, llega, le pido que repita delante de mí: «Soy un perdedor», algo con lo que muchos colaboran. Digo a ese monstruo de persona que no importa el tamaño, sino la técnica y que yo la tengo, pero él no. Adopto un tono cáustico y cortante. Tal como pretendo, la simpatía del público se pone de parte de mi contrincante.

Nos situamos en posición de echar un pulso con los pies derechos frente a frente y nos tomamos de la mano en el centro. Entonces, pregunto a la mesa de quienes han escogido «voluntario» a mi contrincante si estarían dispuestos a financiar el concurso. En otras palabras, si consigue bajarme la mano al mismo nivel que nuestros codos, le pagan un dólar y si lo consigo yo, me lo pagan a mí. Siempre acceden. Entonces pido a alguien que esté cerca que se ocupe del tiempo. Ha de señalar cuándo se empieza, darnos un minuto aproximadamente para forcejear y contar el número de veces que consigue anotar o que lo consigo yo y, finalmente, recoger el dinero de la mesa del voluntario para financiar el concurso (un dólar por cada punto). Entonces yo me aseguro de que el grupo que financia tiene los bolsillos lo bastante llenos como para respaldar la competición. Siempre los tienen.

El encargado del tiempo nos da la señal de inicio. Inmediatamente me pongo a cojear y él consigue anotar. Y, por lo general, se queda muy sorprendido y desconcertado por mi falta de resistencia. Se pregunta qué está sucediendo. Así que recuperamos la posición inicial y le dejo que consiga otro punto. Y quizás otro; y otro. Todo el tiempo espera resistencia. Normalmente, empieza a sentirse un poco culpable, como si no estuviera siendo justo.

Y, después, me limito a decirle: «Sabe que lo que realmente haría que se sintiera bien sería que los dos ganáramos el máximo posible». Se siente intrigado, pero como le he atacado de este modo, no sabe si puede confiar en mí. Tal vez no sean más que buenas palabras, ¿y si mi verdadero plan fuera reírme de él o manipularle de algún modo en beneficio propio? Pero mientras continúo dejándole ganar sin oponer resistencia, su conciencia suele convertirse en mi abogada y se muestra abierto a la sugerencia de que si ambos ganamos, ambos ganaremos más. Aunque a regañadientes, con vacilación y alguna resistencia, suele estar dispuesto a dejarme ganar un punto al final.

Entonces volvemos a la posición central y yo le dejo ganar sin ninguna resistencia. Y, unos pocos segundos después, empieza a ir de acá para allá sin oponer resistencia. De vez en cuando, algunos voluntarios siguen perplejos y se preguntan qué sucede. Siguen resistiéndose, pero al final, los puntos se suceden con fluidez, con facilidad y sin esfuerzo para cada uno de los dos. Lo siguiente que digo es: «¿Ahora por qué no nos volvemos realmente eficientes?». Empezamos a mover las muñecas de un lado a otro, lo que resulta mucho más rápido que mover el brazo entero. Después, usamos ambos brazos y multiplicamos por dos el resultado. Finalmente, le digo: «Ahora volvamos a su mesa y hagámoslo delante de ellos para que puedan contar los dólares que nos deben». Para entonces, ya se oye el clamor de la gente, que capta el mensaje.

> Sólo un tercio de los encuestados en el cuestionario xQ están de acuerdo en que trabajan en un entorno propicio para ganar/ganar.

Seguidamente, explico al público que pensar en ganar/ganar, la *actitud* de buscar una tercera alternativa, es la idea o principio del respeto y el beneficio mutuos. En el pulso, aunque fingía ser más fuerte, mejor y más agresivo para suscitar una actitud de ganar/perder en mi contrincante, acababa introduciendo una *intención* y actitud de ganar/ganar en el pulso.

Entonces, enseguida empezaba a buscar su propio interés, su victoria, sin oponer resistencia. Cuando ya le había dado una lección de humildad o se sentía lo suficientemente abierto o culpable, se volvía receptivo ante la idea de que ambos podíamos ganar más si cooperábamos.

Seguidamente nos volvíamos creativos moviendo las muñecas con mucha rapidez y, después, uniendo las otras dos manos y moviéndolas también. El resultado final fue realmente sinérgico, donde ambos ganamos mucho. En cuanto a la mesa que tenía que pagar el dinero del premio, también ganaron mucho... aprendizaje. Por supuesto, no aceptamos el dinero; pero la anécdota constituye un ejemplo sólido, divertido y físico de buscar y producir una tercera alternativa.

¿Puede ver el lector cómo tuve que aportar la fuerza y seguridad interiores que proporciona la capacidad de las «veinte flexiones» en un nivel personal para respaldar mis esfuerzos encaminados a infundir confianza y buscar una tercera alternativa? Como había creado en la mente de la otra persona un profundo sentido competitivo de ganar/perder —hasta el punto de que se decía para sus adentros: «No hay manera, este fantoche bajito y calvo me va a aplastar»—, tuve que resistir con paciencia la feroz y comprensible respuesta de mi contrincante frente a mi fingida arrogancia y los ataques personales del principio.

Mucha gente cree que *las dos personas* deben pensar en ganar/ganar y no es así: sólo una tiene que hacerlo. Mucha gente también cree que la otra persona debe cooperar, pero la cooperación creativa que genera terceras alternativas no llega hasta después, cuando se sinergiza. Uno debe limitarse a preparar primero al otro practicando la empatía o la escucha profunda, buscando su interés y comportándose en consecuencia hasta que la otra persona sienta confianza.

En una ocasión, lo hice en el programa de *Oprah*, aunque tuve que esforzarme mucho para convencer al productor del programa de que me permitiera hacerlo. El problema era que tenía que ser algo espontáneo y nadie sabría el resultado, Oprah menos que nadie. Entre la pérdida de control y la realidad de que cada programa tenía que salir bien parado de los índices de audiencia, el productor se sentía muy vulnerable y escéptico. Pero no dejé de tranquilizarle y, al final, Oprah se decidió.

Mientras estábamos en directo, la ataqué y critiqué de igual modo, le mencioné sus debilidades y mi fuerza, y que iba a *salir derrotada*. Realmente, implicó toda su energía y se decidió a dar lo mejor de sí misma. Así que enseguida me ganó el primer pulso y me mantuvo ahí. Le dije: «Oprah, ¿por qué no ganamos los dos?». A lo que ella respondió: «¡Ni hablar!». Yo le pregunté: «¿Por qué no?». Y ella dijo: «Me crié en la calle; ante cualquiera que me habla de esa manera no me rindo ni de broma». «Bueno, está bien, Oprah. Te voy a dejar ganar otra vez.» Y repitió: «¡Ni hablar!». No había confianza. Yo le dije: «Mira, lo que vamos a hacer es situarnos en el centro poco a poco; entonces, volvemos a tu lado y ganas otro dólar... Soy consciente de cuánto lo necesitas». Le divirtió el comentario y, al final, como sucedió con ella, casi todo el mundo aprende la lección.

Como afirma la expresión de Extremo Oriente: «Una imagen vale más que mil palabras». Creo que una experiencia vale más que mil imágenes. La imagen que se hizo el público de ese concurso de pulsos vale realmente más que mil palabras. Tal vez usted, como lector, puede visualizarla en su propia mente y, si desea poner a prueba su fuerza, no tiene más que comprobarla con uno de sus hijos, su esposa o uno de sus socios.

Verá, la mayoría de la gente no pasa por el duro trabajo de «Pensar en ganar/ganar» y «Procurar primero entender» para llegar a la tercera alternativa. De hecho, este esfuerzo requiere una victoria privada; requiere un éxito considerable en el nivel personal antes de llegar al punto en que la seguridad de uno se encuentre en el interior de sí mismo y no en las opiniones de los demás sobre uno mismo o sobre si hace lo correcto. La fuerza radica en su capacidad de ser vulnerable, porque, en el fondo, su integridad con respecto a su sistema de valores basados en principios lo hace invulnerable y seguro. Puede permitirse mostrarse flexible y abierto a la influencia. Puede permitirse buscar, sin saber dónde acabará, y sabiendo sólo que será mejor que el punto de partida que toma usted y la otra persona.

Habilidades para la búsqueda de una tercera alternativa

No cabe la menor duda de que la comunicación constituye *la* habilidad más importante en la vida. Básicamente, existen cuatro modos de comunicación: leer, escribir, hablar y escuchar. Y la mayoría de la gente se pasa dos tercios o tres cuartos de las horas en que está despierta haciendo esas cuatro cosas. De esos cuatro modos de comunicación, el que representa entre el 40 y el 50 % del tiempo dedicado a la comunicación es *escuchar*, sobre el que hemos recibido menos adiestramiento. La mayoría de nosotros nos hemos estado preparando durante muchos años para leer, escribir y hablar. Pero no más del 5 % ha recibido tan siquiera dos semanas de formación sobre cómo escuchar.

> Sólo al 17 % de los trabajadores encuestados le parece que la comunicación en sus organizaciones es verdaderamente abierta, franca y respetuosa.

Mucha gente cree que sabe escuchar porque lo está haciendo continuamente. Pero, en realidad, están escuchando desde dentro de su propio marco referencial. De los cinco niveles de escucha que pueden observarse en el continuo de la escucha reproducido a continuación —ignorar, escucha fingida, escucha selectiva, escucha atenta y escucha empática—, sólo el superior, la escucha empática, se realiza desde dentro del marco referencial de la otra persona. Escuchar de verdad significa trascender su propia autobiografía, salir fuera de su propio marco de referencia, de su sistema de valores, de su propia historia y tendencias de juicio y sumergirse profundamente en el marco referencial o punto de vista de otras personas. Esto se denomina «escucha empática». Es una habilidad sumamente poco común. Aunque es mucho más que una habilidad; mucho más.

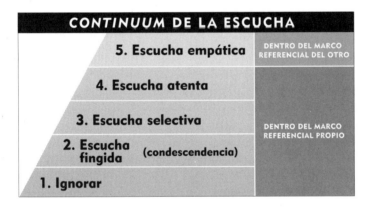

Figura 10.2

Para poner de relieve la extraordinaria importancia de las habilidades comunicativas, me gustaría que el lector pusiera en práctica una experiencia. Si lo prefiere, puede seguir leyendo y, sencillamente, intelectualizarla, pero le garantizo que se quedará bastante lejos del impacto emocional y el aprendizaje que obtendría si la experimentara. Le ánimo encarecidamente a participar. Tal vez haya realizado alguna experiencia parecida en mis otros libros, pero las imágenes de ahora son distintas. Pasar de nuevo por el proceso reforzará su conocimiento y su motivación para actuar sobre ello.

Reclute a otra persona para que realice el experimento con usted. Primero, *usted y sólo usted*, mire durante un segundo únicamente la figura 10.3, de la página 219. Después, *sin* mirarla (es importante no echarle una miradita furtiva), permita que la otra persona mire la figura 10.4, de la página 221. Finalmente, ambos deben observar la figura 10.8, de la página 237. Ahora pueden seguir.

> **Sobre la escucha** *(fragmento)*
> *Cuando te pido que escuches y te pones a darme consejos, no estás haciendo lo que te he pedido. Cuando te pido que me escuches y te pones a decirme por qué no debería sentirme de ese modo, estás hiriendo mis sentimientos. Cuando te pido que escuches y te parece que debes hacer algo para solucionar mi problema, me has fallado, por extraño que parezca.*
> *¡Escucha! Sólo pedía que escucharas; no que hablaras o hicieras, sólo oírme... Puedo valerme por mí mismo, no estoy indefenso. Cuando haces algo por mí que puedo y necesito hacer yo mismo, incrementas mi temor y mi sensación de ineptitud. Pero cuando aceptas como cierto que me siento como me siento, por muy irracional que resulte, puedo dejar de intentar convencerte y pasar a la cuestión de comprender qué se esconde detrás de esa sensación irracional. Y, cuando eso está claro, las respuestas resultan obvias y no necesito consejos.*[3]
> RALPH ROUGHTON (DOCTOR EN MEDICINA)

¿Qué ven los dos en la imagen final?

¿Es la imagen de una joven o la de un saxofonista?

¿Cuál de los dos tiene razón?

Hable con la otra persona para comprender lo que ve. Escuche atentamente y trate de ver lo que ella está viendo. Entonces, una vez que haya comprendido su punto de vista, explíquele el suyo. Ayúdele a ver lo que usted está viendo.

¿Qué explica la diferencia de percepciones? Eche un vistazo a las primeras imágenes que observaron por separado. ¿Qué sucedería si supiera que la primera imagen que ella vio era la que estaba en otra página? ¿Le parecería más lógico por qué veía la segunda imagen como un saxofonista? Por supuesto que sí.

Cuando hago este pequeño experimento con el público, enseño a la mitad de la sala la imagen de la joven durante un segundo, lo que supone un condicionamiento; enseño a la otra mitad la imagen del saxofonista, lo que también supone un condicionamiento. Cuando muestro la tercera imagen compuesta a toda la sala, la mitad ve una joven y la otra mitad ve a un saxofonista, con relativamente pocas excepciones. Están observando exactamente la misma imagen, pero con dos interpretaciones totalmente distintas.

Figura 10.3

Lo siguiente en estas sesiones de formación supone una experiencia de aprendizaje muy poderosa: ambos grupos de personas están mirando el mismo objeto, pero ven cosas distintas. Así que les pido que hablen con su vecino, que lo ve de forma distinta, y le escuchen realmente hasta que comprendan su perspectiva. Tan pronto como ven el otro modo de mirar la imagen, se ponen a gritar: ¡Ah! La sala se llena enseguida de exclamaciones triunfantes. Para algunos, sin embargo, el aprendizaje requiere tiempo. He visto a personas que se ponen a discutir sobre lo que representa realmente la imagen. Les inquieta tanto que alguien no pueda ver lo que para ellos resulta tan obvio que se disgustan. Se ponen a la defensiva, porque la suya es la única manera de mirar la imagen. Por otra parte, he visto a personas que expresaban realmente mutua simpatía, se daban ánimos y se sentían muy complacidas cuando la otra persona veía el segundo aspecto de la imagen.

> *El pensamiento creativo implica salirse de las pautas establecidas para mirar las cosas de forma distinta.*
> EDWARD DE BONO (DOCTOR EN MEDICINA), AUTOR DE *EL PENSAMIENTO LATERAL: MANUAL DE CREATIVIDAD**

* Barcelona, Paidós, 1998.

Gracias a esta experiencia de percepción se aprenden cuatro cosas muy importantes sobre la comunicación:

1. Hay que mostrarse sinceramente abierto y escuchar a la otra persona si se quiere llegar a comprender *qué* ve y *por qué* ve el mundo así: los cimientos de encontrar terceras alternativas.

2. Las cosas que se experimentan *antes* de que le brinden nueva información influyen en el modo de considerar esa información. Si un segundo de condicionamiento puede dividir en dos una sala, ¿se imagina lo que puede hacer una vida de condicionamiento? ¿Qué sucede en su familia? ¿Cómo interpreta las cosas? Puede ser que las personas estén viendo los mismos hechos, pero el *sentido* de esos hechos se interpreta a través de experiencias personales anteriores. Las personas crean sentido y actúan en función de cómo perciben el mundo. Recuerde, no vemos el mundo *tal y como es*; vemos el mundo *tal y como somos*. Las percepciones quedan establecidas mucho antes que los esfuerzos para sinergizar. Por consiguiente, el trabajo más importante que debe realizarse implica comunicación que conduzca a la comprensión mutua.

3. No existe una única manera de interpretar algo. El reto estriba en crear una visión compartida que, de una forma precisa y honesta, contemple todos los puntos de vista, al tiempo que se mantenga fiel a la visión original. ¿Quién tiene razón cuando diferentes personas interpretan los retos de manera distinta? ¿Quién tiene razón cuando usted y su esposa no se ponen de acuerdo? Si su posición le confiere poder, se asegurará de que sólo haya una respuesta correcta. Cuanto más implicado esté el ego en su percepción, más rígida se volverá su mente y más bloqueadas quedarán sus respuestas.

4. La mayor parte de los fallos de comunicación son producto de la semántica: cómo define la gente las palabras. La empatía elimina casi al instante los problemas de semántica. ¿Por qué? Porque cuando realmente se escucha para alcanzar un entendimiento, las palabras se ven como símbolos de sentido. La clave consiste en comprender el sentido, no en pelearse por un símbolo.

Volviendo a la experiencia de percepción, imagine qué sucedería si estuviera convencido de que tenía razón con respecto a lo que vio y el otro se equivocaba con respecto a lo que aseguró ver. Cualquier intento de expresar el significado de la imagen acabaría en una pura discusión. Ambos estarían implicados emocionalmente en su percepción y, con ese enfoque sesgado e impulsado emocionalmente, resulta sencillamente imposible influir en la otra persona con ninguna clase de integridad.

Ahora, agravemos este problema de inversión emocional con el poder que confiere el cargo. Imagine qué sucedería si los líderes que ocupan altos cargos decidieran unilateralmente cómo enfrentarse a un reto importante que afectara a la organización y luego anunciaran esas instrucciones a la compañía en general. Los altos cargos exponen de forma sosegada cómo los cambios determinarán nuevos planes estructurales y compensatorios, cómo la organización trabajará de forma conjunta y la naturaleza misma de su trabajo. El público, silencioso, percibe la torpe forma de tratarles y se opone al anuncio. Se gesta la conspiración codependiente del «Espere instrucciones»; se niega e ignora el desacuerdo. Puede imaginarse el caos.

Cuando uno toma la fuerza del poder que confiere el cargo, pero carece de autoridad moral, está construyendo debilidad en su interior, en los demás y en la relación. Está creando codependencia.

Figura 10.4

El bastón de la palabra indio

Tras impartir formación a los jefes indios que dirigen las naciones indias de Estados Unidos y Canadá, me entregaron un hermoso presente: un bastón de la palabra de intrincada talla, de un metro y medio de longitud, que llevaba grabado el nombre «Águila calva». El bastón de la palabra ha formado parte integrante del gobierno de los nativos norteamericanos durante siglos. De hecho, algunos de los padres fundadores de la república norteamericana (Benjamin Franklin en particular) fueron educados en las ideas que sustentan el bastón de la palabra por los jefes indios de la Confederación iroquesa. Constituye una de las herramientas de comunicación más poderosas que he visto, porque, aunque es algo físico y tangible, encarna un concepto sumamente sinérgico. Este bastón de la palabra representa de qué manera la gente con diferencias puede llegar a entenderse mediante el respeto mutuo, lo que posibilita después la resolución de sus diferencias y problemas de un modo sinérgico o, como mínimo, mediante una solución intermedia.

La teoría que lo sustenta es la siguiente. Cada vez que la gente se reúne, el bastón de la palabra está presente. Únicamente se permite hablar a la persona que tiene el bastón. Mientras lo tenga, sólo habla uno, hasta que esté convencido de que le comprenden. Los demás tienen prohibido hacer observaciones, discutir, estar de acuerdo o discrepar. Lo único que pueden hacer es tratar de comprender a la persona que habla y, después, articular esa comprensión. Quizás necesiten que repita sus observaciones para asegurarse de que se siente comprendida o, sencillamente, la persona ya siente que la comprenden.

En cuanto uno siente que le comprenden, tiene la obligación de pasar el bastón de la palabra al siguiente y esforzarse por conseguir que se sienta comprendido. Cuando plantea sus observaciones, se debe escuchar, repetir y mostrar empatía hasta que se sienta realmente comprendido. De este modo, todas las partes implicadas asumen la responsabilidad del cien por cien de la comunicación, tanto hablando como escuchando. En cuanto una de las partes se siente comprendida, suele ocurrir algo sorprendente. Se disipa la energía negativa, desaparece la disensión, crece el respeto mutuo y la gente se vuelve creativa. Surgen nuevas ideas y aparecen terceras alternativas.

Recuerde: *comprender no significa estar de acuerdo*. Sólo significa ser capaz de ver con los ojos, corazón, mente y espíritu de la otra persona. Una de las necesidades más profundas del alma humana es ser comprendida. Una vez que esa necesidad está cubierta, el centro de atención personal puede pasar a la resolución de problemas interdependientes. Pero si esa necesidad tan intensa de comprensión no está cubierta, se desencadenan luchas de egos y surgen cuestiones de territorio. La comunicación a la defensiva y protectora está a la orden del día. En ocasiones, pueden estallar discusiones, incluso violencia.

La necesidad humana de sentirse comprendido se asemeja a la necesidad de aire que tienen los pulmones. Si aspirara de repente todo el aire de la habitación donde se encuentra, ¿hasta qué punto se encontraría motivado para conseguir aire? ¿Estaría interesado en mantener una discusión o en resolver alguna diferencia entre usted y cualquier otra persona? Por supuesto que no. Sólo querría *una cosa*. Sólo se mostraría abierto a otras cosas después de haber conseguido aire. Sentirse comprendido es el equivalente del entorno de confianza.

Este mismo proceso que estamos comentando puede desarrollarse en la mente de las personas sin bastón de la palabra, aunque no proporciona la misma disciplina tangible que transmitir claramente la responsabilidad de hablar con coraje y escuchar con empatía después. Existe un enorme centro de atención e interés personal cuando uno sostiene un bastón físico. Pero no es necesario un bastón propiamente dicho, podría utilizar un lápiz, una cuchara o un trozo de tiza, cualquier elemento tangible que, físicamente, haga responsable al orador de pasarlo sólo cuando se sienta comprendido, no antes.

¿No ha asistido nunca a una reunión donde se percibía la acción de los propósitos ocultos? Piense en las posibilidades que tendría incorporar la idea del bastón de la palabra a una reunión de esas características. Si utilizar el bastón o un lápiz parece inadecuado, exprese entonces el concepto o idea básicos subyacentes. Sencillamente, diga lo que piensa al principio de la reunión antes de que las personas se impliquen emocionalmente en los temas más candentes y, aunque usted no presida la reunión, diga algo como: «Hoy vamos a hablar de muchas cosas importantes que suscitan encendidos sentimientos en la gente. Para ayudarnos en la comunicación, ¿por qué no acordamos que nadie puede expresar su punto de vista si no repite el punto de vista de la persona anterior hasta que esta última se dé por satisfecha?» (aunque esta afirmación no introduce el bastón de la palabra físico, sí introduce la esencia de la idea, porque nadie puede expresar su opinión hasta que la otra persona esté en condiciones de decir «Me siento comprendida»).

Es posible que muchos no se decidan a apoyar este proceso porque parece un poco pedestre, incluso infantil e ineficaz, pero le garantizo que es justo lo contrario. Requiere tanto autocontrol e insufla tanta madurez a la comunicación que, aunque pueda parecer ineficaz en un principio, resulta sumamente efectivo; es decir, consigue los resultados deseados en cuanto a decisiones sinérgicas y relaciones sinérgicas, vinculación afectiva y confianza.

Así se desarrollaría una reunión si usted actuara como facilitador del concepto del bastón de la palabra indio:

Sylvia y Roger están en una reunión. En pleno esfuerzo de Sylvia para explicar su punto de vista, Roger dice algo como: «No estoy de acuerdo con Sylvia. Creo que lo que deberíamos hacer es...»

Usted interrumpe y dice:

—Disculpe, Roger, ¿recuerda lo que acordamos para ayudarnos en la comunicación?

—Sí, por supuesto —contesta Roger—. Se supone que debo expresar primero el punto de vista de Sylvia, y después el mío.

—No, Roger —replica usted—. No expresa el punto de vista de Sylvia. Lo expresa *hasta que ella se dé por satisfecha*. Luego puede expresar el suyo.

—Vale, de acuerdo —responde Roger.

—¿Cuál era el punto de vista de Sylvia, Roger?

Trata de expresarlo.

—¿Es correcto, Sylvia?

—No, en absoluto. Lo que trato de decir es...

Roger vuelve a interrumpir.

—Una vez más, ¿cuál es nuestra regla básica?

—Vale, se supone que debo expresar el punto de vista de Sylvia hasta que ella se dé por satisfecha.

Así pues, por primera vez, se esfuerza por escuchar con mayor profundidad y, básicamente, la imita.

—¿Qué tal esta vez, Sylvia? —pregunta usted.

—Bueno, me ha imitado, pero no ha captado en absoluto el espíritu de lo que he dicho —contesta ella.

—Lo siento, Roger, pruebe otra vez.

—¿Cuándo me toca a mí? ¿Cuándo llega mi turno? Me he pasado dos noches despierto preparando esta reunión con mis empleados.

—¿Recuerda la regla básica, Roger? No se permite el acceso al estadio sin la entrada que expide la otra persona cuando dice que se comprende su punto de vista.

Así pues, se siente dividido entre las necesidades de su ego, sus intenciones ocultas, el deseo de hablar y la conciencia de que no es un jugador hasta que entienda primero y la otra persona se dé por satisfecha. Por vez primera, está escuchando con auténtica empatía.

Sylvia dice: «Gracias, Roger, me siento comprendida de verdad».

—De acuerdo, Roger, le toca a usted.

Roger mira y afirma: «Estoy de acuerdo con Sylvia».

La experiencia me dice que, si las personas tratan realmente de comprenderse unas a otras, en la mayor parte de los casos, aunque no en todos, llegarán a ponerse de acuerdo. ¿Por qué? Porque más del 90 % de todos los problemas de comunicación se deben a diferencias ya sea de semántica o de percepciones. Una vez más, la semántica se refiere a la manera de definir las palabras o los términos. La percepción se refiere a cómo se interpretan los datos. Cada vez que las personas se escuchan con auténtica empatía, o lo que es lo mismo: dentro del marco referencial del otro, se disipan los problemas tanto semánticos como de percepción, igual que sucede con el ejercicio del saxofonista y la mujer. Esto se debe a que están escuchándose desde dentro del marco referencial del otro. Están percibiendo cómo el otro define las palabras y los términos, o cómo el otro interpreta los significados y los datos. Eso les sitúa en la misma partitura, usando el mismo lenguaje, una circunstancia que después les permite tratar de forma adecuada la resolución de problemas en el otro 10 % de los auténticos desacuerdos. El espíritu de esta comprensión mutua es tan afirmativo, tan saludable, establece unos vínculos afectivos tan fuertes, que cuando la gente se pone a discutir sus diferencias, lo hace de manera agradable y, por lo general, son capaces de solucionarlas, ya sea gracias a la sinergia o a algún tipo de solución intermedia.

El silencio también constituye una de las claves de la comunicación con terceros que establece el bastón de la palabra indio. Debemos estar callados, incluso en silencio, para empezar a sentir empatía con los demás de un modo profundo. Sobre el poder de este silencio, Robert Greenleaf comentó: «No debemos temer un poco de silencio. Algunos lo consideran algo incómodo u opresivo. Sin embargo, una aproximación tranquila al diálogo incluiría la buena acogida de un poco de silencio. Preguntárselo a uno mismo suele resultar demoledor, pero en ocasiones, es importante hacerlo. Al expresar lo que tengo en mente, ¿realmente mejoraré el silencio?».

Con un tono más desenfadado, permítame que comparta con el lector una anécdota que oí hace poco y que muestra las consecuencias de una persona que no comprende ni practica el concepto del bastón de la palabra indio.

Un granjero entró en la oficina de su abogado con la intención de presentar una demanda de divorcio contra su esposa. El abogado le preguntó: «¿Puedo ayudarle?», a lo que el granjero contestó: «Sí, quiero conseguir uno de esos divorcios». El abogado dijo: «Bien, ¿tiene algún motivo?» y el granjero contestó: «Sí, tengo un sitio donde vivo, y unos cinco kilómetros cuadrados de tierra». El abogado dijo: «No, no me entiende. ¿Tiene algún reproche?» y el granjero respondió: No, no tengo coche, pero tengo un tractor». Y el abogado dijo: «No, no me está entendiendo. Me refiero a si tiene alguna queja». Y el granjero contestó a eso: «Sí, tengo una reja. Delante aparco el tractor». El abogado, sin dejar de intentarlo, preguntó: «No señor, lo que quiero decir es: ¿Va a poner una demanda?». El granjero contestó: «Sí, señor. Tengo bufanda, me la pongo los domingos de invierno para ir a la iglesia». El abogado, irritado y frustrado, preguntó: «A ver, señor, ¿su mujer le maltrata o algo así?». El granjero replicó: «No señor. Yo siempre me levanto más tarde». Finalmente, el abogado espetó: «De acuerdo, permita que lo exprese de esta manera. ¿POR QUÉ QUIERE EL DIVORCIO?» y el granjero contesta: «Bueno, porque nunca puedo mantener una conversación coherente con ella».

Los dos pasos en la búsqueda de una tercera alternativa

Fundamentalmente, la búsqueda de una tercera alternativa (véase la figura 10.5) se lleva a cabo en dos pasos. De hecho, el proceso mismo de búsqueda en estos dos pasos proporciona y contribuye a suscitar la confianza (autoridad moral) que propicia la búsqueda:

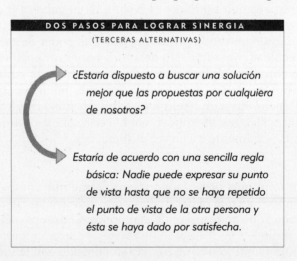

DOS PASOS PARA LOGRAR SINERGIA
(TERCERAS ALTERNATIVAS)

¿Estaría dispuesto a buscar una solución mejor que las propuestas por cualquiera de nosotros?

Estaría de acuerdo con una sencilla regla básica: Nadie puede expresar su punto de vista hasta que no se haya repetido el punto de vista de la otra persona y ésta se haya dado por satisfecha.

Figura 10.5

Es importante tener presente que estos dos pasos no siempre son consecutivos. A veces, se empieza por el primero y, otras, por el segundo. En ocasiones, quizá se empiece de forma natural a interactuar y a intentar escuchar verdaderamente a otra persona que defiende un punto de vista y una solución totalmente distintos. En ese caso, podría pedir al otro que escuchara como lo ha hecho uno mismo y, después, se podría ver si el otro quiere buscar una tercera alternativa. Otras veces, uno se encuentra saltando de un paso a otro. Cada situación es distinta; y cada relación, muy particular. Lo fundamental es que se requiere buen criterio, conciencia, autocontrol y presencia para poner en marcha esos pasos.

Experiencias en la búsqueda de la tercera alternativa

Con los años, algunas de las experiencias profesionales que más retos me han planteado y que, a pesar de todo, más satisfacción me han procurado se han producido al ejercer de tercero facilitador que acompaña a personas muy implicadas emocionalmente en una fuerte oposición mutua —casi rozando la irracionalidad— en la consecución de los dos pasos que permiten buscar y hallar una tercera alternativa sinérgica. Se les puede ver literalmente pasando, no sin dificultades, por los modos de comunicación reproducidos en este *continuum* (véase la figura 10.6):

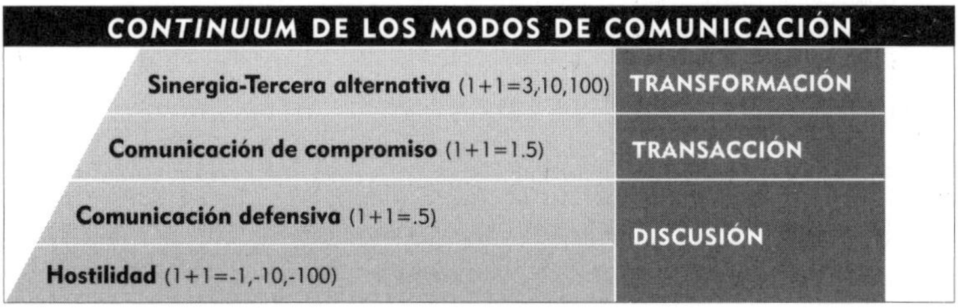

CONTINUUM DE LOS MODOS DE COMUNICACIÓN	
Sinergia-Tercera alternativa $(1+1=3,10,100)$	TRANSFORMACIÓN
Comunicación de compromiso $(1+1=1.5)$	TRANSACCIÓN
Comunicación defensiva $(1+1=.5)$	DISCUSIÓN
Hostilidad $(1+1=-1,-10,-100)$	

Figura 10.6

Tuve una de mis primeras experiencias cuando nuestra empresa necesitó grabar una experiencia auténtica, de la vida real, que enseñara sinergia para un producto que estábamos creando. Para ello decidí recurrir a uno de mis seminarios en directo. Me decanté por un tema que suscitara mucha tensión —el medio ambiente— e invité a dos personas del público a subir al estrado: una mujer que era una firme, convencida y apasionada ecologista (una auténtica «verde») y un firme, convencido y apasionado hombre de negocios, que utilizaba los recursos naturales con fines económicos en su empresa. No se dieron la mano en ningún momento (hasta los boxeadores profesionales se tocan los guantes). Ella llegó, incluso, a atacarle de camino al estrado, diciendo: «Son los de su calaña quienes han arruinado nuestro aire, nuestra agua y el futuro de nuestros hijos». Entonces, él le miró los zapatos y dijo: «Bonitos zapatos. ¿Son de piel?». Ella bajó la vista, volvió a mirarle y respondió: «¿Qué tiene que ver?». Él replicó: «Me estaba preguntando qué animal había matado». Ella respondió: «¡Yo no mato animales!». A lo que él replicó: «Ah, ¿hace que otros los maten por usted?». Ése fue el principio de la comunicación.

Cuarenta y cinco minutos después, tras recorrer los dos pasos, ambos estaban abogando por políticas de desarrollo sostenible en los niveles corporativo y gubernamental. El público estaba totalmente asombrado.

Siempre que se enseña el primer paso —¿Estaría usted dispuesto a buscar una solución preferible a cualquiera de las soluciones que los dos han puesto sobre la mesa?—, la gente dice indefectiblemente, como hicieron esas dos personas: «No sé cuál sería» o «Me he pasado años tratando este asunto y tengo la firme convicción de que...»

De manera que reconoces: «Es verdad, nadie sabe cuál sería; hay que crearla juntos. La cuestión es: ¿estaría dispuesto a buscar una solución?»

Suelen responder: «¡*No* transigiré!».

Y uno responde: «Por supuesto que no. La sinergia no implica transigir. Debe ser una solución *mejor*; usted debe saberla, el otro debe saberla y ambos deben saber que la saben. Sin transigir».

«Pues no sé adónde nos va a llevar esto.»

«Se avanza hasta el paso siguiente. Pero nadie puede expresar su punto de vista hasta que repita el punto de vista de la otra persona y esta última se dé por satisfecha.» Ahora la prueba es *ésa*. Para personas que han defendido hasta la saciedad una postura, escuchar de verdad a otra persona supone un tremendo desafío, porque a menos que la escuchen y repitan su punto de vista hasta que se dé por satisfecha, no se les permite expresar el suyo. Es el billete de entrada.

En una ocasión, hice esto en un contexto universitario recurriendo al tema del aborto y sacando al estrado a una persona partidaria de la vida y otra partidaria de la libertad de elección. Ambos se sentían comprometidos moralmente con sus respectivas posiciones. Les acompañé mientras recorrían los dos pasos frente a cuatrocientas personas, entre las que se encontraba una clase completa de máster en dirección y administración de empresas, además de numerosos profesores universitarios y otros invitados. Una vez más, tras cuarenta minutos recorriendo los dos pasos lentamente, ambos empezaron a hablar de prevención, adopción y educación. Había cambiado toda la naturaleza de la discusión. El público estaba fascinado; los ojos de los dos participantes se llenaron de lágrimas.

Les pregunté por qué les resultaba tan emotivo. No era en absoluto por el tema. Era, sencillamente, porque se avergonzaban del modo tan categórico en que habían juzgado, condenado, estereotipado e, incluso, satanizado a todos los que defendían opiniones distintas sobre el tema. Al escuchar de forma auténtica y profunda llegaron a darse cuenta: «Es una buena persona. Me gusta; la respeto. No estoy de acuerdo con sus opiniones, pero estoy dispuesto a escuchar; estoy abierto a ello». Observar cómo se abren las mentes, se ablandan los corazones y las posturas se mezclan hasta formar una tercera alternativa superior y sinérgica constituye una experiencia emocionante.

Estos dos pasos no *siempre* funcionan, simplemente porque la gente no siempre los aplica. En cierta ocasión, estuve en Washington con la Young President's Organization impartiendo formación con este material e invité al presidente de la National Education Association (NEA) estadounidense y a la persona que encabezaba el movimiento a favor del sistema de vales en la educación (*vouchers*) en California a subir y dar los dos pasos. A regañadientes, pasaron el primero, afirmando los dos que no sabían qué iban a encontrarse en la búsqueda y que no transigirían.

Cuando llegó el segundo paso, el que consiste en repetir hasta que la otra persona se dé por satisfecha, lo intentaron y, después, se rindieron. Estaban muy a la defensiva y, luego, incluso llegaron a mostrarse hostiles, profiriendo insultos mutuos, incluidos los que describen a los progenitores de cada uno. El público los descartó en el sentido literal de la palabra. Eran sus invitados y los descartaron porque no servían para el objetivo de la conferencia. Después, el público se llenó de sinergia. Eran padres preocupados de verdad, conscientes de que era un tema muy complejo, de que no se puede generalizar en exceso y que es necesario una comprensión más profunda. El público se volvió más y más creativo con respecto a cómo afianzar el sistema educativo, incluyendo hasta qué punto podía entrar el mercado en la educación en ciertos ámbitos y qué hacer en aquellos ámbitos donde esto sería muy difícil e, incluso, contraproducente.

He repetido la experiencia muchas veces, con temas empresariales. Pregunto a mis clientes: «¿Qué tema parece dividir su cultura, ese del que casi no pueden hablar?». Por lo general, se muestran vacilantes, pero, al final, consiguen expresarlo. Les pregunto: «Bien, ¿podríamos utilizarlo como ejemplo para producir sinergia, una tercera alternativa?». Acostumbran a decir: «Oh, es demasiado delicado, demasiado difícil. No sé cómo podría hacerlo». Les explico el proceso y los dos pasos. Y, a continuación, les tranquilizo diciendo que, si en el grupo existe sinceridad y autoridad moral suficientes, lo que exige sinceridad y un verdadero esfuerzo en la práctica de los dos puntos, les supondría una de las experiencias más intensas que puede vivir su organización, no sólo al resolver el problema, sino también, y esto es más importante, al desarrollar un sistema inmunológico dentro de la cultura, que les permitirá repetir el proceso con cualquier cuestión que se presente.

En una ocasión estuve con un grupo de profesionales sanitarios compuesto por miembros de consejos de administración, ejecutivos, administradores y muchos de los médicos. El tema que se debatía —uno que llevaba muchos meses suscitando peleas— era el uso de médicos externos. El director médico era el portavoz de uno de los bandos; el director general, del otro. Delante de unas cien personas, los fui llevando por los dos pasos poco a poco. Produjeron una tercera alternativa que les entusiasmó totalmente a los dos, no sólo porque la preferían al acuerdo que tenían por entonces o a cualquier propuesta que se había hecho hasta el momento, sino porque resultó muy saludable para su relación y generó vinculación afectiva.

Estuve trabajando con un grupo de personas del mundo de los seguros en una de sus grandes conferencias internacionales en Cancún. Me pidieron que hablara de la transformación cultural mediante el liderazgo centrado en principios. Tras percibir el estado de ánimo de los grupos —lo artificial que resultaba su comunicación sobre temas importantes, lo polarizada que se encontraba la oficina central de los directores generales que trabajaban sobre el terreno y éstos, a su vez, de los agentes productores—, opté por guardar en la bolsa el discurso que había preparado. En lugar de eso, decidí ayudarles a captar la gravedad de este malestar cultural y las consecuencias que estaba teniendo en su empresa y en sus clientes.

De modo que hice una pregunta: «¿De quién es el cliente?» y pedí a dos personas de cada uno de los tres grupos —oficina central, directores generales y agentes productores— que salieran delante de todos los asistentes. Por turnos, cada uno fue exponiendo por qué el cliente era de *ellos*. Los agentes aseguraron que ellos lo habían encontrado, habían entablado la relación con él y le habían vendido algún producto. Los directores generales consideraron con desdén este razonamiento y afirmaron: «*Nosotros* somos los que debemos prestar servicio a esa persona durante largo tiempo. Ustedes pueden marcharse, pero nosotros no. Nosotros debemos quedarnos y representar nuestros productos y el cumplimiento de nuestras promesas». Los ejecutivos miraron con desdén a ambos grupos: «Ustedes no se enteran de nada. ¿Quién ha desarrollado los productos? ¿Quién los ha hecho realidad? ¿Quién ha creado todo el sistema institucionalizado para que nuestra empresa funcione?». Después de eso, a todo el mundo le resultó evidente lo enferma que estaba la cultura —el cliente no era de *ningún* grupo, sino que se pertenecía a sí mismo— y que, a menos que se pusieran en acción todos juntos, no serían capaces de conseguir clientes y mantenerlos. La experiencia les dio una lección de humildad y contribuyó a que se mostraran muy abiertos ante la posibilidad de recorrer los dos pasos necesarios para generar una tercera alternativa sinérgica.

En una ocasión, recibí una llamada telefónica del presidente de una empresa para pedirme si podía ayudarle a resolver un pleito muy costoso y excesivamente largo con un cliente importante. El cliente había demandado a la empresa por incumplimiento de su interpretación de unos criterios acordados previamente. Conocía bien a este presidente. Había recibido formación con el material que utilizo, pero no confiaba en su capacidad de aplicarlo. Le dije que no me necesitaba, que podía hacerlo solo. De modo que volví a recordarle el material por teléfono y le pedí que leyera el material que le había dado en anteriores ocasiones. Se mostraba muy vacilante y temeroso; sin embargo, tras reafirmarle con determinación, accedió a hacerlo solo.

Telefoneó al presidente de la empresa demandante y le propuso que se reunieran para comer. El otro presidente respondió: «No hay necesidad de ello. Dejemos que el proceso legal siga su curso», pensando probablemente que el presidente que le había telefoneado pretendía llegar a un acuerdo, alcanzar una solución intermedia o, simplemente, adularlo. Optó por aferrarse a sus tácticas implacables y declinó la invitación para comer.

De manera que mi amigo le contó lo que estaba intentando hacer y por qué. Le explicó los dos pasos y también le comentó que, aunque no iba a dejar que asistiera su propio abogado, él, el otro presidente, podía llevar a su abogado y no decir nada si éste le aconsejaba que no lo hiciera. De este modo, evitaría el peligro de comprometerse ante el tribunal. Una vez más, le dijo: «¿Qué puede perder, una o dos horas? Ya ha costado a nuestras empresas decenas de miles de dólares y el proceso no ha hecho más que empezar». Con arreglo a esto, el presidente accedió a reunirse y llevar a su abogado.

Con los tres en la sala y dos pizarras, mi amigo dijo: «En primer lugar, quiero ver si entiendo su postura en esta demanda» y la repitió del modo más completo y detallado que fue capaz. Transcurridos unos cuantos minutos, dijo: «¿Cree que lo he comprendido de forma correcta? ¿Ha sido correcto y justo lo que he dicho?» El otro presidente dijo: «Sí, salvo en dos puntos». Su abogado le interrumpió y le aconsejó que no dijera nada. Sin embargo, el presidente, al percibir que se había movido ficha de verdad y que había auténtica sinceridad en ese esfuerzo, básicamente mandó callar a su abogado y expuso esos dos puntos. Mi amigo los anotó en la pizarra y volvió a preguntar: «¿Siente que le estoy comprendiendo? ¿Hay algo más que quiere que comprenda? ¿Se ha omitido algo?». El otro presidente dijo: «No, siento que lo entiende». Y, entonces, mi amigo dijo: «¿Podría escucharme a mí como yo he procurado escucharle a usted? ¿Sería justo?».

Básicamente, lo que sucedió fue que el primer punto —es decir, buscar una tercera alternativa— surgió al tratar de comprenderse mutuamente. Salió a luz la motivación para resolver el problema. Y no sólo llegaron a un acuerdo que satisfizo profundamente a ambos, sino que también prosiguieron su relación. La lucha que quedaba por librar era idear cómo iban a transmitir su deseo de mantener la relación de negocios a dos culturas que se habían unido en torno a su lucha y oposición mutua.

Lo principal es que la gente puede hacerlo sola; no necesita una tercera persona como facilitador. Se requiere capacidad para ser un participante y, al mismo tiempo, un observador o tercera persona que actúe como facilitador. Esto exige mucha disciplina mental y emocional, pero si tiene fe en los principios y el valor interno y la integridad suficientes, puede hacerlo.

En ocasiones, la naturaleza de la tercera alternativa puede dar la impresión de ser una transigencia, una solución donde una o ambas partes ceden un poco. Pero no es forzosamente así. Pudiera ser que la clave no haya sido el tema en absoluto: lo que revistió mayor importancia fue la calidad de la relación, la profundidad de la comprensión o la alteración de la motivación. Recuerdo que, en una ocasión, un colega compartió conmigo la historia de su padre y su madre. Sirve para ilustrar a la perfección este punto:

Mi padre había sido un magnífico dentista durante treinta años hasta que le diagnosticaron amiloidosis, una extraña enfermedad parecida al cáncer. Los médicos le dieron seis meses de vida. Por los efectos de la enfermedad, tuvo que abandonar la práctica de su profesión. De manera que ese hombre que siempre había sido sumamente activo se pasaba todo el día sentado, sin nada que hacer salvo pensar en su enfermedad mortal.

Decidió que quería evadirse de la situación montando un invernadero en el patio trasero, donde podría cultivar sus plantas favoritas. No sería un elegante invernadero de cristal como los que se ven detrás de las mansiones victorianas. Sería uno de esos invernaderos por piezas que los monta uno mismo, con un plástico ondulado para el tejado y laterales de plástico negro. Mi madre no quería esa monstruosidad en el patio. Dijo que se moriría si los vecinos lo veían. El tema del invernadero llegó a un punto en que no eran capaces de hablarse de forma civilizada. Creo que la cuestión se convirtió en el escenario de toda la ira desviada que albergaban por la enfermedad.

Un día mi madre me dijo que estaba pensando en intentar comprender realmente el punto de vista de mi padre. Quería resolver la situación para que los dos pudieran ser felices. Ella sabía que no quería un invernadero en el patio. Prefería poner dondiegos de día en sus parterres perennes antes que en el invernadero. Pero también sabía que deseaba que mi padre se sintiera feliz y productivo. Decidió retroceder y dejarle hacer. Decidió que la felicidad de mi padre significaba más para ella que el patio o los vecinos.

Al final, ese invernadero mantuvo activo a mi padre mucho más tiempo que el esperado por los médicos. Vivió dos años y medio más. Por la noche, cuando la quimioterapia no le dejaba dormir, salía al invernadero para ver cómo iban sus plantas. Por la mañana, regar esas plantas le daba una razón para levantarse. Su invernadero le daba trabajo que hacer, algo en lo que concentrarse mientras su cuerpo se desmoronaba. Recuerdo a mi madre comentando que apoyar el deseo de mi padre de construir un invernadero fue una de las cosas más sensatas que había hecho nunca.

En un principio, el invernadero fue una «pérdida» para la madre de mi colega hasta que subordinó sus deseos *iniciales* a otro deseo superior: la felicidad y el bienestar de su marido. Esto enseña que, cuando comprendes a alguien, redefines lo que es ganar/ganar. No obstante, si inicialmente no hubiera sentido el suficiente respeto para querer comprender qué era importante para su marido, no habría hecho el cambio.

Curiosamente, la sinergia que se produjo no fue una *solución* de tercera alternativa, sino una *actitud* de tercera alternativa. La primera alternativa era no tener el invernadero. La segunda alternativa era dejarle de mala gana que pusiera el invernadero. La tercera alternativa era comprenderle realmente, buscar con alegría y cariño la felicidad que proporciona a la madre la satisfacción del padre por tener el invernadero. Así suele funcionar la sinergia. Un observador exterior podría decir que fue una transigencia, pero si pudiéramos hablar con esa mujer, seguro que ella misma negaría haber transigido. Se sintió realizada en la felicidad y bienestar de su marido. Esta sinergia de actitud constituye una magnífica expresión de amor maduro.

Muchas transacciones entre personas acaban en transigencias, ganar/perder o perder/ganar. Sin embargo, las soluciones que constituyen una tercera alternativa —ya sea en esencia, en espíritu o, simplemente, al alcanzar un respeto y comprensión mutuos sin llegar a ningún acuerdo— son ejemplos de transformación. Es decir, las personas han cambiado, se han vuelto más abiertas de mente y corazón, han aprendido y escuchado, ven las cosas de maneras nuevas: se han transformado. El siguiente esquema ilustra la diferencia entre las soluciones de transacción y las soluciones de transformación (véase la figura 10.7):

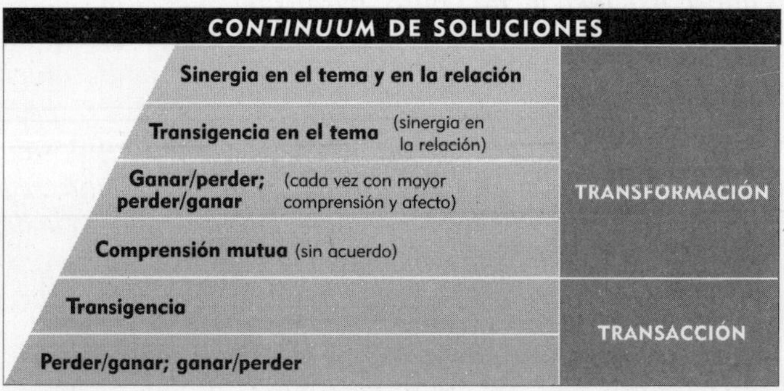

Figura 10.7

Estoy convencido de que la mayor parte de las disputas podrían evitarse y resolverse mediante comunicación sinérgica de tercera alternativa. Las demandas y «la ley» deberían utilizarse como tribunal de último recurso, no como el primero. Una cultura litigiosa no resulta saludable para la sociedad, destruye la confianza, proporciona un modelado terrible y, en el mejor de los casos, desemboca en transigencias. Espero poder colaborar algún día con el abogado principal de una gran empresa y un juez general, practicantes ambos de estas ideas con resultados sorprendentes, y escribir un libro para abogados y para quienes forman y contratan abogados, además de para quienes deseen resolver unos problemas aparentemente insolubles sin recurrir a los servicios de abogados. El título sería: *Benditos sean los pacificadores* y llevaría el subtítulo: *Sinergia en la prevención y resolución de conflictos*.

Construir un equipo complementario mediante la comunicación de tercera alternativa

Una vez abierto el modelado, la comunicación de tercera alternativa también es absolutamente necesaria en los esfuerzos por construir los equipos complementarios que hemos comentado. De todos los lugares donde debería desarrollarse este tipo de modelado, destaca el equipo ejecutivo. Como los líderes formales poseen autoridad *formal*, ellos, por encima de todo, necesitan manifestar la autoridad *moral* inherente a este tipo de comunicación. Una segunda razón es que los ejecutivos son muy visibles, están formando constantemente equipos complementarios entre departamentos, dentro de los departamentos y por toda la organización.

No obstante, este tipo de comunicación de tercera alternativa que genera equipos complementarios puede iniciarse en cualquier nivel. Los resultados pragmáticos de los niveles inferiores convertirán a los cínicos de los niveles superiores de la organización, una circunstancia que ilustra, una vez más, que el liderazgo, no sólo por parte de un individuo, sino también por parte de un equipo entero, es una opción, no un cargo.

¿Por dónde empezar? Empiece por desarrollar una comunicación abierta entre todos los miembros del equipo, en el departamento y entre equipos y departamentos interdependientes. Al ir practicando las habilidades de la comunicación de tercera alternativa, la gente irá conociéndose y gustándose de forma gradual y se volverá más abierta, auténtica y real. Se desarrollará un respeto mutuo; la gente procurará reconocer cada vez más los puntos fuertes de los demás y se esforzará activamente para compensar las debilidades de éstos, con vistas a que sus puntos fuertes resulten productivos. Esta situación genera armonía, como en un grupo musical o un equipo deportivo.

> Cuando miramos a través del prisma de las debilidades de cada uno, hacemos que los puntos fuertes de los demás resulten irrelevantes y sus debilidades, más evidentes.

Película: *Street hawkers*

Hace varios años, una empresa sudafricana inauguró una nueva tienda de ropa al por menor en una parte antigua de la ciudad. El día de apertura de la tienda, los vendedores de fruta y verdura, conocidos popularmente como «vendedores ambulantes», volvieron a inundar ese céntrico emplazamiento. Solían ocupar esos terrenos antes de que se construyera la tienda y habían estado vendiendo allí durante años. Desde el punto de vista psicológico, se sentían propietarios del lugar. Se colocaron justo enfrente de la tienda el mismo día de la inauguración y montaron sus puestos de frutas y verduras. Lo dejaron todo hecho un desastre y, para la gente, resultaba un poco difícil hasta entrar en la tienda.

¿Qué haría usted si se congregaran en la zona vendedores de fruta, ensuciaran la acera y bloquearan parcialmente su entrada el mismo día en que inaugura una nueva tienda? ¿Qué podría hacer?

Tiene dos posibilidades. Puede intentar controlar a los vendedores ambulantes como si fueran «cosas»: llamar a la policía, obligarles a marcharse, hacer valer su posición como propietario legal del inmueble. O puede tratarles como personas: puede sinergizar y proponer una solución mejor para ambas partes.

El encargado de la tienda podría haber llamado a la policía para echar a los vendedores. En lugar de hacerlo, prefirió buscar una tercera alternativa. Primero, escuchó sus objetivos y necesidades y, después, habló de las necesidades de la tienda. Actuando en colaboración, este equipo de lo más extraño, formado por encargados de tienda y vendedores ambulantes, desarrolló un plan sinérgico que funcionó para ambos.

Hicimos una película con esta experiencia entre la nueva tienda minorista y los vendedores ambulantes de frutas y verduras. Se titula *Street hawkers* y le invito a que la vea ahora. La encontrará conectando con www.franklincoveymex.com. Podrá observar en ella el tipo de soluciones sinérgicas que desarrollan las personas a quienes se ha facultado.

Figura 10.8

La película permite ver cómo la clave de la solución creativa fue lograr primero una comprensión mutua. También advertirá el beneficio serendípico que reporta esta creatividad. *Serendipia* significa «accidente afortunado». Sucedió algo que, en un principio, nadie había previsto y surgió de la confianza y la relación: básicamente, los vendedores ambulantes se convirtieron en el servicio de seguridad de la tienda. La gente de la calle conoce a los ladrones y éstos lo saben. Como el hurto de existencias constituye un importante problema en Sudáfrica, esto supuso un enorme beneficio. Literalmente, es posible ver cómo va construyéndose la confianza y la comunicación. La confianza se convierte en «confiar», el verbo, al confiar en un grupo de personas y, después, esas personas se mantienen fieles a esa confianza y corresponden. Esto siempre crea una vinculación afectiva. También crea un sistema inmunológico con capacidad para resolver temas o problemas que puedan surgir en el futuro.

P: ¿Qué importancia tienen los ciclos vitales de las organizaciones? ¿Existe una tercera alternativa a su decadencia y muerte final?

R: Me atrevo a afirmar que existen cuatro «Triángulos de las Bermudas» que provocan decadencia, desastre y muerte. El *primero* se da en la fase de idea, cuando una buena idea resulta sencillamente aplastada por la energía negativa, la desconfianza de uno mismo y el miedo. El *segundo* se localiza en la fase de producción, cuando la gran idea no se ejecuta de forma correcta. Aquí se produce el fallo de la mayor parte de las organizaciones, más del 90 % en dos años. Va demasiado trecho del dicho al hecho, de la gran idea a su realización. El *tercero* se produce en la fase de administración. Se ha institucionalizado la producción de escala, para reproducir o multiplicar la empresa, como expansionarse y crear otro buen restaurante, pero el productor o intenta hacerlo todo solo, o bien intenta clonarse. Los sistemas formales no se establecen nunca para mantener las cosas bajo control, sobre todo el flujo de caja. El *cuarto* se produce en la fase de cambio, cuando la organización precisa reinventarse a sí misma para adaptarse a las cambiantes condiciones del mercado o a nuevas oportunidades, pero se queda tan empantanada en su propia vida, reglas y regulaciones burocráticas que ya no puede satisfacer las necesidades de los clientes a quien se dirige ni anticiparse a ellas.

Los buenos equipos de administración deberían estar formados por personas con cualidades que se ajustaran a las necesidades de las cuatro fases. Y algo más importante aún: el equipo debe tener un espíritu de respeto mutuo para que se reconozcan y utilicen los puntos fuertes de cada uno y las debilidades resulten irrelevantes gracias a los puntos fuertes de los demás. Se necesita un *capitalista* (la persona con la idea), un *productor*, un *administrador* y un *líder constructor de equipos*, que contribuya a crear la norma de respeto mutuo y que monte un equipo complementario con capacidad para reinventarse a sí mismo e introducirse en nuevos ciclos vitales.

P: ¿Qué hacer cuando se está involucrado en fusiones y adquisiciones y se intenta unir a personas de empresas y culturas distintas? ¿Existe algún botón mágico de la tercera alternativa que pueda pulsarse para conseguir la interdependencia en una empresa global?

R: La razón que explica por qué no salen bien muchas fusiones y adquisiciones es que se está forzando el proceso. Es como provocar la fusión de dos ADN distintos. ¿Ha visto alguna vez una familia mez-

clada? ¿Hasta qué punto resulta difícil que funcione de forma satis-
factoria? Se requiere tiempo, perseverancia, paciencia y comunicación con el bastón de la palabra indio para conseguir soluciones que
constituyan terceras alternativas. Entre tanto, verá cómo se manifiestan los cinco cánceres metastásicos (enfrentarse, comparar, competir,
criticar y quejarse). Recuerde que, con las personas y las culturas, rápido es lento y lento es rápido. Con las cosas no sucede lo mismo: rápido es rápido. Pero, con las personas, la eficiencia o velocidad resulta ineficaz. Yo mismo he aprendido esto a base de cometer errores,
pero he apuntalado de un modo muy sólido lo que estoy compartiendo ahora mismo con usted: debe existir una comunicación abierta,
mutua y respetuosa del valor que tienen los diferentes enfoques si se
quiere producir una cultura que constituya una tercera alternativa.
Con frecuencia, esto requiere un nuevo liderazgo formal. En una ocasión, estuve trabajando con una gran empresa en Canadá, que poseía
una cultura muy madura, a la que se había facultado. Como los líderes
de la sede central en Estados Unidos estaban implantando operaciones en todo tipo de países, quisieron establecer unas políticas principales. Pero esas políticas presuponían culturas mucho menos desa-
rrolladas y maduras que la canadiense. La dirección canadiense me
pidió ayuda para mantener su relativa independencia y facultamiento
y no verse envuelta en roles y políticas orientadas hacia culturas in-
maduras y los eslabones más débiles de la cadena de valores. Estuve
encantado de ayudar. En cuanto los ejecutivos estadounidenses se dieron cuenta de que no eran interdependientes con respecto a Canadá,
que podían utilizar Canadá como modelo de lo que era posible, que la
cultura madura de los canadienses resultaba más productiva con menos
personal y más rentable con un mayor facultamiento, menos burocracia y menos papeleo, empezaron a señalar el funcionamiento canadiense como organización modelo que las culturas menos desarro-
lladas podrían imitar.

La clave es no forzar la interdependencia de un modo artificial:
tiene que surgir de forma natural a medida que las personas van conociéndose, van comprendiéndose y va estableciéndose una mutua
confianza. Entonces pueden volverse creativas. Hasta que no suceda
esto, la gente ve la interdependencia como dependencia.

11
UNA VOZ: EN BUSCA DE UNA VISIÓN, UNOS VALORES Y UNA ESTRATEGIA COMPARTIDOS

> *Un día Alicia llegó a una bifurcación en la carretera y vio un gato de Cheshire en un árbol.*
> *—¿Qué camino debo tomar? —preguntó.*
> *Su respuesta fue una pregunta:*
> *—¿Dónde quieres ir?*
> *—No lo sé —respondió Alicia.*
> *— Entonces —dijo el gato—, no importa.*

LEWIS CARROLL, *ALICIA EN EL PAÍS DE LAS MARAVILLAS*

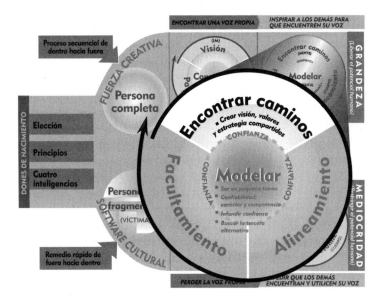

Figura 11.1

Recuerde que la adquisición del octavo hábito constituye un proceso secuencial de dentro hacia fuera. Como cualquier hábito, es una combinación de ACTITUD, HABILIDAD y CONOCIMIENTO. Ya hemos comentado la ACTITUD de *tomar la iniciativa como un «pequeño timón»*. Ya hemos comentado las HABILIDADES para *infundir con-*

fianza y *buscar terceras alternativas*. Los cuatro roles del liderazgo representan un liderazgo y una influencia que constituyen una *tercera alternativa*. Le proporcionan CONOCIMIENTO de los principios del liderazgo transformacional.

Una vez más, esta influencia se inicia con el *modelado* de confiabilidad, para que la gente confíe en usted. Pero, como ya sabe, necesitan algo más que su confiabilidad. Las buenas intenciones no compensan el mal criterio. Las personas necesitan un modelo para ver cómo pueden trabajar y liderar de un modo diferente, diferente de lo que están acostumbradas, diferente de la cultura que posee la organización donde trabajan, diferente de las tradiciones transaccionales y controladoras de la era industrial. Su modelado más importante será mostrar a los demás cómo una persona que ha encontrado su voz propia actúa dentro de los otros tres roles principales de un líder: *exploración, alineamiento* y *facultamiento*.

Para ayudarle a *modelar* estos tres roles, iniciaré los capítulos sobre los tres roles del liderazgo restantes identificando, en primer lugar, el mito y la realidad que rodea a cada rol y, en segundo lugar, describiendo tres alternativas opuestas para abordar cada rol. La clave de cualquier reto radica en buscar siempre una alternativa superior: la tercera alternativa.

En este capítulo nos enfrentamos al reto de liderazgo que supone unir personas con distintos puntos fuertes y distintas formas de ver el mundo para formar una sola voz, un gran objetivo. Es el rol de *encontrar caminos hacia una visión, unos valores y unas prioridades estratégicas compartidos*. Empecemos examinando primero el mito y la realidad de la búsqueda de caminos, así como las alternativas.

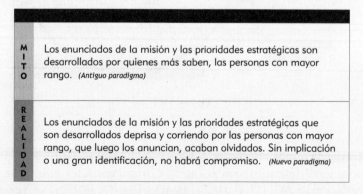

MITO

Los enunciados de la misión y las prioridades estratégicas son desarrollados por quienes más saben, las personas con mayor rango. *(Antiguo paradigma)*

REALIDAD

Los enunciados de la misión y las prioridades estratégicas que son desarrollados deprisa y corriendo por las personas con mayor rango, que luego los anuncian, acaban olvidados. Sin implicación o una gran identificación, no habrá compromiso. *(Nuevo paradigma)*

Figura 11.2

La *primera alternativa* al rol del liderazgo «Encontrar caminos» sería anunciar la visión, los valores y la estrategia a su equipo u organización sin verdadera implicación por parte de éstos.

La *segunda alternativa* sería obtener una implicación desmedida y quedarse estancado en la parálisis debido a un exceso de análisis y comités; numerosas actividades fuera del lugar de trabajo e interminables discusiones, trabajando casi sobre el supuesto de que no necesita ejecutar una estrategia o facultar.

La *tercera alternativa* sería no sólo implicar bastante a la gente en el proceso de desarrollo de la visión, la misión y la estrategia, sino reconocer también que, si construye una sólida cultura de confianza y muestra confiabilidad personal, la capacidad de identificación equivale a la capacidad de implicación.

Permítame ilustrar esta tercera alternativa.

Siempre he admirado los constantes y absolutamente extraordinarios niveles de servicio que he recibido al alojarme en los hoteles Ritz-Carlton. Con los años, al ir conociendo mejor a Horst Schulze, antiguo presidente y director general de la cadena hotelera durante muchos años, he comprendido cómo se ha ido creando su excelente cultura. Bajo la dirección de Schulze, la Ritz-Carlton Hotel Company fue galardonada con dos Malcom Baldrige National Quality Awards en la categoría de servicios, un hecho sin precedentes.

Entrevisté en una ocasión a Horst con motivo de una columna que estaba escribiendo para una agencia de prensa internacional. Le pregunté: «¿Cómo definiría el liderazgo?»; y ésta fue su respuesta:

Liderazgo es crear un entorno donde las personas quieran formar parte de la organización y no sólo trabajar para la organización. El liderazgo crea un entorno que incita a la gente a «querer hacer» y no a «tener que hacer». Es un imperativo empresarial crear ese entorno. Debo proporcionar un objetivo, no sólo un trabajo y una función. Como empresario, estoy obligado a crear un entorno donde las personas sientan que forman parte de algo, se sientan realizadas y tengan un objetivo. Es el objetivo —valor en sus vidas— lo que impulsa a las personas a dar realmente cosas desde el punto de vista intelectual. Entonces consigues lo máximo de ellas y ellas están dando lo máximo a la persona. Cualquier otra cosa es irresponsable para la organización y requiere más tratamiento por parte del individuo.

Cuando ves a las personas sólo como gente que cumple una función, las estás tratando como si fueran cosas, como la silla donde estás sentado. No creo que nosotros, como seres humanos, podamos asumir el derecho a hacerlo. Nadie quiere ser sólo algo que está de pie en un rincón.

Descubrimos que la mayor satisfacción para un empleado es sentirse parte de algo y sentir que han depositado confianza en él para que tome decisiones y contribuya.

Todo el mundo es un trabajador del conocimiento en su ámbito específico y, sin duda alguna, el friegaplatos tiene mayor conocimiento sobre la situación de la vajilla que yo. Por lo tanto, ese friegaplatos puede contribuir a mejorar el entorno, las condiciones laborales, la productividad, a que no se rompan platos, etc. Pueden aportar enormemente su conocimiento en su ámbito.

Tuve a un joven de Nairobi que se incorporó al hotel como friegaplatos hace unos dieciséis años. No hablaba bien inglés, pero era un joven muy trabajador. Transcurrida una temporada, le ofrecieron un puesto en el servicio de habitaciones; después acabo siendo jefe del servicio de habitaciones; después, encargado de vestíbulo; después, camarero; luego le hicieron ayudante del director de vestíbulo y, ahora, es el responsable de comida y bebida. Es el número dos del hotel y empezó de friegaplatos.

Cuando tenía dieciséis años, mi madre me llevó al hotel con mi pequeña maleta para empezar el aprendizaje. Estaba lleno de invitados importantes y pensé que todo el mundo estaba muy por encima de mí. Pero entablé una estrecha relación con un magnífico jefe de camareros de setenta años, con el que trabajé de aprendiz. Cuando entraba en la habitación, sabías que estaba presente, era excelente y la gente le admiraba. Siempre buscaba la grandeza en su aspecto, lo que decía y cómo hacía las cosas. Con este maître *vi que si haces las cosas de un modo excepcional, eres igual de importante que ellos. Me di cuenta de que podía ser igual de importante si, lo que hago, lo hago bien, con independencia de lo que sea. De hecho, esta idea se ha convertido en el lema de Ritz-Carlton: «Somos señoras y caballeros sirviendo a señoras y caballeros».*

Durante los últimos veintidós años hemos realizado una encuesta a unos cinco millones de personas, para tratar de comprender las características y competencias de los líderes y administradores efectivos. Uno de los descubrimientos más sorprendentes de este amplísimo estudio fue que, por lo general, los administradores reciben una puntuación elevada en ética laboral (modelado), pero baja en capacidad de proporcionar un enfoque y una dirección clara (encontrar caminos). En consecuencia, la gente no tiene claras las prioridades principales, ni se responsabiliza de ellas, y organizaciones enteras no consiguen ejecutar. La desconexión puede expresarse en estos términos: las personas trabajan más que nunca, pero como les falta claridad y visión, no llegan muy lejos. En esencia, se están apretando una soga al cuello... con todas sus fuerzas.

Mientras que el modelado infunde confianza, *encontrar caminos genera orden sin pedirlo*. En cuanto la gente se pone de acuerdo sobre qué es más importante para la organización, comparten los criterios que determinarán las decisiones posteriores. Esta comunicación clarificadora proporciona un *enfoque*. Genera orden; genera estabilidad y también posibilita la agilidad, algo que exploraremos más adelante, en el rol de facultamiento.

> *La esencia misma del liderazgo es que se debe tener visión; no se puede tocar una trompeta indecisa.*[1]
> THEODORE M. HESBURGH, RECTOR DE LA UNIVERSIDAD DE NOTRE DAME

La *visión* a escala personal se traduce en *exploración o búsqueda de caminos* en un entorno organizativo. Mientras que, individualmente, *uno* identifica lo que ve como algo significativo, ahora su reto y rol es crear una visión *compartida* de lo importante, de lo primordial. Considere por un momento las siguientes preguntas que podría plantearse sobre sus empleados:

1. ¿Comprenden claramente los objetivos de la organización?
2. ¿Están comprometidos?

Ayudar a la gente a comprender los objetivos importantes y comprometerse con ellos requiere implicarla en la toma de decisiones. En colaboración, se determina el destino de la organización (visión y misión). De este modo, todos los miembros de la misma serán propietarios del camino que conduce al destino (valores y plan estratégico).

Al determinar juntos qué es lo más importante para una organización o equipo, es necesario asumir las realidades a las que se están enfrentando. Una vez se comprenden, se trabaja hasta que se logra plasmar una visión y un sistema de valores compartidos en alguna clase de enunciado de la misión y plan estratégico. Hablando de la necesidad de tener primero un sólido conocimiento de las realidades fundacionales, el autor Clayton M. Christensen escribió:

> Todas las empresas de todos los sectores trabajan sometidas a la acción de distintas fuerzas —las leyes de la naturaleza organizativa— que obran profundamente para determinar lo que puede hacer la empresa y lo que no. Los directores que se enfrentan a tecnologías perturbadoras fallan a sus empresas cuando esas fuerzas les vencen.

Por analogía, los hombres de épocas pasadas que intentaban volar atándose con correas alas de plumas a los brazos y batiéndolas con todas sus fuerzas al saltar desde lugares elevados, fracasaban irremediablemente. A pesar de sus sueños y esfuerzos, estaban luchando contra unas fuerzas de la naturaleza muy poderosas.

Nadie puede ser lo bastante fuerte como para vencer en esta lucha. Volar sólo fue posible cuando la gente llegó a comprender las leyes naturales pertinentes y los principios que definían el funcionamiento del mundo: la ley de la gravedad, el principio de Bernoulli y los conceptos de propulsión, arrastre y resistencia. Cuando, finalmente, se diseñaron sistemas de vuelo que reconocían o aprovechaban el poder de estas leyes y principios, en lugar de combatirlos, fueron capaces de volar a alturas y distancias que anteriormente resultaban inimaginables.[2]

Debe lidiar con cuatro realidades —*realidades del mercado, competencias esenciales, deseos y necesidades de los interesados* y *valores*— antes de comprender totalmente y estar preparado para ejecutar el rol de exploración:

- **Realidades del mercado.** ¿Cómo perciben el mercado las personas de su organización o equipo? ¿Cuál es el contexto político, económico y tecnológico más amplio? ¿Cuáles son las fuerzas competitivas? ¿Cuáles son las tendencias y características del sector? ¿Cabe la posibilidad de que tecnologías perturbadoras y modelos empresariales perturbadores dejaran obsoleto todo el sector o las tradiciones básicas?
- **Competencias esenciales.** ¿Cuáles son sus puntos fuertes únicos? Me impresiona mucho la perspectiva que adopta Jim Collins al abordar la exploración. En su libro *Good to great*, presenta tres círculos que se superponen y representan los principales puntos fuertes. Lo denomina «el concepto del erizo».[3] Estos círculos identifican tres preguntas: ¿En qué es usted realmente bueno, quizás incluso el mejor del mundo? En segundo lugar, ¿qué le apasiona profundamente? Y, en tercer lugar, ¿qué es lo que paga la gente? En otras palabras: ¿cuáles son las necesidades y deseos humanos que, al satisfacerlos, impulsan su motor económico? El nexo entre estos tres círculos que se superponen representa los cimientos de su propuesta de valía.

Si añadiéramos una pregunta más: ¿Qué le aconseja su conciencia?, obtendríamos un enfoque de la persona completa (*cuerpo*: motor económico; *mente*: ser mejor en algo; *corazón*: pasión y *espíritu*: conciencia). La superposición de las tres zonas es donde encontrará su voz (véase la figura 11.3). Como se ha comentado anteriormente, este enfoque es aplicable a un individuo que busca una voz propia, así como a una organización que busca lo mismo.

- **Deseos y necesidades de los interesados.** Piense en todos los interesados y, primero, en los más importantes: los clientes a los que se dirige. ¿Qué quieren y necesitan realmente? ¿Cuáles son sus cuestiones, problemas y preocupaciones? ¿Qué quieren y necesitan los clientes de *ellos*? ¿Cuál es la realidad del mercado en el sector donde operan? ¿Qué posibles tecnologías o modelos empresariales podrían perturbarles o dejarles obsoletos? Y los propietarios, los que han aportado el capital y pagado los impuestos, ¿cuáles son sus deseos y necesidades? Y los asociados, los empleados, sus colaboradores, ¿cuáles son sus deseos y necesidades? ¿Y todos los proveedores, distribuidores y vendedores, la cadena de abastecimiento? ¿Y la comunidad y el entorno natural?

Figura 11.3

- **Valores.** ¿Cuáles son los valores de todas estas personas? ¿Cuáles son sus propios valores? ¿Cuál es el objetivo principal de la organización? ¿Cuál es la estrategia principal para cumplirlo? ¿Cuál es el trabajo para el que les están contratando? ¿Cuáles son los valores que deben servir de directrices? ¿De qué modo se priorizan en distintos contextos en momentos de estrés y presión? La mayoría de la gente ni siquiera ha decidido nunca lo que más le importa. No se han desarrollado criterios que informen y determinen todas las demás decisiones y ahora estamos tratando de hacerlo para un grupo, equipo o una organización al completo. Piense en lo complejo y lo interdependiente que es, la cantidad de retos que esto plantea realmente.

Estos son los tipos de preguntas y cuestiones que deben haberse *aclarado* antes de enfocar. Por eso se requiere tanto carácter, competencia, visión, disciplina y pasión regida por la conciencia.

La exploración constituye la empresa más dura de todas, porque se está enfrentando a múltiples personalidades, prioridades, percepciones de la realidad, niveles de confianza y egos diversos. Este hecho pone de relieve por qué el modelado es el rol rector más importante y fundamental. Si las personas no pueden confiar en la persona y/o equipo que inicia el proceso de exploración, no habrá identificación y la implicación será muy disfuncional.

Se necesitó el carácter *modelo* y la competencia de un George Washington para integrar y armonizar las diferencias de un Thomas Jefferson, un John Adams, un Benjamin Franklin, un Alexander Hamilton y otros padres fundadores de la república estadounidense hasta que, finalmente, se redactó la Declaración de Independencia y la Constitución de Estados Unidos, con sus primeras Diez Enmiendas, conocidas como *Bill of Rights* (Declaración de Derechos). Realizar este esfuerzo de exploración constituyó la tarea más dura de todas las necesarias para fundar los Estados Unidos de América. Pero aquellos documentos visionarios que guiaron el camino han permitido a Estados Unidos sobrevivir a los traumas importantes de su vida nacional: la guerra civil, las guerras mundiales, la guerra de Vietnam, el Watergate, los escándalos presidenciales y las elecciones presidenciales. Y, si hablamos de facultamiento, ¡el cuatro y medio por ciento de la población mundial produce casi un tercio de los bienes mundiales!

Conseguir una visión y unos valores compartidos

La gente utiliza con frecuencia la analogía de leer la misma página o la misma partitura para describir la consecución de una visión y unos valores *compartidos*. Es una analogía excelente porque sugiere que existe acuerdo sobre lo más importante para la visión, los valores y la propuesta de valor estratégico de la organización; y la música, cuando se toca o se canta a la vez, está en armonía.

«Compartir» es una palabra interesante. Cuando *comparto* algo con usted, le doy lo que tengo. Si se identifica conmigo, cree en lo que voy a hacer y confía en mí, podría compartir sencillamente mi visión con usted. Y usted podría apoyar esa visión incluso más que si la hubiera desarrollado usted mismo, porque, de hecho, da más crédito a mi experiencia que a la suya propia. Por otra parte, si se siente competente y deseoso de implicarse y yo me limito a compartir o anunciarle *mi* plan como *nuestro* plan, no habrá compromiso emocional. No será compartido. Sentirá que la misión y la propuesta de valor se le han impuesto. No estamos tocando la misma partitura.

En resumen: el enunciado de la misión y el plan estratégico son una cosa, pero el proceso de conseguir que todos toquen la misma partitura es otra cosa distinta, de *igual* importancia. Es una tarea importante. El esfuerzo de liderazgo que supone modelar se manifiesta realmente en el rol de encontrar caminos. De lo contrario, la gente no toca la misma partitura, no se alinean emocionalmente en los temas estratégicos y, después, todo sale mal. En tal caso, lo único que salvará la situación será el instinto de supervivencia que alberga la gente en su interior. Si la competencia también se encuentra desorganizada tal vez sobreviva. Pero si sus principales competidores se unen entre ellos de forma sinérgica, sobre todo si son de talla mundial, está acabado.

Película: *Goal!*

Si ha observado a alguno de sus hijos o nietos jugando al fútbol (alias «pelota-imán») una mañana de sábado o domingo, se reirá mucho con este estupendo cortometraje y le parecerá que vuelve a las líneas de banda. Observe las semejanzas con los retos a los que se enfrenta en el trabajo al intentar que todo el mundo se centre en el mismo objetivo importante. Entre en www.franklincoveymex.com y seleccione *Goal!* del menú. ¡Disfrutará de verdad!

Las herramientas de encontrar caminos (enfoque): el enunciado de la misión y el plan estratégico

La exploración es para una organización o equipo lo que el modelado para el individuo. Es decidir qué *enfocar* como organización, equipo o familia. Uno se plantea el mismo tipo de preguntas sobre valores y objetivos, sólo que ahora el grupo lo hace de forma colectiva con respecto a su misión específica. Mediante un proceso interactivo, se desarrolla por escrito un enunciado de la misión y un plan estratégico (propuesta de valor y objetivos). El enunciado de la misión debería contemplar su *rumbo* en la vida, su *visión* y sus *valores*.

El plan estratégico representa una nítida descripción de *cómo* proporcionará valor a sus clientes y a los interesados; es su propuesta de valor. Es su *enfoque*; la «voz» de la organización. Al idear el plan estratégico, usted necesita saber quiénes son los clientes e interesados, quiénes quiere que sean, el valioso servicio o producto que les está ofreciendo y su plan, con plazos marcados, para lograr determinados objetivos en la captación y el mantenimiento de los clientes. Para una familia, un plan estratégico es, simplemente, el plan de acción para llevar a la práctica la visión y los valores en la vida cotidiana.

Facultamiento de los enunciados de la misión

La experiencia me dice que el facultamiento de los enunciados de la misión compartida suele producirse casi siempre cuando hay: (primera condición) la suficiente gente (segunda condición) informada plenamente, que interactúa con libertad y sinergia (tercera condición), en un entorno con un elevado nivel de confianza (cuarta condición). De hecho, casi todos los enunciados de la misión desarrollados en estas circunstancias contendrán las mismas ideas y principios básicos. Tal vez varíen las palabras, pero todas suelen contemplar las cuatro dimensiones y necesidades de la vida: física, mental, emocional y espiritual.

La fuerza de la extraordinaria cultura de servicio que posee Ritz-Carlton radica en su visión fundacional de las personas, tanto de sí mismos como de sus clientes: «Somos señoras y caballeros sirviendo a señoras y caballeros». Lo esencial del liderazgo de Horst Schulze es su visión de la dignidad y la necesidad de que el sentido provenga de la persona completa. Léalo de nuevo y reflexione sobre sus palabras (véase la pág. 243).

Recuerde: sólo quienes sean capaces de aprovechar al máximo las necesidades y motivaciones de las cuatro partes de su naturaleza encontrarán una voz propia y ofrecerán sus aportaciones más elevadas. Para el cuerpo, la necesidad y motivación es la *supervivencia* (prosperidad económica); para la mente, el *crecimiento* y el *desarrollo*; para el corazón, el *amor* y las *relaciones*; para el espíritu, el *sentido*, la *integridad* y la *contribución*.

La organización tiene las mismas cuatro necesidades:

1. *Supervivencia*: salud económica (CUERPO)
2. *Crecimiento y desarrollo*: crecimiento económico, crecimiento en número de clientes, innovación de nuevos productos y servicios, competencia profesional e institucional creciente (MENTE)
3. *Relaciones*: sinergia sólida, redes externas y de socios sólidas, trabajo en equipo, confianza, afecto, valoración de las diferencias (CORAZÓN)
4. *Sentido, integridad* y *contribución*: servir e impulsar a todos los interesados: clientes, proveedores, empleados y sus familias, comunidades y sociedad en general; en definitiva: influir en el mundo (ESPÍRITU)

La clave para liberar el poder de los trabajadores es lo que denomino *encargar*. Consiste en aclarar la misión, la visión y los valores de la organización de un modo que superponga las cuatro necesidades de los individuos con las cuatro necesidades de la organización. Debe encargarse la realización de cada tarea desempeñada por todos los miembros de la organización de tal modo que satisfaga de forma explícita las cuatro necesidades tanto de la persona como de la organización. Un enunciado de una misión universal implícita sería algo así: «Mejorar el bienestar económico *y* la calidad de vida de *todos* los interesados». El enunciado de la misión de *su* organización, departamento, equipo o familia no sólo encarnará el espíritu del enunciado de la misión universal sino que también representará su modo *exclusivo* de hacerlo; su talento, capacidad y acomodo únicos; en definitiva: su voz.

Sin margen, no hay misión

Siempre me ha impulsado un sentido de la misión y un rumbo en la vida. Pero hasta que no pasé muchos años creando mi propia empresa no aprendí la realidad a la fuerza: sin margen, no hay misión. En otras palabras, si no diriges la empresa de modo que genere constantes beneficios a lo largo de los años, acabas perdiendo la oportunidad de cumplir tu misión.

Por otra parte, muchas empresas están tan centradas en el margen y en cumplir los resultados trimestrales que pierden de vista la propia misión que les incitó a introducirse en el negocio por primera vez. Pierden de vista a su gente y sus familias, además de las comunidades donde operan. Se olvidan de la interdependencia que existe entre *todos* los interesados. Pierden el sentido de la misión y la contribución.

Los problemas generados por este último enfoque han motivado gran parte de mi trabajo profesional con organizaciones durante los últimos cuarenta años. De los enfoques hay misión/no hay margen y hay margen/no hay misión se desprenden importantes consecuencias negativas (véase la figura 11.4). Ninguno de los dos enfoques es sostenible, sobre todo en la economía global de hoy en día. La clave es ir a por los dos; la clave es el equilibrio.

Figura 11.4

Ejecución del plan estratégico

Un plan estratégico empieza, por supuesto, con el cliente. En un sentido muy real, *sólo existen dos roles en las organizaciones: clientes y proveedores*. Todo el mundo funciona de forma simultánea en ambos roles, ya sea dentro o fuera de la organización. *Todo el mundo* significa todos los interesados en la cadena de abastecimiento que hacen posible el producto final de su organización: quienes aportan fondos, quienes aportan ideas y mano de obra, quienes aportan el material, esas familias que respaldan a los empleados y la comunidad, y el entorno que posibilita toda la cadena de abastecimiento y la alimenta.

La esencia de un buen negocio, por lo tanto, reside en la *calidad de la relación* entre cliente y proveedor. Usted, el proveedor, está vendiendo algo más que bienes y servicios a sus muy diversos clientes. En realidad, les está vendiendo soluciones a sus problemas (empleos que contratan en forma de sus bienes y servicios). Ser capaz de solucionar realmente esos problemas de un modo que vaya más allá de una mera palmadita superficial exige comprender de un modo profundo las necesidades de esos distintos interesados. Hay que pagar ese precio para saber qué es lo más importante para esa gente y poder planificar estratégicamente de un modo que tenga sentido. Los valores se convierten en prioridades en este tipo de proceso planificador, ya que los valores basados en principios no cambian. Los clientes cambian y la estrategia debe adaptarse en consecuencia, pero si sus valores están vinculados a principios inmutables, dispondrá de un clavo central al que agarrarse para sufrir los inevitables cambios.

La prueba de fuego de un enunciado de la misión y un plan estratégico bueno es ser capaz de acercarse a cualquier persona en cualquier nivel de la organización y facultarles para describir cómo contribuye al plan estratégico lo que están haciendo y cómo se encuentra en armonía con los valores rectores. Utilizando la metáfora de la brújula, todos saben dónde está el norte y cómo su papel es mover a la organización en la dirección adecuada.

Cuando un enunciado de la misión y un plan estratégico son algo compartido profundamente, ya sea por identificación o implicación, se ha ganado media batalla, porque se ha producido la creación mental, espiritual y emocional. A continuación, viene la creación física. Se trata de *ejecutar la estrategia*: «hacer que suceda», hacer, producir, alinear, facultar. Esto significa que necesita determinar la estructura, conseguir la gente *adecuada* en los puestos *adecuados* con herramientas y un apoyo *adecuados* y, después, retirarse y proporcionar ayuda cuando se la pidan.

Cada suborganización, comité, comisión, división, departamento, proyecto y equipo debería pasar por un proceso similar de dos creaciones: la mental y, luego, la física; el proyecto y, luego, la construcción; la escritura de la música y, luego, la interpretación. Todas las cosas se crean dos veces. La exploración es la primera creación. Sienta las bases del plan estratégico para hacer cosas físicas/concretas/reales.

También descubrirá que, si este proceso se lleva a cabo de forma correcta y existe una profunda conexión emocional con él por la identificación y la implicación que lo ha precedido, será capaz de impulsar enormes reducciones de costes en toda la organización cuando sea necesario. Igual que un individuo se consume haciendo cosas que son urgentes, pero no importantes, lo mismo sucede a una organización. La cultura desarrolla una vida propia. Por eso siempre es necesario utilizar el objetivo general, los valores y el plan estratégico para enfocar y *dirigir cualquier otra decisión* que tome. También le proporcionará conciencia y valor para evitar y mantenerse al margen de «pasatiempos» en la empresa que no son fundamentales para su objetivo principal.

Uno de los mayores retos a los que se enfrentan los líderes de las empresas es trabajar en cascada y TRASLADAR la visión corporativa desde 9.000 metros hasta comportamientos visuales susceptibles de plasmarse en acciones de los trabajadores de primera línea para lograr los objetivos de vital importancia. Aunque hayan estado implicados en el proceso de desarrollo del enunciado de la visión y el plan estratégico, bajarlo hasta «el lugar clave» no es fácil. Piense en la mayor productividad que conseguiríamos si tuviéramos a las personas adecuadas trabajando en las cosas adecuadas en los momentos adecuados; los pocos proyectos y objetivos vitales que, en última instancia, revisten mayor importancia.

Pero éste no suele ser el problema. Con demasiada frecuencia, nuestros planes estratégicos son grandilocuentes y vagos, y los líderes no consiguen traducir la estrategia a los pocos objetivos cruciales que deben cumplirse a corto plazo. O se da otra situación igual de problemática: las estrategias se traducen a ocho, once o, incluso, quince nuevos objetivos cruciales, unas prioridades excesivamente numerosas como para poder centrarse en ellas. Cuando uno tiene demasiadas prioridades principales, acaba, de hecho, no teniendo ninguna. En cuanto a los objetivos estratégicos, es importante que sean pocos, que reciban prioridad, que puedan medirse y se encuentren dentro de un *marcador exigente*, para que todo el mundo sepa exactamente cuáles son y cómo se están alcanzando. Más adelante se aportarán nuevos elementos que ayudarán a que el equipo y la organización se centren en esos pocos «objetivos extremadamente importantes»; además, en posteriores capítulos se abordará la importancia de un marcador exigente.

Para crear un entorno de enfoque y trabajo en equipo de arriba abajo, los empleados deben conocer las máximas prioridades, implicarse en ellas, traducirlas a acciones específicas, tener disciplina para mantener el rumbo, confiar unos en otros y colaborar de forma efectiva. Lamentablemente, muchas personas no saben en qué concentrar su tiempo y energía porque las máximas prioridades no se han identificado o comunicado con claridad, ni se han medido en un marcador exigente. Si se ha hecho y los trabajadores no lo sienten como suyo, no están de acuerdo con la estrategia, se les da prioridades contradictorias o son incapaces de ver el vínculo entre sus tareas y la visión corporativa, peligra su capacidad de ejecutar esa visión. Entonces, el trabajo en equipo se ve amenazado por el bajo nivel de confianza, las murmuraciones, los sistemas y procesos defectuosos o por demasiadas barreras que impiden la acción.

Las organizaciones que tienen capacidad de crear un sentido compartido de la *misión* para que cada persona conozca y se apasione por los grandes POR QUÉ y QUIÉN, además de una *estrategia visual* (el CÓMO y el CUÁNDO), donde los departamentos, equipos e individuos estén concentrados sistemáticamente en sus objetivos y la gente se responsabilice de las pocas prioridades máximas de la organización, logran encontrar una voz propia y construir una cultura sólida, centrada en principios (véase la figura 11.5). Ahí radica el filón principal del rol de encontrar caminos.

Figura 11.5

PREGUNTAS Y RESPUESTAS

P: Tengo cuatro generaciones de trabajadores. ¿Cómo se une a las personas en una visión y unos valores compartidos cuando son *tan* diferentes?

R: Un modelo centrado en principios es el único que *sí* resulta válido. Ya se trate de veteranos, personas nacidas en el *baby boom* de la década de 1960, la generación X o la generación Y —todos ellos proceden de sistemas de valores distintos y ven la vida a través de prismas distintos—, hay una cosa que los une a todos: principios intemporales y universales que pueden constituir la base para desarrollar una visión y un sistema de valores comunes.

Sé que estoy haciendo que suene mucho más fácil de lo que es en realidad. No obstante, si se muestra respeto por cada generación de trabajadores y se les implica en una comunicación sinérgica, estoy convencido de que puede lograrse una tercera alternativa. Recuerde una vez más el principio: implique a las personas en el problema y busquen juntos las soluciones. Cuando se consigue, la gente se vincula emocionalmente a la solución. Cuando comprenden realmente el calado del problema y van más allá de considerarlo sólo a través del prisma de su propia generación, todos pasan a formar parte de una ecología social.

P: Continuamente intenta distinguir entre principios y valores. A mí me resulta confuso; me parecen lo mismo.

R: La razón básica que lo explica es que, en realidad, los valores mejor desarrollados son principios o leyes naturales. De hecho, si implica a un número suficiente de personas en el desarrollo de un enunciado de los valores y están informadas, trabajan en un ambiente con un elevado nivel de confianza y se comunican unas con otras de forma franca y sinérgica, descubrirá que los valores compartidos que salen a relucir son, fundamentalmente, valores basados en principios. También descubrirá que cualquier grupo que desarrolle de este modo un sistema de valores, será el mismo, aunque tal vez las palabras sean distintas. Las prácticas culturales pueden variar en función del lugar del mundo donde se encuentre, pero mi experiencia en todo el mundo me ha enseñado que, con independencia del tipo de organización o del nivel dentro de la organización, cuando se desarrollan de este modo enunciados de los valores, éstos contemplan fundamentalmente las cuatro partes de la naturaleza —cuerpo, mente, corazón y espíritu— y las cuatro necesidades: vivir, amar, aprender y dejar un legado. Esto atañe tanto a los individuos como a las organizaciones. Pero si los valores se desarrollan y se anuncian unilateralmente, es posible que no estén basados en principios. Después de todo, hasta los criminales tienen valores.

P: ¿Es necesario redactar enunciados de la misión o realizar sesiones de planificación estratégica fuera del lugar de trabajo?

R: Depende. Si el producto de una experiencia externa a la empresa se integra para hacerlo extensible a toda una organización, puede ser muy provechoso. Pero si se obtiene un enunciado de la misión y un plan estratégico y, sencillamente, se anuncian, no funcionará. La clave es que debe existir conexión emocional; de lo contrario, los criterios desarrollados no se emplearán para alinear estructuras, sistemas, procesos y culturas. Los anunciados de la misión que se elaboran deprisa y corriendo y se anuncian acaban por olvidarse; no son más que enunciados de relaciones públicas. Éste suele ser el caso de los productos externos a la empresa.

Recuerde, si se desea lograr la conexión emocional, el proceso es igual de importante y poderoso que el producto en sí. Una vez más, será precisa una combinación de implicación e identificación; dicho en otras palabras, la confianza en la visión de otras personas es mayor que la que otorgan a la suya propia; por lo tanto, se identifican con ella.

Sigue siendo necesario que se desarrolle un proceso de comunicación, *feedback*, apertura y participación para conseguir esta conexión emocional. He visto muchas veces tecnología que se utilizaba de forma magnífica para producir una iteración tras otra. Un comité de dos o tres personas realizaba el pulido inicial de la producción de un hombre de paja. Y, luego, de un modo gradual, gracias al *feedback* —tanto compartiendo como escuchando—, fue mejorando cada vez más y reflejó de un modo más profundo los múltiples intereses distintos hasta que se produjo una auténtica conexión cultural.

EJECUCIÓN:

ALINEAR Y FACULTAR

12
LA VOZ Y LA DISCIPLINA DE EJECUCIÓN: ALINEAMIENTO DE OBJETIVOS Y SISTEMAS PARA LOGRAR RESULTADOS

> *Ningún caballo llega a ningún sitio hasta que no se le pone el arnés.*
>
> *Ningún vapor o gas conduce nada hasta que no se controla.*
>
> *Ningún Niágara se convierte en luz y energía hasta que no pasa por un túnel.*
>
> *Ninguna vida se hace grande hasta que no tiene un objetivo, dedicación, disciplina.*[1]
>
> HENRY EMERSON FOSDIK

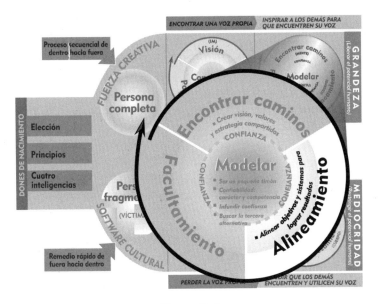

Figura 12.1

La primera alternativa para el rol de liderazgo de alineamiento sería creer que modelar personalmente a un individuo es suficiente para mantener una organización por el camino del crecimiento sano.

La segunda alternativa sería creer que comunicando continuamente la visión y la estrategia que se ha desarrollado cuidadosa e in-

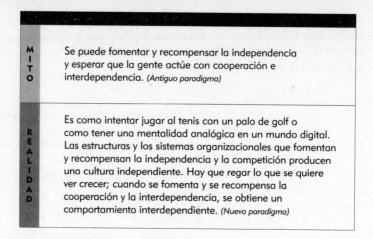

MITO	Se puede fomentar y recompensar la independencia y esperar que la gente actúe con cooperación e interdependencia. *(Antiguo paradigma)*
REALIDAD	Es como intentar jugar al tenis con un palo de golf o como tener una mentalidad analógica en un mundo digital. Las estructuras y los sistemas organizacionales que fomentan y recompensan la independencia y la competición producen una cultura independiente. Hay que regar lo que se quiere ver crecer; cuando se fomenta y se recompensa la cooperación y la interdependencia, se obtiene un comportamiento interdependiente. *(Nuevo paradigma)*

Figura 12.2

tencionadamente uno sería capaz de conseguir los objetivos que se ha propuesto como organización. La estructura y los sistemas tienen una importancia secundaria.

La tercera alternativa sería: 1) utilizar tanto la autoridad moral como la formal para crear sistemas que *formalicen* o *institucionalicen* la estrategia y los principios que encarnan la visión y los valores compartidos, 2) crear objetivos en cascada en toda la organización que estén alineados con la visión, los valores y las prioridades estratégicas compartidos, y 3) adaptarse y alinearse al continuo *feedback* que se recibe del mercado y de la organización sobre cómo se están cubriendo las necesidades y cómo se están transmitiendo los valores (que es uno de los sistemas). Si usted dice que valora la cooperación, recompensará la cooperación, no la competición. Si usted dice que valora a *todos* los grupos de interés o personas clave, recogerá habitualmente información de *todos* ellos y la utilizará para realinearse. Regará lo que quiere ver crecer.

Una vida y un liderazgo centrados en los principios de modelado crean e inspiran confianza. El proceso de exploración o de búsqueda de caminos crea una visión y un orden común sin tener que exigirlos. Pero ahora viene la pregunta crucial: ¿Cómo ejecutar los valores a la vez que la estrategia de forma coherente sin confiar en la presencia continua de un líder formal para mantener a todo el mundo en la dirección correcta? La respuesta es el alineamiento: *designar y ejecutar sistemas y estructuras que refuercen* los valores fundamentales y las más altas prioridades estratégicas de la organización (seleccionadas durante el proceso de búsqueda de caminos).

Piense en las estructuras, sistemas y procesos actuales de su organización. ¿Capacitan a la gente para ejecutar las principales prioridades o más bien crean obstáculos? ¿Son coherentes con los valores que propugna la organización? Es responsabilidad del líder eliminar los obstáculos, no crearlos. Aun así el proceso de alineamiento requiere un profundo y humilde examen de uno mismo y de muchos sistemas y estructuras «sagrados» de la organización.

Confiabilidad organizacional

Como hemos mencionado antes, la organización es la segunda fuente principal de confianza. Cuando gente honrada trabaja en estructuras y sistemas que no están alineados con los valores que propugna la organización, los sistemas deshonestos dominarán todo el tiempo. Simplemente no habrá confianza. A través de la tradición y de la expectativa cultural, estos sistemas y procesos arraigan de tal forma en la organización que son mucho más difíciles de cambiar que el comportamiento individual.

> Los datos que revelan los cuestionarios xQ confirman que hay una grave «brecha de confianza» en las organizaciones. Sólo el 48 % de los entrevistados afirma que sus organizaciones están generalmente a la altura de los valores de la organización.

Por ejemplo, casi todas las organizaciones propugnan la importancia del trabajo en equipo y de la cooperación, pero tienen sistemas profundamente arraigados que recompensan la competición interna. A menudo cuento mi experiencia con una empresa que no tenía espíritu de cooperación. El presidente no entendía por qué su gente no quería cooperar. Los había enseñado, capacitado y mentalizado para ello. Pero seguía sin haber cooperación.

Mientras estábamos hablando, alcé casualmente la vista por encima del escritorio del presidente y vi una cortina que había quedado accidentalmente abierta. La cortina ocultaba una carrera de caballos ficticia. Alineados a la izquierda estaban todos los caballos. Había una foto ovalada con el rostro de cada uno de los administradores ante cada caballo. A la derecha había colgado un póster de las Bermudas en el que se veía a una romántica pareja paseando de la mano en una playa de arena blanca.

Consideremos la desalineación que se da en este caso. «Venga. Vamos a trabajar todos juntos. Vamos a cooperar. Conseguiréis más. Lo haréis mejor. Seréis más felices. Disfrutaréis más.» Luego, levantemos la cortina... «¿Cuál de vosotros ganará el viaje a las Bermudas?»

El presidente me volvió a preguntar: «¿Por qué no quieren cooperar?»

Los sistemas invalidan la retórica cada día que pasa.

Uno de los grandes descubrimientos de Edwards Deming fue que aproximadamente un 90 % de todos los problemas organizacionales son sistémicos. Los problemas surgen a causa de los sistemas o de las estructuras. No hay lo que él denominó «causas especiales» o causas personales. Sin embargo, a fin de cuentas, como las personas son las programadoras y los sistemas son los programas, las personas son las responsables en última instancia de esos sistemas. Los sistemas y las estructuras son cosas. Son programas. No tienen libertad para elegir. Así que el liderazgo todavía pertenece a las personas. Las personas diseñan los sistemas, y todas las organizaciones obtienen los resultados para los que están diseñadas y alineadas.

Mucha gente honrada es incompetente a la hora de diseñar sistemas organizacionales. Y, de la misma manera, algunas personas competentes son deshonestas y falsas. Pero la confiabilidad organizacional requiere *tanto* el carácter organizacional *como* la competencia organizacional. En pocas palabras, *el alineamiento es la confiabilidad institucionalizada*. Esto quiere decir que los mismos principios que la gente incluye en su sistema de valores son la base para diseñar las estructuras, los sistemas y los procesos. Incluso aunque cambien el ambiente, las condiciones del mercado y las personas, los principios no cambian. Esto lo ilustra muy bien el lenguaje de los arquitectos: *la forma está supeditada a la función*. En otras palabras, la estructura está supeditada al propósito. El alineamiento está supeditado a la exploración, a encontrar caminos. La disciplina se manifiesta tanto en el ámbito personal como en el organizacional. En el contexto de una organización, la disciplina se llama alineamiento porque se están creando o alineando las propias estructuras, sistemas, procesos y cultura para que se pueda realizar la visión común.

> Cuidado con la toma de decisiones sinérgica y con la ejecución salida de la chistera.

Si el sistema de valores se centra en el largo plazo a la vez que en el corto plazo, entonces el sistema de información debería centrarse tanto en el largo como en el corto plazo. Si el sistema de valores considera que la cooperación y la sinergia son los valores supremos, entonces el sistema de compensaciones debería recompensar la cooperación y la sinergia. Esto no significa que el esfuerzo y el trabajo individual no deban ser reconocidos y recompensados. Por ejemplo, el tamaño del pastel de la compensación podría basarse en la cooperación y la sinergia, pero cada pedazo concreto de ese pastel estaría basado en el esfuerzo individual dentro del equipo complementario, cultivando así tanto la interdependencia como la independencia.

Muchas organizaciones caen en la trampa de recompensar sólo el esfuerzo individual a expensas del esfuerzo cooperativo. Poco más que una fachada, el valor de la cooperación no se incluye en el sistema de reconocimiento y recompensa. Como todo el mundo trabaja con su propia agenda, la gente continúa con sistemas de compensaciones que recompensan el esfuerzo individual. Incluso aunque servir al cliente de forma óptima requiera trabajo de equipo, ese trabajo de equipo no tendrá lugar, y el resultado será fracasar en el mercado. No es que la gente no quiera cooperar, es que el sistema recompensa el esfuerzo individual o la competición interna. De nuevo recuerde que los sistemas invalidan la retórica o las buenas intenciones «a la hora de la verdad».

«¿Acaso no contrató a toda esta gente para que fueran ganadores?»

Me encontré con otro sistema típicamente desalineado al hablar con un grupo de unos ochocientos individuos en su convención anual. En su sistema, sólo treinta de ellos habían recibido recompensas —¡treinta de ochocientos!—. Me volví hacia el presidente y le dije:

—¿Acaso no contrató a toda esta gente para que fueran ganadores?
—Sí.
—¿Contrató a algún perdedor?
—No.
—Esta tarde tiene usted setecientos setenta perdedores.
—Bueno, es que no ganaron la competición.
—Son perdedores.
—¿Por qué?
—Por la manera en que usted piensa. Es ganar/perder.
—¿Qué otra cosa se puede hacer?

—Hacerlos a todos ganadores. ¿De dónde sacó la idea de que tiene que hacer competiciones? ¿No tiene suficiente competencia en el mercado?

—Bueno, así es la vida.

—¿De verdad? ¿Cómo va su relación con su mujer? ¿Quién va ganando?

—Algunos días gana ella, otros días gano yo.

Yo le dije:

—¿Es ése el tipo de ejemplo que quiere dar a sus hijos para su futuro? Venga ya.

Él me dijo:

—¿Cómo puedo hacer las compensaciones?

Yo le dije:

—Establezca un acuerdo de trabajo individual con cada uno de los miembros de cada equipo. Si obtienen los resultados deseados, ganan.

Un año después me volvieron a invitar después de mucho trabajo de exploración y de alineamiento. Había unas mil personas en la reunión anual. Y de esas mil, adivine cuántas habían ganado. Ochocientas. Las doscientas que no habían ganado lo habían elegido. Había sido elección suya. No había ninguna comparación. ¿Y qué produjeron esas ochocientas personas? Produjeron tanto trabajo como los treinta del año anterior *por persona*. La cultura entera había cambiado. La cultura entera había pasado de una mentalidad de escasez a una mentalidad de abundancia. Había ochocientas personas donde estaban las treinta del año anterior.

¿Por qué?

Vamos a contestar a esta pregunta comparando esta historia con la anterior, la de las Bermudas. En vez de pensar: «¿Cuál de nosotros va a ir a las Bermudas?», pensaban: «Quiero que tú vayas a las Bermudas con tu pareja. Quiero que vayamos todos. Estoy trabajando para vosotros». ¡Imagínese cómo podría revolucionar una organización internamente competitiva esa forma de pensar!

En ambos casos los presidentes eran hombres de fiar. Tenían carácter e incluso una mentalidad de abundancia; sólo que no tenían la mentalidad o la capacidad para crear sistemas de compensación alineados; no tenían sistemas de información completos. Es como pilotar un avión con sólo una de las esferas del panel de control en funcionamiento: ¡un desastre! Pero entendieron el concepto enseguida. Una vez más, su problema no era el carácter, sino la competencia. Nunca habían aprendido esa habilidad y estaban atrapados en un sistema tradicional, hipócrita y de mentalidad de escasez que siguió siendo hipócrita hasta que ellos adquirieron esas nuevas habilidades.

El alineamiento requiere una vigilancia constante

El trabajo de alineamiento nunca se acaba. Requiere un esfuerzo y una adaptación constante sencillamente porque uno tiene que trabajar con muchas realidades cambiantes. Los sistemas, las estructuras y los procesos deben ser flexibles para poder adaptarse a esas realidades cambiantes. Aun así también deben basarse en unos *principios* inmutables. Con esta combinación de *flexibilidad inmutable* se crea una organización que es a la vez estable y ágil.

> Los principios representan el pozo más profundo. Este pozo de principios más profundo provee a todos los otros pozos más superficiales y a las estructuras básicas de facultamiento, calidad, mayor producción por menos, sostenibilidad, escalamiento y agilidad.

Una forma de mejorar la capacidad de una organización para realizar los constantes y necesarios cambios de alineamiento es, una vez más, comparar las mejores prácticas empresariales en *funciones* similares dentro de la propia organización con las de las industrias o profesiones de todo el mundo. Esto hace que la gente se implique para adquirir la conciencia y las definiciones de talla mundial, en vez de mirar sólo al pasado o extrapolar tendencias pasajeras ya sea en su propia industria o con sus competidores del momento. Busque los métodos de las organizaciones que tengan la reputación de ser las que obtienen mejores resultados —lo cual no significa que sean perfectas, ni que vayan a seguir siendo las mejores—, pero busque constantemente a los mejores del momento y aprenda de ellos.

La observación, el sentido común y una buena investigación han demostrado que las organizaciones que tienen éxito no son producto de actos aislados ni de rasgos individuales de los líderes formales. Las organizaciones con éxito son producto del carácter organizacional. No dependen de la personalidad. Dependen de la cultura y del sistema. (Hablaremos sobre la cultura con más profundidad cuando hablemos del rol de facultamiento.)

General Electric es un ejemplo de empresa que hizo la transición de la era industrial a la era del trabajador del conocimiento con muchas de sus divisiones. El objetivo principal de Jack Welch, presidente de GE durante muchos años, y del doctor Noel Tichy, que trabajaba como director de enseñanza en administración de empresas, era que el desarrollo del liderazgo arraigase en los genes de la General Electric y en el aprendizaje de sus líderes:

> La idea del señor Welch, que no estaba muy extendida en el mundo de los negocios de la época, era que el liderazgo no es patrimonio exclusivo del presidente o presidenta dentro de su equipo ejecutivo, sino que tiene que institucionalizarse en toda la empresa. Una economía globalizadora significaba que el mundo de los negocios caracterizado desde hacía mucho tiempo por la estabilidad, la autocracia y los procesos rígidos tendría que hacerse más susceptible al cambio, lo que requeriría el desarrollo de líderes hábiles y adaptables en todas las jerarquías de la empresa. Eso a su vez significaba que había que constituir la capacidad de enseñar a los hombres y mujeres no sólo cómo enfrentarse a los cambios, sino cómo crearlos.[2]

La autoridad moral institucionalizada

Las organizaciones e instituciones alineadas que se basan de verdad en sus principios tienen una *autoridad moral institucionalizada*. La autoridad moral institucionalizada es la capacidad institucional para producir constantemente calidad y relaciones de confianza con los diferentes grupos de interés y personas clave y para centrarse continuamente en la eficiencia, la rapidez, la flexibilidad y la deportividad en el mercado. Algunos individuos pueden estropearlo de vez en cuando, pero la institución trata con ellos de la forma adecuada y sigue adelante.

Vemos autoridad moral institucionalizada todo el tiempo en países que tienen constituciones mantenidas culturalmente, escritas o no. Puede que los líderes individuales no actúen siempre en consonancia con las constituciones, pero estos países son capaces de apoyarse en los puntos fuertes de los líderes individuales y confiar en el resto del gobierno esencialmente para que haga que los puntos débiles de esos líderes sean irrelevantes. Éste no sería el caso de las dictaduras ni de las jóvenes democracias recién creadas que todavía están llenas de corrupción codependiente y arraigada culturalmente.

Es cierto que un líder corrupto, dictatorial o ególatra puede hacer mucho daño durante un período de tiempo incluso cuando hay mucha autoridad moral institucionalizada. Pero normalmente la organización o la institución se recupera. El poder está fundamentalmente en el sistema, no en los dirigentes electos o en los burócratas designados. El sistema es más fuerte que la debilidad individual de los que participan en él. Por eso la Marriott Corporation enseña que el mal está en los pequeños detalles, pero que *el éxito está en los sistemas*.

Hace poco visité a J. W. «Bill» Marriott, presidente de Marriott International, la cadena de hoteles más grande del mundo. Bill, y su padre antes que él, ha creado una de las mejores organizaciones del mundo, y lo ha hecho en parte creando un *sistema de comunicación* que saca a relucir el talento de su gente.

«La mayor lección que he aprendido a lo largo de los años es que hay que escuchar a tu gente», me dijo. «Me he dado cuenta de que si tus directores generales reúnen a su gente, recogen sus ideas y escuchan sus opiniones, y luego te sientas con esos directores y escuchas su opinión, tomas unas decisiones mucho mejores.»

Descubrió el valor de esa lección muy temprano, me dijo Marriott, a través de un encuentro con uno de los líderes más renombrados del mundo, el presidente Dwight David Eisenhower.

«Yo estaba terminando mis estudios universitarios, había estado seis meses en la marina y había regresado a casa por Navidad desde la Escuela del Cuerpo de Suplentes», recordó. «El secretario de Agricultura de Estados Unidos, Ezra Taft Benson, fue a nuestra granja con el general Eisenhower. Eisenhower era el presidente y yo era alférez de la marina.»

«Hacía un frío de mil demonios fuera —dijo Marriott—, pero mi padre había dispuesto unas dianas para disparar. Entonces le preguntó al presidente Eisenhower: "¿Quiere salir a disparar o prefiere quedarse junto al fuego?»

«Él se volvió hacia mí y me preguntó: "¿Qué piensa usted, alférez?"»

Incluso ahora, mientras me contaba la historia, Marriott parecía atónito.

«Me dije: "Claro, así es como lo ha conseguido todo cuando trataba con De Gaulle, Churchill, Marshall, Roosevelt, Stalin, Montgomery, Bradley y Patton; haciendo esa pregunta mágica: ¿Qué cree usted?"»

«Así que le dije: "Señor presidente, hace mucho frío fuera, quédese dentro junto al fuego".»

Hasta este día, dice Marriott, esa lección le ha acompañado en todo momento.

«Fue un instante decisivo para mí —me dijo—. Recuerdo haber pensado después: "Si alguna vez monto un negocio, haré esa misma pregunta. Y si la hago, seguro que obtendré una información muy valiosa".»

Ésa es la razón por la cual Bill Marriott ha estructurado su cadena de hoteles de la forma en que lo ha hecho, creando una cultura que fomenta la comunicación tanto hacia arriba como hacia abajo en la jerarquía. Sabe que sólo preguntando: «¿Qué piensa usted?» puede convertir incluso a trabajadores considerados «manuales» en trabajadores «del conocimiento» escuchándoles y respetando su experiencia y su sabiduría.

Lo resumió diciendo: «Mi hijo John trabajaba en Nueva York con una división de la empresa que habíamos adquirido. Un día, estando en la cocina, se dirigió a una de las personas de allí y le dijo: "Tenemos este problema fuera, ¿qué cree que deberíamos hacer?"»

«Los ojos se le llenaron de lágrimas al trabajador cuando respondió: "Llevo en esta antigua empresa veinte años y nunca nadie me había pedido mi opinión para nada".»

La herramienta del alineamiento: los sistemas de *feedback*

Tres de los roles de liderazgo y sus herramientas se basan en una pregunta fundamental: ¿Qué es más importante? El tercer rol, el alineamiento, se basa en la pregunta: ¿Estamos siguiendo nuestro objetivo? ¿Estamos en el buen camino para conseguir lo que es más importante?

Lo cierto es, como hemos dicho antes, que *todos* nos salimos del camino la mayor parte del tiempo, todos nosotros: cada individuo, familia, organización o vuelo internacional a Roma. Sólo darnos cuenta de esto es un gran paso. Pero, para muchos de nosotros, la sensación de no estar en el buen camino va acompañada de desánimo y desesperación. No debería ni tendría que ser tan deprimente. Saber que nos hemos apartado del camino es en realidad una invitación para realinearnos con el verdadero norte (los principios) y volver a comprometernos con nuestro destino.

Recuerde, nuestro viaje como individuo, equipo u organización es como un vuelo en avión. Antes de que el avión despegue, los pilotos diseñan un plan de vuelo. Saben exactamente adónde van. Pero durante el transcurso del vuelo el viento, la lluvia, las turbulencias, el tráfico aéreo, los errores humanos y otros factores actúan sobre el avión. Los pilotos desvían ligeramente el avión hacia otras direcciones de forma que la mayor parte del tiempo éste no está ni siquiera en la ruta prevista. Pero, a no ser que ocurra algo muy grave, el avión llegará igualmente a su destino.

¿Cómo ocurre esto? Durante el vuelo, los pilotos reciben un *feedback* constante. Reciben información de los instrumentos que analizan la atmósfera, de las torres de control, de otros aviones... a veces hasta de las estrellas. Y, basándose en ese *feedback*, hacen pequeñas modificaciones de forma que, de vez en cuando, vuelven al plan original.

El vuelo de un avión es, creo yo, la metáfora ideal para representar estos cuatro roles. Modelar, explorar para encontrar caminos y facultar nos permite determinar lo más importante para nuestras familias, nuestras organizaciones, nuestros trabajos y para nosotros mismos. Éstos son nuestros planes de vuelo. El *feedback* constante que, como pilotos, recibimos representa nuestra oportunidad de comprobar nuestro progreso y *realinearnos* con los criterios de guía originales. Estos roles y herramientas unidos nos ayudan a llegar al destino que hemos previsto.

Conseguir un equilibrio entre obtener resultados y desarrollar capacidad

La clave del principio del alineamiento es empezar siempre con los resultados. ¿Qué clase de resultados se están obteniendo en el mercado? ¿Están nuestros accionistas contentos con los beneficios de su inversión? ¿Y nuestros empleados? ¿Están contentos con los beneficios de su inversión mental, física, espiritual y emocional? ¿Y los proveedores? ¿Y la comunidad? ¿Sentimos algún tipo de responsabilidad social hacia los niños, hacia los colegios, hacia las calles, hacia el aire y el agua, hacia el contexto en el que nuestros empleados trabajan y tienen a sus familias? ¿Y qué hay de todos estos resultados para los grupos de interés? ¿Qué hay de los clientes? ¿Cómo va todo? ¿Cuáles son los resultados? ¿Cómo quedan comparados con los parámetros de los estándares mundiales? Tenemos que estudiar y examinar todos los resultados que obtienen los grupos de interés y luego examinar la distancia que hay entre tales resultados y nuestra estrategia.

La efectividad es el equilibrio entre *la producción* (P) *de los resultados deseados* y *la capacidad de producción* (CP) *de los resultados deseados*.* En otras palabras, son los huevos de oro que quiere la gente y la gallina que los pone. Es lo que denominamos el «equilibrio P/CP». La esencia de la efectividad es conseguir los resultados deseados de forma que se puedan conseguir aún más resultados en el futuro.

En los últimos diez años se han desarrollado diferentes enfoques para medir el equilibrio P/CP. A menudo he enseñado la importancia del *feedback* de trescientos sesenta grados: los primeros noventa grados representan la contabilidad financiera y los doscientos setenta grados restantes consisten en información recogida científicamente

---

* Para más información sobre cómo equilibrar la obtención de resultados con la creación de capacidad, véase el Apéndice 8.

sobre las percepciones de todos los grupos de interés clave de la organización y la fuerza de sus sentimientos sobre esas percepciones.

Hay muchos nombres para este tipo de *feedback*. Uno de los movimientos recientes más importantes lo llama la *Tabla de resultados equilibrada*. A veces me he referido a este enfoque como la contabilidad de doble línea final. La contabilidad tradicional siempre se ha basado en una única línea final (los huevos de oro). La contabilidad de doble línea final también demuestra respeto por la «gallina», cuantificando la salud de la «gallina» al tener en cuenta la calidad de las relaciones de la organización con todos los grupos de interés: los clientes, los proveedores, los socios y sus familias, el gobierno, la comunidad, etc. Imagínese el poder de tener un resumen de dos páginas de la salud actual y futura de su organización: una página dedicada a la contabilidad financiera (los frutos actuales de los esfuerzos pasados) y la otra con un indicador de sus relaciones con los grupos de interés, que producirán todos sus futuros resultados.

Lo importante es conseguir lo que nosotros llamamos una *Tabla de resultados*, una tabla de resultados exigente. La gente que está implicada, que será evaluada, necesita participar en el establecimiento de una tabla de resultados exigente que refleje los criterios que se han establecido para la misión, los valores y la estrategia de una organización para poder permanecer continuamente alineados con el proceso y ser responsables. Necesitan conectar emocionalmente con él y poseerlo. Esto *también* ocurre con individuos, equipos, departamentos o cualquier persona que tiene la responsabilidad de realizar una tarea o desarrollar un proyecto. Todo el mundo debería participar en la creación de la tabla de resultados y luego ser responsable ante ella. En el capítulo 14 encontrará algunas sugerencias prácticas de aplicación para crear una tabla de resultados exigente.

> Casi nadie mide el progreso por sus objetivos más importantes. Sólo un 10 % de los encuestados con el cuestionario xQ dice tener una tabla de resultados clara, precisa y visible que proporciona un verdadero *feedback*. *La inteligencia accionable para la toma de decisiones de primer nivel* es lo que impera.

Permítame ilustrar la importancia de esta idea del sistema de *feedback* por medio de la tabla de resultados compartiendo con usted una experiencia de una organización que se enfrentó directamente a estas preguntas pensadas para establecer un diagnóstico.

Yo tenía que hablar ante una asociación nacional de editores y redactores periodísticos en una gran conferencia. Para prepararme la charla recogí información de las auditorías culturales realizadas en varias organizaciones periodísticas. Indicaban los niveles de confianza, la coincidencia entre el objetivo y los valores, la desalineación sistémica y la consecuente imposibilidad de facultamiento en la industria.

Antes de presentar la información decidí proponer un enfoque distinto: caminé por el gran auditorio con un micrófono preguntando: «¿Cuál es el papel principal de la prensa en la sociedad? ¿Cuál es su objetivo principal?».

Cuando fui ofreciendo el micrófono, uno tras otro, hablaron sin dudarlo del papel rotundamente vital que desempeñan las organizaciones periodísticas en nuestra sociedad. Creían que el análisis más profundo de la prensa escrita mantiene al gobierno honesto y a los funcionarios públicos responsables y visibles al público. La opinión que todos expresaban se centraba en servir al país y a nuestras comunidades conservando nuestros valores principales: la libertad, que el gobierno sea responsable ante la gente, la conservación del control y el equilibrio que propugna la Constitución, ayudar a informar a la gente para preservar los ideales de nuestra república democrática y el sistema de libre empresa.

Entonces cambié mis preguntas por: «¿Cree usted realmente en esos objetivos? ¿Los siente dentro de su corazón?». Y volví a pasearme por la sala pidiendo a la gente que me contestara. La respuesta fue unánime: «Sí». La siguiente pregunta era más difícil: «¿Cómo sabemos si una persona cree de verdad en unos valores concretos?». A partir de las diferentes respuestas que surgieron, me formé la idea de que una de las pruebas sería comprobar si esa persona vive según sus valores. Sugerí que la integridad hacia los valores indica la auténtica creencia. Todos me dieron la razón.

Entonces llegué a la pregunta clave: «¿Cuántas de sus empresas periodísticas tienen alguna función dentro de sus propias organizaciones que sea similar a la función que ustedes desempeñan para su comunidad y para el país?» Estaban desconcertados con mi pregunta, así que la reformulé: «¿Cuántos de ustedes tienen una función dentro de su organización y/o de su cultura para mantener a la gente honesta, responsable y alineada con sus ideales y valores principales?». Sólo alrededor de un 5 % de los presentes levantó la mano. Entonces compartí con ellos la información que había recogido de sus auditorías culturales. Les mostré los grandes niveles de desconfianza, de conflicto interpersonal, de rivalidades interdepartamentales, de desalineación y profunda imposibilidad de facultamiento de la gente.

Entonces procedí a compartir con ellos la idea de los cuatro roles; de empezar por ellos mismos, de empezar el proceso de implicar a los demás en la clarificación de los objetivos, de establecer sistemas de información, apoyo y recompensa para crear un ambiente de facultamiento óptimo. Muchos de esos redactores y editores salieron de la conferencia con un paradigma de liderazgo totalmente diferente. Fue una experiencia muy interesante y reveladora para todos nosotros.

La importancia de este tipo de *feedback* no se da sólo en una organización, sino en los individuos dentro de esa organización.

En una ocasión impartí un programa de formación a los generales que dirigían las fuerzas áreas de un país con una historia llena de dificultades y conflictos. Estaba hablando de la importancia de obtener *feedback* de los grupos de interés clave de la organización y noté que los generales asentían con la cabeza. Me volví hacia el general al mando y le dije: «¿Significa esto que ya utilizan un sistema parecido de *feedback* y análisis?».

Contestó: «Ésa es la forma en que entrenamos a esta gente. Son pilotos de primera, no gestores titulados. Todos reciben un informe anual de las percepciones de las personas con las que trabajan, y de la fuerza de esas percepciones. Lo utilizan como base para su desarrollo personal y profesional, y nadie recibe un ascenso si no tiene buenas notas, incluidas las que les dan sus subordinados».

Le dije: «No tiene ni idea de lo difícil que es introducir ese concepto en muchas de las organizaciones de mi país. ¿Qué impide que se convierta en un concurso de popularidad?».

Mirándome con desprecio, replicó: «Stephen, la supervivencia de nuestro país depende de esta gente y ellos lo saben. ¿De verdad crees que nos permitiríamos participar en concursos de popularidad? De hecho, a veces son los más impopulares los que obtienen mejores notas, porque trabajan bien».

Alinear las estructuras y los sistemas con los valores y la estrategia es uno de los retos más difíciles del liderazgo y la administración, sencillamente porque las estructuras y los sistemas representan el pasado: la tradición, las expectativas y las presunciones. Mucha gente obtiene su seguridad gracias a lo previsibles e inciertos que son ese tipo de estructuras y sistemas. Son verdaderas «vacas sagradas» y no se puede hacer caso omiso de ellos ni tratarlos mal a no ser que haya un cambio profundo y una conexión emocional con los criterios de exploración estratégicos.

La siguiente tabla compara las estructuras y sistemas del modelo de control de la antigua era industrial con el modelo de liberación/facultamiento de la nueva era del trabajador del conocimiento (véase la tabla 5). Aunque es útil ver el contraste entre los dos, el mundo real los situaría más en un *continuum* que en una disyuntiva. Como mínimo, quizás estas listas de comparaciones muestran los extremos de cada *continuum* y pueden servir para resaltar la enorme influencia de alinear culturas, estructuras y sistemas con los criterios de exploración para encontrar caminos.

TEMA	MODELO DE CONTROL DE LA ANTIGUA ERA INDUSTRIAL	MODELO DE LIBERACIÓN/ FACULTAMIENTO DE LA NUEVA ERA DEL TRABAJADOR DEL CONOCIMIENTO
Liderazgo	Un cargo (autoridad formal)	Una elección (autoridad moral)
Administración	Controlar las cosas y a la gente	Controlar las cosas, liberar (facultar) a la gente
Estructura	Jerárquica, burocrática	Halagüeña, sin cortapisas, flexible
Motivación	Externa, incentivos y amenazas	Interna: persona completa
Evaluación del trabajo	Externa, «técnica del bocadillo»	Autoevaluación con el *feedback* de 360°
Información	Principalmente informes financieros a corto plazo	Tabla de resultados equilibrada (a largo y corto plazo)
Comunicación	Principalmente de arriba abajo	Abierta: hacia arriba / hacia abajo / hacia los lados
Cultura	Normas/costumbres sociales del lugar de trabajo	Valores basados en los principios y normas económicas del mercado
Presupuesto	Principalmente de arriba abajo	Abierto, flexible, sinérgico
Capacitación y desarrollo	Secundaria, orientada a las habilidades, prescindible	Mantenimiento, estrategia, personas, valores
Personas	Gasto en pérdidas y ganancias, un valor de fachada	Una inversión con gran influencia
Voz	Generalmente sin importancia para la mayoría	Estratégica para todos, complementaria, de equipo

Tabla 5

Película: *Berlin Wall*

El muro de Berlín estuvo en pie alrededor de cuarenta años: unas dos generaciones. Imagínese qué profunda se hizo la división en la mente y el corazón de la gente. ¡Qué gran separación! ¡Qué gran contraste! Cuando en 1989 se derrumbó físicamente, no necesariamente se derrumbó en el corazón y en la mente de la mayoría de las personas. Era como una vaca sagrada, como los antiguos sistemas y estructuras de la era industrial. A la tradición le cuesta morir. Nunca olvidaré un trayecto en taxi hacia el Berlín Este sin el muro de Berlín y oír al conductor quejarse de la sensación de inseguridad que tenía al adaptarse a un mercado más libre y a una sociedad más democrática. Prefería la seguridad y la estabilidad que representaban el antiguo régimen y el muro. Me conmocionó profundamente oírle hablar así. Me dijo que la mayoría de la gente de su generación se sentía así, y que eran críticos con la nueva generación, que prefería mayor libertad a la seguridad.

Mientras ve la película, piense en lo difícil que en realidad le resulta a la gente desarrollar una nueva actitud, un nuevo paradigma, una forma de pensar nueva y diferente; requiere habilidades nuevas y herramientas nuevas. Piense también en lo inútil que sería enseñar a la gente nuevas habilidades y nuevas herramientas con la antigua mentalidad. Sería como llenar odres viejos con vino nuevo. Conéctese con www.franklincoveymex.com y seleccione *Berlin Wall*.

Seguidamente expondremos el último rol de liderazgo que culmina los otros tres: el facultamiento.

PREGUNTAS Y RESPUESTAS

P: ¿Qué pasa si uno está dentro de una organización con sistemas que están tan centrados en el corto plazo, la competitividad interna y los sistemas de clasificación forzados y los números que ha producido una cultura que se autoalimenta? ¿Qué se puede hacer en esa situación?

R: Si esa organización está ligada a las fuerzas de competitividad del mercado, puede usted utilizar su libertad de elección y convertirse en un «pequeño timón» de un círculo mayor de influencia. Si no está ligada a las fuerzas de competitividad del mercado, puede utilizar la filosofía griega —*ethos, pathos* y *logos*— hasta que los demás se den cuenta de que conseguirán mejor sus objetivos aceptando sus recomendaciones. O, si ha tenido que sacrificar su desarrollo personal y profesional de forma continuada hasta el punto de que su seguridad reside en su poder para dar con soluciones a los problemas y cubrir las necesidades humanas, tendrá infinitas oportunidades para hacer otras cosas. En ese caso puede hacer exactamente lo siguiente: elegir irse a otro sitio y hacer esas otras cosas.

P: ¿Cuál es la actividad esencial de cualquier equipo de liderazgo o de administración, además de poner en marcha el proceso para encontrar caminos?

R: Yo diría que es reclutar, seleccionar y colocar a la gente. Por usar el lenguaje de Jim Collins, asegurarse de que se tiene a la gente *adecuada* en los asientos *adecuados* en el autobús *adecuado*. Yo incluso diría que reclutar, seleccionar y colocar son más importantes que capacitar y desarrollar. El problema es que la mayoría de las organizaciones en una economía que cambia con tanta rapidez necesita a la gente con tanta prisa y los problemas son tan urgentes que entran en crisis de contratación. Recuerde que lo que se desea con más ardor es lo que se cree con más facilidad. Luego a lo largo del camino a menudo se encontrará con verdaderos desastres. En vez de ello, debería contratar estratégicamente de forma que haya pensado cuidadosamente en los criterios y los haya comunicado, pagando a cambio el precio de estudiar con profundidad la trayectoria de varias personas. Hay que pagar el precio de establecer una verdadera relación con los posibles candidatos hasta el punto de que éstos sean auténticos y transparentes y tengan tiempo para decidir si su propia visión, valores y voz están alineados con los criterios estratégicos de su futuro trabajo. Después de esto, la clave está en la ejecución.

P: Según su experiencia, ¿cuál es la mejor pregunta que se le puede hacer a la gente a la hora de contratarla?

R: Según mi experiencia la mejor pregunta es decir: «Empezando por sus primeros recuerdos, ¿qué es lo que más le gustaba hacer y hacía bien?» Luego se puede continuar con la escuela primaria, la escuela secundaria, el instituto, la universidad y los anteriores trabajos, hasta que empiece a ver un verdadero patrón del talento y puntos fuertes de esa persona: dónde está su verdadera voz. También descubrirá patrones de dependencia, independencia o interdependencia, y verá el patrón de cómo trabaja con cosas, personas o simplemente ideas. También debe estar dispuesto a compartir los criterios que ha desarrollado sobre las funciones que usted espera que la persona desempeñe.

P: ¿Qué sucede cuando la codependencia (la pasividad y la conformidad) se ve recompensada?

R: Sólo se verá recompensada temporalmente: el mercado la echará abajo; no puede triunfar a largo plazo porque una persona pasiva y codependiente no servirá bien a los clientes con creatividad, ingenio y previsión. A largo plazo, si se tiene transparencia en el mercado y un buen *feedback* de éste, ni la gente ni las culturas codependientes pueden sobrevivir. Las culturas personales, que facultan, ágiles e innovadoras son las que necesita la economía global de hoy en día, sobre todo si su competencia es global, y no local.

P: ¿Qué puede decirme del proceso de formar un equipo?

R: Formar un equipo es fundamental, sobre todo a la hora de desarrollar equipos complementarios en los que los puntos fuertes de las personas se tornan productivos y sus puntos débiles resultan irrelevantes gracias a los puntos fuertes de otras personas; en los que la fuerza unificada es la visión y sistema de valores compartidos. Pero le advierto que se necesitan muchos sistemas y estructuras alineados para fomentar la formación de equipos. Si le dice a una flor «Crece», pero riega otra, la primera no crecerá. Si dice «Vamos a trabajar como un equipo» pero luego piensa independiente y autoritariamente y toma muchas decisiones unilaterales y arbitrarias, no formará un equipo. La formación de un equipo es una actividad enormemente importante y deseable si está apoyada por principios de formación de equipos dentro de las estructuras, los sistemas y los procesos de la organización; de lo contrario, se convertirá en una frase hueca, en algo secundario, y no formará parte de los objetivos principales.

P: ¿Cómo se puede conseguir una cultura unificada y cohesionada cuando se tienen tantas visiones y objetivos diferentes en una organización?

R: Hay que provocar dificultades. Mientras la gente esté satisfecha y contenta, no hará mucho. No hay que esperar a que el mercado provoque las dificultades, así que hay que provocarlas de otro modo. Una tabla de resultados equilibrada lo hace posible, sobre todo si la gente es responsable ante ella y si las recompensas están basadas en ella.

13
LA VOZ FACULTATIVA:
TRANSMITIR PASIÓN Y TALENTO

La mejor forma de inspirar a la gente a que trabaje mejor es convencerla con todo lo que haces y con tu actitud diaria de que les estás apoyando con todo tu corazón.

HAROLD S. GENEEN, antiguo director de ITT

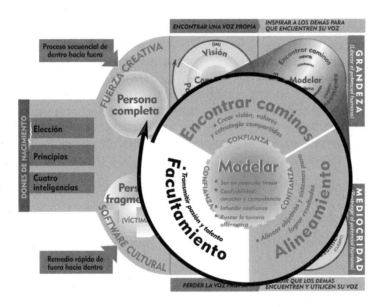

Figura 13.1

La primera alternativa para el rol de liderazgo de facultamiento es intentar obtener resultados controlando a la gente.

La segunda alternativa sería dejarlos libres, abandonarlos. En otras palabras, predicar el facultamiento cuando, de hecho, se está abdicando y eludiendo la responsabilidad.

La tercera alternativa es a la vez más dura y más amable; es autonomía dirigida a través de acuerdos de ganar/ganar basados en los objetivos en cascada a la vista y en responsabilizarse de los resultados.

Antes he mencionado que, en mi opinión, la mayoría de las organizaciones, incluidos nuestros hogares, tienen exceso de control y fal-

M I T O	«Incentivos y amenazas» –la teoría del palo y la zanahoria– es la mejor forma de motivación. *(Antiguo paradigma)*
R E A L I D A D	La motivación de «incentivos y amenazas» responde a la psicología animal. La gente tiene el poder de elegir. Se puede comprar el esfuerzo de alguien, pero no su corazón y su mente. Se pueden comprar sus manos, pero no su espíritu. *(Nuevo paradigma)*

Figura 13.2

ta de dirección. Como las fricciones en las relaciones con nuestros hijos son un doloroso recordatorio de esta realidad, igual que la rebelión que a menudo les sigue, y como la familia es un escenario tan universal, voy a empezar el análisis del rol de facultamiento con la historia real de un amigo y colega mío que, apoyado por su mujer, se esforzaba por superar los problemas que tenía con sus hijos:

Un día me di cuenta de que mi mujer estaba muy preocupada. Así que le pregunté: «¿Qué te pasa?» «Estoy tan desanimada —contestó—. Las mañanas con los niños antes de ir al colegio son horribles. Siento que si no les dijera lo que tienen que hacer a cada momento no harían nada. No irían al colegio. No se vestirían. ¡No se levantarían de la cama! No sé qué hacer.»

Así que a la mañana siguiente decidí observar. Mi mujer empezó sobre las seis y cuarto de la mañana, entraba en cada una de las habitaciones de los niños, tocaba a cada uno suavemente y le decía: «Cariño, es hora de levantarte. Despierta». Volvió unas dos o tres veces hasta que estuvieron todos levantados. Luego abrió el agua de la ducha para que se bañara la más remolona. Durante los siguientes diez minutos mi mujer volvió al baño varias veces, golpeaba tres veces la mampara y decía: «Es hora de salir». «¡Ya voy!», contestaba mi hija a la defensiva. Nuestra hija terminó por fin de ducharse, se secó, se fue a su habitación, se acurrucó hecha una bola en el suelo y se envolvió en la toalla para entrar en calor.

Diez minutos después: «Cariño, tienes que vestirte. Venga».

«¡No tengo nada que ponerme!»

«Ponte esto.»

«*Esa ropa no me gusta. ¡Es muy fea!*»

«*¿Qué quieres ponerte?*»

«*Los vaqueros... pero están sucios.*»

Esta situación emocional continuó hasta las 6.45, cuando bajaron mis tres hijos. Mi mujer siguió empujando a los niños de una cosa a otra, advirtiéndoles que el autobús escolar llegaría en cualquier momento. Finalmente salieron por la puerta, después de un abrazo y un beso, y mamá estaba agotada. Yo estaba agotado sólo de haberla observado esa mañana.

Pensé: «No me extraña que sea desgraciada. Los niños no saben que son capaces de hacer cualquier cosa solos porque nosotros siempre se lo estamos recordando todo». Los golpecitos en la mampara de la ducha se convirtieron en un símbolo de cómo ambos habíamos fomentado sin querer su irresponsabilidad.

Así que reuní a mi familia una tarde y sugerí un nuevo enfoque. «He observado que estamos teniendo algunos problemillas por las mañanas.» Todos se rieron reconociendo que sabían a lo que me refería. Dije: «¿A quién le gusta cómo van las cosas?» Nadie levantó la mano. Así que dije: «Quiero deciros algo en lo que quiero que penséis seriamente. Se trata de lo siguiente: tenéis el poder de elegir. Podéis ser responsables».

Entonces hice una serie de preguntas. Pregunté: «¿Quién de vosotros sabe poner solo el despertador y luego levantarse solo cada mañana?». Todos me miraron como diciendo: «Papá, ¿qué estás haciendo?». Dije: «No, en serio, ¿quién de vosotros sabe hacer eso?». Todos levantaron la mano. «¿Quién de vosotros tiene suficiente conciencia del tiempo como para recordar cuánto rato puede estar en la ducha y luego cerrar el grifo solo?» Todos levantaron la mano. «¿Quién de vosotros puede ir a su habitación, elegir la ropa y vestirse solo?» Empezaba a ser divertido porque todos pensaban: «Yo puedo hacerlo». «Si no tenéis la ropa que queréis, ¿quién de vosotros es capaz de comprobar la noche anterior de qué ropa dispone y, si la que quiere está sucia, poner una lavadora y una secadora?» «Yo puedo hacerlo.» «¿Quién de vosotros puede hacerse la cama y limpiar su habitación sin que se lo pidan o se lo recuerden?» Todos levantaron la mano. «¿Quién de vosotros puede estar en el comedor a las 6.45 para desayunar en familia?» Todos levantaron la mano.

Repasamos todas y cada una de las actividades cotidianas. En cada caso todos admitían: «Tengo el poder y la capacidad para hacer esto». Entonces dije: «Vale. Lo que vamos a hacer es escribir todo esto. Vamos a crear y a acordar un plan para nuestras mañanas».

Escribieron todas las cosas que querían hacer y montaron un programa. La hija con la que estábamos teniendo más problemas era la que estaba más emocionada. Elaboró un horario programando hasta el últi-

mo minuto. Nosotros nos convertimos en su fuente de ayuda para algu-
nas cosas. Había unas pocas reglas. Decidimos cómo y cuándo serían
responsables y cuáles serían las consecuencias. Las consecuencias posi-
tivas eran que todos estarían más contentos por las mañanas, sobre to-
do mamá. ¡Y todos sabemos que una mamá feliz significa una familia
feliz! La consecuencia negativa de no levantarse a tiempo y cumplir con
sus responsabilidades solos era que tendrían que irse a la cama media
hora antes durante unos cuantos días. Esto parecía justo, ya que la fal-
ta de sueño normalmente hace que sea más difícil levantarse. Mis tres
hijos firmaron el acuerdo, se comieron un helado y se fueron a la cama.
Así que pensamos: «Bueno, a ver lo que pasa».

A la mañana siguiente, a las seis de la mañana, mi mujer y yo está-
bamos en la cama. Oímos que sonaba un despertador y el interruptor de
la luz en una de las habitaciones de nuestros hijos. Antes de que nos dié-
ramos cuenta la hija con la que teníamos más problemas corrió a la du-
cha, abrió el grifo y se metió dentro. Mi mujer y yo nos sonreímos atóni-
tos. Teníamos muchas esperanzas de que funcionase con ella, pero
¿quince minutos antes? Al cabo de quince o veinte minutos había hecho
todo lo que normalmente le llevaba una hora y media, y aún tuvo tiem-
po de tocar el piano un rato. Tuvimos una mañana espléndida. Los otros
niños hicieron lo mismo.

Después de que los niños se hubieran ido, mi mujer dijo: «Esto es el
paraíso. Pero la verdadera prueba es: ¿seguirá así? Puedo ver que están
muy emocionados porque es la primera mañana, pero ¿continuará?».

Pues bien, ya ha pasado casi un año. Aunque no siempre hemos te-
nido el entusiasmo de la primera mañana, con sólo alguna excepción
ocasional (seguida por la obligación de acostarse más temprano duran-
te unos días), todos se han levantado y lo han hecho todo solos. Tam-
bién nos ha servido reunirnos cada pocos meses para evaluar lo que es-
tamos haciendo y renovar nuestro compromiso.

Ha sido maravilloso ver a los niños crecer en su sentido de «Puedo
hacerlo. Soy capaz de hacerlo. Soy responsable». Intentamos no recor-
darles las cosas. Ha sido una lección muy importante y ha cambiado
por completo la vida de nuestra familia por las mañanas.

Se puede observar que los padres al principio estaban intentado
trabajar desde la mentalidad de que eran los *niños* los que tenían que
cambiar, pero poco a poco llegaron a darse cuenta de que eran *ellos*
los que tenían que cambiar. Pensaban que los niños necesitan que se
les recuerden las cosas. Que debían comprobar, controlar y vigilar.
Quizás usted haya *trabajado* alguna vez para alguien así. Es la típica
forma de pensar administración/control.

Pero luego los padres reflexionaron sobre la valía y el potencial de sus hijos, sobre todo sobre su potencial. Sabían que los niños eran extraordinariamente capaces, y les querían incondicionalmente, pero habían caído en la típica trampa de ver a sus hijos a través de la óptica del mal comportamiento. Tampoco habían comunicado todavía a sus hijos claramente su potencial. Lo hicieron planteándoles unas sencillas preguntas sobre si creían —si tenían en mente— que podían hacer las tareas básicas de levantarse, hacer sus tareas y prepararse para ir al colegio. Como los niños se identificaban tanto emocionalmente con los padres, la comunicación resultó. Se adquirieron y se cumplieron compromisos; se liberó el potencial; se tomó la responsabilidad; el desarrollo tuvo lugar; la confianza mutua aumentó, y la tranquilidad y la paz en el hogar triunfaron. Es un hermoso y poderoso ejemplo de facultamiento.

Aunque esto es sólo un pequeño problema familiar, la mayoría de la gente puede identificarse con él. A veces en las organizaciones, igual que en las familias, las personas creen en el potencial de los demás pero no en su valía, así que no son pacientes, persistentes ni sufridas y no son capaces de depositar confianza ni de sacrificarse. Para ellas no vale la pena; se convierte en un análisis de coste-beneficio y quizás inconscientemente concluyen que el coste es demasiado grande. De hecho, a no ser que la gente tenga conciencia de su propia valía, no será capaz de comunicar de forma consistente la valía de los demás.

El comportamiento en que se puede confiar basado en los principios de *modelado* inspira confianza sin «hablar de ello». *Encontrar caminos* mediante la exploración crea orden sin exigirlo. El *alineamiento* nutre tanto la visión común como el facultamiento. El *facultamiento* es el fruto de los otros tres. Es el resultado natural de la confiabilidad personal y organizacional, que permite a las personas identificar y liberar su potencial humano. En otras palabras, el facultamiento implica autocontrol, autogestión y autoorganización. Si se da esta descripción conjunta de la misión, no sólo en una exploración organizacional sino en el ámbito del equipo, el proyecto, la tarea o el trabajo, donde las necesidades básicas de las personas coinciden con las de la organización, esto desemboca en pasión, energía y dinamismo, es decir, en la voz.

La pasión es el fuego, el entusiasmo y el ánimo que siente un individuo cuando está haciendo algo que le encanta a la vez que consigue objetivos encomiables, algo que satisface sus necesidades más profundas. Recuerde que la palabra *entusiasmo* significa etimológicamente «Dios en ti». El facultamiento es exactamente lo mismo, sólo que se da en el contexto organizacional de los empleados haciendo un trabajo que les encanta, y haciéndolo de forma que satisfaga sus necesidades más profundas a la vez que las necesidades esenciales de la organización. Sus voces se mezclan.

En el libro *Ahora, descubra sus fortalezas*, Marcus Buckingham y Donald O. Clifton reproducen este descubrimiento clave de la organización Gallup: «Las grandes organizaciones no sólo deben adaptarse al hecho de que cada empleado es diferente, sino que deben aprovecharse de esas diferencias».[1] Los autores también informan sobre los resultados de la investigación de Gallup acerca de la pregunta que se hizo a 198.000 empleados que trabajaban en 7.939 unidades de trabajo en treinta y seis empresas diferentes:

> En el trabajo, ¿tiene usted oportunidad de hacer lo que mejor se le da todos los días? Comparamos las respuestas a tal cuestión con los resultados que obtenía esa unidad y descubrimos lo siguiente: cuando los empleados contestaban afirmativamente a esta pregunta había un 50 % más de probabilidades de que trabajasen en una unidad de trabajo con poca renovación de personal; un 38 % más de probabilidades de que trabajasen en unidades de trabajo más productivas, y un 44 % más de probabilidades de que trabajasen en unidades de trabajo con buena puntuación en cuanto a la satisfacción de los clientes. Y con el tiempo las unidades de trabajo que aumentaron el número de empleados que contestaban que sí experimentaron un aumento de la productividad de la empresa, de la lealtad del cliente y de la permanencia de los empleados.[2]

Piense sin ir más lejos en su vida personal. ¿Qué tipo de actividad le gusta? ¿Qué tipo de supervisión? ¿Cuál es su mayor pasión? ¿Qué pasaría si tuviera un trabajo que le apasionara y un trabajo en el que sus jefes se convirtieran en sus servidores; en el que existieran para ayudarle personal o sistemáticamente a hacer su trabajo? ¿Qué pasaría si las estructuras y los sistemas le apoyasen y le ayudasen y estuviesen orientadas a fomentar, identificar y liberar su potencial? ¿Qué pasaría si constantemente le estuvieran felicitando y recompensando y, aún más importante, si sintiera la satisfacción intrínseca de contribuir de forma significativa a una causa que le pareciera digna de un compromiso tan sincero?

Facultar al trabajador del conocimiento

Vivimos en la era del trabajador del conocimiento, en la que el capital intelectual es supremo. El coste de producción acostumbraba a ser un 80 % de material y un 20 % de conocimiento; ahora ha pasado a ser un 30 % y un 70 % respectivamente.[3] Stuart Crainer en su obra *The management century*, escribe: «La era de la información da preferencia al trabajo intelectual. Hay una conciencia cada vez mayor de que reclutar, mantener y cultivar a gente con talento es crucial para la competitividad».[4]

Peter Drucker, en su obra *Managing for the future: The 1990s and beyond*, escribe: «De ahora en adelante, la clave está en el conocimiento. El mundo requiere cada vez menos mano de obra, menos material y menos energía, y requiere cada vez más conocimiento».[5]

El liderazgo es el tema candente de hoy día. La nueva economía está basada en el trabajo del conocimiento, y el trabajo del conocimiento es otra forma de designar a las personas. Recuerde que el 80 % del valor añadido a los productos y servicios hoy en día proviene del trabajo del conocimiento. Es la economía del trabajador del conocimiento; la creación de riqueza ha pasado del dinero y las cosas a las personas.

Nuestra mayor inversión financiera es el trabajador del conocimiento. Piense solamente en lo que ha invertido su empresa en trabajadores del conocimiento en cuanto a salarios, beneficios, posibles acciones y lo que se gastó en reclutarlos y capacitarlos. ¡Esto a menudo se traduce en cientos de miles de dólares al año por persona!

El trabajo del conocimiento de calidad es tan valioso que liberar su potencial ofrece a las organizaciones una oportunidad extraordinaria para crear valor. El trabajo del conocimiento apuntala todas las otras inversiones que la organización ya ha realizado. De hecho, los trabajadores del conocimiento son el enlace hacia todas las otras inversiones de la organización. Proporcionan enfoque, creatividad y apoyo al utilizar esas inversiones para conseguir mejor los objetivos de la organización. El capital intelectual y el social son claves para apuntalar y optimizar todas las otras inversiones.

Así pues, es vital que el facultamiento de las personas (alinear las voces) sea considerado el *fruto* del modelado, el alineamiento y la exploración. De lo contrario, las organizaciones hablarán y proclamarán el facultamiento pero serán incapaces de llevarlo a cabo. No tendrán una visión común, ni disciplina ni, desde luego, pasión.

El facultamiento no es nada nuevo. De hecho, en la década de 1990 se puso muy de moda y dio lugar a un movimiento en el campo de la administración. Pero, francamente, el movimiento del facultamiento ha creado mucho cinismo y mucha ira, tanto entre los administradores como entre las bases de los trabajadores. ¿Por qué? Porque, de nuevo, facultar a la gente es el *fruto* de los otros tres roles, no la raíz.

Encuestamos a 3.500 administradores y profesionales en organizaciones que eran clientes nuestros y les preguntamos: ¿Qué impide que haya facultamiento? (Véase la figura 13.3.) Fíjese en cómo sus respuestas infravaloran la importancia de la confiabilidad *tanto* personal *como* organizacional (carácter y competencia):

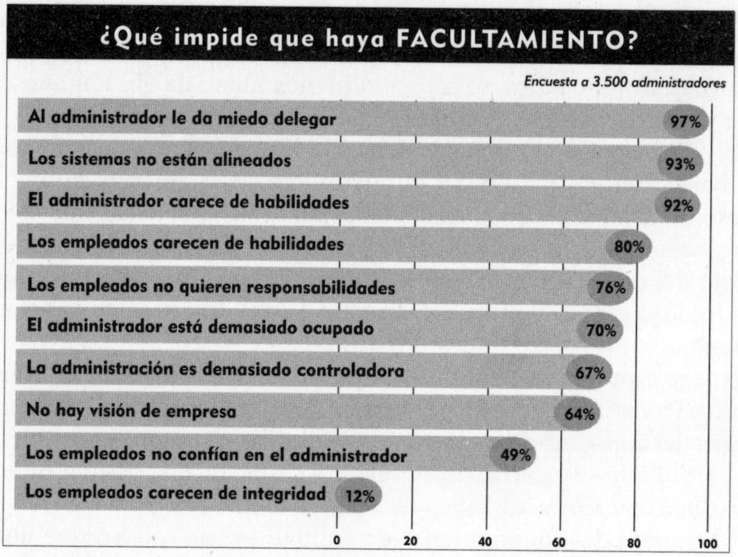

¿Qué impide que haya FACULTAMIENTO?

Encuesta a 3.500 administradores

Al administrador le da miedo delegar	97%
Los sistemas no están alineados	93%
El administrador carece de habilidades	92%
Los empleados carecen de habilidades	80%
Los empleados no quieren responsabilidades	76%
El administrador está demasiado ocupado	70%
La administración es demasiado controladora	67%
No hay visión de empresa	64%
Los empleados no confían en el administrador	49%
Los empleados carecen de integridad	12%

0   20   40   60   80   100

Figura 13.3

Ahora que ha profundizado más en este paradigma de liderazgo de los cuatro roles de la persona completa, puede darse cuenta de por qué la gente se frustra cuando se realizan esfuerzos de facultamiento sin haber hecho antes los trabajos fundamentales de modelado, búsqueda de caminos y alineamiento.

El dilema del administrador: ¿renuncio al control?

Recuerdo que hace unos años entrevisté al presidente de una empresa que acababa de recibir el prestigioso premio nacional de calidad Malcom Baldrige. Le pregunté: «¿Cuál fue el reto más difícil al que se enfrentó como presidente para adquirir este nivel de calidad en su organización?». Casi sin dudarlo, sonrió y contestó: «Renunciar al control».

El facultamiento *siempre* será un mero tópico que induzca al cinismo si no está basado en un sólido trabajo de modelado, búsqueda de caminos y alineamiento. Los cuatro roles del liderazgo acaban con el dilema del administrador de estar atrapado entre el *control* y el *miedo a perder el control*. Cuando realmente se establecen las condiciones para el facultamiento, el control no se pierde: sencillamente se transforma en *autocontrol*.

El autocontrol no se da cuando simplemente se abandona a la gente en nombre del «facultamiento»; se da cuando hay un objetivo común en mente, con pautas pactadas y unas estructuras y sistemas que sirven de apoyo, y cuando cada una de las personas está establecida como una persona completa en un trabajo completo. Se proporciona capacitación y aprendizaje a los que carecen de la competencia requerida para poder obtener mayor libertad. Una trayectoria de trabajo coherente va ganando cada vez más confianza y flexibilidad en los métodos. La gente se hace responsable de los resultados y tiene la libertad, dentro de unas pautas, para conseguir esos resultados de forma que incida en su excepcional talento.

Yo lo llamo *autonomía dirigida*. El rol del administrador pasa de controlador a posibilitador: describiendo la misión con las demás personas, eliminando las barreras y convirtiéndose en una fuente de ayuda y apoyo. Es un gran cambio.

Cuando hablamos del líder «pequeño timón», que estaba lleno de visión, disciplina, pasión y conciencia, estábamos hablando del autofacultamiento. Ahora, en un contexto más amplio, estamos estudiando cómo crear una filosofía de facultamiento oficial, institucionalizada y formalizada. Lo ideal es que haya facultamiento tanto personal como organizacional para que las personas no tengan que nadar contracorriente frente a las fuerzas de la organización que impiden el facultamiento.

La herramienta del facultamiento: el proceso de acuerdos de ganar/ganar

Piense en el conjunto del proceso de ganar/ganar como dos voluntarios que trabajan juntos, uno representa a la organización y el otro representa a los grupos de interés, en cuanto equipo o como individuos. Max De Pree, que escribió el magnífico libro *Leadership is an art*, describe el espíritu de los voluntarios que trabajan juntos:

Las mejores personas que trabajan para las organizaciones son voluntarios. Aunque seguramente podrían encontrar buenos trabajos en varios sitios diferentes, eligen trabajar en un lugar por razones menos tangibles que el sueldo o el cargo. Los voluntarios no necesitan contratos, necesitan pactos. [...] Las relaciones pactadas inducen a la libertad, en vez de a la parálisis. Una relación pactada se basa en compromisos compartidos con ideas, temas, valores, objetivos y procesos de administración. Palabras como amor, calidez y química personal son muy pertinentes. Las relaciones pactadas [...] satisfacen profundas necesidades y permiten que el trabajo tenga un sentido y que realice a las personas.[6]

Un acuerdo de ganar/ganar no es una descripción formal del trabajo, ni tampoco es un contrato legal. Es un contrato abierto psicológico y social que define explícitamente las expectativas. Se escribe primero en los corazones y las mentes de las personas, y luego se pasa a papel «a lápiz», en vez de con tinta, para que pueda «borrarse fácilmente» cuando ambos crean que es apropiado y sensato hacerlo. Se puede discutir y negociar a voluntad, según las circunstancias cambiantes. Tanto si la gente utiliza la expresión «acuerdos de ganar/ganar» como si no, la idea es que hay un entendimiento y un compromiso común con las más altas prioridades mutuas.

Los acuerdos de ganar/ganar permiten un nivel mucho más alto de flexibilidad, adaptabilidad y creatividad que las descripciones del trabajo, que se centran principalmente en los pasos y los métodos. Con el acuerdo de ganar/ganar se tienen en cuenta la situación, la madurez, el carácter y la competencia de los miembros del grupo y de los líderes formales, así como también las otras condiciones ambientales, como la presencia de estructuras, sistemas y procesos alineados.

Una vez que se ha desarrollado un acuerdo de ganar/ganar, la respuesta a la pregunta «¿Cuál es mi/nuestra prioridad principal?» está muy clara. Se exponen las responsabilidades. Se articulan las expectativas. Se establece la responsabilidad respecto a esas expectativas en forma de un marcador integral. La gente es libre de hacer lo que necesite para conseguir los objetivos dentro del contexto de las pautas. Se las arreglan solos. Obtienen el poder. En el capítulo 14, «El octavo hábito y el punto álgido», diremos muchas más cosas sobre cómo fomentar una responsabilidad fuerte y posibilitadora del equipo.

El facultamiento de ganar/ganar: el paso de la era industrial a la era del trabajador del conocimiento

¿Qué pasaría si olvidásemos todo lo que hemos aprendido sobre la persona completa? ¿Qué pasaría si perdiéramos de vista el fuego que hay dentro de esos individuos y organizaciones cuando encuentran su voz e inspiran a los demás a encontrar la suya, y siguiésemos trabajando a través de nuestros «lentes» y tradiciones de la era industrial? ¿Se da cuenta de lo fácil que sería aplicar el acuerdo de ganar/ganar dentro del estilo clásico de un administrador controlador? Verá que todos los esfuerzos no darían el fruto del facultamiento.

La base para que el facultamiento dé resultado está en el compromiso de trabajar con los miembros del equipo con el «acuerdo de ganar/ganar». En una organización, ganar/ganar significa que hay una coincidencia explícita de las cuatro necesidades de la organización (salud económica, crecimiento y desarrollo, relaciones sinérgicas con los grupos de interés y sentido/aportación) y con las cuatro necesidades del individuo (física: económica; mental: crecimiento y desarrollo; social/emocional: relaciones; y espiritual: sentido y aportación).

Si alguien viola el espíritu del acuerdo y sigue haciéndolo a pesar de los sinceros esfuerzos para arreglar la brecha, entonces puede que los individuos no acepten *ningún trato*. Eso significa que no se puede tratar con ellos. No hay acuerdo. Se acuerda estar en agradable desacuerdo. La gente se va. No se hacen contratos. Puede que se otorguen nuevas tareas.

Las fuerzas armadas aplican un enfoque muy interesante a la falta de trato. Se llama la doctrina del rechazo obstinado. Aprendí la doctrina del rechazo obstinado cuando estuve en contacto con oficiales de la marina. Significa que cuando uno sabe que algo está mal y que conllevaría graves consecuencias para el conjunto de la misión y de los valores de la organización, debería echarse atrás respetuosamente, sin importar qué posición o rango ocupe. Debería decirlo y declararse en contra de una decisión que está firmemente convencido de que es completamente equivocada. Esto es básicamente vivir según nuestra conciencia: permitir que nuestra voz o luz interior guíe nuestras acciones en vez de ceder ante el influjo de la presión de los compañeros.

Es importante que la gente que tiene altos cargos apruebe oficialmente la doctrina del rechazo obstinado. Así se legitima el derecho a echarse atrás, a llamar las cosas por su nombre, lo que está mal y lo que es una estupidez.

El facultamiento y la evaluación del trabajo

¿Quién debería evaluar el progreso y los resultados de una persona? Esa misma persona. La evaluación del trabajo tradicional es claramente una lacra de las prácticas de administración de nuestra época. Como hemos dicho antes, esto se da cuando el jefe prácticamente interroga al empleado y utiliza la «técnica del bocadillo» —dice unas cuantas palabras amables, luego clava el cuchillo y lo retuerce unas cuantas veces («áreas de mejora»), y finalmente le da unas palmaditas en el hombro para despedirle—. Cuando se tiene una cultura de gran confianza, sistemas útiles y personas en el mismo plano, las personas están en muchas mejores condiciones para evaluarse a sí mismas, sobre todo si tienen información de *feedback* de 360° de las diferentes fuentes que las rodean. Buena prueba de ello es la información que refleja el perfil de los siete hábitos (véase la figura 13.4), que afecta a alrededor de medio millón de personas que están implicadas en el *feedback* de 360°.

Se puede ver en casi todos los casos que la autoevaluación es más difícil que la evaluación de cualquier otra persona. Los jefes son los que saben menos: son los que se encuentran más lejos. La gente codependiente les dice lo que quieren oír, y se van quedando aislados y alejados de lo que está ocurriendo en realidad. Los subordinados son los siguientes que más saben, y luego los compañeros. Como en las parábolas bíblicas de las diez minas y los talentos que hemos mencionado antes, al comienzo del capítulo 6, el empleado se evalúa a sí mismo y el jefe reduce o aumenta la ayuda.

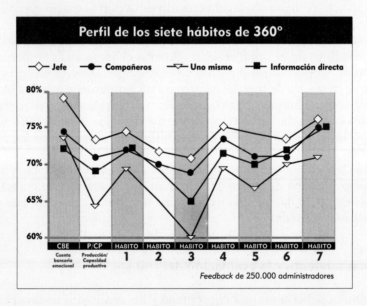

Figura 13.4

Estaríamos muy desalineados si pensásemos que, tras todo este facultamiento y tras haberle dado tanta importancia al poder de la gente para elegir a la hora de alcanzar los objetivos prioritarios, podríamos de repente colocar a un supuesto jefe para que sea el gran juez y evaluador.

El denominado gran jefe debería convertirse en el humilde y servidor líder que «trabaja codo con codo», haciendo preguntas tales como las siguientes (véase la figura 13.5).

Primera: «*¿Cómo va?*» El trabajador sabe cómo van las cosas mucho mejor que ningún jefe, sobre todo si se han establecido sistemas de *feedback*, incluido el *feedback* del jefe y de todos los otros grupos de interés que se ven afectados por el trabajo de esa persona. Así que la pregunta «¿Cómo va?» la contesta la propia persona según los términos de la tabla de resultados equilibrada que se haya acordado y la demás información de 360° de los grupos de interés.

La segunda pregunta es: «*¿Qué está aprendiendo?*». Una persona puede demostrar tanto aprendizaje como ignorancia, pero lo importante es que sea responsable.

LIDER SERVIDOR

(Responsabilidad mutua)

1 **¿Cómo va?** (Tabla de resultados, información)

2 **¿Qué está aprendiendo?**

3 **¿Cuáles son sus objetivos?**

4 **¿En qué puedo ayudarle?**

5 **¿Qué tal le estoy ayudando?**

Figura 13.5

La tercera pregunta es: «*¿Cuáles son sus objetivos?*» o «*¿Qué está intentando conseguir?*» Identifica la conexión entre la visión y la realidad. Esto lleva naturalmente a la cuarta pregunta: «*¿En qué puedo ayudarle?*», que claramente comunica que: «Yo te ayudo. Te permito hacer cosas, te sirvo». El líder servidor puede que incluso llegue a examinar su propia experiencia o conciencia para ver si necesita ser revisada. La clave de este intercambio es la auténtica comunicación directa, el bastón de la palabra indio del que hemos hablado antes.

Nada de juegos. Nada de politiqueo. Nada de comunicación protectora ni defensiva. Nada de peloteo. Nada de decir a los demás lo que quieren oír. La pregunta de «¿Qué tal le estoy ayudando?» comunica una responsabilidad mutua, respetuosa y abierta.

A veces enfrentarse a la realidad es difícil, sobre todo cuando hay que oírla en boca de los demás. Pero despreciamos e insultamos a la gente cuando la tratamos como si no fueran individuos responsables y capaces de tomar decisiones. Si, por ser agradables y amables, empezamos a proteger a los demás, iniciamos el proceso de codependencia y la conspiración silenciosa que finalmente da como resultado el nivel más bajo de iniciativa: «Espera instrucciones».

Cuando el espíritu del líder servidor cala profundamente en un equipo, o entre un administrador o equipo y un socio, entonces florece de verdad la tercera forma de *confianza* mencionada en el capítulo 9. Es la confianza que una persona o equipo elige conscientemente *depositar* en otro: un acto que lleva a *sentir* que el otro puede aportar valor. El otro le otorga su confianza y usted se la devuelve. *Confianza* es un sustantivo pero también implica un verbo, *confiar*. Como es tanto una acción como un sustantivo, es algo compartido y recíproco entre las personas. Ésta es la esencia de cómo una persona se convierte en líder de su jefe. Obtienen confianza depositándola. La acción de *confiar* proviene del potencial de confiabilidad de la persona que recibe la confianza y de la clara confiabilidad de la persona que deposita la confianza. El cuarto rol —el facultamiento— incluye hacer de la *confianza* una acción.

El caso de los conserjes (convertir a trabajadores manuales en trabajadores del conocimiento)

Lo que sigue es una historia real de una persona completa en un trabajo completo. Ilustra lo que puede pasar en un trabajo que, aunque muy digno, tiene por naturaleza menor categoría, requiere menos aptitudes y está peor pagado: ser conserje. La idea es que si se puede tener a una persona completa en un trabajo completo que consiste en vaciar papeleras, barrer y fregar, limpiar las paredes y las instalaciones, etc., se puede tener en cualquier trabajo.

Un instructor de desarrollo de la administración estaba enseñando a un grupo de supervisores de primer nivel a enriquecer un trabajo para que motivase intrínsecamente a los empleados. Uno de los encargados que supervisaba a los conserjes se opuso con bastante fuerza a la teoría. Le parecía demasiado idealista y muy poco relacionada con el tipo de trabajo que hace un conserje, al menos los conserjes que *él* supervisaba. Todos los demás supervisores estuvieron de acuerdo en que había un problema con los conserjes. Coincidían con el supervisor en que la mayoría de sus conserjes no tenían educación y que estaban de paso, y que sólo se encontraban allí porque no habían conseguido un trabajo mejor. Básicamente, su único deseo era fichar al llegar y al irse. Algunos incluso eran alcohólicos.

Como el instructor sabía que el encargado de mantenimiento era sincero en su creencia de que la teoría de la motivación y del facultamiento no le servía para nada a la hora de trabajar con los conserjes, dejó a un lado la lección que había preparado y empezó a tratar el problema de los conserjes directamente.

Puso tres palabras en la pizarra: planificar, hacer y evaluar, los tres principales elementos del enriquecimiento del trabajo. Luego pidió al encargado de mantenimiento y a los demás encargados que enumerasen los deberes y actividades de mantenimiento asociados con estas tres palabras. Algunos aspectos de la «planificación» del trabajo eran: fijar horarios para el mantenimiento, elegir y comprar ceras y abrillantadores, y determinar qué conserje cubriría cada una de las áreas de la planta. Durante la discusión, el encargado de mantenimiento dijo que estaba a punto de comprar varias máquinas para pulir y fregar el suelo. Todas estas actividades de planificación las realizaba el encargado de mantenimiento.

El epígrafe «hacer» englobaba las actividades habituales de los conserjes: barrer, fregar, encerar y recoger la basura y los desperdicios. La parte referente a la «evaluación» del trabajo incluía actividades como los controles rutinarios diarios de la limpieza de la planta por parte del encargado de mantenimiento; la evaluación de la efectividad de los diferentes jabones, ceras y abrillantadores, que había que probar; plantear formas de mejorar; y asegurarse de que se cumplían los horarios de limpieza. Además, el encargado de mantenimiento también se ponía en contacto con los vendedores para determinar el tipo de máquinas que podía comprar.

Cuando se hubieron enumerado las distintas actividades, el instructor preguntó: «¿Cuáles de estas actividades podrían realizar los conserjes? Por ejemplo, ¿por qué es usted, señor encargado, el que determina qué jabones hay que comprar? ¿Por qué no deja que decidan sus conserjes? ¿Y qué le parece hacer que el vendedor les haga la demostración de la nueva máquina a los conserjes para que ellos decidan cuál es la mejor? ¿Qué tal si dejase a los conserjes determinar las partes del trabajo que les gustaría hacer?». (En realidad, el lenguaje no fue tan claro y directo, pero todo el grupo de encargados se impli-

có en la discusión sobre qué otras áreas de la planificación y la evaluación podrían cederse a los conserjes.)

Durante los siguientes cinco meses, se discutió el caso de los conserjes, aunque fuera brevemente, en cada una de las sesiones del instructor. Mientras tanto, el supervisor de mantenimiento estaba cap-
tando la mente y el corazón de los conserjes al darles regularmente
más responsabilidad sobre la planificación, la actuación y la evaluación de su trabajo. Probaban máquinas nuevas y hacían las recomendaciones finales para la compra. Experimentaban con diferentes
ceras para determinar cuál daba mejores resultados en condiciones
normales. Empezaron a examinar el horario de limpieza para determinar cuánta atención merecía cada área. Por ejemplo, un área que
se había ido fregando a diario se empezó a fregar sólo cuando era necesario después de una inspección visual. Los conserjes desarrollaron
sus propios criterios para determinar la limpieza de las plantas y empezaron a ejercer presión sobre los compañeros que no cumplían las
normas.

Poco a poco, estos conserjes se hicieron cargo de las tres tareas de
forma que se aprovechaba lo mejor de ellos mismos: su cuerpo, su corazón, su mente y su espíritu. El efecto global, para sorpresa de la mayoría, fue que la calidad aumentó, la renovación de la plantilla y los
problemas de disciplina disminuyeron visiblemente, se desarrollaron
normas sociales sobre la iniciativa, la cooperación, la diligencia y la
calidad, y la satisfacción en el trabajo aumentó significativamente. En
resumen, tenían un grupo de conserjes con gran interés en su trabajo,
y todo porque sus supervisores permitieron o facultaron a la persona
completa para realizar el trabajo completo. Tenían una autonomía dirigida. Los conserjes ya no necesitaban supervisión o gestión porque
se supervisaban y se gestionaban solos siguiendo los criterios que
habían contribuido a desarrollar.

Y lo que quizás es más importante: otros encargados empezaron
a pensar en cómo aplicar los mismos principios a sus propias áreas,
sobre todo desde que empezaron a ver con sus propios ojos los resultados del trabajo del encargado de mantenimiento con sus conserjes.

SERVICIO Y SENTIDO

Si aplicamos esta idea de «planificar, hacer, evaluar» a nuestro
modelo de liderazgo de la persona completa, quedaría como sigue
(véase la figura 13.6):

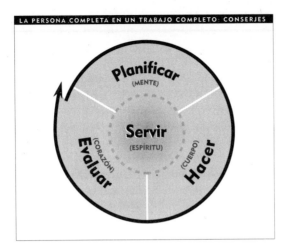

Figura 13.6

El cuarto elemento, «servir», figura en el centro para resaltar la necesidad de sentido y aportación que tiene el espíritu. Es evidente que los conserjes del ejemplo anterior empezaron a experimentar que su trabajo tenía sentido. Desarrollaron un gran orgullo profesional y empezó a subir el nivel de calidad en toda la planta. Encontraron su voz. Fíjese ahora en la flecha de la parte exterior del diagrama. Ésta indica que se trata de un ciclo, de un proceso. Una vez que se ha hecho el trabajo de evaluación, se desarrollan nuevos planes que incorporan aprendizajes recientes; se ejecutan esos planes, y el ciclo de mejora se repite.

Puede que usted se pregunte: «Si se faculta tanto a la gente, ¿para qué se necesitan entonces los supervisores?». La respuesta es sencilla: hay que establecer las *condiciones de facultamiento* y luego quedarse al margen, despejar su camino y convertirse en una fuente de ayuda cuando se requiera. En esto consiste el liderazgo servidor. Después de todo, el trabajo del supervisor no consiste en avivar el ego de uno, sino en conseguir que el trabajo se haga.

> Sólo el 45 % de los encuestados con el cuestionario xQ afirma que su aportación al trabajo es reconocida y apreciada.

Nuevo repaso a la elección

El caso de los conserjes es un buen recordatorio de que la gente hace elecciones en su trabajo según cómo se respeten y traten las cuatro áreas de su naturaleza. Como se puede ver en la columna de la izquierda de la figura siguiente, cada elección responde a una motivación más profunda que va desde la ira, el miedo y la recompensa al deber, el amor y el sentido (véase la figura 13.7):

Figura 13.7

El deber, el amor y el sentido son las fuentes más importantes de motivación humana y siempre producirán unos resultados mayores y más duraderos. El liderazgo recurre a los más elevados impulsos humanos. Tratar a las personas como si fueran cosas degrada a los seres humanos a sus instintos más bajos. Es la lacra de la administración en la era moderna.

Esta historia también demuestra algo extremadamente importante: es *la idea y el estilo de liderazgo del administrador*, y no la naturaleza del trabajo ni la era económica, lo que define si una persona es un trabajador del conocimiento o no. Si no se la percibe como un trabajador del conocimiento, esto es, si a un conserje no se le considera el experto local en trabajo de conserje, entonces será un trabajador manual y no un trabajador del conocimiento.

Película: *The nature of leadership**

El siguiente cortometraje que recomiendo es muy similar al mencionado al principio del libro. Le permitirá reflexionar acerca de los principios subyacentes en este esquema de liderazgo, y le incentivará a profundizar y actuar sobre ellos. La naturaleza es a la vez el telón de fondo y el profesor. Creo que le inspirará, como me ha inspirado a mí. Una vez más, encontrará esta película junto a las restantes en la página www.franklincoveymex.com.

Vamos a pasar ahora a unirlo todo demostrando cómo los cuatro roles del liderazgo sirven de marco para el enfoque y la ejecución.

PREGUNTAS Y RESPUESTAS

P: Habla usted de un trabajo complementario. Pero yo estoy solo y no tengo empleados ni informes directos de nadie y tengo que desempeñar todos los papeles; ¿cómo puedo desarrollar un equipo complementario para compensar mis puntos débiles?
R: Hasta que no tenga a otras personas en las que delegar, de forma que sus puntos fuertes se hagan productivos y sus puntos débiles se hagan irrelevantes, tendrá que conseguir por lo menos un nivel mínimo de competencia en sus puntos débiles o recurrir a consejeros o asesores externos para compensarlos.
P: ¿Cómo se puede facultar a los empleados en un ambiente que está altamente regulado, con la constante intrusión de nuevos mandatos, políticas y regulaciones?
R: Yo me dirigiría a mis empleados planteándoles la siguiente pregunta: ¿Qué sugerís vosotros; cuál es vuestra opinión? Lo digo completamente en serio, yo se lo pondría en bandeja. La gente es increíblemente creativa y flexible, y no importa lo opresivo que pueda ser un ambiente muy regulado: si el trabajo tiene sentido, siempre se pueden encontrar áreas de oportunidad creativa en las que la gente pueda ejercer su propio criterio. A la hora de establecer los acuerdos, las regulaciones deben indicarse claramente como pautas, incluso como normas que hay que seguir.
Viví en Inglaterra un tiempo y una vez vi a los trabajadores del ferrocarril disgustados por el ambiente extremadamente regulador. De-

---

* La magnífica fotografía de esta película es obra de Dewitt Jones y Roger Merrill, y está sacada del libro *The nature of leadership*.

cidieron: «Vale, vamos a seguir las reglas a rajatabla», y literalmente toda Inglaterra quedó paralizada. Ningún tren llegaba puntual. Ocasionaron un caos absoluto, simplemente porque seguían las normas al pie de la letra. La única forma en que habían podido arreglárselas antes había sido con su creatividad, iniciativa y abundancia de recursos. Una vez que esto se hizo evidente, los administradores empezaron a valorar más el criterio humano que las normas, y todo empezó a funcionar de nuevo.

Se podría establecer un programa piloto o experimental que produjera mejores resultados con costes más bajos y sin violar ninguna de las normas vertebrales. El riesgo es menor y el potencial que se aprende es grande. Y se podría empezar a discriminar con más cuidado entre las normas que son vertebrales y las que son periféricas o puros artefactos culturales.

Una vez trabajé con la industria de energía nuclear, altamente regulada. El nivel de cooperación y comunicación, incluso entre competidores, era impresionante porque todos sabían que si tenían otro incidente como el de Three Mile Island, acabaría con la industria entera. Compartían por propia iniciativa todos los incidentes o situaciones que habían producido algún elemento de riesgo o de fallo en la seguridad. Las regulaciones administrativas del gobierno no tenían por dónde empezar para intentar ponerse al nivel de lo que estas competitivas empresas hacían por su cuenta.

P: ¿Cómo se puede fomentar la responsabilidad en la forma de ganar/ganar? ¿No tiende el espíritu de ganar/ganar a ablandarse con respecto a las responsabilidades?

R: De ninguna manera. La clave es establecer la responsabilidad con respecto a los resultados deseados que se han acordado mutuamente. Para ello hay que emplear una tabla de resultados equilibrada, con las consecuencias lógicas y naturales que siguen a la responsabilidad. Sin dicha tabla y sin unos resultados y consecuencias acordados, ganar/perder se convertirá en perder/ganar y, con el tiempo, en perder/perder.

P: ¿Cómo se puede tratar con el empleado inconformista, el que parece que se resiste a todas las decisiones y que lo hace todo a su manera?

R: Gran parte del progreso significativo se da gracias a los inconformistas. Siempre debería haber un lugar para la gente que piensa de forma diferente y que es original y creativa en sus procesos mentales. Hay que aprender a apreciar los puntos fuertes exclusivos de cada persona, pero si su inconformismo llega al punto de que se hace pernicioso, negativo y crítico, entonces yo recomendaría establecer un sistema de *feedback* que transmita a la persona esa información. Que se empape de las cándidas percepciones de los demás y de los sentimientos que rodean a esas percepciones hasta que decida lo que realmente quiere hacer. Si el inconformista es uno de esos que se apartan de las reglas porque realmente disfruta violando las normas sociales, y si no aporta nada de valor con contribuciones creativas e innovadoras, entonces habría que convertirle en un trabajador externo. Hay mucha gente que es independiente —no es interdependiente, pero tampoco se desvía de las normas— que puede desempeñar un papel muy importante en trabajos orientados a la independencia. La clave es crear una cultura que incluya la diversidad en un contexto de valores y objetivos comunes. Como dijo Emile Durkheim: «Cuando las costumbres son suficientes, las leyes son innecesarias; cuando las costumbres son insuficientes, las leyes no se pueden hacer cumplir».

P: Yo personalmente necesito tener el control y toda esta idea de liberarlo me asusta un poco, aunque reconozco que tiene sentido. ¿Puedo cambiar?

R: Desde luego. No es usted un animal. Aunque le influyan, usted no es un producto de la naturaleza y de la educación. Es un producto de sus elecciones, pero tendría que empezar a cambiar a nivel personal utilizando los tres atributos exclusivos de los seres humanos: el poder de elegir, los principios y sus cuatro inteligencias o capacidades. Con paciencia y persistencia, superará esa necesidad de control y, a medida que vaya ganando seguridad con las personas más cercanas en su hogar y en el trabajo, llegará a sentir que obtiene más productividad y más tranquilidad si enseña los principios con el precepto a la vez que con el ejemplo, así como si deja que los demás se gobiernen solos. Finalmente, aprenderá a institucionalizar este tipo de autoridad moral en los sistemas, estructuras y procesos.

LA ERA DE LA SABIDURÍA

> *La diferencia entre lo que hacemos y lo que somos capaces de hacer resolvería la mayoría de los problemas del mundo.*
>
> MAHATMA GANDHI

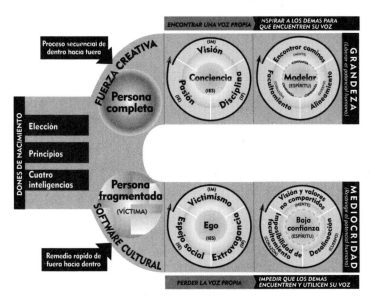

Figura 14.1

El octavo hábito —«Encontrar una voz propia e inspirar a los demás para que encuentren la suya»— es una idea a la que le ha llegado el momento. Esta expresión procede de la famosa frase de Victor Hugo citada anteriormente: «No hay nada más poderoso que una idea a la que le ha llegado su tiempo». El motivo por el que el octavo hábito es una idea de tal índole es que encarna la concepción de la persona completa: la concepción que otorga a quienes la poseen *la* clave para destapar el ilimitado potencial de la economía del trabajador del conocimiento. Como se ve en la parte inferior de la figura 14.1, la economía del trabajador manual de la era industrial estaba basada en el paradigma de la persona dividida o fragmentada. En el mundo de hoy en día, ese camino inferior conduce, en el mejor de los casos, a la mediocridad. Significa literalmente ponerle una camisa de fuerza al potencial humano. En las organizaciones imbuidas en la mentalidad de la era industrial, las personas que ocupan altos cargos siguen tomando todas las decisiones importantes y el resto «empuñan destornilladores». ¡Qué gran desperdicio! ¡Qué gran pérdida!

Recuerde de nuevo la afirmación del escritor John Gardner: «La mayoría de las organizaciones aquejadas de problemas han desarrollado una ceguera funcional a sus propios defectos. No sufren porque no puedan resolver sus problemas sino porque no pueden *verlos*». Esto es *exactamente* lo que ha sucedido.

El octavo hábito proporciona la actitud y el conjunto de habilidades necesarias para poder buscar constantemente el potencial de las personas. Es el tipo de liderazgo que transmite a las personas su valía y su potencial tan claramente que éstas llegan a verlos en ellas mismas. Para conseguir esto, debemos escuchar a la gente. Debemos implicarla y reafirmarla constantemente con nuestras palabras y con los cuatro roles del liderazgo.

A continuación exponemos un breve resumen de las funciones de cada rol. Fíjese en cómo cada uno de ellos reafirma directa o indirectamente la valía de la gente como personas completas y fomenta la liberación de su potencial.

Primero, *modelado* (individual, de equipo). El modelado inspira confianza sin esperarla. Cuando la gente vive según los principios que encarna el octavo hábito, la confianza, la sustancia de la vida, florece; la confianza nace sólo de la confiabilidad. En resumen, el modelado produce *autoridad moral personal*.

Segundo, *encontrar caminos*. La exploración o búsqueda de caminos crea orden sin exigirlo. Eso significa que cuando la gente identifica y se implica en las decisiones estratégicas, conecta emocionalmente; tanto la administración como la motivación actúan de afuera hacia adentro. La exploración produce *autoridad moral con visión de futuro*.

Tercero, *alineamiento*. Alinear estructuras, sistemas y procesos es una forma de cultivar el cuerpo político y el espíritu de confianza, la visión y el facultamiento. El alineamiento produce *autoridad moral institucionalizada*.

Cuarto, *facultamiento*. El facultamiento es el fruto de los otros tres roles —modelado, exploración y alineamiento—. Libera el potencial humano sin motivación externa. El facultamiento produce *autoridad moral cultural*.

Figura 14.2

Recuerde que el modelado más importante lo realiza el líder cuando *modela los otros tres roles*. En otras palabras, la exploración consiste en modelar el *coraje* para determinar la forma de proceder y la *humildad* y el *respeto mutuo* a fin de implicar a los demás a la hora de decidir lo que es más importante. El alineamiento consiste en modelar la voluntad de establecer estructuras, sistemas y procesos que sean congruentes con las decisiones estratégicas sobre «lo que es más importante» para que la organización se mantenga siempre enfocada hacia sus objetivos prioritarios. El facultamiento consiste en modelar una profunda creencia en la capacidad de la gente para elegir y en las cuatro partes de su naturaleza mediante el proceso denominado *encargar*.

Enfoque y ejecución

Pienso que todo lo que hemos explicado se puede resumir básicamente en dos palabras: enfoque y ejecución. En estas dos palabras encontramos realmente «la simplicidad en el lado opuesto de la complejidad». Una vez más, el *enfoque* trata de lo que es más importante, y la *ejecución* trata de que eso suceda. El popular libro de gestión de Ram Charan y Larry Bossidy, titulado *Execution: The discipline of getting things done*, ha influido mucho en mis reflexiones sobre estas dos palabras.

Los dos primeros roles de liderazgo —*modelar* y *encontrar caminos*— se pueden resumir en una palabra: *enfoque*. Los otros dos roles de liderazgo —*alinear* y *facultar*— se pueden resumir en una palabra: *ejecución*. ¿Cómo es eso? Piénselo bien. Explorar para encontrar caminos es básicamente un trabajo estratégico; se trata de decidir cuáles son los objetivos prioritarios: qué valores van a servir de pautas para conseguir y mantener esos objetivos. Pero esto requiere tanto una comprensión como un compromiso de la cultura hacia esos objetivos. Ese compromiso está basado en la confianza, la confiabilidad y la sinergia: la esencia del modelado. Sólo cuando hay verdadera confiabilidad personal e interpersonal se desarrollará la confianza y la sinergia de equipo será efectiva. Este modelado personal/interpersonal implica respeto mutuo, comprensión mutua y cooperación creativa (hábitos cuarto, quinto y sexto) a la hora de producir una serie clara y comprometida de objetivos de alta prioridad (segundo hábito: «Empiece con un fin en mente»). Esta confiabilidad personal/interpersonal se basa a su vez en que la gente viva según sus valores y objetivos: en otras palabras, enfoque personal y ejecución. Éste es el tercer hábito: «Establezca primero lo primero». La expresión «primero lo primero» es otra forma de describir el enfoque y la ejecución.

> *El liderazgo sin disciplina de ejecución es incompleto e ineficaz. Sin la capacidad de ejecución, todos los otros atributos del liderazgo resultan vacuos.*
>
> *Ninguna empresa puede cumplir sus compromisos ni adaptarse bien a los cambios si todos los líderes no practican la disciplina de ejecución en todos los ámbitos. La ejecución tiene que ser parte de la estrategia de una empresa en sus objetivos. Es el enlace que falta entre las aspiraciones y los resultados.*[1]
>
> RAM CHARAN Y LARRY BOSSIDY

Los otros dos roles de liderazgo, *alineamiento* y *facultamiento*, representan la *ejecución*. Esto significa crear estructuras, sistemas y procesos (*alineamiento*) que posibiliten de forma expresa a los individuos y equipos trasladar los mayores objetivos estratégicos a la vista o las prioridades básicas de la organización (encontrar caminos) a su trabajo diario y a sus objetivos de equipo. En resumen, se *faculta* a la gente para que haga su trabajo.

El enfoque y la ejecución están conectados de forma inseparable. En otras palabras, hasta que no se tenga a la gente en el mismo plano, ésta no ejecutará de forma sistemática. Si se utiliza el modelo de transacción de mando y control propio de la era industrial para obtener el enfoque, no podrá utilizar el modelo de transformación de facultamiento que adopta la era del trabajador del conocimiento para obtener la ejecución; sencillamente porque sin implicación y/o identificación no obtendrá compromiso emocional con el enfoque. La ejecución simplemente no tendrá lugar. De la misma manera, si utiliza el modelo de implicación y facultamiento del trabajador del conocimiento para obtener un enfoque común, pero luego utiliza el modelo de mando y control de la era industrial para la ejecución, no será capaz de mantener el enfoque porque la gente percibirá la falta de sinceridad y de integridad.

Por otro lado, si utiliza el modelo del trabajador del conocimiento tanto en el enfoque (modelado, búsqueda de caminos) como en la ejecución (alineamiento, facultamiento), producirá integridad y honradez en la cultura de la organización. Ésta no sólo encontrará su voz sino que también la utilizará para servir a la perfección a sus propósitos y a los grupos de interés.

Las brechas de ejecución

Al principio del libro expuse la siguiente máxima: «Saber y no hacer, en realidad es no saber». Es una gran verdad. Los principios que engloba el octavo hábito son de poco valor hasta que, con la práctica y la *ejecución*, se convierten en un *hábito*.

Yo soy tu más fiel compañero. Soy tu mayor apoyo o tu carga más pesada. Te empujaré hacia delante o te arrastraré al fracaso. Estoy totalmente a tus órdenes. La mitad de las cosas que haces podrías pasármelas a mí, y yo las haría rápida y correctamente. Se me puede manejar con facilidad: sólo tienes que ser firme conmigo. Enséñame exactamente cómo quieres que haga una cosa, y al cabo de unas pocas lecciones lo haré automáticamente. Soy el servidor de todos los triunfadores y, desgraciadamente, de todos los fracasados también. Con los que eran fracasados, he producido fracasos. No soy una máquina, aunque trabajo con toda la precisión de una máquina unida a la inteligencia de un ser humano. Puedes usarme para obtener beneficios o para arruinarte, a mí me da igual. Tómame, enséñame y sé firme conmigo y pondré el mundo a tus pies. Sé blando conmigo y te destruiré.
¿Quién soy? Yo soy el hábito.

ANÓNIMO

La ejecución es *el* gran tema que aún no se ha abordado en la mayoría de las organizaciones actuales. Una cosa es tener clara la estrategia y otra muy distinta es implementar y realizar la estrategia, ejecutar. De hecho, la mayoría de los líderes estarían de acuerdo en que estarían mejor con una estrategia modesta y una ejecución espléndida, que con una espléndida estrategia y una mala ejecución. Los que ejecutan siempre son los que tienen la sartén por el mango. Como dijo Louis V. Gerstner, Jr.: «Todas las grandes empresas del mundo *ganan en ejecución* a sus competidores, día sí día no, en el mercado, en sus plantas de manufacturación, en su logística, en sus inventarios... en casi todo lo que hacen. Raramente las grandes empresas poseen una patente que las aísle de la constante batalla cuerpo a cuerpo de la competición».[2]

En la ejecución influyen muchos elementos, pero nuestro cuestionario xQ demuestra que hay seis conductores esenciales de la ejecución en una organización: *claridad, compromiso, trasposición, posibilitación, sinergia* y *responsabilidad*. Ocurre, por tanto, que la interrupción de la ejecución normalmente se da como consecuencia de fallos en uno o más de estos seis conductores. Los llamamos las *brechas de ejecución*:

- Claridad: la gente no sabe claramente cuáles son los objetivos o prioridades de su equipo o de su organización.
- Compromiso: la gente no se implica con los objetivos.
- Trasposición: la gente no sabe lo que necesita individualmente para ayudar al equipo o a la organización a conseguir sus objetivos.
- Posibilitación: la gente no tiene la estructura adecuada, los sistemas o la libertad para hacer bien su trabajo.
- Sinergia: la gente no se lleva bien o no trabaja bien en grupo.
- Responsabilidad: la gente normalmente no considera a los demás responsables.

> *La mayor parte de lo que llamamos administración consiste en hacerle difícil a la gente su trabajo.*
> PETER DRUCKER

El siguiente cuadro (Tabla 6) muestra las seis brechas/conductores de la ejecución y ofrece una explicación muy simplificada de cómo la actitud controladora de la era industrial literalmente provoca estas brechas y cómo el modelo del trabajador del conocimiento/persona completa, que encarna el octavo hábito, puede resolverlos.

BRECHAS DE EJECUCIÓN	CAUSA DE LA ERA INDUSTRIAL	SOLUCIÓN DE LA ERA DEL TRABAJADOR DEL CONOCIMIENTO
Claridad	Enunciación	Identificación y/o implicación
Compromiso	Venta	Persona completa en un trabajo completo
Trasposición	Descripción del trabajo	Alinear los objetivos con los resultados
Posibilitación	«El palo y la zanahoria» (el trabajador como gasto)	Alinear las estructuras con la cultura
Sinergia	«¡Cooperen!»	Comunicación de terceras alternativas
Responsabilidad	Evaluación del trabajo con la «técnica del bocadillo»	Responsabilidad frecuente, abierta y mutua: marcador exigente

Tabla 6

1. Claridad: el modelo del trabajador manual de la era industrial consiste simplemente en enunciar cuáles son la misión, la visión, los valores y los objetivos prioritarios. Como hemos dicho, éstos son a menudo el resultado de que los jefes obtengan la declaración de objetivos y metas en talleres externos y luego se dirijan a los trabajadores para anunciarles en un lenguaje suavizado las decisiones estratégicas que deben guiar todas las decisiones de la organización. Con el tiempo, estas declaraciones de objetivos se convierten en declaraciones de relaciones públicas, porque no hay una verdadera implicación y, por tanto, no hay verdadera identificación, que es la esencia de la era del trabajador del conocimiento. Recuerde que la identificación es la autoridad moral personal que nace de la implicación con la persona que se admira, no necesariamente de la implicación en las decisiones estratégicas.

2. Compromiso: el modelo de la era industrial para obtener compromiso es venderlo: comunicarlo constante y frecuentemente, explicarlo y hacer que tenga sentido. ¡Vender, vender, vender! Pero las investigaciones demuestran que sólo uno de cada cinco trabajadores tiene un compromiso apasionado con los objetivos prioritarios de su equipo y organización. El modelo del octavo hábito de la era del trabajador del conocimiento se basa en colocar a una persona completa en un trabajo completo: cuerpo, mente, corazón y espíritu. Se trata de pagar a la persona un sueldo justo, tratarla con amabilidad y respeto, utilizar su mente de forma creativa para que realice un trabajo que aporte algo de valor y lo haga siguiendo unos principios. No es sólo una cuestión de lo que hemos llamado la filosofía motivacional de «el palo y la zanahoria», en la que simplemente se motiva a los trabajadores con más dinero. De hecho, las investigaciones han demostrado que cuando se adopta el modelo del trabajador del conocimiento, los trabajadores sitúan el sueldo en el cuarto lugar de sus prioridades, después de la confianza, el respeto y el orgullo. ¿Por qué? Porque cuando la gente siente una satisfacción intrínseca en su trabajo, los factores extrínsecos o externos son menos importantes. Pero cuando no hay satisfacciones intrínsecas en el trabajo, el dinero se convierte en lo más importante. ¿Por qué? Pues porque con dinero se pueden comprar satisfacciones fuera del trabajo. El octavo hábito de la persona completa libera las motivaciones *internas*.

Ambas brechas de ejecución, claridad y compromiso, son además la fuente principal de los problemas de gestión del tiempo. Ello se debe a una sencilla razón: la forma en que la gente define sus objetivos prioritarios, junto a la misión y los valores, gobernará todas las demás decisiones. Por lo tanto, cuando hay una falta de claridad y de compromiso, sólo hay confusión sobre lo que es realmente importante. El resultado final es que la urgencia será la que defina lo importante. Lo popular, apremiante, próximo y agradable —en otras palabras, lo que es urgente— será lo importante. El resultado final es que todo el mundo leerá los posos del café, averiguará en qué dirección soplan los vientos de la política y hará la pelota a la jerarquía. Luego la confusión va bajando por toda la organización e irá aumentando a medida que se extienda. Así que, hasta que la gente no desarrolle claridad y compromiso con la misión, la visión y los valores de la organización, el tiempo que se dedique a capacitar a los administradores no tendrá ningún impacto sostenido, salvo en la vida personal del individuo. Como dijo una vez Charles Hummel:

La tarea importante pocas veces se ha de realizar hoy, ni siquiera esta semana. [...] Pero la tarea urgente requiere una acción instantánea. [...] La atracción momentánea de esas tareas parece irresistible e importante, y devora nuestra energía. Pero con la perspectiva del tiempo, su falsa preeminencia se desvanece, y con una sensación de pérdida recordamos la tarea vital que hemos dejado a un lado. Nos damos cuenta de que nos hemos convertido en esclavos de la tiranía de la urgencia.[3]

3. Trasposición: el modelo de la era industrial son las descripciones del trabajo. En la era del trabajador del conocimiento, se ayuda a alinear el trabajo de las personas con sus voces (talentos y pasiones), y su trabajo tiene una visión de los objetivos prioritarios del equipo y de la organización.

4. Posibilitación: En muchos sentidos, la posibilitación es la brecha de ejecución más difícil de solucionar, porque requiere que el administrador elimine todas las barreras de disfunción estructural, sistémicas y otros obstáculos culturales de los que hemos hablado a lo largo de todo el libro. Estos sistemas y estructuras posibilitadores o imposibilitadores —reclutamiento, selección, capacitación y desarrollo, recompensa, comunicación, información, compensación, etc.— son exactamente el lugar en el que mucha gente obtiene su sensación de seguridad y previsibilidad de su vida laboral. Si no hay una implicación auténtica con los valores y con las prioridades a la vista, no se consigue suficiente conexión emocional, confianza y motivación interna para alinear las estructuras y sistemas profundamente arraigados.

En la era industrial, las personas son un gasto y las cosas, como el material y la tecnología, son una inversión. ¡Piénselo bien! ¡Personas, gasto; cosas, inversión! Esto es lo esencial del sistema de información. Es algo muy grave. Con el modelo del octavo hábito en la era del trabajador del conocimiento, la gente puede implicarse en establecer un marcador muy exigente, con mucha fuerza visual y en tiempo real sobre los resultados y la capacidad que refleje lo bien que están alineados los sistemas y las estructuras, para posibilitar que se consigan los objetivos clave.

5. Sinergia: la era industrial tiene un modelo de transigencia en el mejor de los casos, y de ganar/perder o perder/ganar en el peor. La sinergia en la era del trabajador del conocimiento permite que se creen terceras alternativas. Es un tipo de comunicación del octavo hábito en la que las voces de las personas se identifican y alinean con la voz de la organización para que las voces de los diferentes equipos o departamentos combinen.

6. Responsabilidad: las prácticas de la era industrial basadas en la técnica motivacional de «el palo y la zanahoria» y la evaluación del trabajo de la «técnica del bocadillo» son sustituidas por la responsabilidad mutua y un intercambio abierto de información sobre los objetivos prioritarios que todo el mundo entiende. Es casi como ir a un estadio de fútbol o a una cancha de baloncesto: el marcador muestra la información para que todos los espectadores sepan exactamente lo que está pasando.

El punto álgido

Vamos a unir todo esto. Al principio del libro, he presentado la idea de que todo el mundo elige entre dos caminos en la vida: uno de ellos es el muy transitado camino hacia la mediocridad, el otro es el camino hacia la grandeza. Hemos analizado cómo el camino hacia la mediocridad pone una camisa de fuerza al potencial humano y cómo el camino hacia la grandeza libera y realiza el potencial humano. El octavo hábito es el camino hacia la grandeza, y la grandeza reside en «Encontrar una voz propia e inspirar a los demás para que encuentren la suya».

Juntos hemos analizado lo que se podría llamar tres tipos de grandeza: grandeza *personal*, grandeza *de liderazgo* y grandeza *organizacional*.*

La grandeza *personal* la encontramos cuando descubrimos nuestros tres dones de nacimiento: elección, principios y las cuatro inteligencias humanas. Cuando desarrollamos estos dones e inteligencias, cultivamos un magnífico carácter lleno de visión, disciplina y pasión guiadas por la conciencia, que es a la vez animosa y amable. Este tipo de carácter está llevado a aportar contribuciones significativas que no sólo sirven a la raza humana sino que también alcanzan y se centran en «el único». A este tipo de carácter lo denominaría grandeza *primaria*, mientras que la grandeza secundaria incluiría elementos tales como el talento, la reputación, el prestigio, la riqueza y el reconocimiento.

La *grandeza de liderazgo* la consigue la gente que, sin tener en cuenta su posición, elige inspirar a los demás a encontrar su voz. Esto se consigue viviendo los cuatro roles del liderazgo.

La *grandeza organizacional* se consigue cuando la organización se enfrenta al desafío final de trasladar sus roles del liderazgo y su trabajo (incluidos la misión, la visión y los valores) a los principios o conductores de ejecución en una organización —claridad, compromiso, trasposición, sinergia, posibilitación y responsabilidad—. Estos conductores son los principios universales, intemporales y evidentes de las organizaciones.

El siguiente diagrama resume la relación entre grandeza personal, grandeza de liderazgo y grandeza organizacional. Las organizacio-

---

* Para obtener más información sobre cómo conseguir un rendimiento superior y mantenerlo a través del desarrollo de las tres formas de grandeza, véase el Apéndice 8.

nes que se gobiernan y se disciplinan con las tres grandezas alcanzan lo que se podría llamar el *punto álgido*. El punto álgido es el nexo en el que los tres círculos coinciden. Ahí es donde se encuentra la mayor expresión de poder y potencial. Es el instante decisivo en un partido de tenis, o cuando el palo de golf conecta con la pequeña bola blanca. ¡Es tan estimulante! El golpe resuena. Sencillamente, se sabe que se ha acertado. Sin más esfuerzo del habitual, la conexión con el centro libera una explosión de poder y la bola es lanzada vertiginosamente mucho más lejos y más rápido de lo habitual. Es otra forma de referirse al poder que se libera cuando uno «encuentra su voz» como individuo, como equipo y como organización.

Figura 14.3

Las cuatro disciplinas de ejecución (4 DE)

Hay cuatro disciplinas que, si se practican de manera sistemática, pueden cerrar las brechas de ejecución y mejorar ampliamente la capacidad de los equipos y la organización para enfocar y ejecutar sus principales prioridades. Las denominamos *las cuatro disciplinas de ejecución*. Por supuesto, hay decenas de factores que influyen en la ejecución. Sin embargo, nuestra investigación apunta que estas cuatro disciplinas representan el 20 % de las actividades que producen el 80 % de los resultados, ya que se refieren a ejecutar sistemáticamente con excelente calidad las principales prioridades. Comprobará que estas cuatro disciplinas se corresponden y surgen de las tres áreas de grandeza. Son el punto álgido (véase 4 DE en el centro del diagrama), el punto de contacto de la liberación de poder, el conjunto de prácticas de paso a paso, enjuiciables, «al pie del cañón» y enfocadas que permitirán a un equipo y a una organización conseguir resultados de forma sistemática.

A continuación ofrecemos un resumen de estas cuatro disciplinas (4 DE):

DISCIPLINA 1: CENTRARSE EN LO EXTREMADAMENTE IMPORTANTE

Hay un principio clave que muchos no consiguen entender sobre el enfoque en una organización: **La gente está naturalmente predispuesta a centrarse en sólo una cosa cada vez (o unas pocas en el mejor de los casos)** con **excelente calidad**.

Suponga que tiene un 80 % de probabilidades de conseguir un objetivo en concreto con excelente calidad. Añada un segundo objetivo a ese primero; los estudios demuestran que sus probabilidades de conseguir ambos objetivos bajan hasta el 64 %. Siga añadiendo objetivos y las probabilidades de conseguirlos caerán en picado. Si trabaja con cinco objetivos a la vez, por ejemplo, sólo tendrá un 33 % de probabilidades de obtener excelentes resultados en todos ellos.

Es vital, por tanto, centrarse de forma diligente y profunda en sólo unos pocos objetivos cruciales.

Algunos objetivos son claramente más importantes que otros. Debemos aprender a distinguir entre lo que es «meramente importante» y lo que es «extremadamente importante». Un «objetivo extremadamente importante» conlleva graves consecuencias. Fracasar a la hora de conseguir esos objetivos deja a los otros logros como relativamente intranscendentes.

Piense en un controlador aéreo. En cualquier momento puede haber cientos de aviones en el aire, y todos ellos son importantes... ¡sobre todo si estamos en uno de ellos! Pero el controlador no se puede centrar en todos ellos a la vez. Su trabajo es conseguir que *aterricen uno a uno*, y hacerlo a la perfección. Todas las organizaciones están en una situación similar. Pocas pueden permitirse el lujo de «dividir la atención»; algunos objetivos simplemente *deben* lograrse enseguida.

Así pues, ¿cómo sabemos qué objetivos son «extremadamente importantes» y nos pueden ayudar a ejecutar mejor nuestro plan estratégico? A veces aparecen de forma clara y evidente. Otras veces se necesita un análisis. La pantalla de la importancia es una valiosa herramienta de planificación estratégica que le ayudará a priorizar sus objetivos al pasarlos por las pantallas económica, estratégica y de los grupos de interés. En otras palabras, le ayudará a evaluar cuál de todos los objetivos potenciales le proporcionará mayor apoyo a los beneficios económicos, estratégicos y de los grupos de interés. La pantalla de la importancia le será de gran utilidad a la hora de determinar sus principales objetivos. Es lo que se denomina *exploración* al filo de la acción.

Instrucciones	LA PANTALLA DE LA IMPORTANCIA			
	Pantalla de los grupos de interés	Pantalla estratégica	Pantalla económica	
1. Enumere los objetivos potenciales de su equipo.	*ESCALA –1 A 4*	*ESCALA –1 A 4*	*ESCALA –1 A 4*	
2. Puntúelos en cada pantalla en una escala de –1 a 4 donde:	Criterios de los grupos de interés:	Criterios estratégicos:	Criterios económicos:	
4 = GRAN IMPACTO POSITIVO	■ Aumenta la lealtad del cliente.	■ Apoya directamente los objetivos de la organización.	■ Aumenta los beneficios.	
0 = SIN IMPACTO			■ Reduce costes.	
-1 = IMPACTO NEGATIVO	■ Enciende la pasión y la energía de nuestra gente.	■ Apuntala las competencias esenciales.	■ Mejora la liquidez.	
3. Sume la puntuación final.				
4. Haga una prueba instintiva: «¿Nos estamos enfrentando a la cruda realidad?».	■ Tiene un impacto favorable en los proveedores/ vendedores, socios, inversores.	■ Aumenta la fuerza de mercado.	■ Mejora la rentabilidad.	
		■ Aumenta la ventaja competitiva.	■ Otros criterios económicos.	
5. Utilizando el total de las puntuaciones y su prueba de instinto, marque los objetivos que realmente son más importantes.	■ Otros criterios de los grupos de interés.	■ Otros criterios estratégicos.		
Objetivos potenciales:				**PUNTUACIÓN FINAL**

Figura 14.4

La pantalla de los grupos de interés. ¿Cuáles son las cosas más importantes que debería hacer para satisfacer las necesidades de todos los grupos de interés? Clientes, empleados, proveedores, inversores y demás tienen interés en lograr los objetivos. Piense en cómo los objetivos potenciales:

- Aumentan la lealtad del cliente.
- Encienden la pasión y la energía de su gente.
- Tienen un impacto favorable en los proveedores/vendedores, socios e inversores.

La pantalla estratégica. Piense en cómo afectan los objetivos potenciales a la estrategia de la organización, incluido si el objetivo:

- Apoya directamente el propósito o la misión de la organización.
- Apuntala las competencias esenciales.

- Aumenta la fuerza de mercado.
- Aumenta la ventaja competitiva.

Pregúntese: ¿Cuál es la cosa más trascendental que podemos hacer para lograr que nuestra estrategia avance?

La pantalla económica. Un objetivo extremadamente importante debe contribuir a la economía global de la organización de forma directa o indirecta. Pregúntese: de todos sus objetivos potenciales, ¿cuáles le comportarían el beneficio económico más significativo? Piense en lo siguiente:

- Aumento de beneficios.
- Reducción de costes.
- Mejora de la liquidez.
- Rentabilidad.

Incluso en una organización sin beneficios, la economía sigue siendo crucial, ya que toda organización debe tener liquidez para sobrevivir.

Pasar los objetivos por las pantallas estratégica, económica y de los grupos de interés coloca un claro «por qué» detrás del «qué» de cada objetivo.

A mi juicio, un plan estratégico será vago y demasiado elevado si no está estructurado en torno a dos o tres principales prioridades u «objetivos extremadamente importantes» (OEI). Todos los grupos de interés de todos los niveles deberían implicarse en la determinación de estos objetivos cruciales para obtener un mayor nivel de compromiso y para entender los motivos que hay detrás de cada uno.

Para conseguir resultados con un alto grado de calidad, hay que concentrarse en unos pocos objetivos extremadamente importantes y dejar a un lado los meramente importantes. Dado que los seres humanos están preparados para hacer a la perfección sólo una cosa a la vez (o al menos sólo unas pocas), debemos aprender a reducir los objetivos. La realidad es que demasiados de nosotros intentamos hacer demasiadas cosas. Como el controlador aéreo, debemos aprender a aterrizar un avión cada vez; a hacer menos cosas a la perfección en vez de hacer muchas de forma mediocre.

Para practicar esta disciplina hay que aclarar los dos o tres principales objetivos «extremadamente importantes» de nuestro equipo y trabajarlos para que se alineen con las principales prioridades de la organización.

Película: *It's not just important, it's widly important!*

Para ilustrar la necesidad subyacente de concentración en unos «pocos objetivos vitales», le invito a ver el cortometraje titulado *It's not just important, it's widly important!* Esta película está basada en entrevistas reales que tuvimos con clientes nuestros, no con actores. Ilustra la desalineación y la falta de claridad en los objetivos que domina la mayoría de las organizaciones. Es cómica pero también muy reveladora de los problemas de enfoque y ejecución a los que se enfrenta la mayoría de las organizaciones. Seleccione este título en la web recomendada anteriormente, póngase cómodo y compruebe si reconoce un poco de la organización para la que *usted* trabaja.

DISCIPLINA 2: CREAR UN MARCADOR EXIGENTE

Un marcador le permite apuntalar un principio básico: **la gente juega de forma diferente cuando hay puntuación.**

¿Ha observado en alguna ocasión algún juego callejero —baloncesto, hockey, fútbol— cuando los jugadores no llevan una puntuación? Los jugadores tienden a hacer lo que les da la gana, el juego se interrumpe para hacer algunas bromas y no hay mucha concentración. Pero cuando empiezan a puntuar, las cosas cambian. Hay una nueva intensidad. Se hacen corrillos para discutir la estrategia de juego. Se improvisan jugadas. Los jugadores se adaptan rápidamente a cada nuevo cambio. Y la velocidad y el ritmo crean una tensión dramática.

Lo mismo pasa en el trabajo. Sin claras medidas para conseguir el éxito, la gente nunca está segura de cuál es el objetivo en realidad. Sin medición, el mismo objetivo se entiende de cien formas diferentes por cien personas diferentes. Como resultado, los miembros del equipo se salen del camino haciendo cosas que puede que sean urgentes pero que son menos importantes. Trabajan con un ritmo inseguro. La motivación flaquea.

Por ello es fundamental que tenga un marcador exigente, visible y accesible para sus planes estratégicos y sus objetivos cruciales. La mayoría de los grupos de trabajo no dispone de medidas claras de éxito, ni tampoco tienen forma de ver cómo están siguiendo las prioridades clave.

Según los datos revelados por nuestro cuestionario xQ, sólo uno de cada tres trabajadores puede recurrir a medidas claras y precisas para calibrar su progreso o su éxito en los objetivos clave. Y sólo tres de cada diez creen que las recompensas o las consecuencias están relacionadas con el rendimiento del trabajo en función de objetivos mensurables. Evidentemente, pocos trabajadores tienen el sistema de *feedback* que necesitan para ejecutar con precisión.

Piense en el enorme poder de motivación del marcador. Es un ineludible reflejo de la *realidad*. El éxito de la estrategia depende de él. Los planes deben adaptarse a él. La planificación del tiempo debe adaptarse a él. Si no se puede ver la puntuación, las estrategias y los planes son simples abstracciones. Hay que elaborar un marcador exigente y actualizarlo constantemente. Esto es combinar la *exploración* y el *alineamiento* al filo de la acción.

¿Cómo crear un marcador exigente?

A través de la implicación y la sinergia (*modelar* los siete hábitos), identifique las medidas clave de los objetivos de su organización o de su equipo y lleve a cabo una representación visual de ellas. El marcador debería dejar tres cosas claras: *¿desde dónde?, ¿hacia dónde?, ¿para cuándo?*

1. Enumere sus principales prioridades o sus «objetivos extremadamente importantes», los que su equipo simplemente debe conseguir.
2. Cree un marcador para cada uno de estos elementos:

   • El resultado actual (dónde estamos ahora).
   • El resultado objetivo (dónde tenemos que estar).
   • La fecha límite (para cuándo).

   El marcador puede tener forma de gráfico de barras, de líneas, circular o de gráfico de Gantt. O puede tener el aspecto de un termómetro o de un velocímetro o de una escala. Usted decide, pero que sea visible, dinámico y accesible. Recuerde también que, como el fin preexiste en los medios, sería bueno incluir medidas en el marcador que tengan que ver con los valores centrados en principios.
3. Cuelgue el marcador y pida a la gente que lo revise cada día, cada semana o lo que sea más adecuado. Reúnanse para hablar de él, discutirlo y resolver los asuntos a medida que vayan surgiendo.

Todos los miembros del equipo tendrían que poder ver el marcador y observar cómo cambia a cada momento, día a día o semana a semana. Deberían someterlo a discusión constantemente. No deberían dejar de pensar en él. El marcador exigente tiene el mismo efecto que llevar la puntuación en un juego callejero. De repente, el ritmo cambia. La gente trabaja más deprisa, las conversaciones cambian, la gente se adapta rápidamente a nuevos elementos. Y se llega al objetivo con más precisión y rapidez.

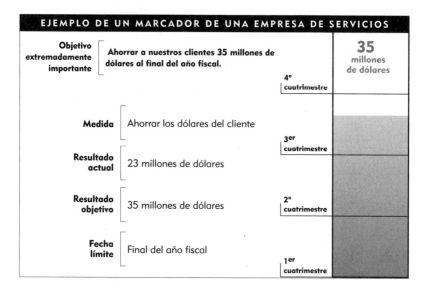

Figura 14.5

DISCIPLINA 3: CONVERTIR LOS ELEVADOS OBJETIVOS EN ACCIONES ESPECÍFICAS

Una cosa es plantear un nuevo objetivo o estrategia. Y otra muy distinta es convertir ese objetivo en acción, desglosarlo en nuevos comportamientos y actividades en todos los niveles, incluida la primera línea de acción. Hay una gran diferencia entre la estrategia declarada y la estrategia real. La estrategia declarada es lo que se comunica; la estrategia real es lo que la gente hace todos los días. Para conseguir los objetivos que nunca se han conseguido, hay que empezar a hacer cosas que no se han hecho nunca. Sólo porque los líderes sepan cuáles son los objetivos no significa que la gente que está en primera línea, donde realmente tiene lugar la acción, sepa qué hacer. Los objetivos nunca se conseguirán hasta que todos los miembros del equipo no sepan exactamente lo que *se supone que tienen que hacer* con ellos. A fin de cuentas, los trabajadores de la primera línea de acción producen lo primordial. Son los trabajadores del conocimiento creativo. El liderazgo, recuerde, es una elección, no un cargo; se puede distribuir por todas partes, en todos los niveles de la organización. Recuerde también que no puede hacer a la gente responsable de los resultados si usted supervisa sus métodos. *Usted* es entonces el responsable de los resultados y las reglas sustituyen al criterio humano, a la creatividad y a la responsabilidad.

Para practicar esta disciplina, su equipo debe ser creativo, debe identificar los *nuevos* y *mejores* comportamientos que se necesitan para alcanzar sus objetivos y luego trasponerlos a las tareas diarias y semanales en todos los niveles de la organización. Esto es *facultamiento* al filo de la acción.

DISCIPLINA 4: HACERSE MUTUAMENTE RESPONSABLE TODO EL TIEMPO

En los equipos más efectivos la gente se reúne con frecuencia —mensual, semanal o incluso diariamente— para rendir cuentas de sus compromisos, examinar el marcador, resolver los asuntos y decidir cómo apoyarse los unos a los otros. Si todos los miembros de un equipo no se hacen mutuamente responsables —*todo el tiempo*—, el proceso habrá concluido antes de empezar. El alcalde Rudolph Giuliani, ampliamente reconocido por su labor en el renacimiento de Nueva York, mantenía «reuniones matutinas» con sus subordinados. La idea era rendir cuentas del progreso de los objetivos clave cada día. Reunirse menos de una vez por semana permite que el equipo se salga del camino y pierda el enfoque.

Un equipo que se faculte a sí mismo, por tanto, se centrará y se volverá a centrar en frecuentes sesiones para rendir cuentas. Este tipo de reuniones *no* son como las típicas reuniones de trabajo, en las que la gente habla de todos los temas habidos y por haber y está impaciente por salir de la reunión para volver al trabajo verdadero. El objetivo de una sesión efectiva para rendir cuentas es hacer que los objetivos clave avancen.

Hay tres prácticas clave que son características de las sesiones efectivas para rendir cuentas:

- Informar según la gravedad
- Encontrar terceras alternativas
- Despejar el camino

Informar según la gravedad. En la sala de urgencias de un hospital, suele haber un gran cartel que dice algo parecido a esto: LOS PACIENTES SERÁN ATENDIDOS SEGÚN SU GRAVEDAD, NO POR ORDEN DE LLEGADA. El personal médico lleva a cabo una selección en la cual los heridos se clasifican y se atienden según la gravedad de su estado. Ése es el motivo por el que si usted llega con un brazo roto tenga que esperar mientras los médicos trabajan con un paciente que padece una lesión cerebral, aunque usted haya llegado primero.

A la hora de informar según la gravedad, todo el mundo informa rápidamente sobre los pocos asuntos vitales y deja los temas menos importantes para otra ocasión. Se centran en los resultados clave, en los problemas graves y en los asuntos de alto nivel. Esto no significa que sólo se discutan asuntos «urgentes». Significa que sólo se discuten asuntos «importantes», aunque algunos de ellos no sean «urgentes». En la tabla siguiente se comparan las típicas reuniones de trabajo con las sesiones efectivas para rendir cuentas:

SESIONES EFECTIVAS PARA RENDIR CUENTAS (INFORMAR SEGÚN LA GRAVEDAD)	TÍPICAS REUNIONES DE TRABAJO
Informes rápidos sobre los pocos asuntos vitales.	«Procesión» alrededor de la sala en la que la gente se siente presionada a hablar mientras todos los demás se van.
Repasar el marcador.	No se mide el progreso.
Seguimiento.	No hay seguimiento.
Rendir cuentas unos a otros.	Sólo el administrador hace responsables a los demás.
La gente informa abiertamente de sus dificultades y fracasos.	La gente oculta sus dificultades y fracasos.
Se celebran los éxitos.	Se centran sólo en un problema.

Tabla 7

Encontrar terceras alternativas. Las sesiones efectivas para rendir cuentas se centran con mucha intensidad en la forma de conseguir los objetivos clave. El principio que rige aquí es que un nuevo objetivo que nunca hemos conseguido requiere hacer cosas que no hemos hecho nunca. Eso significa que estamos constantemente buscando el nuevo y mejor comportamiento que nos llevará hasta el objetivo. Ésa es la razón por la que debemos encontrar «terceras alternativas»: formas de actuar mejores que la suya y la mía, pero que son producto de *nuestro* mejor pensamiento. Recuerde de nuevo que producimos sinergia haciendo honor a la diversidad o las diferencias; esto es, las diferencias individuales en el contexto de *unidad* en la misión, valores, visión y OEI.

Característico de tales sesiones es el *brainstorming*, pues se dedica mucho tiempo al diálogo creativo. La tabla 8 compara las típicas reuniones de trabajo con las sesiones efectivas para rendir cuentas:

SESIONES EFECTIVAS PARA RENDIR CUENTAS (ENCONTRAR TERCERAS ALTERNATIVAS)	TÍPICAS REUNIONES DE TRABAJO
Solución de problemas enérgica y sinérgica.	Todo es hablar, no hay acción.
Se crean ideas nuevas y mejores (1+1=3, 10, 100 o más)	No hay tiempo ni ambiente proclive al diálogo creativo; hay un consenso y un compromiso forzados.
Sabiduría del grupo.	El «genio solitario».

Tabla 8

Despejar el camino. En gran medida, el liderazgo efectivo consiste en despejar el camino de obstáculos y en alinear los objetivos y los sistemas para que los demás puedan alcanzar sus objetivos. En un auténtico proceso de «acuerdo de ganar/ganar», el administrador se compromete a despejar el camino, a hacer cosas que sólo él o ella puede hacer, a posibilitar al trabajador conseguir sus objetivos. Por supuesto, no es sólo el administrador el que despeja el camino de los demás. Ése es el trabajo de todos.

Así pues, en una sesión efectiva para rendir cuentas, oirá a la gente preguntar: «¿Cómo puedo despejarte el camino?» o «Tengo problemas con este asunto y necesito ayuda» o «¿Qué podemos hacer para ayudarte a conseguir hacer eso?». Esta tabla compara la típica reunión de trabajo con una sesión efectiva para rendir cuentas:

SESIONES EFECTIVAS PARA RENDIR CUENTAS (DESPEJAR EL CAMINO)	TÍPICAS REUNIONES DE TRABAJO
Lo que a mí me cuesta medio minuto puede ahorrarle horas de trabajo al otro.	Atascarse a causa de obstáculos que no puede superar solo.
Estamos juntos en esto.	Está solo.
Admitir que necesita ayuda y pedirla.	Tener miedo de admitir que necesita ayuda.

Tabla 9

Esto es *alineamiento* al filo de la acción.

Institucionalizar la ejecución

Como usted puede observar, las cuatro disciplinas representan una metodología para tomar algo que normalmente se considera un factor variable practicado por unos pocos trabajadores de élite —ejecución sistemática— y convertirlo en algo que se puede predecir, enseñar y reproducir. Hemos aprendido a través de la investigación y la experiencia que cuando estas cuatro disciplinas las ponen en práctica equipos, unidades u organizaciones, demuestran mucha mayor capacidad para ejecutar las principales prioridades una y otra vez.* La ejecución entonces se institucionaliza y no es cuestión de suerte o de influencia de unos pocos líderes clave. Además, la clave para institucionalizar una cultura de ejecución es medirla habitualmente.

El Cociente de Ejecución (xQ)

Las organizaciones necesitan una nueva forma de expresar y medir su capacidad colectiva para «enfocar y ejecutar». Es lo que llamamos xQ, «Cociente de Ejecución». Igual que un CI destapa carencias en la inteligencia, el cuestionario xQ mide la «brecha de ejecución»: la brecha que existe entre establecer un objetivo y conseguirlo. La puntuación del cuestionario xQ es el mejor indicador de la capacidad de una organización para ejecutar sus objetivos más importantes. Ya no hay que esperar a que los indicadores a posteriori nos digan si lo hemos conseguido o no. Con sólo formular a nuestros empleados veintisiete preguntas cuidadosamente elaboradas para cuya respuesta se necesitan aproximadamente unos quince minutos, podemos conseguir ese buen indicador.†

¿Se imagina lo que supondría hacer un cuestionario xQ desde las bases hacia arriba cada tres o seis meses, que proporcionase un reflejo fiel del nivel de enfoque y ejecución de la organización? Se podría hacer de manera formal e informal. De hecho, cuanto más madure la cultura, menos diferencia habrá entre la recogida de información formal y informal. Luego, basándose en el cuestionario, se daría un ím-

---

* Para obtener más información sobre cómo institucionalizar las cuatro disciplinas de ejecución en su equipo o en su organización, véase el Apéndice 5: «Implementar las cuatro disciplinas de ejecución».

† Para obtener un resumen más detallado del estudio interactivo de Harris de 23.000 trabajadores, gestores y ejecutivos que contestaron al cuestionario del xQ, véase el Apéndice 6: «Resultados del xQ».

petu cultural con fuertes raíces para alinear los objetivos entre los diferentes departamentos y divisiones de manera que las principales prioridades estratégicas estuvieran constantemente enfocadas y ejecutadas. Esto nos llevaría de la era del trabajador del conocimiento a la era de la sabiduría.*

Llegados a este punto, probablemente usted esté empezando a darse cuenta de que el octavo hábito —«Encontrar una voz propia e inspirar a los demás para que encuentren la suya»— es otra forma de decir: «Utilice el modelo de facultamiento del trabajador del conocimiento, de la persona completa. Aplique los siete hábitos (grandeza personal), los cuatro roles del liderazgo (grandeza de liderazgo) y los seis principios o conductores de la ejecución (grandeza organizacional) a ese modelo».

Seguidamente nos dirigiremos hacia la cúspide del octavo hábito: «Utilizar nuestras voces con sabiduría para servir a los demás».

Preguntas y respuestas

P: ¿Cuál es la diferencia entre lo que tradicionalmente usted enseña como los cinco elementos de un acuerdo de ganar/ganar y las cuatro disciplinas de ejecución?

R: En cuanto a los principios básicos, no hay ninguna diferencia. La diferencia está en la semántica (en cómo se utilizan y se definen las palabras) y en el contexto global en el que se sitúan las cuatro disciplinas. Voy a explicarlo mejor. Los cinco elementos de un acuerdo de ganar/ganar son:

1. Resultados deseados
2. Pautas
3. Recursos
4. Responsabilidad
5. Consecuencias

---

* Si desea obtener un cuestionario xQ con carácter gratuito a fin de evaluar personalmente la *capacidad de los individuos de sus equipos y organización para enfocar y ejecutar las principales prioridades*, diríjase a la página <www.The8thHabit.com/offers>. Recibirá instrucciones sobre cómo elaborar el cuestionario. Después de rellenarlo, se le proporcionará un informe del xQ que resumirá *su* evaluación y la comparará con una media de la puntuación de los muchos miles de encuestados. También se le proporcionará más información sobre cómo puntuar a su equipo u organización.

Los *resultados deseados* y las *pautas* están prácticamente encarnados en las dos primeras disciplinas de ejecución —establecer OEI (objetivos extremadamente importantes) y un marcador exigente—. Como ya hemos dicho, el fin y los medios son inseparables; por tanto, conseguir los resultados deseados y obtener los OEI van ligados cuando se basan en los principios.

El tercer elemento de un acuerdo de ganar/ganar, *recursos*, está implícitamente relacionado con la tercera disciplina de ejecución: convertir los elevados objetivos en acciones específicas. El cuarto y quinto elementos de un acuerdo de trabajo de ganar/ganar —*responsabilidad* y *consecuencias*— están explícitamente relacionados con la cuarta disciplina: hacerse mutuamente responsables todo el tiempo. Como las consecuencias son el resultado natural de otorgar responsabilidad, también están implícitamente incluidas.

La gran ventaja de las cuatro disciplinas sobre la ejecución y el facultamiento al equipo es que nacen de un estudio basado en una investigación sobre las brechas de ejecución, en el contexto mayor de cómo el modelo de la era industrial produce esas brechas y cómo la era del trabajador del conocimiento las cierra.

15
UTILIZAR NUESTRAS VOCES CON SABIDURÍA PARA SERVIR A LOS DEMÁS

> *Ya no soy un joven lleno de energía y vitalidad. Consagro todo mi tiempo a la meditación y la oración. Tal vez disfrutaría sentado en una mecedora, tragando pastillas, escuchando música suave y contemplando los astros del universo. Pero esa actividad no ofrece ningún reto y no aporta nada. Quiero estar en pie haciendo cosas. Quiero empezar cada día con decisión y con una meta. Quiero emplear cada hora en que esté despierto para dar ánimos, para bendecir a los que soportan cargas pesadas, para dar fe y testimonio. Es la presencia de gente maravillosa la que estimula la adrenalina. Es el amor que hay en sus ojos lo que me da energía.*[1]
>
> GORDON B. HINCKLEY, 92 años

> *Dormía y soñaba que la vida no era más que alegría. Me desperté y vi que la vida no era más que servir. Serví y vi que servir era la alegría.*
>
> RABINDRANATH TAGORE

> *Creo que hacer un servicio útil es la obligación diaria de la humanidad y que sólo en el fuego purificador del sacrificio se consume la escoria del egoísmo y se libera la grandeza del ser humano.*
>
> JOHN D. ROCKEFELLER, Jr.

El impulso interior para 1) encontrar la propia voz e 2) inspirar a los demás a encontrar la suya está alimentado por un gran y ambicioso propósito: satisfacer las necesidades humanas. También es la mejor forma de conseguir las dos cosas: sin tender la mano para cubrir las necesidades humanas, no expandimos ni desarrollamos nuestra libertad de escoger como podríamos. Crecemos más personalmente cuando nos damos a los demás. Nuestras relaciones mejoran y se estrechan cuando intentamos servir juntos a nuestra familia, a otra familia, una organización, una comunidad o a cualquier otra necesidad humana.

> *Al principio, cuando era estudiante, quería la libertad sólo para mí, las libertades transitorias de poder salir por la noche, leer lo que me viniera en gana e ir adonde quisiera. Más tarde, cuando era un joven que vivía en Johannesburgo, ansiaba las libertades básicas y honorables de desarrollar mi potencial, ganarme la vida, casarme y tener una familia: la libertad de que no se me impidiera tener una vida legítima. Pero luego poco a poco vi que no sólo yo no era libre, sino que mis hermanos y hermanas tampoco lo eran [...] fue entonces cuando las ansias por mi propia libertad se convirtieron en las mayores ansias de libertad para mi gente.*
> *Fue ese deseo de libertad para que mi gente pudiera vivir su vida con dignidad y amor propio el que dirigió mi vida, el que transformó a un joven asustado en uno osado, el que llevó a un abogado que respetaba la ley a convertirse en un delincuente, el que hizo de un marido amante de su familia un hombre sin hogar. [...] No soy más virtuoso ni más sacrificado que cualquier otra persona, pero descubrí que ni siquiera podía disfrutar de las pocas y limitadas libertades que se me concedieron tras percatarme de que mi gente no era libre.*[3]
>
> NELSON MANDELA

Las organizaciones están hechas para satisfacer las necesidades humanas. No hay ninguna otra razón para su existencia. Robert Greenleaf escribió un hermoso ensayo, «The institution as servant», en el que aplicaba el concepto de asistente a una organización.

> El servicio es el alquiler que pagamos por vivir en este mundo.[4]
> NATHAN ELDON TANNER

Willis Harmon, el cofundador de la World Business Academy, expresó su convicción sobre la institución de los negocios en estos términos:

> El mundo de los negocios se ha convertido en la institución más poderosa del planeta. La institución dominante de cualquier sociedad tiene que tomar la responsabilidad global de ésta. Pero el mundo de los negocios no ha tenido esta tradición. Éste es un nuevo rol, no bien entendido ni aceptado. Basándose en el concepto de capitalismo y libertad de empresa, desde el principio se dio la presunción de que las acciones de las

muchas unidades de empresas individuales, respondiendo a las fuerzas del mercado y guiadas por la «mano invisible» de Adam Smith, de alguna manera producirían los resultados deseados. Pero en la última década del siglo XX, se ha hecho evidente que la «mano invisible» está flaqueando. Dependía de ambiciosos significados y valores que ya no existen. Así que el mundo de los negocios tiene que adoptar una tradición que nunca ha tenido en toda la historia del capitalismo: compartir la responsabilidad del todo. Cada una de las decisiones que se toman, cada una de las acciones que se realizan, deben ser observadas a la luz de esa responsabilidad.

La era de la sabiduría

Creo que este milenio *será* la era de la sabiduría. Lo será por la fuerza de las circunstancias que den a la gente una lección de humildad, o bien por la fuerza de la conciencia; o quizá por ambas.

Recuerde las cinco eras de la voz de la civilización. La tecnología de la era del cazador-recolector estaba representada por el arco y la flecha; en la era de la agricultura, por las herramientas agrícolas; en la era industrial, por la fábrica; en la era de la información y del trabajador del conocimiento, por el ser humano, y en la era de la sabiduría, por una brújula, que simboliza el poder de elegir nuestra orientación y propósito y obedecer las leyes o principios naturales (el norte magnético) que nunca cambian y que son universales, intemporales y evidentes.

Recuerde que, con cada cambio de la infraestructura, al final se reducía alrededor de un 90 % de la plantilla. Creo que esto está ocurriendo ahora que estamos pasando de la era industrial a la era de la información y del trabajador del conocimiento. La gente está perdiendo su trabajo o bien se está transformando gradualmente por las nuevas exigencias de sus nuevos trabajos. Personalmente creo que un 20 % de los trabajadores actuales se está quedando anquilosado, y que a menos que se reorienten y se reinventen a sí mismos, en pocos años otro 20 % se quedará anquilosado.

Esta era de la información se está transformando tan rápidamente en la era del trabajador del conocimiento que necesitará una inversión continua en nuestra educación y capacitación para mantenernos al día. Gran parte de esto lo realizará la escuela de la vida, pero la gente que vea lo que está pasando y sea disciplinada continuará sistemáticamente con su educación hasta que adquiera la nueva actitud y las nuevas habilidades necesarias para anticipar y adaptarse a las realidades de la nueva era. Con suerte, esto mutará gradualmente para convertirse en la era de la sabiduría, cuando la información y el saber estén impregnados de metas y principios.

¿Dónde está la sabiduría?

Sabemos que la información no es la sabiduría. También sabemos que el saber no es la sabiduría.

Hace muchos años, cuando yo era profesor de universidad y estaba haciendo el doctorado, fui a ver a un amigo que también era mi tutor de tesis. Le dije: «Me gustaría escribir un trabajo sobre el tema de la motivación y el liderazgo: un documento filosófico en vez de un estudio empírico».

Básicamente me contestó: «Stephen, ni siquiera sabes lo suficiente para hacer las preguntas adecuadas». En otras palabras, mi saber estaba en un nivel, pero tendría que estar mucho más allá de ese nivel si quería abordar el tipo de cuestiones que quería tratar. Esto fue muy traumático emocionalmente para mí porque tenía puesto el corazón y la mente en un enfoque filosófico en vez del científico que finalmente acabé por tomar. Creía que la combinación de la educación filosófica informal que había recibido en el instituto y en la facultad de empresariales sería suficiente. No me di cuenta hasta varios años después de la razón que tenía mi tutor. Fue una gran lección de humildad.

Esa lección de humildad fue el origen de muchas de las cosas que aprendí y comprendí durante los años siguientes. Finalmente aprendemos que *cuanto más sabemos, más sabemos que no sabemos*. Considérelo de la siguiente forma (véase la figura 15.1). Dibujamos un círculo, que representa su saber. Su ignorancia está en la parte exterior del círculo.

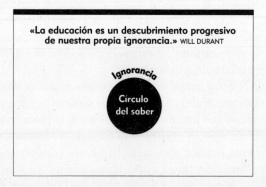

Figura 15.1

Figura 15.2

A medida que nuestro saber aumenta, ¿qué pasa con nuestra ignorancia? Evidentemente también aumenta, o por lo menos la conciencia de nuestra ignorancia aumenta (véase la figura 15.2). Así pues, cuanto más se sabe, más se da uno cuenta de que no sabe. ¿Qué pasaría si intentase alcanzar objetivos que estuvieran más allá de su saber, más allá de su zona segura? Esto crearía auténtica humildad y deseo de pedir ayuda a los demás; a un compañero o a un equipo. Trabajar con éxito con los demás hace que el saber y las capacidades de uno sean productivas y requiere la creación de un equipo complementario de gente que posea el saber y las capacidades que sirvan de compensación para hacer irrelevantes la ignorancia y los puntos débiles individuales. Así es como debería ser.

Esta conciencia debería aumentar nuestro compromiso con un aprendizaje tutelado constante, sobre todo en temas tan cruciales como el desarrollo personal, las relaciones y el liderazgo. Creo que cuando la información y el saber están ligados a objetivos y principios dignos, se tiene sabiduría.

> *En cierto sentido, el saber disminuye a medida que aumenta la sabiduría, ya que los detalles desaparecen en favor de los principios. Los detalles del saber, que son importantes, se irán tomando* ad hoc *en cada circunstancia de la vida, pero el hábito de la utilización activa de los principios bien entendidos es la posesión definitiva de sabiduría.*
> ALFRED NORTH WHITEHEAD

Otra forma de decirlo sería que la sabiduría es la hija de la integridad, ya que está integrada por los principios. Y la integridad es la hija de la humildad y el coraje. De hecho, se podría decir que la humildad es la madre de todas las virtudes porque reconoce que hay leyes o principios naturales que rigen el universo. Ellas son las que mandan. Nosotros no. El orgullo nos enseña que somos *nosotros* los que mandamos. La humildad nos enseña a entender y vivir según unos *principios*, porque ellos son los que en última instancia rigen las consecuencias de nuestros actos. Si la humildad es la madre, el coraje es el padre de la sabiduría. Como realmente vivimos según esos principios cuando son contrarios a las costumbres, las normas y los valores sociales, hacerlo requiere mucho coraje.

> *El coraje no es la ausencia de miedo, sino decidir que*
> *hay otra cosa que es más importante que el miedo.*
> AMBROSE REDMOON

El siguiente cuadro muestra gráficamente a las tres generaciones; fíjese también en las oposiciones entre cada generación (véase la figura 15.3).

Verá que la integridad tiene dos hijas: la sabiduría y la mentalidad de abundancia. La sabiduría la obtiene la gente que educa y obedece a su conciencia. La mentalidad de abundancia se cultiva porque la integridad nutre la seguridad interior. Cuando una persona no depende de los juicios y comparaciones exteriores para tener un sentido de dignidad personal, se alegra de verdad por el éxito de los demás. Sin embargo, los que tienen una identidad basada en la comparación no pueden alegrarse del éxito de los demás porque funcionan con una deficiencia emocional. La sabiduría y la mentalidad de abundancia producen el tipo de paradigmas de los que se ha hablado en este libro: paradigmas que llevan a las personas a creer en la gente, a reafirmar su valía y su potencial y a pensar en términos de liberación en vez de en términos de control. Esta combinación de sabiduría y de mentalidad de abundancia respeta el poder y la capacidad de la gente para elegir. Esta combinación también respeta el hecho de que la motivación es interna y, por tanto, la gente que tiene dicha combinación no intenta administrar, controlar ni motivar a los demás. Este tipo de líderes inspira en vez de exigir. Controla las cosas y dirige (faculta) a la gente. No piensa en las opciones cero, sino en terceras alternativas —mejores términos medios—. Están llenos de gratitud, reverencia y respeto hacia todas las personas. Ven la vida como un baúl de recursos; especialmente recursos humanos de oportunidad y de desarrollo constante.

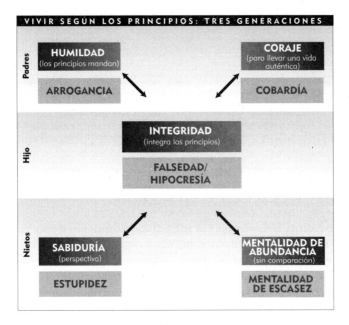

Figura 15.3

La autoridad moral y el liderazgo servidor

> No has hecho lo suficiente, nunca has hecho lo suficiente mientras todavía sea posible que puedas contribuir con algo de valor.[6]
>
> DAG HAMMARSKJÖLD

La sabiduría es el uso beneficioso del saber; la sabiduría es la información y el saber impregnados de las metas y los principios más altos. La sabiduría nos enseña a respetar a todas las personas, a celebrar sus diferencias, a guiarnos por una sola ética: *servir por encima de uno mismo*. La autoridad moral es la *grandeza primaria* (fortaleza de carácter); la autoridad formal es la *grandeza secundaria* (cargo, riqueza, talento, reputación, popularidad).

Lo interesante de la autoridad moral es la paradoja que representa. El diccionario habla sobre la autoridad en términos de mando, control, poder, influjo, regla, supremacía, dominación, dominio, fuerza, poderío. Pero el antónimo es cortesía, servidumbre, debilidad, va-

> *Al repasar la vida que llevo, una cosa que hago de vez en cuando, lo que más me asombra es cómo aquello que en cierto momento me parecía importante y atractivo, ahora me resulta casi fútil y absurdo. Por ejemplo, el éxito en todos sus diversos ropajes; ser conocido y elogiado; aparentes placeres como hacer dinero o seducir mujeres, o viajar, ir de aquí para allá por el mundo, de arriba abajo por él como Satanás, explicando y viviendo todo lo que la permanente Vanity Fair ofrece. Mirando, ahora, hacia atrás, todos esos ejercicios para el contento de uno mismo se asemejan a una pura fantasía, una sujeción a lo terrenal tal como la entendía Pascal».[7]*
> MALCOLM MUGGERIDGE

sallaje. La autoridad moral es la influencia adquirida a través de principios de vasallaje. El dominio moral se consigue a través de la servidumbre, el servicio y la contribución. El poder y la supremacía moral nacen de la humildad, donde el más grande es el servidor de todos. La autoridad moral o la grandeza primaria se consigue con el sacrificio. Robert K. Greenleaf, el fundador del moderno movimiento del liderazgo servidor, lo expresó de esta manera:

> Un nuevo principio moral está emergiendo; sostiene que la única autoridad que merece lealtad es la que garantiza de forma libre y expresa la dirección de un líder en respuesta y en proporción a la condición evidente de servidor del líder. Los que eligen seguir este principio no aceptarán tranquilamente la autoridad de las instituciones existentes, sino que responderán libremente sólo ante individuos que han sido elegidos líderes porque han demostrado ser unos servidores fiables. Si este principio prevalece en el futuro, las únicas instituciones verdaderamente viables serán las que están predominantemente dirigidas por servidores.[8]

Generalmente, según mi experiencia, los más altos dirigentes de las organizaciones verdaderamente grandes son líderes servidores. Son los más humildes, los más reverentes, los más abiertos, los más dispuestos a aprender, los más respetuosos y los más generosos. Como ya hemos comentado en este capítulo, Jim Collins, uno de los autores de la influyente obra *Built to last* y autor de la más reciente *Good to great*, dirigió un proyecto de investigación de cinco años sobre la pregunta: «¿Qué catapulta una organización para pasar de ser meramente buena a realmente grande?». Su profunda conclusión debería cambiar la forma que tenemos de pensar en el liderazgo. He aquí cómo describe el «liderazgo de nivel 5»:

> Los ejecutivos con más poder de transformación tienen una mezcla paradójica de humildad personal y de voluntad profesional. Son tímidos y feroces. Prudentes y osados. Son poco comunes... e imparables [...] las buenas grandes transformaciones no se dan sin líderes de nivel cinco al mando, simplemente no se dan.[9]

LA JERARQUÍA DE CINCO NIVELES

Good to great — Jim Collins

NIVEL 5

Ejecutivo de nivel 5
Construye una grandeza duradera a través de una combinación paradójica de humildad personal y voluntad profesional.

NIVEL 4

Líder efectivo
Cataliza el compromiso y la búsqueda de una visión clara y poderosa; estimula al grupo para alcanzar un buen nivel de trabajo.

NIVEL 3

Administrador competente
Organiza la gente y los recursos hacia la búsqueda efectiva y eficiente de unos objetivos predeterminados.

NIVEL 2

Miembro del equipo contribuyente
Contribuye a conseguir los objetivos del equipo: trabaja efectivamente con los demás dentro del grupo.

NIVEL 1

Individuo altamente capaz
Aporta contribuciones productivas con su talento, saber, habilidades y buenos hábitos de trabajo.

Figura 15.4[10]

Cuando la gente que tiene la autoridad formal o la posición de poder (grandeza secundaria) rehúsa utilizar esa autoridad y poder excepto como último recurso, su autoridad moral aumenta porque es obvio que ha subordinado su ego y su posición de poder a favor de la razón, la persuasión, la amabilidad, la empatía y, en suma, la confiabilidad. En el libro *Leading beyond the walls*, Jim Collins aplica su principio al contexto más amplio de una organización:

> Primero, los ejecutivos deben definir el interior y el exterior de la organización basándose en los principales valores y metas, no en los límites tradicionales. Segundo, los ejecutivos deben crear mecanismos de conexión y compromiso basados en la libertad de elección, en vez de apoyarse en sistemas de coerción y control. Tercero, los ejecutivos deben aceptar el hecho de que el ejercicio del verdadero liderazgo es inversamente proporcional al ejercicio del poder. Cuarto, los ejecutivos deben asumir la

realidad de que los muros de la tradición se están viniendo abajo y de que esta tendencia se irá acelerando.[11]

Hay momentos de gran caos, confusión y supervivencia en los que la mano dura de la autoridad formal debe usarse para devolver las cosas a su sitio, a un nuevo nivel de orden y estabilidad o a una nueva visión. Sin embargo, en la mayoría de los casos, cuando la gente utiliza su autoridad formal demasiado pronto, su autoridad moral disminuye. Una vez más, recuerde que cuando utiliza la fuerza de su cargo, crea debilidad en tres sitios: en usted mismo, porque no está desarrollando la autoridad moral; en los demás, porque se hacen codependientes con su uso de la autoridad formal, y en la calidad de las relaciones, porque no se desarrolla auténtica franqueza y confianza.

> *La forma más segura de revelar el carácter de una persona no es en la adversidad sino dándole poder.*
> ABRAHAM LINCOLN

Normalmente se encontrará con que los que tienen una gran autoridad moral finalmente *reciben* autoridad formal, como Mandela, el padre de la nueva Sudáfrica. Pero no siempre, como en el caso de Gandhi, el padre de la nueva India.

También se encontrará, casi siempre, con que los que tienen autoridad formal y la utilizan basándose en unos principios verán su influencia aumentada de forma exponencial, como George Washington, el padre de los Estados Unidos de América.

¿Por qué la autoridad moral aumenta de forma exponencial la efectividad de la autoridad formal y del poder? La gente dependiente es muy sensible al más mínimo matiz de diferencia entre prepotencia y uso de paciencia, amabilidad, delicadeza, empatía y suave persuasión. Esta fortaleza de carácter activa la conciencia de los demás y crea una identificación emocional con el líder y la causa o los principios que éste o ésta defiende. Entonces, cuando también se utiliza la autoridad formal o el poder que otorga la posición, la gente obedece por los motivos correctos, por un auténtico compromiso en vez de por miedo. Ésta es otra forma de la tercera alternativa.

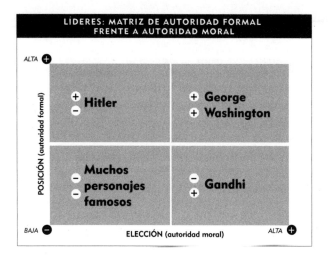

Figura 15.5

Ésta es la verdadera clave de la crianza de los hijos, probablemente la mayor responsabilidad «de voz» que confiere la edad: combinar un alto nivel de calidad, unos altos valores y una disciplina coherente con amor incondicional, gran empatía y mucha diversión. De ahí que la mayor prueba de paternidad —y la clave para construir una cultura familiar sana y educativa— sea cómo tratamos a los que nos ponen más a prueba.

Además, en una época de grandes dificultades económicas, la tendencia natural es volver al modelo de mando y control de la era industrial, porque la gente teme por su seguridad económica. Así se siente más segura. La gente también tiene tendencia a hacerse más dependiente y a responder al estilo de mando y control. Pero es precisamente en esta época cuando el modelo del trabajador del conocimiento tiene su mayor efecto y poder, ya que es en estos momentos difíciles cuando debemos producir más por menos.

La capacidad de producir más por menos se basa en liberar el potencial humano en *toda* la organización, en vez de caer de nuevo en la trampa tradicional de hacer que sean los de arriba los que tomen todas las decisiones importantes y que el resto empuñe los destornilladores. Este modelo no funciona en estos tiempos nuevos y difíciles.

En suma, con una mala economía, podríamos volver a la teoría motivacional del palo y la zanahoria porque funciona. Pero, aunque permita la supervivencia, no optimizará los resultados.

Fíjese en el contraste entre el liderazgo como posición (autoridad formal) y el liderazgo como elección (autoridad moral):

LIDERAZGO COMO...	
POSICIÓN (autoridad formal)	ELECCIÓN (autoridad moral)
El poder indica lo que está bien.	Lo que está bien da poder.
La lealtad está por encima de la integridad.	La integridad es la lealtad.
Llevarse bien, seguir la corriente.	Rechazo obstinado.
Lo «malo» es que te pillen.	Lo «malo» es hacerlo mal.
Los de arriba no lo aceptan.	*Ethos, pathos, logos.*
Los de arriba no lo viven.	Sé un modelo, no un crítico.
La imagen lo es todo.	«Ser en vez de parecer.»
«Nadie me lo había dicho.»	Pregunta, recomienda.
He hecho lo que me has dicho y no ha funcionado. Y ahora ¿qué?	«Quiero hacer...»
Sólo hay tanto.	Hay suficiente y de sobra.

Tabla 10

Vamos a analizar ejemplos prácticos de la manera en que las comunidades y los individuos —algunos *sin* autoridad formal, algunos con sólo autoridad moral y algunos *tanto* con autoridad moral *como* formal, entre ellos un gran líder militar y otros líderes mundiales y jefes de Estado— ejercitan sus sabias «voces» para satisfacer las necesidades humanas.

Mantenimiento del orden de la comunidad

En todo Estados Unidos y en otros lugares del mundo, muchas comunidades han reducido el crimen hasta un 60 % gracias a la sociedad civil: la tercera alternativa. La primera alternativa es que la policía refuerce la ley. La segunda alternativa es reducir las exigencias en cuanto al comportamiento y vivir con el «debilitamiento del carácter moral de la sociedad». La tercera alternativa es utilizar la autoridad moral para facultar a los ciudadanos (la sociedad civil) a fin de que tomen parte activa en la prevención del crimen y a la hora de buscar y juzgar a los criminales. ¿Quién proporciona este tipo de liderazgo? El agente de policía que trabaja en la calle.

Si estos agentes no fueran «convincentemente buenas personas» (como describe el sheriff Baca del condado de Los Ángeles sus más altos criterios de selección), ¿por qué deberían los vecinos, padres, madres, profesores y otros ciudadanos comunes asociarse con la policía en la *prevención* del crimen y en la identificación de los criminales? ¿Cómo se van a introducir las normas y costumbres sociales en los guetos y los proyectos para conseguir una tolerancia cero ante la violación de la ley (incluyendo la imprudencia a la hora de cruzar la calle) si la gente no conecta emocionalmente en su corazón con los policías de a pie? Recuerde la magnífica descripción del gran sociólogo Emile Durkheim: «Cuando las costumbres son suficientes, las leyes son innecesarias; cuando las costumbres son insuficientes, las leyes no se pueden hacer cumplir».

Un colega mío que imparte clases en los cuerpos de seguridad del Estado a tiempo completo con frecuencia pregunta a los asistentes, que principalmente son líderes formales (comisarios, capitanes, tenientes): «¿Quiénes son los verdaderos líderes en el mantenimiento del orden de la comunidad?». Resulta evidente que los auténticos líderes son los agentes de policía que están en la calle. Ellos son los que tienen que implicarse y construir relaciones de confianza con las familias para prevenir los delitos y «tocan el silbato» —a menudo poniéndose en grave riesgo— en barrios llenos de bandas callejeras, camellos y drogadictos y frecuentes explosiones de violencia. En esas situaciones la autoridad formal no funciona: de hecho, sería contraproducente y haría que las culturas se polarizasen aún más. Sólo la autoridad moral produce las normas de prevención y de identificación del crimen. Como en la parábola del pastor, deben conocer a las ovejas y ser igualmente conocidos (auténtica comunicación). Los pastores se preocupan tanto que están dispuestos a sacrificar su vida por la de las ovejas. Por esta razón caminan delante y las ovejas les siguen. Los pastores contratados dicen que se preocupan pero sólo están ahí por «lo que sacan de eso» (su sueldo) y abandonan a las ovejas cuando aparece el «lobo». De ahí que permanezcan detrás de los rebaños y apliquen la técnica de «el palo y la zanahoria».

Los líderes formales son en realidad administradores o, mejor dicho, líderes servidores. Pueden ayudar utilizando el COMSTAT u otro programa informático para identificar los problemas potenciales a fin de que los auténticos líderes —los policías que están en la calle— puedan cortarlos de raíz.

¡Qué gran concepto es éste! ¡Qué gran lección para los que creen que es el cargo el que confiere el liderazgo! Este nuevo modelo considera a los agentes de policía, con autoridad moral, los auténticos líderes y al resto de los «de arriba», administradores de sistemas alineados, líderes servidores de los que están abajo. ¿Es esto realmente un cambio de paradigma, teniendo en cuenta que se trata de un campo tan tradicional, jerárquico y altamente autoritario, de mando y control?

Cuando uno lo piensa bien, este ejemplo del mantenimiento de la seguridad ciudadana es exactamente eso, es un ejemplo de lo que es válido y verdadero en todos los campos del comportamiento humano: la gente que está al pie del cañón tiene que ejercer influencia sobre sus clientes o sobre quien sea. Ellos son los que tienen que ejercer el verdadero liderazgo estableciendo relaciones de confianza y resolviendo los problemas con creatividad.

> *La misión principal de la policía es PREVENIR el crimen y los disturbios. El público es la policía y la policía es el público, y ambos comparten la misma responsabilidad sobre la seguridad de la comunidad.*[12]
> SIR ROBERT PEEL, FUNDADOR DE LA POLICÍA MODERNA

Joshua Lawrence Chamberlain

Los anales de la historia militar no tienen una historia más ejemplar de un hombre con autoridad moral que la del héroe de la Guerra Civil Joshua Lawrence Chamberlain, comandante de la 20ª compañía de voluntarios de Maine del ejército de la Unión. Chamberlain, profesor de universidad en el Bowdoin College, obtuvo una excendencia temporal para acudir al reclamo de Abraham Lincoln en busca de voluntarios que ingresaran en las fuerzas de la Unión. Hombre de gran carácter y convicción moral, su carta al gobernador de Maine fue aceptada y Chamberlain se alistó. Aunque sabía poco del oficio militar, ascendió muy rápidamente.

Chamberlain es probablemente más conocido por su valentía y liderazgo en Little Round Top, en la batalla de Gettysburg. Sus órdenes eran asegurar el extremo occidental del terreno de la Unión y evitar que las fuerzas confederadas que atacaban les flanqueasen. Él y sus tropas defendieron la zona hasta que, finalmente, se quedaron sin munición. No queriendo rendirse, ordenó al regimiento que «preparase las bayonetas». En palabras del propio Chamberlain:

> En ese momento de crisis, ordené el ataque con bayoneta. Sólo una palabra bastó. Se extendió como la pólvora a lo largo de las filas, de hombre a hombre, y se convirtió en un clamor, con lo cual las tropas se abalanzaron sobre el enemigo, que se hallaba a menos de treinta metros de distancia. El efecto fue sorprendente: muchos de los enemigos que estaban en primera línea de fuego tiraron las armas y se rindieron. Un oficial me disparó a la cabeza con una mano mientras me tendía su espada con la otra. Manteniéndonos firmes por nuestra derecha y avanzando por nuestra izquierda, formamos una amplia «rueda» ante la cual la segunda línea del enemigo se rompió y retrocedió, luchando de árbol en árbol, muchos cayendo prisioneros, hasta que arrasamos el valle y despejamos el frente de casi toda nuestra brigada.[13]

Muchos afirman que fue esa victoria de auténtico coraje en Little Round Top la que permitió ganar la batalla de Gettysburg y la Guerra Civil. Chamberlain tuvo el honor de recibir las armas de la primera unidad de los confederados que se rindió en Appomattox. Cuando la guerra acabó había ascendido a teniente general y recibió la medalla de honor del Congreso por su actuación en Little Round Top.

Años después, en agradecimiento por todo lo que había hecho, sus amigos y antiguos compañeros de armas le hicieron un regalo: un magnífico semental gris moteado de blanco. Con su característica humildad y modestia, aceptó gentilmente el regalo pero dijo: «Ningún sacrificio o servicio mío requiere ningún otro premio que el que otorga la conciencia a todo hombre que cumple con su deber».[14]

El presidente Kim Dae-Jung

Tuve el honor de ser profesor del ex presidente Kim de Corea del Sur y de algunos de sus consejeros en la Casa Azul en Seúl, Corea. Hacia el final de la clase el presidente Kim me preguntó: «Doctor Covey, ¿cree realmente en las cosas que enseña?». Su pregunta me cogió por sorpresa y me puse serio. Tras una corta pausa contesté: «Sí». Entonces me preguntó: «¿Cómo lo sabe?», y yo contesté: «Intento vivir según estas enseñanzas. Sé que no siempre lo consigo y que fallo mucho, pero siempre vuelvo a ellas. Creo en ellas, vivo inspirado por ellas y siempre vuelvo a ellas».

Él respondió: «Eso no me basta». Yo le dije: «Será mejor que le escuche». Me preguntó: «¿Está usted dispuesto a morir por ellas?» y yo

le dije: «Creo que está usted intentando decirme algo». *Estaba* intentando decirme algo. Me habló de sus muchos años de destierro, de
exilio, de cárcel y de varios intentos de asesinato, entre ellos uno en el
que le habían metido en un saco lleno de piedras, lanzado al mar de
China y luego fue rescatado por un helicóptero de la CIA. Me habló de
la presión a la que le habían sometido para que cooperase con la junta militar del norte. Incluso le habían ofrecido la presidencia, pero la
había rechazado, porque sabía que acabaría siendo una mera mario-
neta de la dictadura. Le amenazaron con matarle si no se unía a ellos.
Entonces él dijo: «Pues matadme, porque si me matáis sólo moriré
una vez, pero si colaboro con vosotros, moriré cien veces al día durante el resto de mi vida».

> *Ahora lo sé. Todo hombre da su vida por lo que*
> *cree. Toda mujer da su vida por lo que cree. A veces*
> *la gente cree en muy poco o en nada, así que da su*
> *vida por muy poco o por nada...*[15]
> JUANA DE ARCO

Me contó la historia de fidelidad y apoyo de su familia durante sus
largos y tortuosos suplicios y de su fe como cristiano converso y de su
profunda fe en la gente y en el maravilloso poder de la democracia.
Me comunicó su creencia en el valor y el potencial de todas las personas y en el derecho a la libre expresión. Me dio un libro muy personal
con las cartas que escribió a sus seres queridos desde la cárcel que
contenía sus creencias, convicciones y compromisos más íntimos.

La autoridad moral como un ecosistema

Una vez trabajé con un presidente de una nación del Tercer Mundo llena de corrupción, violencia, rebeliones y guerras que habían du-
rado años y años. El nuevo presidente era una persona de gran coraje. Con gran arrojo defendió la importancia del imperio de la ley y de
la constitución y fue muy valiente en su insistencia para negociar con
los terroristas y con las organizaciones terroristas. Cada vez la gente
confiaba más en él y se estaba haciendo muy popular. Le pregunté qué
legado quería dejar para que su trabajo continuase y se institucionali-
zase. Mientras hablábamos fue comprendiendo que la autoridad moral no era suficiente. Veía la gran necesidad de una autoridad moral
con visión de futuro y una autoridad moral *institucionalizada* para que

su gente identificase su visión de paz con el imperio de la ley y de la prosperidad a través de una comunicación de terceras alternativas o sinérgica, y para que los principios subyacentes arraigasen en las estructuras y sistemas del gobierno. Entonces se podría desarrollar gradualmente una sociedad civil con su propia autoridad moral *cultural*, en la que las normas y costumbres de la sociedad sirviesen de apoyo al imperio de la ley, fomentasen la prevención y el mantenimiento del orden en la comunidad y colmaran las necesidades de bienestar y educación del pueblo. Se daba cuenta de cómo el modelo básico que subyace en el octavo hábito de encontrar nuestra voz e inspirar a los demás para que encuentren la suya ilustra estas cuatro formas de autoridad moral.

La autoridad moral cultural siempre se desarrolla muy despacio, como ha ocurrido en todas partes del mundo, incluido Estados Unidos. No obstante, es útil constatar qué ecosistema conforman los cuatro tipos de autoridad moral; cómo se interrelacionan todos y son interdependientes entre sí, como un ecosistema físico. La esencia de la sabiduría es ver la conexión entre todas las cosas.

Película: *Gandhi*

Me gustaría que ahora viera una maravillosa escena de la película *Gandhi*. En esa escena observará a una persona llena de debilidad y orgullo, pero también a una persona que utilizó sus dones naturales para desarrollar humildad, coraje, integridad, disciplina y visión. Verá a una persona que subordinó todas sus inteligencias a su conciencia, su inteligencia espiritual. Verá a una persona que tuvo que ganar una victoria en la relación con su mujer antes de desarrollar la libertad, el poder y la autoridad moral para llevar a un gran grupo de indios llenos de ira hacia una tercera alternativa, hasta el punto de que estaban dispuestos a sacrificar su vida por la causa que defendían juntos. Verá a una persona cuya vida ejemplifica el poder de la secuencia de la sabiduría de los antiguos griegos: «Conócete a ti mismo, domínate, entrégate».

Aunque imperfecto, Gandhi es un magnífico ejemplo de una persona que desarrolló una enorme autoridad moral a través de la visión, la disciplina y la pasión gobernadas por la conciencia, y el mundo ha cambiado gracias a él. La India, la segunda nación más grande del mundo, con alrededor de mil millones de habitantes, es una democracia independiente gracias a él. ¿No es realmente increíble que él nunca fuera elegido y que no tuviera autoridad formal? Él mismo decía que una persona cualquiera que utilizase su poder podría haber hecho lo mismo.

Cuando vea esta escena de *Gandhi*, que ganó un Oscar a la mejor película, estudie los matices de las expresiones lingüísticas y faciales, de las iniciativas y las reacciones, del desarrollo de las costumbres, normas, valores, objetivos y visión. Es un vídeo que vale la pena comprar o alquilar y estudiar con nuestros seres queridos y compañeros de trabajo. Disfrute de la película.

Los dones de nacimiento, nuestro revestimiento cultural y la sabiduría

El hilo que engarza el hábito de encontrar nuestra voz con el de inspirar a los demás para que encuentren la suya revela cómo, poco a poco, a pesar de nuestros dones de nacimiento, se introduce un revestimiento cultural que podríamos llamar, utilizando una metáfora informática, *software*. Igual que un ordenador, por muy potente que sea, no puede funcionar fuera de su *software*, los individuos, las organizaciones y las sociedades no pueden funcionar fuera de sus costumbres, normas y creencias culturales —a no ser que seamos como Muhammad Yunus (véase el capítulo 1), cuya visión de la gente, la disciplina y la pasión estaba influida y guiada por su conciencia hasta que finalmente sustituyó su antiguo *software*—, no sólo en la mente de los individuos sino también dentro de las nociones rígidas y limitadas de las mentes de las familias, las instituciones y la sociedad. Éste es un magnífico ejemplo de la superación de los prejuicios. Se puede ver que la humildad y el coraje de Yunus son los padres de su integridad y los abuelos de su sabiduría y de su mentalidad de abundancia.

Usted también puede hacer lo mismo. Puede hacer de «Encontrar una voz propia e inspirar a los demás para que encuentren la suya» un hábito profundamente arraigado de CONOCIMIENTO, ACTITUD y HABILIDAD. Simplemente escuche a su propia conciencia, su propia fuente de sabiduría, y observe cómo puede ver a través del defectuoso revestimiento cultural o *software* en los distintos ámbitos de las necesidades humanas que enumeraremos ahora. Cada una de ellas está presentada en forma de dilema.

En el ámbito personal, ¿no estaría de acuerdo en que *la gente quiere tranquilidad y buenas relaciones*, pero no estaría también de acuerdo en que *la gente quiere mantener sus costumbres y su estilo de vida*? ¿Qué diría la conciencia, empapada de sabiduría? ¿No estaría usted de acuerdo en que una persona, de alguna manera, necesitaría ganar una victoria personal sacrificando lo que quiere por un propósito más elevado e importante, por lo que está bien?

Enfoquemos el dilema desde el ámbito de las relaciones. ¿No cree usted que las relaciones están *basadas en la confianza*? ¿No cree también que *la mayoría de los individuos piensan más en primera persona*: mis deseos, mis necesidades, mis derechos? ¿Qué dictaminaría la *sabiduría*: no nos dirigiría a centrarnos en principios que fundamenten la confianza y a sacrificar el «yo» por el «nosotros»?

Veamos ahora dos dilemas en el ámbito organizacional. ¿No es acaso normal que *los jefes quieran más por menos*, es decir, más productividad con menos coste, y que los *empleados quieran más de lo que les beneficia por menos tiempo y esfuerzo*? ¿Acaso no es un fenómeno común? ¿Qué dictaminaría la *sabiduría*? ¿Qué sucede con lo que he denominado *encargar*, esto es, desarrollar acuerdos de actuación de ganar/ganar con terceras alternativas sacrificando el control o la abdicación en favor del facultamiento, para que así los jefes y los empleados estén en el mismo plano de liberar el potencial humano y producir más por menos?

Veamos otro dilema muy habitual del ámbito organizacional; piense bien en esto: ¿acaso *los negocios no se guían por las reglas económicas del mercado*? Pero piense también en esto: ¿acaso las *organizaciones no se guían por las reglas culturales del lugar de trabajo*? En otras palabras, hay dos grupos diferentes de normas en funcionamiento: las económicas y las culturales. ¿Qué dictaminaría la *sabiduría*? ¿Qué pasaría si se pudiera introducir el mercado en la cultura del lugar de trabajo para que cada persona y equipo, utilizando los criterios basados en los principios, tuviera acceso a la información de 360° y/o de la tabla de resultados equilibrada? ¿Acaso esta información, combinada con las compensaciones *tanto* extrínsecas como intrínsecas, no crearía un incentivo natural para que los empleados se centrasen completamente en satisfacer las necesidades humanas del mercado y las necesidades de *todos* los grupos de interés?

Se podría incluso aplicar esta *forma sabia* de pensar a la propia sociedad al tratar con su dilema fundamental. En pocas palabras: ¿no estaría usted de acuerdo en que *la sociedad funciona a partir de sus valores sociales predominantes*? Pero, ¿no estaría también de acuerdo en que *la sociedad tiene que vivir con las consecuencias del funcionamiento sin mácula de los principios y leyes naturales*? ¿Qué pasaría si pudiera alinear los valores, costumbres y leyes sociales con los principios sacrificando el interés individual por el bienestar general?

¿Se da cuenta de cómo la *sabiduría* resuelve todos estos tipos de dilemas en el contexto mayor de la satisfacción de las necesidades humanas? ¿Se da cuenta también de por qué el sacrificio es algo tan imperativo? El sacrificio significa renunciar a algo bueno en favor de algo mejor, así que en realidad, cuando tenemos la firme visión de satisfacer una necesidad en concreto, no podemos llamarlo sacrificio, aunque un observador externo lo considerase así. Este tipo de sacrificio sincero es la esencia de la autoridad moral.

La solución de problemas a través de un modelo basado en principios

Al principio del libro he dicho que si el paradigma de la persona completa de la naturaleza humana es preciso, debería proporcionarnos una inusitada capacidad para explicar, predecir y diagnosticar los mayores problemas de nuestra organización. Me reafirmo en lo que he dicho. Creo de verdad que el sencillo modelo de la persona completa y el simple proceso de desarrollo *representan* la simplicidad en el extremo opuesto a la complejidad.

A lo largo de los años he pedido a cientos de miles de personas de todo el mundo que identificasen su mayor desafío *personal*, el que no les deja dormir por las noches. Luego les pedía que identificasen su mayor problema *profesional* u *organizacional*. He aquí un resumen de las respuestas más comunes (fíjese en la similitud con los problemas y desafíos mencionados al principio del libro):

DESAFÍOS PERSONALES	DESAFÍOS PROFESIONALES/ ORGANIZACIONALES
1. Finanzas, dinero	1. Exceso de trabajo, fechas límite: incapacidad para alcanzar los objetivos
2. Equilibrio vital, no tener tiempo suficiente	2. Falta de tiempo y de recursos
3. Salud	3. Supervivencia financiera
4. Relaciones: cónyuge, hijos, amigos	4. Poca confianza
5. Criar y educar a los hijos	5. Falta de poder
6. Dudar de uno mismo	6. Cambios e inseguridad
7. Inseguridad, cambios	7. Mantenerse al día con la tecnología
8. Falta de habilidades, de educación	8. Confusión: falta de una visión y unos valores compartidos
9. Falta de sentido	9. Satisfacción laboral: no disfrutan con su trabajo
10. Falta de tranquilidad	10. Falta de integridad del jefe/de la administración

Tabla 11

Una vez más, confío en que usted pueda tomar cualquiera de estos desafíos personales u organizacionales y, en el marco de los principios de este libro encarnados en los tres modelos de grandeza, sepa cómo empezar a solucionar el problema. Simplemente tome cualquier problema al que se enfrente y piense en lo que podría hacer con *visión, disciplina, pasión, conciencia* y *los siete hábitos* en el ámbito personal; con el *modelado, exploración, alineamiento* y *facultamiento* como líder, y con *claridad, compromiso, trasposición, sinergia, posibilitación* y *responsabilidad* en el contexto de la *misión, la visión* y *los valores* de una organización. Como en el caso de la relación ecológica entre las cuatro dimensiones de la autoridad moral, descubrirá una gran ecología y secuencia entre los modelos de grandeza y sus diferentes elementos a la hora de solucionar sus problemas. Observe de nuevo el modelo de enfoque y ejecución basados en principios que se ofrece a continuación (figura 15.6).

También puede resultarle interesante comprobar la utilidad del concepto de líder de este libro volviendo a *Max & Max* y pensando como un «pequeño timón». El Apéndice 7 —«Otra vez, *Max & Max*»— muestra cómo Max y el señor Harold pueden utilizar los lentes de solución de problemas de los cuatro roles del liderazgo para transformar la forma que tienen de trabajar y superar sus mayores desafíos.

Figura 15.6

Piense otra vez en el poder integral del modelo de persona completa (cuerpo, mente, corazón y espíritu). Se basa en las cuatro inteligencias/capacidades: IM, IE, IF y IES. Representa las cuatro motivaciones/necesidades básicas de la vida: vivir, amar, aprender, dejar un legado. Representa los cuatro atributos del liderazgo personal: visión, disciplina y pasión, gobernadas por la conciencia. Y, finalmente, representa estos cuatro atributos generales de las organizaciones (incluidas las familias) en forma de cuatro roles: modelado, exploración, alineamiento y facultamiento (véase la figura 15.7).

«Encontrar nuestra voz» es un concepto sinérgico según el cual el todo es más grande que la suma de las partes, de forma que cuando respetamos, desarrollamos, integramos y equilibramos las cuatro partes de nuestra naturaleza, estamos explotando todo nuestro potencial y obtenemos una satisfacción duradera.

	4 INTELIGENCIAS	4 ATRIBUTOS	4 ROLES	
ESPÍRITU (DEJAR UN LEGADO)	Inteligencia espiritual	Conciencia	Facultamiento	ENFOQUE
MENTE (APRENDER)	Inteligencia mental	Disciplina	Exploración	
CUERPO (VIVIR)	Inteligencia física	Visión	Modelado	EJECUCIÓN
CORAZÓN (AMAR)	Inteligencia emocional	Pasión	Alineamiento	

Figura 15.7

Abra su corazón. Tome el modelo de la persona completa —cuerpo, mente, corazón y espíritu— y fíjese en lo poderosa que es la expresión «abra su corazón». *Físicamente*, significa mantener las arterias limpias con una dieta adecuada y buen ejercicio para tener un corazón fuerte y sano. Abrir el corazón *emocionalmente* significa querer implicar a la gente para solucionar juntos los problemas y escuchar atentamente para llegar a un acuerdo. Abrir el corazón *mentalmente* significa aprender constantemente, ver a las personas como personas completas y liberarse del pensamiento de «remedios rápidos» de forma que el liderazgo se convierta realmente en *nuestra* elección. Abrir el corazón *espiritualmente* significa guiar nuestras vidas con una sabiduría mayor, con una conciencia divina cuya ética es encontrarnos a nosotros mismos volcándonos en el servicio a los demás: hacerlo bien haciendo el bien.

Una sus cuatro inteligencias y decida, y vaya a trabajar con el espíritu de Winston Churchill: «A todo hombre le llega ese momento especial en la vida en el que metafóricamente le tocan el hombro y le ofrecen una oportunidad para hacer algo muy especial, único para él y que se adecua a sus aptitudes. Qué gran tragedia si ese momento le coge sin la preparación o la titulación requerida para el trabajo que constituiría su mejor momento».

Conclusión

Este libro tenía como principal objetivo enseñar un paradigma básico: que las personas son *personas completas* —cuerpo, mente, corazón y espíritu—. Cuando una persona emprende el *proceso secuencial del octavo hábito* de encontrar su propia voz, eligiendo expandir su influencia e inspirando a los demás para que encuentren su voz, aumenta su libertad y su poder de elección para resolver sus mayores dificultades y satisfacer las necesidades humanas; aprende que *el liderazgo puede finalmente convertirse en una elección*, en vez de ser un cargo, de forma que el liderazgo —el arte de posibilitar— se distribuya ampliamente por las organizaciones y la sociedad y, por tanto, mientras que gestionamos o controlamos las cosas, dirigimos (facultamos) a las personas.

Con respecto al paradigma de las personas, hemos aprendido que todos los seres humanos son muy valiosos por sí mismos, que están dotados de un enorme, casi infinito potencial y capacidad. Hemos aprendido que el camino para aumentar esa capacidad es magnificar nuestros dones y talentos. Entonces, como una flor que florece en primavera, se nos otorgan o se nos abren más dones y talentos, y nuestras cuatro capacidades o inteligencias se liberan para llevar una vida equilibrada, integrada y poderosa. También ocurre lo contrario. Si descuidamos nuestros dones y talentos, éstos, como un músculo que no se utiliza, se atrofiarán y se echarán a perder.

También hemos aprendido que la cultura en la que vivimos y trabajamos ha diseñado para nosotros un *software* de mediocridad, o, en otras palabras, para no aprovechar todo nuestro potencial. Cualquier cosa que no llegue a ser una persona completa es una cosa, y las cosas tienen que ser controladas o administradas. Este *software* de mando y control de la era industrial ha llevado a la cultura del lugar de trabajo a pensar que la mayor fuente de riqueza reside en el capital y en el material o maquinaria. También hemos aprendido que tenemos integrado el poder de reescribir ese *software*, y que ese poder nos inspira para *dirigir* (facultar) a la gente, que tiene poder de elección, y para *controlar* las cosas, que no tienen ese poder.

El paradigma del proceso de desarrollo contesta al «cómo» y al «cuándo» y nos enseña a conquistarnos primero a nosotros mismos subordinando lo que queremos *ahora* a lo que queremos *después*. El proceso es cada vez más emocionante porque es cada vez más poderoso al expandir nuestras elecciones y capacidades. Si seguimos los principios (simbolizados por una brújula) que siempre apuntan al norte, desarrollamos gradualmente la autoridad moral; las personas confían en nosotros y, si realmente las respetamos, vemos su valía y su potencial y las implicamos, podemos llegar a compartir una visión común. Si, a través de nuestra autoridad moral (grandeza primaria), ganamos la autoridad formal, o el cargo (grandeza secundaria), juntos podremos institucionalizar esos principios para que el cuerpo y el espíritu se alimenten constantemente, lo cual nos llevará a grados increíbles de libertad y poder para expandir y profundizar en nuestro servicio. En suma, el tipo de liderazgo que crea seguidores sólo surge cuando ponemos el servicio por encima de nosotros mismos.

Las organizaciones, tanto las privadas como las públicas, aprenden que sólo se pueden mantener si satisfacen las necesidades humanas. De nuevo, el servicio por encima de uno mismo. Ése es el verdadero ADN del éxito. No se trata de «lo que puedo sacar de esto» sino de «¿qué puedo aportar?».

> *Busqué a mi Dios, y a mi Dios no encontré.*
> *Busqué mi alma y mi alma se me escapaba.*
> *Busqué a mi hermano para servirle en su necesidad*
> *y los encontré a los tres: a mi Dios, a mi alma y a ti.*
> ANÓNIMO

Unas últimas palabras

A usted como lector, le aseguro su valía y su potencial. Espero sinceramente haberle comunicado los principios de este libro con la claridad suficiente para que no sólo haya llegado a ver la valía y el potencial que hay dentro de usted, sino para que encuentre su voz y lleve una vida de grandeza inspirando a muchas otras personas, organizaciones o comunidades para que encuentren la suya.

Incluso aunque viva en unas circunstancias horribles, es precisamente en esas circunstancias en las que encontrará la necesidad de elegir su propia respuesta. Es entonces cuando «la vida nos llama» para servir a aquellos que nos rodean de cuyas necesidades somos conscientes. Es al hacer esto cuando encontramos nuestra auténtica «voz» en la vida. Haddon Klingberg, Jr., autor de la perspicaz biografía de Viktor y Elly Frankl, *When life calls out to us* (uno de los dos proyectos en los que trabajó antes de fallecer), articuló el tema fundamental de la vida de Frankl de esta forma:

> Para Frankl, como la espiritualidad es en esencia autotrascendencia, trae consigo la libertad humana. Pero no es libertad *de* sino libertad *para*. No somos libres respecto a nuestra naturaleza biológica, ya sean los impulsos instintivos, los legados genéticos o las funciones y disfunciones de nuestro cerebro y nuestro cuerpo. Tampoco somos libres respecto al alcance de las influencias sociales, de desarrollo y ambientales. Pero somos libres para tomar una postura hacia éstas, incluso en contra de éstas. Somos libres para hacer lo que queramos con las cartas que nos han tocado, para elegir qué respuesta daremos a los acontecimientos del destino, para decidir qué causa o personas recibirán nuestra devoción.
>
> Y esta *libertad para* implica una *obligación para*. Todos nosotros somos responsables de algo, de alguien. Utilizando nuestra libertad para actuar con responsabilidad en el mundo, destapamos el sentido, el significado de nuestras vidas. Únicamente cuando nuestra voluntad de llenar de sentido nuestra vida se frustra nos dedicamos a la búsqueda de placer personal (Freud) o de éxito económico o social (Adler).
>
> Cuando una persona ejerce libertad y responsabilidad espiritual, se produce una gran cantidad de efectos: tranquilidad, buena conciencia y satisfacción. Pero éstos se dan de forma natural, como subproductos, por así decirlo. Pero perseguirlos directamente haría su consecución improbable o imposible, dijo Frankl. No hay nada como esforzarse por alcanzar la tranquilidad de espíritu para mantener los nervios a flor de piel. Concentrar nuestros esfuerzos para conseguir una buena conciencia puede llevar a la hipocresía o a la culpa; o a ambas. Hacer de la salud nuestro principal objetivo podría llevarnos a algo parecido a la hipocondría. Para Frankl, éstos no son fines que hay que perseguir en sí, ni siquiera para nuestro propio bien. En vez de ello, surgen como consecuencias naturales para las personas que viven por otra cosa, por algo más grande.[16]

Con mi mayor convicción, le transcribo las palabras del general Joshua Lawrence Chamberlain:

> La inspiración de una causa noble que implique intereses humanos en toda su magnitud permite a los hombres hacer cosas que nunca habían soñado que fuesen capaces de hacer, y que no eran capaces de hacer solos. La conciencia de pertenecer, fundamentalmente, a algo que está más allá de la individualidad; de formar parte de una personalidad que llega hasta no sabemos dónde, en el espacio y en el tiempo, engrandece el

corazón hasta el extremo del ideal del alma y forma el mejor de los caracteres.[17]

Mi abuelo, Stephen L. Richards, fue uno de mis más influyentes mentores. Mi amor y respeto y admiración por él es infinito. Su vida estaba totalmente dedicada a servir a los demás. Los que le conocían le consideraban una de las personas más sabias que habían conocido. Concluyo con gratitud por el lema vital que compartió conmigo:

> La vida es una misión y no una carrera, y el propósito de toda nuestra educación y nuestro saber es que podamos representarle a Él y servir a esa misión de la vida en Su nombre y hacia Sus propósitos.

PREGUNTAS Y RESPUESTAS

P: ¿Por qué es el sacrificio tan importante para la autoridad moral?

R: El sacrificio significa en realidad renunciar a algo bueno por algo mejor. Incluso se podría considerar una elevación del nivel. Cuando una persona tiene una visión que va más allá de ella misma, que se centra en una causa o proyecto importante al cual esa persona está conectada emocionalmente, entonces el verdadero camino más fácil es poner el servicio por encima de uno mismo. Para esa persona ello no representa un sacrificio. Para un observador externo parecería un sacrificio porque se está negando un bien actual. La felicidad es esencialmente una consecuencia de subordinar lo que queremos ahora a lo que querremos al final. En vez de ser el camino más difícil, el sacrificio es el camino más fácil para alguien que está profunda, espiritual y emocionalmente conectado a una causa o a una vocación o al servicio de otra persona. El servicio por encima de uno mismo es la ética de todas las grandes religiones y de todas las filosofías y psicologías que han perdurado. Albert Schweitzer dijo: «No sé cuál será vuestro destino, pero una cosa sí sé: los únicos que serán realmente felices serán aquellos que hayan buscado y descubierto cómo servir».

P: El tópico de moda era antes la gestión de calidad total (TQM); luego fue el facultamiento, y hoy en día es la innovación. ¿Cuál será el de mañana?

R: Sugiero que sea la sabiduría. Si no se tienen principios en el centro del corazón y del alma de una persona y en las relaciones y la cultura de una organización, no se puede establecer una verdadera confianza. Y sin verdadera confianza no puede haber facultamiento. Cuando las normas toman el lugar del criterio humano, no se puede cultivar un clima de innovación y creatividad; en vez de ello se fomentará la cultura del peloteo. Sin un alto grado de confianza y unas estructuras y sistemas alineados basados en un paradigma de abundancia, no se puede obtener una gestión de calidad total (TQM). Necesariamente la era de la sabiduría, en mi opinión, seguirá a la era de la información, en la que la esencia del liderazgo será ser un líder servidor.

P: Me gusta el concepto de una organización basada en principios. ¿Es posible trasladarlo a una comunidad?

R: Por supuesto. Si puede reunir a un número suficiente de personas comprensivas que sean los líderes naturales y formales en la educación, los negocios, el gobierno y otras profesiones, e incluso a personas sin autoridad formal que tengan mucha autoridad moral y un gran interés, y consigue que se involucren en el proceso de enseñar los siete hábitos y los cuatro roles a organizaciones y familias en toda la comunidad, es increíble los muchos beneficios que se pueden conseguir. Hemos hecho esto en muchas, muchísimas comunidades de todo el mundo.

LAS VEINTE PREGUNTAS MÁS FRECUENTES

P1: Me resulta casi imposible cambiar de hábitos. ¿Es eso razonable? ¿Soy el único?
R: No está usted solo. Permítame explicarle por qué.

Quizá recuerde —o haya visto recientemente en un vídeo o alguna película— las imágenes que muestran el viaje a la luna del Apollo 11. Los que lo presenciamos estábamos completamente paralizados. Casi no dábamos crédito a nuestros ojos cuando vimos a unos hombres caminando sobre la luna.

¿A qué cree usted que se dedicaron más esfuerzos y energías en el viaje al espacio? ¿A recorrer cuatrocientos mil kilómetros hasta la luna? ¿A volver a la Tierra? ¿A girar alrededor de la luna? ¿A separar y acoplar los módulos lunares y de mandos? ¿A despegar de la luna?

No, a ninguna de estas cosas. Ni siquiera a todas ellas juntas. Fue a despegar de la Tierra. Se gastó mucha más energía en los primeros pocos minutos del despegue de la Tierra —en los primeros pocos kilómetros de viaje— de la que se gastó en cuatrocientos mil kilómetros durante varios días.

La fuerza de gravedad en esos primeros pocos kilómetros era enorme. Se necesitó un ímpetu interno mayor que la fuerza de gravedad y la resistencia de la atmósfera para poner la nave finalmente en órbita. Pero una vez que lo consiguieron, casi no se necesitó ninguna energía para hacer el resto de las cosas. De hecho, cuando se preguntó a uno de los astronautas cuánta energía se gastó cuando el módulo lunar se separó del módulo de mandos para bajar a inspeccionar la luna, contestó: «Menos de la que necesita el aliento de un bebé».

Este viaje lunar proporciona una impactante metáfora para describir lo que se necesita para romper con los antiguos hábitos y crear unos nuevos. La fuerza de la gravedad de la Tierra se podría comparar a los hábitos profundamente arraigados, a las tendencias programadas por la genética, el ambiente, los padres y otras figuras significantes. El peso de la atmósfera de la Tierra podría compararse a las culturas sociales y organizacionales más amplias de las que formamos parte. Son éstas dos fuerzas muy poderosas y debe usted tener una voluntad interna más fuerte que estas dos fuerzas para que el despegue tenga lugar.

Pero una vez que sucede, se asombrará de la libertad que le da. Durante el despegue, los astronautas tienen muy poca libertad o poder; todo lo que pueden hacer es seguir con el programa. Pero en cuanto se liberan de la fuerza de gravedad de la Tierra y de la atmósfera que la rodea, experimentan una increíble oleada de libertad. Y tienen muchas, muchísimas opciones y alternativas.

Si simplemente inicia el camino de encontrar su voz e inspirar a los demás para que encuentren la suya y no se aparta de él, desarrollará el poder de este nuevo hábito de crecer y cambiar en este mundo de hoy lleno de desafíos, complejidad y oportunidades.

P2: Por un lado estoy muy emocionado y muy intrigado por sus enseñanzas. Pero, por otro lado, me pregunto si realmente puedo hacerlo.

R: Eso es muy honesto por su parte, pero le sugiero que se haga dos preguntas antes de intentar abordar la pregunta de la competencia. La primera es: ¿*Debería* hacerlo? Ésta es una pregunta de valor. La segunda es: ¿*Quiero* hacerlo? Ésta es una pregunta de motivación y trata de su voz y su pasión exclusivas. Si puede contestar que sí a las dos preguntas, entonces plantéese la pregunta: ¿Puedo hacerlo? Ésta es una pregunta de competencia y trata de conseguir la capacitación y la educación adecuadas. No confunda las tres preguntas. No intente contestar una pregunta de valor con una respuesta de capacitación, una pregunta de motivación con una respuesta de valor o una pregunta de competencia con una respuesta de motivación. Piense clara y cuidadosamente en las tres preguntas: ¿Puedo hacerlo? ¿Quiero hacerlo? ¿Debería hacerlo? Manténgalas separadas para poder identificar el mejor punto de partida.

P3: ¿Por qué el liderazgo es un tema tan candente hoy en día?

R: La nueva economía está basada principalmente en el trabajo del conocimiento. Eso significa que la riqueza ha emigrado del dinero y las cosas a la gente, el capital tanto intelectual como social. De hecho, nuestra mayor inversión financiera recae en los trabajadores del conocimiento. El trabajo del conocimiento ha pasado del potencial de contribución aritmético al potencial de contribución exponencial y geométrico, y este tipo de capital intelectual y social es la clave para apuntalar u optimizar todas las otras inversiones. Es más, el estilo de gestión del control y los sistemas de «las personas como gasto» de la era industrial se están quedando cada vez más obsoletos y/o disfuncionales a causa de las fuerzas competitivas del mercado. También hay cada vez más conciencia de que la dimensión humana, especialmente el nivel de confianza, es la raíz de todos los problemas. La parte más manejable es la más difícil de manejar, y todo el mundo está empezando a saberlo. Ésa es la razón por la que el liderazgo es la mayor de las artes; es el arte de *posibilitar*.

P4: Todo esto me resulta muy idealista y moralista. Tal como están las cosas, no sé si algo de esto es posible.

R: La pregunta más profunda que se tiene que hacer es: ¿Hay espacio entre el estímulo y la respuesta? En otras palabras: ¿Tenemos verdadera y realmente el poder de elegir, sean cuales sean las circunstancias? Si puede contestar con sinceridad que sí a esta pregunta, se dará cuenta de que el idealismo es realismo. Las maravillas electrónicas de hoy en día no se pueden «ver», pero aun así se puede confiar en ellas y se sabe que son reales. Antes de que se descubrieran o inventaran, no eran «reales», eran sólo meros constructos ideales. Cuando dice que estas cosas son demasiado moralistas, está hablando del bien y el mal. En el fondo de su corazón, usted sabe que hay una diferencia entre el bien y el mal y que, si elige el bien, se producen consecuencias diferentes a las que se producirían si eligiese el mal. Por eso estas ideas son idealistas y moralistas, cosas ambas que son muy realistas.

P5: Usted dice que la autoridad moral cultural es la forma más avanzada de autoridad moral. ¿Qué quiere decir con eso?

R: Tome, por ejemplo, la Declaración de Independencia de Estados Unidos. Los sentimientos que hay en ese documento representan una autoridad con visión de futuro. La Constitución intentó *institucionalizar* los valores de que «todos los hombres son iguales al nacer» y de que «están dotados por su Creador de unos derechos inalienables entre los cuales están la vida, la libertad y la búsqueda de la felicidad».

La Constitución estaba alineada con la visión y con el sistema de valores de la Declaración de Independencia. La Declaración decía «todos» los hombres, pero las mujeres no tuvieron derecho al voto durante décadas; muchos de los fundadores tenían esclavos, pero la proclamación de la emancipación no tuvo lugar hasta ochenta años después, y todavía hoy hay profundos focos de prejuicios raciales. La autoridad moral *cultural* siempre se desarrolla más despacio que la autoridad moral institucionalizada o con visión de futuro. Pero, en última instancia, es la clave para desarrollar una sociedad armoniosa. La clave no está en el gobierno, que representa la fuerza o la ley, ni en los individuos privados o en las organizaciones empresariales privadas, que representan la libertad. Está dentro de los individuos y los grupos que adoptan significados y valores comunes que están realmente conectados a sus corazones y mentes. Este nivel de voluntariado crea una sociedad *civil*, que es la mejor tercera alternativa entre la ley y la libertad. Ésta es la asunción subyacente detrás del pensamiento y los escritos de Adam Smith, autor de *La riqueza de las naciones*. Mucho antes de escribir este clásico escribió una obra titulada *Teoría de los sentimientos morales*. Este libro, que fue la base de sus obras posteriores, incluida *La riqueza de las naciones*, se basaba en la idea de que la virtud y la buena voluntad intencionadas eran la base tanto del sistema económico de la libertad de empresa como del sistema político de una democracia representativa. Demostraba que si la virtud individual se deterioraba, ni el mercado libre ni la democracia podrían sobrevivir.

P6: Usted dice que uno de los problemas fundamentales es que estamos utilizando el modelo industrial en la era del trabajador del conocimiento, pero ¿acaso no somos todavía una nación industrializada? Miremos donde miremos hay industria.

R: Eso es cierto, pero la naturaleza del trabajo *de valor añadido* en esas industrias lo realizan cada vez más trabajadores del conocimiento, en vez de trabajadores manuales. Así pues, no estamos hablando de acabar con la industria. Estamos hablando de utilizar un paradigma de liderazgo diferente dentro de esas industrias. De hecho, este paradigma podría retroceder para instaurarse en la era agraria o granjera. Fuera de las ciudades hay granjas por todas partes. Aportan un valor añadido a través de los puntos fuertes de la era industrial y de la era de la información. Estamos hablando más bien de un esquema mental que de un ambiente físico.

P7: ¿Cómo crean codependencia las culturas autoritarias?

R: Piénselo bien. Si hay un líder autoritario que lo controla todo, ¿qué hacen los subordinados? Obedecen de la forma más pasiva posible; esperan a que se les diga lo que han de hacer y hacen lo que se les ha dicho. El comportamiento confirma la percepción de que el líder autoritario sigue mandando y controlando, lo cual, a su vez, justifica la pasividad de los subordinados. En otras palabras, se convierte en una profecía que conlleva su propio cumplimiento. Todo esto impide el facultamiento de las capacidades e inteligencia de las personas. Las infrautiliza. Las convierte en cosas que pueden ser administradas o controladas. El ciclo de codependencia alimenta una cultura politizada de peloteo en la que el bien está definido por la conformidad o por la lealtad y en la que el mal está en que te pillen.

Esta dinámica también produce un acuerdo disfuncional en el que la gente dice que sí cuando en realidad quiere decir que no. Elimina el conflicto saludable y genera resentimiento, ira, obediencia maliciosa, falta de confianza, baja calidad y un trabajo pobre. Este tipo de sentimientos sin expresar nunca llega a morir del todo; son enterrados vivos y salen a la luz de formas aún peores.

El líder autoritario toma entonces la responsabilidad de los resultados y se centra en la eficiencia; esto es, métodos, procesos y pasos de forma que las reglas empiezan a sustituir al criterio humano. Todo esto refuerza el concepto de liderazgo como posición, no como elección; se convierte en parte del ADN cultural. Poco a poco se va haciendo evidente la verdad de la afirmación de lord Acton de que «el poder corrompe y el poder absoluto corrompe absolutamente». Todo el mundo se sirve entonces sólo a sí mismo y subordina su integridad a complacer al jefe.

El problema es que, en la nueva economía, las culturas codependientes institucionalizadas únicamente pueden sobrevivir a través de la ignorancia del mercado, los subsidios artificiales y el terror, o con una pesada tradición que se mantiene sólo porque la competitividad es también codependiente.

Todo este círculo puede romperlo una persona que vea el liderazgo como una elección, que empiece a convertirse en un «pequeño timón» de un círculo de influencia mayor y que se apoye en la pragmática de un mercado competitivo para romper el círculo vicioso. Este liderazgo representa la autoridad moral, que nace de elegir vivir según unos principios y que casi siempre implica alguna forma de sacrificio. Pero en una economía de mercado libre, se situará en primer lugar sencillamente porque es pragmático; funciona, produce más por menos.

P8: ¿Cómo encaja todo esto en una mala economía o, digamos, en una buena economía pero con una industria en declive?

R: Encaja mucho más, simplemente porque el mayor recurso es la capacidad creativa de la gente que piensa en terceras alternativas en momentos difíciles. Sin embargo, la tendencia natural es que la gente vuelva al modelo industrial transaccional de mando y control, que no se puede mantener a largo plazo. En una situación de crisis a corto plazo, en la que la cultura tiene un propósito común de supervivencia, el modelo autoritario podría levantar la empresa. Como dijo una vez Eisenhower: «No se le habla de democracia al hombre que está en las trincheras». Pero, al final, necesitará que todo el mundo se implique a fondo para que los cambios significativos sean sostenibles. Esto requiere un liderazgo de confianza y autoridad moral.

P9: ¿Cómo encajan los siete hábitos en *los cuatro roles del liderazgo*? Hemos invertido gran cantidad de tiempo y dinero en el aprendizaje de los siete hábitos.

R: Recuerde que los siete hábitos están basados en unos principios. Los siete hábitos son principios de carácter en forma de *quién y* *qué es uno*; los cuatro roles son *lo que hace uno* para ejercer influencia de liderazgo en una organización. Cuando pone los siete hábitos en el contexto de los cuatro roles, representan el rol de modelado. Esto hace que los 7 hábitos sean estratégicos porque son el modelado que realiza mientras está poniendo en práctica los otros tres roles. Los principios subyacentes en los siete hábitos son como un profundo pozo o acuífero que provee de agua a todos los otros pozos subterráneos, como la gestión de calidad total (TQM), el facultamiento a los equipos, la innovación, etc.

P10: Los escándalos corporativos a menudo hacen a todo el negocio «culpable por asociación». Esto coloca en el punto de mira el tema del carácter. ¿Cómo se desarrolla el carácter personal y cultural?; ¿cómo se puede evitar este tipo de problemas?

R: Tuve la oportunidad de trabajar acerca de lo que aconteció tras la catástrofe de Three Mile Island, los disturbios de Rodney King y el caso de Exxon Valdez y básicamente me encontré con que todos estos desastres eran agudas manifestaciones de un fenómeno cultural muy profundo, la punta del iceberg de la gente que hace las cosas mal, cierra, destruye las cosas, hace caso omiso de lo malo, luego la pillan y los medios lo difunden todo.

Creo que es una valiosa lección para todas las organizaciones. Analice lo que es más importante para usted: su visión y su sistema de valores. Vuelva a examinar todos sus procedimientos y prácticas, estructuras y sistemas, para ver si tienen institucionalizados esas visiones y valores. El *feedback* debería reflejar la opinión sincera de los consejeros, proveedores, clientes y la cadena de valor entera. No puede dejarse convencer de que no existen los problemas en los que se ha metido. Al final, las consecuencias se pagan. La lealtad no debe ser un valor más elevado que la integridad; de hecho la integridad es la lealtad. Quiere que su médico le diga la verdad aunque no quiera oírla. Quiere que el médico sea fiel a su profesión siendo sincero con usted. Así pues, también con su organización, considérese un profesional cuya mayor lealtad es hacia los principios morales y profesionales, no hacia su institución. Ésta es la forma más clara de ser leal a su institución.

La mejor forma que conozco de desarrollar carácter en una organización no es ponerlo en una especie de hoja de notas en la que las personas se juzguen las unas a las otras, sino responsabilizar a la gente de los resultados, medidos con una tabla de resultados equilibrada, que requieran un mayor nivel de desarrollo del carácter. De esta forma no estará juzgando el carácter de alguien, sino que sólo le estará dando la responsabilidad que requiere el desarrollo del carácter.

P11: ¿Cómo se puede mantener una cultura positiva en la que haya confianza después de una reducción de plantilla?

R: ¿Sabe usted por qué las culturas se deterioran después de una reducción de plantilla? Porque no se siguen los principios, las personas no están implicadas, no están informadas y no saben quién va a ser el siguiente. No entienden los criterios que guían las decisiones que se van a tomar; puede que no estén muy enterados en términos económicos de la industria, la economía y la empresa. Personalmente he visto a muchas organizaciones pasar momentos muy difíciles que requerían decisiones muy difíciles pero que las tomaban de una forma asombrosamente basada en los principios. Con una comunicación transparente y abierta, con una implicación y una participación sincera y elocuente, adhiriéndose a un conjunto de valores fijos basados en los principios y yendo un paso más allá, la gente que se veía negativamente afectada y sus familias sabían que la organización había ido más allá sólo por ellos, y la buena voluntad de la comunidad aumentó.

P12: A menudo tenemos cursillos de desarrollo del liderazgo, sesiones fuera del trabajo, sesiones especiales, gente de fuera que viene a la organización a ayudarnos. Son muy útiles, nos inspiran y nos levantan la moral, pero en pocos días todo vuelve a la normalidad. ¿Qué recomienda usted?

R: Saber y no hacer es no saber. Uno puede inspirarse y envalentonarse temporalmente con unos conocimientos y unas habilidades nuevos e importantes pero, si no los aplica, en realidad no los sabe. Si las estructuras y los sistemas del ambiente no le incentivan para que los aplique, *no* los aplicará y no los *sabrá*. Al final, este tipo de experiencias son contraproducentes y alimentan el cinismo en una cultura. Los esfuerzos por cambiar y todas las nuevas palabras clave de la gestión pueden llegar a ser como una nube de algodón, que sabe bien durante un segundo y luego se evapora. La clave es coger el material, enseñarlo, debatirlo e intentar institucionalizarlo introduciendo los principios fundamentales en los procesos diarios de cómo se hace el trabajo diario y de cómo se recompensa a la gente. Entonces calará. Ya no será algo secundario; formará parte del bloque principal.

P13: ¿Y si el enfoque simplemente no funciona?

R: Si la gente no lo aplica, no funcionará. No hay ninguna fórmula mágica. Requiere mucho compromiso, paciencia y persistencia, sobre todo al hacer cambios o transiciones de una actitud y conjunto de habilidades a otra actitud y conjunto de habilidades diferentes. Las herramientas asociadas serán de mucha ayuda pero, en última instancia, la gente debe comprometerse a trabajar.

P14: ¿Cuál es la mejor forma de iniciar estos cambios, asumiendo que ya los haya hecho dentro de mí mismo?

R: Si estuviera conduciendo un coche con el pie en el freno, ¿cuál sería la forma más rápida de avanzar: apretándolo o liberando el freno? Evidentemente, liberando el freno. De forma similar, con las culturas de las organizaciones, hay fuerzas conductoras y fuerzas de contención. Las fuerzas conductoras normalmente son las realidades lógicas y económicas, que serían el equivalente a pisar el pedal del acelerador. Las fuerzas de contención son normalmente culturales y emocionales y representan el freno. A través de las terceras alternativas y de la comunicación sinérgica, las fuerzas de contención se convierten en fuerzas conductoras. No sólo hará avances significativos, sino que éstos estarán apoyados culturalmente gracias a esta implicación y compromiso. La teoría del campo de fuerza de Kirk Lewin está implícita en esta respuesta.

P15: ¿Es todo este material nuevo? Llevo oyendo estas ideas desde que era joven. Las veo en todas partes de nuestra historia.

R: Eso es cierto. De hecho, para completar su observación, le diré que es a causa de una constitución basada en principios y a causa del mercado libre por lo que vemos la liberación del potencial humano en Estados Unidos, donde el 4,5 % de la población mundial produce casi un tercio de los bienes del mundo. La evidencia del poder de estos paradigmas y principios conlleva unos resultados espectaculares. Recuerde, los principios son universales e intemporales. Los principios más significativos son los que mejor aprenden o, mejor dicho, *se ganan* los granjeros, simplemente porque están cerca de la naturaleza y de las leyes o principios naturales. Saben que no se pueden amontonar en una granja como la gente intenta hacer en instituciones socialmente organizadas como las escuelas. El atletismo competitivo de primer nivel es otra metáfora excelente porque, una vez más, no hay masificación. Hay que pagar un precio para participar.

El sentido común no es la práctica común. Por eso hay una necesidad de renovación y de volver a comprometerse y a restaurar la ética del carácter y del liderazgo basado en principios.

P16: ¿Está este material basado en la investigación?

R: Si se refiere a estudios empíricos de doble validación, no; es decir, con la excepción de nuestros estudios científicos sobre las brechas de ejecución. Si se refiere a un análisis histórico, a una revisión de la bibliografía y a la utilización de una amplia investigación sobre la acción, sí.

P17: ¿Qué organizaciones son modelos de este tipo de ideas?

R: Encontrará modelos en todos los campos del empeño humano.

Están por todas partes: organizaciones como la A. B. Combs School y el submarino *USS Santa Fe*, las encontrará allá donde vaya. La pregunta del millón es: ¿Cuánto poder tienen los trabajadores? ¿Cuánto enfocan y ejecutan las principales prioridades de la organización? Las empresas que analizó Jim Collins en su libro *Good to great* son organizaciones poderosas con líderes humildes y ferozmente decididos que facultan mucho a sus subordinados. El facultamiento, evidentemente, no es la solución a todo. La mayoría de las organizaciones de primer orden se han dirigido o se están dirigiendo hacia un cuadro de informes integral. Alinear las operaciones con la estrategia, con el mercado, requiere mucho criterio. Muchas organizaciones que antes tuvieron éxito están ahora en declive. Se necesita una vigilancia constante a la hora de atraer y desarrollar a las mejores personas, de establecer la ética del liderazgo en el ADN cultural, así como gran cantidad de autoridad moral personal, con visión de futuro e institucional para seguir manteniendo el camino hacia la grandeza.

P18: ¿Es éste un material básicamente religioso?

R: Los principios tienen por definición una base moral y espiritual, pero no son exclusivos de ninguna religión en concreto. Yo los he enseñado por todo el mundo en el contexto de distintas religiones, y he citado sus distintos textos sagrados. Los principios son auténticamente universales e intemporales. Antes me sorprendía, pero actualmente ya no, al ver lo que pasa cuando consigues implicar a la gente de cualquier lugar del mundo en cualquier ámbito de la organización en el desarrollo de su sistema de valores. Cuando el espíritu de una verdadera apertura y sinergia está presente, y cuando la gente está realmente informada, todos los valores seleccionados son esencialmente los mismos. Se utilizan palabras diferentes, surgen prácticas diferentes que reflejan esos valores, pero el sentido subyacente siempre aborda las cuatro dimensiones de las que hemos hablado a lo largo de esta obra: la física/económica, la social o de las relaciones, la mental o del desarrollo del talento, y la espiritual, que tiene que ver tanto con el sentido como con la integridad. Si quiere tener una experiencia interesante, estudie las declaraciones de misión de unas cuantas organizaciones que hayan hecho esas declaraciones a través de la implicación y la identificación, a lo largo del tiempo. Utilizarán palabras diferentes, pero descubrirá que básicamente están diciendo lo mismo, aunque puede que no estén viviendo según esos principios.

P19: Estoy desanimado e impaciente. ¿Es quizá demasiado tarde para cambiar?

R: Gran pregunta. De hecho, creo que el problema fundamental que tiene la gente que duda de la validez de estas ideas no son las ideas. Casi todo el mundo las encuentra razonables. El problema es que dudan de ellos mismos. Lo único que puedo decir es: empiece poco a poco y, en las pequeñas cosas, hágase promesas y cúmplalas. Deje que su conciencia le guíe sobre qué promesas debe hacer. Una vez que las haya hecho, por pequeñas que sean, cúmplalas. Poco a poco, su sentido del honor será mayor que sus cambios de humor. Cuando vaya adquiriendo cada vez más sensación de autocontrol, autodominio, seguridad y competencia, será capaz de hacerse promesas mayores y cumplirlas, adentrarse en nuevos campos, abandonar su zona segura y tomar más iniciativas. Recuerde la historia del árbol de bambú chino. Hay una especie de bambú chino que, cuando uno lo planta, no ve que crezca durante años. Sólo un pequeño brote, eso es todo. Uno lo abona, lo riega, lo cultiva y lo cuida y hace todo lo que puede para que crezca, pero no ve nada. En el quinto año, esta especie de bambú chino crece hasta veinticinco metros. En su etapa inicial, todo el crecimiento se produce bajo tierra, en la raíz. Luego, una vez que tiene las raíces bien colocadas, todo el crecimiento sale por encima de la tierra y se hace visible, demostrando a los cínicos todo el crecimiento que ha tenido lugar durante todo el tiempo. Del mismo modo, el nivel personal del desarrollo del carácter siempre precede al establecimiento de confianza en las relaciones interpersonales, que precede a la creación de una cultura en una organización que realmente ejecuta sus principales prioridades. Nunca es demasiado tarde. La vida es una misión, no una carrera.

P20: ¿Cómo se sabe que sus enseñanzas funcionan?

R: En realidad sólo se sabe trabajando en ello. Saber y no hacer es en realidad no saber. Otra forma de comprobarlo es obteniendo los resultados pragmáticos que provienen de las personas a las que servimos —los clientes, propietarios, empleados o ciudadanos— y obteniendo buena información sobre nuestro equipo y nuestra propia cultura. Al fin y al cabo, tengo más fe en el *discernimiento* a través de la conciencia, combinado con la *observación* y la *medición*, que en la observación y la medición sin discernimiento. Creo que la mayoría de las personas saben en su fuero interno muchas cosas que deberían estar haciendo y muchas cosas que no deberían estar haciendo. Si sencillamente actúan sobre ese saber, sus otras preguntas serán intrascendentes. Al final, esas preguntas también obtendrán una respuesta, no sólo aprendiendo las respuestas sino *ganándose* las respuestas.

APÉNDICES

APÉNDICE 1

EL DESARROLLO DE LAS CUATRO INTELIGENCIAS/CAPACIDADES: UNA GUÍA PRÁCTICA PARA LA ACCIÓN

El desarrollo de la inteligencia física – IF

Empecemos por el cuerpo, por la inteligencia física (IF), ya que el cuerpo es el instrumento de la mente, el corazón y el espíritu. Si somos capaces de subordinar el cuerpo al espíritu —es decir, de subordinar nuestros apetitos y pasiones a nuestra conciencia— seremos dueños de nosotros mismos. Las personas que viven a merced de sus apetitos y pasiones, y no según su conciencia, no son capaces de entregarse. Su espacio entre el estímulo y la respuesta se reduce; pierden su libertad personal, al tiempo que creen estarla ejerciendo plenamente. El cuerpo es un buen sirviente pero un mal amo.

La clásica expresión griega para designar el autodominio de la vida —«Conócete a ti mismo, domínate, entrégate»— ofrece una secuencia magnífica. A mi entender, disponemos de tres vías fundamentales para desarrollar nuestra inteligencia física. En primer lugar, una *nutrición sabia*; en segundo lugar, *ejercicio equilibrado y consistente*; y en tercero, descanso adecuado, relajación, gestión del estrés y mentalidad de prevención.

> *Las investigaciones demuestran hoy en día que la incapacidad de organizarse eficientemente produce envejecimiento prematuro, pérdida de la claridad mental e incluso el bloqueo de nuestra inteligencia innata. También lo inverso es cierto: a mayor coherencia interna, mayor eficiencia en todos los sistemas fisiológicos y mayor creatividad, adaptabilidad y flexibilidad.*[1]
>
> DOC CHILDRE Y BRUCE CRYER

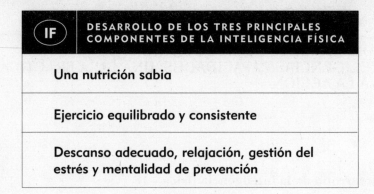

Figura A1.1

En la mayor parte del mundo civilizado se han entendido y aceptado ampliamente estas tres vías. Se trata, en efecto, de una cuestión de sentido común. Pero sentido común no es lo mismo que práctica común. Muy poca gente las pone en práctica.

En su celebrado libro, *The power of full engagement*, Jim Loehr y Tony Schwartz resaltan que la clave del alto rendimiento y la renovación personal está en la gestión de la energía, no del tiempo. Naturalmente, respetan la gestión del tiempo, pero explican que el principal criterio que debemos aplicar a la gestión de nuestro tiempo es el que define cómo gestionamos nuestra energía. Tras estudiar la naturaleza y las leyes naturales que gobiernan a toda la humanidad, destacan la importancia de respetar el ciclo que oscila entre actividad/rendimiento y descanso/renovación. Aplican el método de la persona completa: cuerpo, mente, corazón y espíritu. Ambos autores destacan asimismo la importancia de los hábitos, que llaman rituales, para aumentar nuestra energía y capacidad de rendimiento.

UNA NUTRICIÓN SABIA

Casi todos sabemos lo que debemos comer o dejar de comer. La clave está en el equilibrio. No tengo reparo alguno en reconocer que no soy un experto en nutrición, pero como casi todo el mundo, he sido educado para saber que nuestros cuerpos y sistemas, incluido el sistema inmunológico, se vuelven más fuertes cuantos más cereales, verduras, frutas y proteínas bajas en grasas comamos. Cuando comemos carne (y es mejor no excederse), nos conviene elegir carne con poca grasa. Por otro lado, las investigaciones revelan cada vez más ventajas del consumo regular de pescado. Hay muchos tipos de comida (como gran parte de la comida rápida, las comidas procesadas y dulces), altas en grasas saturadas y en azúcar, que conviene probar sólo muy de vez en cuando o, sencillamente, nunca. Pero, una vez más, recuerde: la clave está en el equilibrio y en la moderación. Aprenda a no ser indulgente consigo mismo y a no ponerse morado de comida. Aprenda, en otras palabras, a captar el momento en el que debe dejar de comer (cuando está satisfecho y siente que dentro de poco estará un poco demasiado lleno). Por último, beba mucha agua (entre seis y diez vasos diarios). De esa forma, se optimizan las funciones del cuerpo y se contribuye *decisivamente* al esfuerzo —dieta y ejercicio regular— por mantener la forma física y un peso saludable.

También he llegado a creer en la eficacia y la sabiduría de los ayunos ocasionales, en perderse una o dos comidas para que descanse y se purgue todo el sistema digestivo. Pero mi propia experiencia me enseña que el mayor beneficio no es tanto físico como mental y espiritual. Casi todas las principales religiones enseñan que el ayuno es un instrumento para desarrollar mayores niveles de autodominio y autocontrol, así como una conciencia más profunda de lo dependientes que somos.

Creo firmemente que cuando logramos controlar correctamente nuestros apetitos, mejoramos nuestra capacidad para controlar nuestra pasiones y purificar nuestros deseos. Esto le procurará un verdadero sentimiento de humildad y mayor perspectiva sobre las cosas realmente importantes de la vida.

También he conocido las consecuencias negativas de comer demasiado, de las dietas extremas y de la ingesta irreflexiva de comida basura.

Mi mayor tentación me sobreviene en la carretera, cuando al final del día llego agotado al hotel y pido que me sirvan en mi habitación. En mis momentos de escasa lucidez y autoindulgencia, me doy cuenta de que mi mente, mi espíritu e incluso la calidad de mi sueño se ven alterados. El mítico entrenador Vince Lombardi solía decir: «El cansancio nos convierte a todos en cobardes». No hay duda de que esto es cierto en mi caso, porque cuando estoy muy cansado tengo tendencia a caer en la autoindulgencia y eso afecta efectivamente a mi mente y espíritu durante un día o dos. Cuando subordinamos el cuerpo a la mente y al espíritu, es enorme el flujo de paz y confianza que liberan la disciplina y el autodominio. De hecho, cuando noto dolores de hambre que no están directamente relacionados con el hambre de verdad sino que responden, más bien, a la interrupción de una adicción al azúcar, me digo: «Nada sabe mejor que estar delgado». También me imagino cómo estos «dolores de hambre» engullen las reservas de grasa. Cuando subordinamos el gusto a la nutrición reeducamos nuestras papilas gustativas para dar voz a los miles de millones de células que piden a gritos una correcta alimentación.

Pero en realidad, todo esto es de orden personal y cada cual debe decidir lo que entiende por nutrición sabia. Sí creo, en cambio, que casi cualquiera puede experimentar las enormes ventajas de ganar su batalla privada con el cuerpo. Esta victoria también repercute en nuestra capacidad para producir victorias públicas en nuestras relaciones con otras personas y reorientarnos hacia una vida de servicio y contribución.

EJERCICIO EQUILIBRADO Y CONSISTENTE

Hacer ejercicio con regularidad —cardiovascular, fuerza y flexibilidad— mejora radicalmente tanto nuestra calidad de vida como nuestra esperanza de vida. Nuestra sociedad ha adoptado estilos de vida cada vez más sedentarios e inactivos. Pero hay muchísimas maneras de hacer ejercicio de forma regular. Empiece poco a poco, lo importante es que pueda resistir. Haga algo a diario o por lo menos entre tres y cinco veces por semana. Elija una actividad que le divierta y se adapte a sus necesidades y condiciones más propias. Consulte con su médico. Varíe el tipo de ejercicios, lo que le permitirá fortalecer diversas partes de su cuerpo y evitará que se aburra o se harte de una única actividad. A mucha gente le encanta caminar, lo más vigorosamente posible. A otros les gusta correr, nadar, trabajar en el jardín o ir en bicicleta. Mucha gente aprovecha los equipos de gimnasios diseñados para un entrenamiento aeróbico/cardiovasvular como cintas rodantes, bicicletas estáticas, máquinas de subir escaleras, simuladores de remos, etc.

Levantar pesas, como otros ejercicios de fuerza, tiene muchos efectos positivos para personas de todas las edades: se mejora la fuerza, la postura y la energía, se ralentiza y se detiene el deterioro de los huesos y se aumenta la capacidad corporal de quemar calorías.

Personalmente, no tengo suficientes palabras para expresar los efectos positivos que tiene para mí el ejercicio equilibrado y consistente. En mi opinión, la principal recompensa es de orden mental y espiritual, más que físico, aunque me impresionan los estudios que ilustran los efectos físicos positivos del ejercicio regular. El ejercicio aeróbico, en el que se emplean los grandes músculos de la pierna para fortalecer el corazón y los sistemas circulatorios, lo que a su vez nos permite procesar oxígeno con máxima eficiencia, siempre ha sido la base de mi programa de ejercicios.

Mi ejercicio aeróbico preferido siempre ha sido correr, pero diversas actividades deportivas han dejado a mis rodillas fuera de combate, por lo que ahora tengo que recurrir a la bicicleta estática. Pero me he dado cuenta de que mientras pedaleo con la bicicleta también puedo dedicarme a otras actividades. Puedo hablar con personas por teléfono y llevar negocios, aunque sea jadeando como un *Dark Vader* frenético. Puedo mirar programas educativos o de entretenimiento por televisión. Puedo mantener interesantes conversaciones con mi mujer, hijos o amigos que estén haciendo ejercicio al mismo tiempo que yo. Nos animamos unos a otros o intercambiamos nuestras mejores ideas sobre lo que funciona o no.

También he llegado a creer firmemente en la importancia de los ejercicios de tonificación muscular y flexibilidad. Recuerdo a un entrenador que me observaba hacer ejercicios de *press banca*. Lo que me dijo, fundamentalmente, es que llegara lo más lejos posible y entonces hiciera un último levantamiento. Le pregunté por qué y me respondió que los mayores avances se consiguen muy al final del ejercicio, cuando la fibra muscular está al límite de sus fuerzas y se rompe (dolor), tras lo cual se recompone y se refuerza en apenas cuarenta y ocho horas. Para mí, fue una experiencia instructiva y fascinante, porque apenas me cansaba y sentía dolor quería parar. Pero el entrenador se paró a mi lado y me dijo: «Cuando no puedas más te sujetaré la barra». Es una gran metáfora, que también sirve para describir las otras tres dimensiones de la vida. Cuando llegamos al límite de nuestras fuerzas, aumenta nuestra capacidad. Emerson lo ha expresado así: «Cuando nos empeñamos en seguir haciendo algo, se vuelve más fácil, no porque la naturaleza de la cosa haya cambiado sino porque mejora nuestra capacidad para hacerla».

Mi compromiso particular consiste en ejercitarme aeróbicamente entre cinco y seis días por semana; hacer ejercicios de tonificación muscular tres días por semana y alguna clase de *stretching* o de yoga para la flexibilidad seis días por semana. También Pilates me ayudó a fortalecer mis músculos internos. Cada persona debe estudiar su propia situación y decidir lo que le parezca más acertado. Pero una vez más, estoy convencido de que el ejercicio mejora nuestro propio sentido del autocontrol y el autodominio, lo que enriquece nuestra vida de forma global y amplía verdaderamente el margen entre el estímulo y la respuesta.

Cuando pasaba semestres enteros dando clases en la universidad, solía animar a los estudiantes para que desarrollaran sus propios objetivos particulares, aquellos concretos que quisieran cumplir durante el semestre correspondiente. La inmensa mayoría de los alumnos incluía la alimentación correcta y el ejercicio físico regular entre sus objetivos. Esto es lo que yo llamaría un «acuerdo ganar/ganar» con los estudiantes, y una vez lo asumían, eran plenamente responsables. También debían compartir todo lo que fueran entendiendo o aprendiendo a raíz de estas experiencias y autoevaluarse, teniendo en cuenta los objetivos asumidos. Esta evaluación se convirtió en una parte importante de la nota de la asignatura, de modo que tenían motivación tanto interna como externa. Algunos estudiantes no querían asumir esta faceta física. No había inconveniente. Tendrían que establecer y responder por otros objetivos que les pareciera que debían alcanzar.

No creería los resultados que consiguieron los estudiantes que lograron vencer su adicción al azúcar o a la comida basura y hacer ejercicio al menos treinta minutos tres días por semana. Cultivar estos hábitos y romper con los antiguos fue algo tan increíble e impactante que afectó todas sus relaciones. Se notó en su energía, en su agudeza intelectual, en sus estudios y en su sentido de autodominio. Al final del semestre, los alumnos que no habían seleccionado metas físicas escuchaban el relato de los que habían elegido y cumplido sus objetivos de domino físico y lamentaban no haber hecho lo mismo.

Párese un momento a pensarlo. Cualquier persona tiene una semana de 168 horas. Pero si afila la sierra físicamente, digamos que haciendo ejercicio equilibrado y consistente, aunque no sea más que durante dos o tres de estas 168 horas, experimentará el efecto positivo de estas dos o tres horas sobre las restantes 166, incluyendo la profundidad y calidad de su sueño, y empezará a notar el tremendo efecto y el poder que entra en su vida gracias a esta clase de autodominio.

El poder de la mente sobre el cuerpo.

DESCANSO ADECUADO, RELAJACIÓN, GESTIÓN DEL ESTRÉS Y MENTALIDAD DE PREVENCIÓN

La obra del gran pionero y líder de la investigación sobre el estrés, el doctor Hans Selye, revela que hay dos clases de estrés: el *distrés* y el *eustrés*. El distrés se produce cuando odiamos nuestro trabajo, la presión de la vida parece multiplicarse y nos sentimos víctimas. El eustrés es el producto de la tensión positiva entre el punto en el que nos encontramos y el que queremos alcanzar (algún objetivo, proyecto o causa importante que realmente nos mueve y moviliza nuestros talentos y pasiones; en dos palabras: nuestra voz). El doctor Seyle ha demostrado, con sus interesantes investigaciones empíricas, que el eustrés refuerza el sistema inmunológico y aumenta la longevidad, así como la capacidad para disfrutar de la vida. Resumiendo, no deberíamos evitar el estrés, siempre y cuando se trate del tipo adecuado de estrés, el eustrés: nos fortalecerá y apuntalará nuestras capacidades. Como es natural, habrá que compensarlo y matizarlo con descanso adecuado y relajación, lo que se conoce como «gestión del estrés», o, más precisamente, «gestión del eustrés». Seyle explica que las mujeres viven aproximadamente unos siete años más que los hombres por razones psicológicas/espirituales y no fisiológicas. «El trabajo de una mujer nunca termina.»

En círculos médicos se acepta mayoritariamente que los estilos de vida por los que opta la gente son los causantes de dos enfermedades de cada tres. Estas opciones tienen que ver con la alimentación, el tabaco, la falta de descanso y de relajación, el intento de quemar la vela por los dos extremos y una larga serie de abusos infligidos al cuerpo. Muchos médicos achacan diversas enfermedades a factores genéticos pero, como hemos señalado antes, siempre existe un espacio entre el estímulo y la respuesta y cuando la gente toma conciencia de él y de su propia capacidad para tomar decisiones basándose en determinados principios, no necesariamente desarrolla las enfermedades de su predisposición genética. Incluso la mayoría de casos de cáncer es curable si se detectan en la primera o segunda etapa, antes de que se vuelvan agresivos.

La medicina moderna occidental se centra más en el tratamiento que en la prevención y suele seguir la pauta de una de estas dos categorías: la química o la cirugía. Me gustaría que ese paradigma médico se hiciera más amplio, más profundo y complementario, con terapias alternativas de eficiencia empíricamente demostrable.

Me parece muy importante someterse a revisiones médicas frecuentes, al menos anuales, para que puedan tomarse decisiones acertadas sobre las tendencias o síntomas de enfermedad. Yo mismo tengo un médico de tratamiento y otro de prevención, y tengo muchísimo respeto por ambos. He aprendido que el principio más fundamental es que debemos asumir la responsabilidad de nuestra propia salud. Debemos preguntar cosas, implicarnos, estudiar, pedir segundas opiniones y buscar terapias alternativas en lugar de limitarnos a arrojar toda la responsabilidad de nuestra salud o bienestar sobre otra persona o profesión.

Descuidar el desarrollo y la salud del cuerpo

Piense simplemente en lo que pasa con las otras tres dimensiones cuando se descuida el cuerpo. No se trata sólo de la posibilidad de perder nuestra buena salud sino también de la posibilidad de perder *mentalmente* nuestra concentración, nuestra creatividad, nuestra resistencia, nuestra fuerza, nuestro coraje, nuestra capacidad de aprender, nuestra retentiva. Por el contrario, cuando hacemos ejercicio, descansamos y comemos como es debido, conservamos toda nuestra concentración y fuerza mentales, así como nuestra sed de aprendizaje.

> *Un hombre que cede a la tentación al cabo de cinco minutos simplemente no sabe lo que hubiera pasado una hora después. Por eso la gente mala, en cierto sentido, sabe muy poco sobre la maldad. Al estar siempre cediendo, ha vivido una vida protegida.*[2]
> C. S. LEWIS

¿Qué ocurre con nuestra inteligencia *emocional*, con nuestro corazón, cuando descuidamos nuestro cuerpo, cuando nos sometemos a nuestros apetitos y pasiones? La paciencia, el amor, la comprensión, la empatía, la capacidad de escuchar y la compasión también quedan subordinados; se convierten en palabras huecas, sin sustancia ni sangre que las impulse.

Mi propia experiencia me enseña que cuando me fijo y no cumplo un compromiso o una promesa en lo tocante a la dieta o el ejercicio físico (o cualquier otra cosa), me vuelvo claramente menos sensible con las necesidades y sentimientos ajenos. Me siento más alterado y enfadado conmigo mismo y noto como pierdo integridad. Sólo cuando vuelvo sobre mis pasos, recupero la motivación, me decido y logro mantener mis promesas puedo llegar a olvidarme de mí mismo y empatizar auténticamente con otras personas.

¿Qué le ocurre a nuestro *espíritu*, a nuestra paz mental? Afecta a nuestro deseo de ayudar, de colaborar, a nuestra capacidad de sacrificio, de ponernos al servicio de un bien superior; nuestra conciencia se opaca y cede prácticamente a cualquier tentación. Cualquier pérdida de integridad personal hace que esté más pendiente de mí mismo, más egoísta. No obstante, constato que cuando me decido a vivir según principios y según mi conciencia, recupero mi voluntad de ser útil y contribuir de formas significativas.

El autodominio y el desarrollo físico son fundamentales. También son algo muy concreto, sobre lo que podemos actuar de forma inmediata. En este punto, tenemos acceso directo; podemos controlarlo. A medida que vamos dominando los apetitos del cuerpo y fortaleciendo su inteligencia, vemos cómo crece el espacio entre el estímulo y la respuesta, con las ventajas indirectas que eso conlleva en términos mentales, emocionales y espirituales.

He observado que la mayoría de la gente reconoce que pierde el rumbo de vez en cuando. Pero si atienden sinceramente al *feedback* de su cuerpo, mente, corazón y espíritu e introducen los cambios necesarios, pueden recuperar el rumbo. La mayoría de los aviones vuela casi todo el tiempo fuera de su ruta prevista, pero el piloto recibe un constante *feedback* a través de ciertos instrumentos que le ayudan a volver a su ruta aérea, con lo que casi todos los vuelos llegan a su destino de acuerdo con lo previsto en su plan de vuelo.

Si una persona escucha a su conciencia, ésta la orientará en estas tres direcciones. Y cuanto más le obedezca, más fuerte será, de modo que podrá progresar cada vez más hacia la entrega de sí mismo. Comiendo inteligentemente, haciendo ejercicio, descansando y relajándonos, profundizamos nuestras capacidades y fortalecemos el sistema inmunológico de nuestro cuerpo y su capacidad de reconstituirse; y lo que es más importante, liberamos las otras tres inteligencias presentes en nuestra mente, nuestro corazón y nuestro espíritu.

El desarrollo de la inteligencia mental (IM)

Propongo tres vías para desarrollar la IM o capacidad mental: en primer lugar, *el estudio y la educación sistemáticos y disciplinados*, que incluye el estudio de lo que queda fuera del perímetro de nuestro propio campo; segundo, *cultivar la autoconciencia*, para que sea posible explicitar los supuestos y pensar «rompiendo los esquemas» y fuera de la zona de comodidad; en tercer lugar, *aprender enseñando y haciendo cosas*.

EL ESTUDIO Y LA EDUCACIÓN CONTINUOS, SISTEMÁTICOS Y DISCIPLINADOS

Las personas que se han comprometido a aprender, crecer y mejorar de forma constante son las que desarrollan capacidades de cambio, adaptación y flexibilidad ante las realidades cambiantes de la vida y dotes productivas en cualquier ámbito de la misma. Nuestra

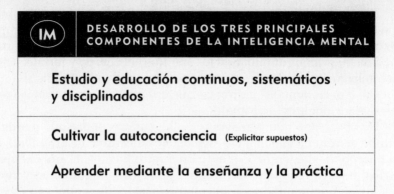

Figura A1.2

única seguridad económica real radica en nuestra capacidad para responder a las necesidades humanas. Cuanto peores sean las condiciones, más evidentes serán las necesidades. Nuestra seguridad no depende de nuestras organizaciones o trabajos; una simple innovación tecnológica podría convertirlos en irrelevantes. Pero si tenemos mentes fuertes, activas, atentas, que crecen y aprenden, seremos capaces de acertar plenamente. Hace ya mucho tiempo que se ha dejado de creer que el coeficiente intelectual es una facultad inamovible. Cuanto más se ejercite la mente, más fuerte será; cuanto más se atienda a la conciencia, más sensata será.

Tengo la firme convicción de que deberíamos alejar la televisión de nuestras vidas y volver a la lectura (y leer ampliamente, en profundidad, fuera de nuestras zonas de comodidad y de nuestro ámbito profesional). Entre otras revistas, me gusta leer, por ejemplo, *Scientific American, The Economist, Psychology Today, Harvard Business Review, Fortune* y *Business Week*. Mi esposa siempre me anima a leer más ficción, biografías y autobiografías, que constituyen el ámbito de sus principales intereses. Creo que es un consejo sensato. También recibo muchos libros que buscan promoción y he aprendido a leer conceptualmente estudiando el índice y asimilando el estilo del autor para descubrir dónde se expresan o resumen las ideas centrales. De esta forma, logro captar la esencia de muchos libros más o menos en un día.

Otro estilo de aprendizaje muy interesante y útil consiste en dividir las presentaciones que escuchamos o los libros que leemos en cuatro secciones: en primer lugar, la *intención*; en segundo, la *idea principal*; en tercero, la *validación* (es decir, las pruebas aportadas); y en cuarto, la *aplicación* (es decir, ejemplos e historias). He constatado que ejercitar nuestra mente para pensar de esta forma al escuchar o leer procura una comprensión y un entendimiento asombrosamente buenos y precisos del material en cuestión (hasta el punto de que uno mismo casi podría repetir la presentación que acaba de escuchar como si llevara mucho tiempo dedicándose a desarrollar esos conocimientos).

Lo fundamental es que cada persona decida por sí misma la mejor manera de tener una educación continua. En la era del trabajador del conocimiento, ésta es una cuestión totalmente crucial. Todo el mundo debe preguntarse atentamente a qué dedica su tiempo y cuánto tiempo dedica a cada cosa. Lo siguiente es adquirir mucha disciplina mental. Rinde enormemente. La mayoría de la gente aduce que está tan ocupada que no tiene suficiente tiempo para leer o incluso estar con sus hijos. Sin embargo, hay sobradas pruebas de que la gente pasa cerca de la mitad de su tiempo dedicada a cosas sin importancia, por urgentes que sean. Pero cuanto más disciplina demuestre una persona para *concentrarse* en las cosas verdaderamente importantes; cuanto mayor sea el sentimiento de «sí» que alienta en su corazón, más fácil le será decir «no» a las muchas distracciones que inevitablemente la asaltan, sin perder la sonrisa, la afabilidad y la jovialidad.

CULTIVAR LA AUTOCONCIENCIA (EXPLICITAR LOS SUPUESTOS)

La autoconciencia supone las cuatro inteligencias y es un don exclusivo del hombre. En esencia, es otra palabra para designar el espacio entre el estímulo y la respuesta, el espacio que nos permite marcar una pausa y elegir una opción o tomar una decisión.

Cultivar la autoconciencia intentando entender o explicitar nuestros supuestos, teorías y paradigmas implícitos es sin lugar a dudas una de las actividades más elevadas que tenemos a nuestro alcance. Siempre nos basamos en ciertos supuestos, que son de naturaleza muy *implícita* (no somos conscientes de estar dando por supuestas ciertas cosas), de modo que podemos dar grandes saltos cualitativos *explicitándolos*. Podemos aprender a pensar rompiendo los esquemas.

Permítaseme mencionar, a modo de ejemplo, una experiencia. Se trata del llamado ejercicio de los nueve puntos. Aunque ya haya participado anteriormente en este ejercicio, le animo a repetirlo para que observe la importancia que tiene explicitar supuestos y pensar rompiendo esquemas.

Tome los nueve puntos de la ilustración y sin levantar su lápiz del papel, dibuje cuatro líneas rectas y conectadas entre sí que pasen por los nueve puntos (véase figura A1.3).

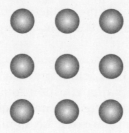

Figura A1.3

¿Tiene problemas? Si es así, vuelva a intentarlo, pero esta vez, piense rompiendo los esquemas. Probablemente haya dado por supuesto que sus rectas debían permanecer dentro del cuadrado (de ahí viene la expresión «pensar rompiendo los esquemas»). Fíjese en lo que está haciendo en este preciso instante. Está pensando sobre su propio pensamiento. Ningún animal puede hacerlo. Por esa misma razón, ningún animal puede reinventarse a sí mismo. Usted puede y yo también. ¿Por qué? Porque podemos examinar nuestras premisas. Ahora, inténtelo de nuevo.

Observemos lo que ocurre si piensa rompiendo los esquemas. Vea-dibuje la primera línea hasta salirse del cuadrado (véase la figura A1.4).

Después, la segunda, la tercera y la cuarta (véase la figura A1.5).

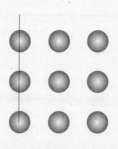

Figura A1.4

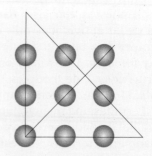

Figura A1.5

De acuerdo. Le daré otro ejercicio. Dibuje una línea recta que pase por los nueve puntos. Ahora observe lo que está pensando. ¿Qué es lo que está dando por supuesto? Una línea recta que pase por los nueve puntos. No puede cambiar la disposición de los puntos. Tiene que pasar por los nueve puntos. ¿Qué está dando por supuesto?

El ancho de la recta (véase la figura A1.6 en la página 381).

La autoconciencia implica las cuatro inteligencias y es un don exclusivamente humano. En el fondo, no es más que otra palabra para designar el espacio existente entre el estímulo y la respuesta, el espacio que permite hacer una pausa y elegir o tomar una decisión.

Permítame proponer varios métodos muy útiles para cultivar la autoconciencia. Mi hija Colleen debe haber escrito ya unos setenta diarios a partir de sus propias reflexiones y exclusivamente para sí misma. Escribir diarios la ha convertido en una observadora de su propia andadura en la vida y le ha permitido tomar decisiones basándose en sus observaciones. Ha podido desarrollar la capacidad de reinventarse a sí misma prácticamente en un abrir y cerrar de ojos, simplemente porque tiene una autoconciencia muy fuerte y profunda. También la he visto tomar decisiones importantes siguiendo las indicaciones de su conciencia o de su inteligencia espiritual, subordinando tanto a la inteligencia mental como a la emocional, y descubriendo al final que las tres se habían armonizado.

El ejercicio de poner por escrito nuestras ideas es agotador, pero poderoso y clarificador. Un error del que se aprende se convierte en un éxito. En este sentido, puede decirse que no hay fracasos definitivos; tan sólo experiencias instructivas de las que hay que hacer buen uso en la vida.

Otra forma eficaz de desarrollar la conciencia del yo y de los demás y de explicitar supuestos es sondear la reacción de otras personas. Todos tenemos puntos ciegos. Algunos resultan literalmente paralizantes para nuestra efectividad. Pero si cultivamos el hábito, ya sea formal o informalmente, de sondear la reacción de otras personas —personas que nos resultan cercanas, con las que vivimos y trabajamos— aceleraremos nuestro crecimiento y nuestro desarrollo. Algo así ocurre con las personas que se dedican a analizar los mercados y toman como referencia a sus competidores de primer nivel mundial, en lugar de hacerlo con sus competidores locales o regionales. Esto nos suele proporcionar información sobre puntos ciegos que también lo son para terceras personas.

Muchas personas, entre las que me incluyo, ven en la oración sincera, la oración reflexiva una forma de intuir la dirección de la conciencia y de percibir la vida como una misión, una oportunidad para guiar y contribuir. La oración también puede infundir fuerzas y coraje para tomar distancia, reconocer errores ante terceros, perdonar, comprometerse y, finalmente, recuperar el rumbo.

Aprender mediante la enseñanza y la práctica

Vuelva al capítulo 3. En resumen, prácticamente todo el mundo reconoce que la mejor forma de aprender es enseñar a otros y que el aprendizaje se interioriza cuando se lo vive. Saber y no hacer es, en realidad, no saber. Aprender y no hacer no es aprender. En otras palabras, entender algo y no aplicarlo es tanto como no entenderlo. Sólo en el hacer, en la puesta en práctica, se interiorizan el saber y el entendimiento.

Descuidar el desarrollo mental

El mundo en el que vivimos se caracteriza tanto por la complejidad como por la velocidad digital. Los mercados y la tecnología se globalizan. Un nuevo tipo de terrorismo —un terrorismo de efectos potencialmente devastadores a escala mundial— infunde miedo en casi cualquier corazón. Comunidades enteras viven inmersas en la confusión y el vértigo de valores. Las familias nunca habían estado tan estresadas. Nuestra herramienta para encarar estos desafíos es la mente, el poder de pensamiento. Si se lo descuida, el propio *cuerpo* sufrirá. Como escribió alguien, «si la educación le parece cara, pruebe con la ignorancia». El imperativo moral de la vida es: crece o muere. La vida media de muchas profesiones sólo dura unos pocos años. Si transferimos la responsabilidad de nuestro desarrollo mental a la organización en la que trabajamos, nos volvemos paulatinamente codependientes y podemos quedar profesionalmente desfasados. Esto reduce nuestra capacidad de ganar dinero; puede hacernos perder nuestros trabajos. Nuestro cuerpo se deteriora rápidamente; nos morimos antes.

¿Qué impacto tiene sobre el corazón, sobre las relaciones, el hecho de descuidar la mente y su constante desarrollo? Nos van dominando la ignorancia, los prejuicios y nos dejamos llevar por los estereotipos y las etiquetas. Esto puede conducir a un pensamiento muy provinciano o incluso al narcisismo y la paranoia. Toda nuestra visión del mundo se vuelve miope, estrecha y egocéntrica.

¿Qué consecuencias tiene que soportar el *espíritu* cuando dejamos de aprender? La conciencia se insensibiliza, pierde facultades y queda finalmente reducida al silencio, porque lo que nos dice constantemente es que sigamos aprendiendo y creciendo. Perdemos la visión de la vida y la lucha por encontrar nuestra voz; ambas son fuentes primigenias de nuestra pasión por la vida. La literatura sapiencial nos parece aburrida y poco sugerente, incluso insignificante.

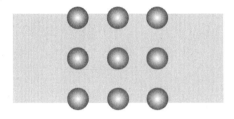

Figura A1.6

El desarrollo de la inteligencia emocional (IE)

Curiosamente, si examina con atención la bibliografía sobre inteligencia emocional, notará que ésta plantea, en primer lugar, la trascendental importancia de la IE en la efectividad de largo plazo, y en segundo lugar, que la IE se *puede* desarrollar. Pero curiosamente, dice muy poco sobre *cómo* se puede desarrollar.

IE — LOS CINCO PRINCIPALES COMPONENTES DE LA INTELIGENCIA EMOCIONAL
Autoconciencia
Motivación personal
Autodisciplina
Empatía
Habilidades sociales

Figura A1.7

Los cinco componentes primordiales comúnmente aceptados de la inteligencia emocional son la *autoconciencia*, es decir, la capacidad de reflexionar sobre la propia vida, creer en el autoconocimiento, usar ese conocimiento para mejorarse y vencer o compensar la debilidad; segundo, la *motivación personal*, que trata de lo que realmente entusiasma a la gente (la visión, los valores, los objetivos, las esperanzas y las pasiones que configuran sus prioridades); tercero, la *autodisciplina*, o capacidad de encaminarse hacia el cumplimiento del proyecto y valores personales; cuarto, la *empatía*, es decir, la capacidad de ver cómo los demás ven y sienten las cosas; y quinto, las *habilidades sociales y comunicacionales*, que se refieren a la forma que tienen las personas de resolver sus diferencias, solucionar problemas, generar soluciones creativas e interactuar óptimamente para promover sus proyectos comunes.

Estoy profundamente convencido de que los siete hábitos de la gente altamente efectiva ofrecen el mejor camino, el más sistemático, para desarrollar estas cinco dimensiones de la IE. Como mencioné en el capítulo 8, no puedo tratar aquí adecuadamente el tema de los hábitos de una forma que realmente impacte; es mejor experimentarlos directamente en el libro. Pero bajo estas líneas encontrará una tabla con el principio subyacente o esencia de cada uno de los siete hábitos. También puede revisar nuevamente el breve resumen de los siete hábitos en el capítulo 8.

PRINCIPIOS ENCARNADOS EN LOS 7 HÁBITOS	
Hábito	*Principio*
❶ Sea proactivo	Responsabilidad/iniciativa
❷ Empiece con un fin en mente	Visión/valores
❸ Establezca primero lo primero	Integridad/ejecución
❹ Piense en ganar/ganar	Respeto/beneficio mutuos
❺ Procure primero comprender, y después ser comprendido	Comprensión mutua
❻ La sinergia	Cooperación creativa
❼ Afile la sierra	Renovación

Figura A1.8

El desarrollo de las cuatro dimensiones de la ie
a través de los siete hábitos

Consideremos cómo se relacionan los cinco elementos de la inteligencia emocional con estos siete hábitos:

IE — DESARROLLO DE LOS CINCO PRINCIPALES COMPONENTES DE LA INTELIGENCIA EMOCIONAL	
Autoconciencia	❶ Sea proactivo
Motivación personal	❷ Empiece con un fin en mente
Autodisciplina	❸ Establezca primero lo primero ❼ Afile la sierra
Empatía	❺ Procure primero comprender, y después ser comprendido
Habilidades sociales	❹ Piense en ganar/ganar ❺ Procure primero comprender, y después ser comprendido ❻ La sinergia

Figura A1.9

AUTOCONCIENCIA

Una conciencia del yo, de nuestra libertad y poder de elección, es el núcleo del primer hábito: Sea proactivo; dicho de otro modo, usted es consciente del espacio entre el estímulo y la respuesta, es consciente de su herencia genética, biológica, de su educación y de las fuerzas ambientales de su entorno. Contrariamente a los animales, sabe tomar decisiones sensatas sobre estas cuestiones. Siente que es o puede llegar a ser la fuerza creativa de su propia vida. Ésa es su decisión más *fundamental*.

MOTIVACIÓN PERSONAL

La *motivación personal* es la base de estas decisiones. Esto significa: usted es quien decide sus principales prioridades, metas y valores; de este asunto trata, en esencia, el segundo hábito, Empiece con un fin en mente. Esta decisión de dirigir su propia vida es su *principal* decisión.

AUTODISCIPLINA

La *autodisciplina* es otra forma de expresar Establezca primero lo primero (tercer hábito) y Afile la sierra (séptimo hábito). En otras palabras, una vez decididas sus prioridades, pasa a vivir según ellas; se trata del hábito de la integridad, del autodominio, de hacer lo que se ha propuesto; de vivir según sus valores. Entonces, renuévese constantemente a sí mismo. Las estrategias de ejecución y las decisiones tácticas son sus decisiones *secundarias*.

EMPATÍA

La *empatía* es la primera mitad del quinto hábito: Procure primero comprender, y después ser comprendido. Se trata de aprender a trascender su propia autobiografía y llegar a las mentes y corazones de otras personas. Se trata de adquirir gran sensibilidad social y conciencia de la situación antes de intentar que los demás lo entiendan a uno, de influir sobre ellos, de decidir o juzgar.

HABILIDADES DE COMUNICACIÓN SOCIAL

La combinación de los hábitos cuarto, quinto y sexto constituye las *habilidades de comunicación social*. Piensa en términos de beneficio mutuo y de respeto mutuo (cuarto hábito: Piense en ganar/ganar), se esfuerza en pos del entendimiento mutuo (quinto hábito: Procure primero comprender, y después ser comprendido) a fin de propiciar una cooperación creativa (sexto hábito: La sinergia).

Tengo que reconocer otra vez que he establecido las conexiones entre los siete hábitos y el desarrollo de estas cinco dimensiones de la inteligencia emocional de forma muy somera. Si tiene verdadero interés en desarrollar una mayor IE, le recomiendo que estudie y se esfuerce sinceramente por aplicar los principios que componen *Los 7 hábitos de la gente altamente efectiva*. Y lo hago sin el menor deseo de publicitar mi propia obra, sino más bien convencido del poder de los principios universales, eternos y evidentes que contiene; principios de los que no puedo apropiarme, ya que pertenecen a toda la humanidad y están presentes en cada nación, sociedad, religión o comunidad que haya salido adelante y prosperado.

Descuidar la inteligencia emocional

Los autores Doc Childre y Bruce Cryer describen el impacto que tiene el hecho de no escuchar la voz inteligente del corazón sobre el cuerpo. «El rendimiento de la inteligencia disminuye cuando hay frustración, ansiedad o confusión interior. Semejantes estados emocionales provocan incoherencias en el funcionamiento rítmico y eléctrico del corazón, y minan la eficiencia neurológica. Es uno de los motivos por los que gente inteligente comete estupideces. Cuando usted ha convertido la coherencia interna en una de sus prioridades diarias, gana tiempo y energía». También explican que «debilitamos nuestro sistema inmunológico cuando actuamos en contra de nuestros valores más profundos o de nuestra conciencia, que en cambio gana fuerzas cuando sentimos y expresamos amor o atención. La organización HeartMath ha demostrado científicamente esta relación tanto en el plano de la inmunidad personal (¿nunca se ha enfermado después de una gran pelea o al enterarse de que se había cancelado el proyecto clave en el que llevaba meses trabajando?) como en el plano organizacional, que describen como un virus emocional que mina el espíritu, la vitalidad y la moral organizacional».[3]

Si descuidamos el desarrollo de nuestra inteligencia emocional por carecer de la autodisciplina necesaria para conseguir las victorias privadas que conducen a las victorias públicas, viviremos traumas emocionales, estrés y emociones negativas y perturbadoras como la ira, la envidia, la codicia, los celos y la culpa irracional. Cuando una relación fundamental se tensa, se rompe o se violenta, el cuerpo se resiente y el sistema inmunológico se debilita. Se padecen dolores de cabeza y enfermedades psicosomáticas de muchas clases. Las *mentes* caen a menudo en la depresión, se descentran, se distraen y pierden la capacidad de pensar abstracta, atenta, analítica y creativamente. También el *espíritu* se deprime y se desanima. Muchas personas se sienten desamparadas, sin esperanza, victimizan y en algunos casos llegan a un extremo tal de desesperación que piensan en el suicidio. Eso es lo que hace tan importante tejer constantes relaciones con otras personas y con nosotros mismos.

El desarrollo de la inteligencia espiritual (IES)

> *El fin de la educación es un hombre hecho y derecho, tanto en competencia como en conciencia. Pues generar una competencia sin impartir una orientación adecuada para el uso de esa competencia constituye una educación deficiente. Por lo demás, sin la presencia de la conciencia, la competencia terminará desintegrándose.*
>
> JOHN SLOAN DICKEY

Propongo tres fórmulas para desarrollar la inteligencia espiritual: en primer lugar, la *integridad* (ser fiel a los principales valores, convicciones y conciencia y tener una conexión con lo Infinito); segundo, *sentido* (tener un sentido de lo que se puede aportar a personas y causas); y, tercero, *voz*, alineando nuestro trabajo con nuestros talentos o dones, y nuestra vocación.

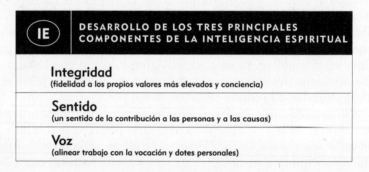

IE	DESARROLLO DE LOS TRES PRINCIPALES COMPONENTES DE LA INTELIGENCIA ESPIRITUAL
Integridad (fidelidad a los propios valores más elevados y conciencia)	
Sentido (un sentido de la contribución a las personas y a las causas)	
Voz (alinear trabajo con la vocación y dotes personales)	

Figura A1.10

INTEGRIDAD: HACER Y MANTENER PROMESAS

La mejor manera de desarrollar la integridad es empezar poco a poco, haciendo promesas y respetándolas. Hágase una promesa que a otra gente pueda parecerle pequeña e insignificante pero que a usted le exija un verdadero esfuerzo respetar: hacer ejercicio diez minutos, no comer tal postre, ver una hora menos de televisión al día y leer un capítulo de tal libro, expresar su agradecimiento a alguna persona por carta, expresar su agradecimiento en persona, rezar a diario, pedir perdón o leer literatura espiritual diez minutos al día.

La cuestión es que cuando promete algo y lo mantiene aumenta su capacidad de hacer y mantener promesas mayores. Siga por ese camino y en poco tiempo su sentido del honor será más fuerte que sus estados de ánimo. Desarrollará integridad personal —eso significa que está integrado—, lo que será para usted una gran fuente de poder. Es verdaderamente como encender un modesto fuego hasta que se convierta en una gran hoguera.

INTEGRIDAD: EDUCAR SU CONCIENCIA Y OBEDECERLA

Quizá la forma más convincente de desarrollar la inteligencia espiritual es educar su conciencia y obedecerla. Madame de Stael lo expresó de la siguiente manera: «La voz de la conciencia es tan delicada que resulta fácil ahogarla, pero es también tan clara que resulta imposible confundirla». Cuando se empieza a estudiar la literatura sapiencial de nuestra tradición o las vidas de personas que han inspirado y elevado nuestra vida, aparece la voz de la conciencia para orientarla y dirigirla. Es una voz serena, suave. Y ocurre literalmente lo que cuenta C. S. Lewis: «Cuanto más sigues el dictado de tu conciencia, más te pide». No sólo nos pide cosas sino que también amplía nuestras capacidades, inteligencias y contribuciones. Nuestros talentos se duplican cuando usamos inteligentemente los talentos que hemos recibido.

ENCONTRAR EL SENTIDO Y LA PROPIA VOZ

Este tema es, por supuesto, la idea central de este libro y se articula con todo lo demás. Pero una forma sencilla de encontrar la propia voz, como se ha dicho con anterioridad, consiste simplemente en preguntar qué me exige mi actual situación vital; qué debería hacer teniendo en cuenta mis responsabilidades, preocupaciones y guías actuales; cuál sería ahora el acto más inteligente. Cuando vivimos realmente atentos a las respuestas de nuestra conciencia, el espacio se amplía y la conciencia se vuelve más audible.

> *Mi objetivo en la vida es unir*
> *Mi pasatiempo y mi vocación*
> *Como mis ojos se hacen uno en la vista.*
> *Sólo donde el amor y la necesidad son una misma cosa*
> *Y, el trabajo es un juego de apuestas mortales,*
> *Las acciones realmente se hacen*
> *Por el cielo y el futuro.*[4]
>
> ROBERT FROST

Otra forma muy destacada de encontrar su sentido de la voz o vocación se da cuando está seleccionando una carrera, trabajo o causa a la que dedicarse. Recuerde las preguntas fundamentales que representan las cuatro inteligencias: cuerpo, mente, corazón y espíritu. ¿Qué me gusta de verdad de lo que sé hacer bien? ¿Debería hacerlo? ¿Puedo ganarme la vida con eso? ¿Puedo aprender a hacerlo mejor? ¿Estoy dispuesto a pagar el precio del aprendizaje? Jim Collins, en su concluyente libro *Good to great*, anima a las personas, así como a las organizaciones, a preguntarse lo siguiente: ¿En qué actividad puedo ser el mejor del mundo? Conozco al menos una de las respuestas correctas que vale para todos aquellos que somos padres. Si nos lo proponemos, podemos ser los mejores del mundo criando a nuestros propios hijos. Nadie se preocupa por ellos como nosotros.

> *Dentro de cien años, no importará qué clase de coche haya*
> *conducido, en qué tipo de casa haya vivido, cuanto dinero haya*
> *tenido en mi cuenta bancaria ni el aspecto de la ropa que haya*
> *llevado. Pero el mundo será un poco mejor si fui importante en la*
> *vida de un niño.*
>
> ANÓNIMO

DESCUIDAR, IGNORAR O VIOLENTAR NUESTRA INTELIGENCIA ESPIRITUAL

¿Qué le pasa al cuerpo cuando nuestra conciencia y nuestra integridad sufren alguna violencia? Suele notarse en la cara de las personas, en sus ojos. A menudo, descuidan sus cuerpos. Suele ser gente apagada, cuando no totalmente exhausta. Sus *mentes* están a menudo llenas de racionalizaciones, que vienen a ser mentiras racionales que uno mismo se cuenta. Se sienten culpables, una emoción muy saluda-

ble en casos de genuina violación de la integridad y la conciencia. No
tienen paz. Tienen problemas de juicio. La Universidad de California
de Berkeley resumía algunas de sus investigaciones con la expresión:
«Hacer las cosas bien es estar bien».

   ¿Qué le pasa al corazón? Estas mismas personas pierden el control sobre sus emociones, su capacidad para entender a los demás,
empatizar con otros. Su capacidad de sentir compasión o amor por
otros se reduce significativamente.

> *Cuando un hombre se vuelve más bueno, entiende cada vez*
> *con mayor claridad la maldad que aún lleva dentro. Cuando un*
> *hombre se vuelve más malo, cada vez entiende menos su propio*
> *mal. Un hombre moderadamente malo sabe que no es muy*
> *bueno; un hombre auténticamente malo se cree bueno. En*
> *realidad, es una cuestión de sentido común. Usted comprende*
> *su sueño cuando está despierto, no mientras duerme. Puede*
> *detectar errores aritméticos mientras su mente trabaja*
> *correctamente; pero no puede verlos mientras los está*
> *cometiendo. La gente buena sabe lo que son el mal y la maldad;*
> *la gente mala no sabe ni una cosa ni otra.*
>   C. S. LEWIS

APÉNDICE 2

REPASO BIBLIOGRÁFICO A LAS TEORÍAS DEL LIDERAZGO

A lo largo del siglo XX surgieron cinco grandes teorías del liderazgo. Son las teorías del rasgo, conductista, de la influencia del poder, situacional e integrativa. Las teorías del liderazgo «del Gran Hombre», que hasta 1990 dominaban todos los debates, originaron las teorías de liderazgo del rasgo. Ciertos teóricos reaccionaron privilegiando los factores situacionales y ambientales. Por último, aparecieron teorías de integración centradas en personas y situaciones, el psicoanálisis, el rol, el cambio, los objetivos y las contingencias. De 1970 en adelante, las teorías de liderazgo se desarrollaron en torno a alguna de estas teorías fundamentales.

Teorías del liderazgo: bibliografía		
Teoría	*Autores representativos*	*Resumen*
Teorías del Gran Hombre	Dowd (1936)	Historia e instituciones sociales marcadas por el liderazgo de grandes hombres y mujeres (por ejemplo, Moisés, Mahoma, Juana de Arco, Washington, Gandhi, Churchill, etc.). Dowd (1936) sostenía que «no existe nada parecido a un liderazgo de las masas. Los individuos de cualquier sociedad ostentan grados diversos de inteligencia, energía, fuerza moral y sea cual sea el rumbo que, bajo determinadas influencias, tomen las masas, siempre están lideradas por una minoría superior».
Teorías del rasgo	L. L. Barnard (1926); Bingham (1927); Kilbourne (1935); Kirkpatrick y Locke (1991); Kohs y Irle (1920); Page (1935); Tead (1929)	El líder presenta rasgos y características superiores que lo diferencian de sus seguidores. Las investigaciones de las teorías del rasgo planteaban estos dos interrogantes: ¿Qué rasgos distinguen a los líderes de las demás personas? ¿Qué alcance tienen estas diferencias?

Teorías del liderazgo: bibliografía (continuación)

Teoría	Autores representativos	Resumen
Teorías situacionales	Bogardus (1918); Hersey y Blanchard (1972); Hocking (1924); Person (1928); H. Spencer	El liderazgo depende de las exigencias que plantea una situación: los factores situacionales y no la herencia de la persona son lo que determina qué persona termine imponiéndose como líder. La aparición de un gran líder depende del momento, el lugar y las circunstancias.
Teorías de situación personal	Barnard (1938); Bass (1960); J. F. Brown (1936); Case (1933); C. A. Gibb (1947, 1954); Jenkins (1947); Lapiere (1938); Murphy (1941); Westburgh (1931).	Las teorías de la situación personal son una combinación de la teoría del liderazgo del Gran Hombre, la teoría del rasgo y la teoría situacional. Sus investigaciones concluían que el estudio del liderazgo debía incluir aspectos afectivos, intelectuales y de acción, así como las circunstancias particulares en las que opera el individuo. Estas circunstancias eran: (1) rasgos personales, (2) naturaleza del grupo y de sus miembros y (3) acontecimientos a los que debe enfrentarse el grupo.
Teorías psicoanalíticas	Erikson (1964); Frank (1939); Freud (1913, 1922); Fromm (1941); H. Levison (1970); Wolman (1971).	Las funciones del líder como figura paterna: una fuente de amor y temor, como encarnación del superyo; el desahogo emocional de las frustraciones y agresiones destructivas de los seguidores.
Teorías humanísticas	Argyris (1957, 1962, 1964); Blake y Mouton (1964, 1965); Hersey y Blanchard (1969, 1972); Likert (1961, 1967); Maslow (1965); McGregor (1969, 1966).	Las teorías humanísticas tratan del desarrollo del individuo en organizaciones efectivas y unidas. Los defensores de este enfoque teórico sostienen que los seres humanos son, por naturaleza, seres motivados, y las organizaciones, por naturaleza, estructuradas y controladas. En su opinión, la función del liderazgo es modificar las restricciones organizacionales y proveer libertad a los individuos, a fin de que realicen plenamente su potencial y contribuyan a la organización.
Teoría del rol del líder	Homans (1950); Kahn y Quinn (1970); Kerr y Jermier (1978);	Las características del individuo y las exigencias de la situación interactúan, de tal modo que uno o unos pocos indi-

Teorías del liderazgo: bibliografía (continuación)

Teoría	Autores representativos	Resumen
	Mintzberg (1973); Osborn y Hunt (1975)	viduos pueden erigirse en líderes. Los grupos se estructuran en función de las interacciones de los miembros del grupo y éste pasa a organizarse de acuerdo con los diferentes roles y posiciones. El liderazgo corresponde a uno de esos roles y se supone que la persona que ocupa esa posición debe comportarse de forma distinta a los demás miembros del grupo. Los líderes se comportan en función de cómo perciban su rol y de lo que esperen de ellos los demás. Mintzberg definió los siguiente roles de liderazgo: líder figurativo, líder de enlace, supervisor, difusor, portavoz, emprendedor, moderador de conflictos, asignador de recursos, y negociador.
Path-Goal Theory (Teoría de la consecución de objetivos)	M. G. Evans (1970); Georgopoulos, Mahoney y Jones (1957), House (1971); House y Dessler (1974)	Los líderes refuerzan el cambio entre sus seguidores mostrándoles los comportamientos (los *caminos*) que pueden ser útiles para alcanzar sus objetivos. Los líderes también clarifican las metas de los seguidores y les animan a conseguir buenos resultados. El *cómo* los líderes consigan cumplir estos objetivos depende de factores situacionales.
Teoría de la contingencia	Fiedler (1967), Fiedler, Chemers y Mahar (1976)	La efectividad de un líder «orientado a la tarea» u «orientado a las relaciones» depende de la situación. Los programas de entrenamiento de líderes inspirados en esta teoría ayudan a un líder a identificar su orientación y a adaptarse mejor al carácter favorable o desfavorable de la situación.
Liderazgo cognitivo: el Gran Hombre del siglo XX	H. Gardner (1995); J. Collins (2001)	Los líderes son personas que ejercen una notable influencia, con sus palabras o/y su ejemplo, sobre las conductas, ideas y/o sentimientos de un importante número de congéneres. Comprender la naturaleza de las mentes humanas, la del líder como las de sus seguidores, permite entender la naturaleza del liderazgo. La investigación de Collins con-

Teorías del liderazgo: bibliografía (continuación)

Teoría	Autores representativos	Resumen
		cluye que la diferencia entre las organizaciones que consiguen grandes resultados *de largo plazo* y las que no consiste en que las grandes organizaciones están lideradas por lo que llama líderes de nivel 5, que presentan una paradójica combinación de humildad y firme resolución.
Teorías y modelos de procesos interactivos: modelo de conexiones múltiples, modelo de niveles múltiples, relación de parejas verticales, teorías del intercambio, teorías conductistas y teorías de la comunicación	Davis y Luthans (1979); Fiedler y Leister (1977); Fulk y Wendler (1982); Graen (1976); Green (1975); Yuki (1971).	El liderazgo es un proceso interactivo. Entre los ejemplos se han incluido teorías sobre el modelo de iniciación de líderes, la relación entre la inteligencia de un líder y sus logros o los de su grupo, la relación del líder con cada uno de los individuos —en vez de con todo el grupo— y la interacción social como forma de intercambio y contingencias del comportamiento.
Poder-influencia: liderazgo participativo, racional-deductivo	Coch y French (1948); J. Gardner (1990); Lewin, Lippitt y White (1939); Vroom y Yetton (1974).	El enfoque «poder-influencia» del liderazgo abarca el liderazgo participativo. La investigación «poder-influencia» examina la cantidad de poder que detenta y ejerce el líder. Este enfoque presupone asimismo un tipo de causalidad unidireccional. El liderazgo participativo trata del reparto de poder y el facultamiento de los seguidores. Vroom y Yetton propusieron una teoría prescriptiva del liderazgo partiendo de la premisa de que los líderes dirigen y los subordinados son seguidores pasivos. No obstante, cuando los subordinados acreditan mayor saber, su rol debería ser más participativo. Gardner opina que «el liderazgo es el proceso de persuasión o ejemplaridad por el que un individuo (o equipo líder) induce a un grupo a cumplir los objetivos dictados por el líder o bien compartidos por el líder y sus seguidores o seguidoras». Gardner señala que el liderazgo es un rol que alguien debe asumir y que, por consiguiente, los líderes desempeñan un papel integral en el sistema que presiden.

Teorías del liderazgo: bibliografía (continuación)

Teoría	Autores representativos	Resumen
Atribución, procesamiento de información y sistemas abiertos	Byron y Kelley (1978); Katz y Kahn (1966); Lord (1976, 1985); Lord, Binning, Rush y Thomas (1978), Mitchell, Larsen y Green (1977); Newell y Simon (1972); H. M. Weiss (1977)	El liderazgo es una construcción social. Según Mitchell y otros, «las cualidades que los observadores y miembros del grupo atribuyen al liderazgo son sesgadas y dependen de sus realidades sociales individuales». Además, las variables individuales, procesuales, estructurales y ambientales constituyen fenómenos interdependientes en las teorías del liderazgo. Es decir, resulta difícil establecer relaciones de causa-efecto entre estas variables.
Integrativo: transformacional, basado en valores	Bass; Bennis (1984, 1992, 1993); Burns (1978); Downton (1973); Fairholm (1991); O'Toole (1995); DePree (1992); Tichy y Devanna; Renesch	Para Burns, el liderazgo transformacional es un proceso en el que «los líderes y sus seguidores se elevan unos a otros hacia cotas cada vez mayores de moralidad y motivación». Se considera que los seguidores trascienden su interés individual por el bien del grupo, toman en cuenta objetivos de largo plazo y desarrollan una conciencia de las cosas importantes. Según Bennis, los líderes efectivos se desempeñan bien en las tres funciones: alinear, crear y facultar. Los líderes transforman las organizaciones alineando recursos humanos y de otro tipo, crean una cultura organizacional que fomenta la libre expresión de ideas, y facultan a otros para que contribuyan a la organización. Bennis es conocido por la distinción que establece entre administración y liderazgo; su concepción puede resumirse con sus propias palabras: «Los líderes son personas que hacen las cosas correctas; los administradores son personas que hacen las cosas bien».
Liderazgo carismático	Conger y Kanungu (1987); House (1977); Kets se Vries (1988); J. Maxwell (1999); Meindl (1990); Shamir, House y Arthur (1993); Weber (1947).	El liderazgo carismático presupone, por otro lado, que los subordinados perciban cualidades extraordinarias en sus líderes. La influencia de un/a líder no se basa en la autoridad o en la tradición sino en las percepciones de sus seguidores. Entre las explicaciones del liderazgo carismático figuran la atribución, las

Teorías del liderazgo: bibliografía (continuación)

Teoría	Autores representativos	Resumen
		observaciones objetivas, la teoría del autoconcepto, el psicoanálisis y «el contagio social».
Liderazgo basado en la competencia	Bennis (1993); Boyatizis; Cameron; Quinn	Las competencias críticas que tienden a marcar las diferencias entre las personas de rendimiento extraordinario (los líderes) y las personas de rendimiento medio se pueden enseñar y cultivar.
Liderazgo aspiracional y visionario	Burns; Kouzes y Posner (1995); Peters; Waterman (1990); Richards y Engle (1986)	Según Kouzes y Posner, los líderes encienden pasiones en sus subordinados y funcionan como una brújula destinada a orientar a sus seguidores. Definen el liderazgo como «el arte de movilizar a otros para que deseen luchar por aspiraciones comunes». El énfasis recae en el deseo del seguidor de contribuir y en la habilidad del líder para motivar la acción de los demás. Los líderes responden ante los clientes, crean la visión, estimulan a los empleados y salen adelante en situaciones caóticas y frenéticas. El liderazgo consiste en articular visiones, personificar valores y crear el entorno en el que las cosas pueden llevarse a cabo.
Liderazgo de gestión y estratégico	Drucker (1999); Jacobs y Jaques (1990); Jaques y Clement (1991); Kotter (1998,1999); Buckingham y Coffman (1999); Buckingham y Clifton (2001).	El liderazgo requiere integrar los vínculos con los socios externos e internos. Drucker pone de relieve tres componentes de esa integración: finanzas, rendimiento y personal. En su opinión, los líderes son responsables del rendimiento de sus organizaciones y de la comunidad en su conjunto. Los líderes desempeñan ciertos roles y poseen características especiales. Para Kotter, los líderes comunican una visión y un rumbo, alinean a la gente, motivan, inspiran y estimulan a los seguidores. Además, los líderes son agentes de cambio y facultan a su gente. El liderazgo es el proceso por el cual se fija un objetivo (un rumbo coherente) para el esfuerzo colectivo y se suscita un esfuerzo sincero con el fin de alcanzar tal objetivo. Por consiguiente,

Teorías del liderazgo: bibliografía (continuación)

Teoría	Autores representativos	Resumen
		un liderazgo de gestión efectivo generará un trabajo de gestión efectivo. Estos autores abogan por un liderazgo variable en función del momento y el lugar, del individuo y de las circunstancias.
Liderazgo basado en los resultados	Ulrich, Zenger y Smallwood (1999); Nohria, Joyce y Robertson (2003)	Ulrich y sus colaboradores proponen un tipo de liderazgo que «describa los diversos resultados que cosechen los líderes» y relaciona estos resultados con el carácter. Los líderes están dotados de carácter moral, integridad y energía, además de saber técnico y pensamiento estratégico. Por otra parte, los líderes demuestran comportamientos efectivos que propician el éxito de la organización. Además, puesto que los resultados del liderazgo son cuantificables, también se pueden aprender y enseñar. En lo que llaman el Evergreen Project, Nohria y otros analizan más de 200 experiencias de administración durante un período de diez años para determinar qué método arroja mejores resultados. Las cuatro prácticas primarias son estrategia, ejecución, cultura y estructura. Las compañías con mejores resultados también presentan estas cuatro prácticas secundarias: talento, innovación, liderazgo y fusiones y adquisiciones.
El líder como maestro	DePree (1992); Tichy (1998)	Los líderes son maestros. Los maestros establecen «el punto de vista enseñable». El liderazgo consiste en motivar a terceros enseñando historias. Tichy equipara el liderazgo efectivo con la enseñanza efectiva.
El liderazgo como arte interpretativo	DePree (1992), Mintzberg (1998); Vaill (1989)	El liderazgo procede de modo encubierto, ya que los líderes no ejecutan de forma visible acciones de liderazgo (como por ejemplo, motivar, entrenar, etc.) sino acciones discretas que abarcan todas las cosas que le corresponde hacer a un líder. Una metáfora habitual del liderazgo como arte interpretativo son los directores de orquesta y los conjuntos de jazz.

Teorías del liderazgo: bibliografía (continuación)

Teoría	Autores representativos	Resumen
Liderazgo cultural y holístico	Fairholm (1994); Senge (1990); Schein (1992); Wheatley (1992)	El liderazgo es la habilidad de aventurarse fuera de la cultura para iniciar procesos de cambio evolutivos que resultan más adaptados. El liderazgo es la capacidad de implicar a los interesados, suscitar adhesiones y facultamiento a otros. El enfoque holístico de Wheatley postula que el liderazgo es contextual y sistemático. Los líderes tejen relaciones sinérgicas entre individuos, organizaciones y el entorno. Los líderes promueven organizaciones de aprendizaje basadas en la observancia de las cinco disciplinas. Para Senge, los líderes desempeñan tres roles: diseñar, guiar y enseñar.
Liderazgo «al servicio»	Greenleaf (1996); Spears y Frick (1992)	El liderazgo «al servicio» postula que los líderes lideran antes que nada para servir a los demás: empleados, clientes y comunidad. Entre las características del liderazgo al servicio figuran escuchar, empatizar, curar, concienciar, persuadir, conceptualizar, anticipar, dirigir, estar comprometido con el crecimiento de los demás y construir la comunidad.
Liderazgo espiritual	DePree (1989); Etzioni (1993); Fairholm (1997); Greenleaf (1977); Hawley (1993); Keifer (1992); J. Maxwell; Vaill (1989)	El liderazgo exige ejercer una influencia sobre las almas de la gente pero no controlar su actividad. Fairholm cree que el liderazgo implica conectar con otras personas. Además, «puesto que los líderes se comprometen a velar por la persona en su conjunto, es preciso que sus prácticas incluyan el cuidado espiritual. [...] Los líderes del nuevo siglo deben dedicarse activamente a hacer estas conexiones por sí mismos, y después ayudar a sus seguidores a hacer lo propio». La influencia de un líder proviene de su conocimiento de la cultura organizativa, costumbres, valores y tradiciones.

Referencias consultadas

Bass, B. M., *Bass and Stogdill's Handbook of Leadership: Theory, Research, and Managerial Applications*, 3ª ed., Londres, Collier Macmillan, 1990.

Bennis, W. G., *An Invented Life: Reflections on Leadership and Change*, Reading, Mass., Addison-Wesley, 1993.

Buckingham, M. y D. O. Clifton, *Discover Your Strengths*, Nueva York, Free Press, 2001 (trad. cast.: *Ahora descubra sus fortalezas*, Barcelona, Gestió 2000, 2003).

Buckingham, M. y C. Coffman, *First, Break All the Rules: What the World's Greatest Managers Do Differently*, Nueva York, Simon and Schuster, 1999 (trad. cast.: *Primero, rompa todas las reglas: las claves que distinguen a los mejores directivos*, Barcelona, Gestió 2000, 2003).

Collins, J. C., *Good to Great: Why Some Companies Make the Leap... and Others Don't*, Nueva York, HarperCollins Publishers, 2001.

Fairholm, G. W., *Capturing the Heart of Leadership: Spirituality and Community in the New American Workplace*, Westport, Conn., Praeger, 1997.

—, *Perspectives on Leadership: From the Science of Management to Its Spiritual Heart*, Westport, Conn., Quorum Books, 1998.

Gardner, H., *Leading Minds: An Anatomy of Leadership*, Nueva York, Basic Books, 1995 (trad. cast.: *Mentes líderes: una anatomía del liderazgo*, Barcelona, Paidós, 1998).

Gardner, J. W., *On Leadership*, Nueva York, Collier Macmillan, 1990.

Jaques, E. y S. D. Clement, *Executive Leadership: A Practical Guide to Managing Complexity*, Arlington, Va., Cason Hall, 1991.

Kouzes, J. M. y B. Z. Posner, *The Leadership Challenge: How to Keep Getting Extraordinary Things Done in Organizations*, San Francisco, Jossey-Bass, 1995.

Renesch, J. (comp.), *Leadership in a New Era: Visionary Approaches to the Biggest Crisis of Our Time*, San Francisco, New Leaders Press, 1994.

Senge, P. M., *The Fifth Discipline: The Art and Practice of the Learning Organization*, Nueva York, Currency Doubleday, 1990 (trad. cast.: *La quinta disciplina*, Barcelona, Granica, 1993).

Ulrich, D., J. Zenger y N. Smallwood, *Results-Based Leadership: How Leaders Build the Business and Improve the Bottom Line*, Boston, Harvard Business School Press, 1999 (trad. cast.: *Liderazgo basado en resultados: cómo los líderes fortalecen la empresa e incrementan la creación de valor*, Barcelona, Gestió 2000, 2000).

Vaill, P. B., *Managing as a Performing Art: New Ideas for a World of Chaotic Change*, San Francisco, Jossey-Bass, 1989.

Wheatley, M. J., *Leadership and the New Science: Learning about Organization from an Orderly Universe*, San Francisco, Berrett-Koehler, 1992 (trad. cast.: *El liderazgo y la nueva ciencia*, Barcelona, Granica, 1997).

Wren, J. T., *Leader's Companion: Insights on Leadership through the Ages*, Nueva York, The Free Press, 1995.

Yuki, G., *Leadership in Organizations*, 4ª ed., Upper Saddle River, NJ, Prentice-Hall, 1998.

APÉNDICE 3

AFIRMACIONES REPRESENTATIVAS SOBRE LIDERAZGO Y ADMINISTRACIÓN

Autores y referencias	Afirmaciones: Administración versus Liderazgo
Warren Bennis Bennis, W. G. (1994), «Leading change: The leader as the chief transformation officer», en J. Renesch (comp.), *Leadership in a new era: Visionary approaches to the biggest crisis of our time*, San Francisco, New Leaders Press, págs. 102-110.	«La administración está para que la gente haga lo que hay que hacer. El liderazgo, para que la gente *quiera* hacer lo que hay que hacer. Los administradores empujan, los líderes tiran. Los administradores dan órdenes. Los líderes comunican.»
Bennis, W. G., *An invented life: Reflections on leadership and change*, Reading, MA, Addison-Wesley, 1993.	«Los líderes son personas que hacen las cosas correctas; los administradores son personas que hacen las cosas bien.»
En Carter-Scott, C., «The differences between management and leadership», *Manage*, 10+, 1994.	«Los líderes conquistan el contexto —el ambiente volátil, turbulento, ambiguo que a veces parece conspirar en nuestra contra y que sin duda terminará arrinconándonos si no hacemos algo para impedirlo— mientras que los administradores se entregan a él. El administrador administra; el líder innova. El administrador es una copia; el líder, el original. El administrador trabaja sobre los sistemas y la estructura; el líder sobre la gente. El administrador se basa en el control; el líder inspira confianza. El administrador tiene una visión de corto plazo; el líder tiene una perspectiva de largo plazo. El administrador inquiere por el *cómo* y el *cuándo*; el líder pregunta acerca del *qué* y del *por qué*. El administrador tiene los pies sobre la tierra; el líder mira hacia el horizonte. El administrador imita; el líder genera. El administrador acepta el *statu quo*; el líder lo desafía. El administrador es el clásico buen soldado; el líder es él mismo. Los administradores hacen las cosas como es debido; los líderes hacen lo que es debido.»

Autores y referencias	*Afirmaciones:* *Administración* versus *Liderazgo*
John W. Gardner Gardner, J. W., *On leadership*, Nueva York, Collier Macmillan, 1990.	«Los líderes y los administradores/líderes se distinguen de la mayoría de los administradores en al menos seis aspectos: 1. Piensan más a largo plazo [...] 2. Cuando piensan en el grupo que están liderando, perciben su articulación con realidades más amplias [...] 3. Saben llegar e influir a agentes que están más allá de sus jurisdicciones, de sus fronteras [...] 4. Insisten mucho en los imponderables de las visiones, los valores y la motivación y entienden intuitivamente los elementos no racionales e inconscientes en la interacción líder-seguidor. 5. Tienen la destreza política necesaria para hacer frente a las necesidades opuestas de diversos seguidores. 6. Piensan en términos de renovación [...]» «El administrador está más estrechamente relacionado con una organización de lo que pueda estarlo un líder. Tanto es así, que el líder puede no tener ninguna organización en absoluto.»
James Kouzes y Barry Posner Kouzes, J. M. y Posner, B. Z., *The leadership challenge: How to keep getting extraordinary things done in organizations*, San Francisco, Jossey Bass, 1995.	«[...] La palabra *liderar*, significa, originalmente, "ir, viajar, guiar". El liderazgo tiene algo de sensación kinestésica, una noción de movimiento... [Los líderes] parten a la búsqueda de un nuevo orden. Se aventuran en territorios inexplorados y nos guían hacia destinos desconocidos. Por contra, el sentido original de *administrar* [*managing*] está en una palabra que significa "mano". En puridad, la administración remite al "manejo" de cosas, al mantenimiento del orden, a la organización y al control. La diferencia decisiva entre la administración y el liderazgo queda reflejada en el sentido etimológico de cada una de ambas palabras; la diferencia entre manejar cosas e ir a lugares.»
En Carter-Scott, C., «The differences between management and leadership», *Manage*, 10+, 1994.	Kouzes: «Una de las principales diferencias entre la administración y el liderazgo puede rastrearse en los significados originales de las dos palabras, la diferencia de significado que hay entre manejar cosas e ir a lugares.»
Abraham Zaleznik Zaleznik, A., «Managers and leaders: Are they different?»,	Los administradores se preocupan por cómo hacer las cosas mientras que los líderes se preocupan por el significado de las cosas para la gente.

Autores y referencias	*Afirmaciones:* *Administración* versus *Liderazgo*
Harvard Business Review, 1977, 55 (5), págs. 67-78.	«Los líderes y los administradores tienen concepciones diferentes. Los administradores tienden a ver el trabajo como un proceso instrumental que implica a cierta combinación de personas e ideas interactuando para establecer una estrategia y tomar decisiones. [...] donde los administradores actúan para limitar las posibilidades de elección, los líderes trabajan en la dirección opuesta, para desarrollar nuevos enfoques de problemas antiguos y abrir temas para plantear nuevas opciones. [...] Los líderes crean excitación en el trabajo.»
John Kotter Kotter, J., «What leaders really do», *Harvard Business Review*, 1990, 68, 103+.	«La administración consiste en lidiar con la complejidad. Sus prácticas y procesos responden en gran parte a uno de los fenómenos más característicos del siglo xx: la aparición de las grandes organizaciones. Sin una buena administración, las empresas complejas tienden a volverse caóticas hasta extremos que amenazan su propia existencia. La buena administración trae consigo cierto orden y consistencia en dimensiones fundamentales como la calidad y la rentabilidad de los productos. »El liderazgo, por contra, consiste en lidiar con los cambios. Parte de la importancia que ha adquirido en los últimos años se debe a que el mundo de los negocios se ha vuelto más competitivo y volátil. La aceleración de los avances tecnológicos, el aumento de la competencia internacional, la desregulación de los mercados, la sobreproducción de industrias necesitadas de empleo intenso de capital, un cártel petrolero inestable, los especuladores de los bonos basura y los cambios demográficos de la fuerza del trabajo figuran entre los muchos factores de este cambio. El resultado neto es que hacer hoy lo mismo que se hacía ayer o hacerlo un 5 % mejor ya no es una fórmula exitosa. Sobrevivir y competir efectivamente en este entorno requiere aplicar cada vez más cambios de primer orden. Y los cambios siempre requieren mayor liderazgo.»
James M. Burns Burns, J. M., *Leadership*, Nueva York, Harper and Row, 1978.	Transaccional (administración) *versus* Transformativo (liderazgo). Liderazgo transaccional: este tipo de liderazgo se da cuando una persona toma la iniciativa de contactar con otras con el propósito de efectuar un intercambio de cosas de un determinado valor. Liderazgo transformativo: este tipo de liderazgo se

Autores y referencias	*Afirmaciones:* *Administración* versus *Liderazgo*
	da cuando una o más personas se relacionan con las demás de tal forma que los líderes y los seguidores se elevan mutuamente hacia niveles más altos de motivación y moralidad. Sus objetivos, que acaso estuvieran en un principios separados, aunque relacionados, como en el liderazgo transaccional, terminan fundiéndose.
Peter Drucker En Galagan, P. A., *Peter Drucker: Training & Development*, 1998, 52, págs. 22-27.	«Poner a prueba a un líder, no consiste en medir lo que ha sido capaz de hacer. Se mide por lo que ocurre cuando él o ella deja la escena. La prueba es la sucesión. Si la empresa se colapsa cuando estos maravillosos líderes carismáticos se van, no estamos hablando de liderazgo. Estamos hablando —lisa y llanamente— de engaño. »[...] Siempre he insistido en que el liderazgo es responsabilidad; es hacerse cargo; es hacer [...] »[...] es absurdo separar la administración del liderazgo, como es absurdo separar la administración de lo empresarial. Forman parte del mismo trabajo. Desde luego, son diferentes, pero no más que la mano izquierda respecto a la derecha, o la nariz respecto a la boca; pertenecen al mismo cuerpo.»
Richard Pascale En Johnson, M. «Taking the lid off leadership», *Management Review*, 1996, págs. 59-61.	«La administración consiste en el ejercicio de la autoridad y la influencia con el fin de alcanzar niveles de efectividad acordes a niveles previamente demostrados. [...] El liderazgo consiste en hacer que ocurran cosas que de otro modo no ocurrirían [...] y siempre supondrá trabajar al límite de lo aceptable.»
George Weathersby Weathersby, G. B., «Leadership versus Management», *Management Review*, 1999, 88, 5+.	«La administración implica asignar recursos escasos a un objetivo de la organización, establecer prioridades, planificar el trabajo y conseguir resultados. Aún más importante es el control. El objetivo del liderazgo, en cambio, es crear una visión común. Lo cual significa motivar a la gente para que contribuya a la visión y alinee su interés personal con el de la organización. Significa convencer, no mandar.»
John Mariotti Mariotti, J. (1998). «Leadership matters», *Industry Week*, 247, 70+.	«Al personal bien "administrado" le puede faltar la tendencia a brindar el tipo de esfuerzo que requiere el éxito, aunque tengan buenos líderes. Los grandes líderes sacan réditos extraordinarios de la gente normal. Los grandes administradores simplemente consiguen resultados bien planeados y, en ocasiones,

Autores y referencias	*Afirmaciones:* *Administración* versus *Liderazgo*
	bien ejecutados, pero rara vez consiguen los éxitos rotundos que se alcanzan gracias a la pasión y el compromiso entusiasta inspirados en el verdadero liderazgo. Los líderes son arquitectos. Los administradores, constructores. Ambos son necesarios, pero sin el arquitecto no hay nada especial que construir.»
Rosabeth Moss Kanter Kanter, R.M. «The new managerial work», *Harvard Business Review*, 85+.	«Los viejos cimientos de la autoridad de la administración se están erosionando al tiempo que aparecen nuevas herramientas de liderazgo. Los administradores, que debían su poder a la jerarquía y estaban acostumbrados a un ámbito limitado de control personal, están aprendiendo a cambiar sus perspectivas y ampliar horizontes. El nuevo trabajo de administración consiste en mirar más allá de un ámbito delimitado de responsabilidades para captar oportunidades y formar equipos de trabajo con personas provenientes de cualquier sector relacionado. Tal cosa implica comunicación y colaboración entre funciones, departamentos y compañías que tengan actividades o recursos en común. De modo que el rango, la titulación y el estatuto oficial constituirán factores menos importantes de cara al éxito en el marco del nuevo trabajo de administración que disponer del conocimiento, las habilidades y la sensibilidad para movilizar a la gente y motivarla a trabajar lo mejor que pueda.»
Tom Peters Peters, T., *Thriving on Chaos*, Nueva York, Alfred A. Knopf, 1994.	Peters se inspira en las concepciones del liderazgo y de la administración de Bennis, Kouzes y Posner, anteriormente descritas. Peters cree que «desarrollar una visión y, lo que es más importante: vivirla vigorosamente, son elementos esenciales del liderazgo. [...] La visión ocupa un lugar igualmente honorable en el mundo del supervisor o del administrador medio».

Este proyecto me ha hecho recordar que a menudo aprendemos mejor viendo contrastes. A continuación encontrará un resumen de las diferencias entre el liderazgo y la administración.

Liderazgo	Administración
Personas	Cosas
Espontaneidad, inventiva	Estructura
Liberación, facultamiento	Control
Efectividad	Eficiencia
Programador	Programa
Inversión	Gasto
Principios	Técnicas
Transformación	Transacción
Poder basado en principios	Utilidad
Discernimiento	Medición
Hacer lo correcto	Hacer las cosas correctamente
Dirección	Rapidez
Línea de máximos	Línea de mínimos
Intenciones	Métodos
Principios	Prácticas
Sobre los sistemas	En los sistemas
«¿Está la escalera apoyada sobre la pared correcta?»	Subir rápidamente la escalera

Figura A3.1

APÉNDICE 4

EL ALTO PRECIO DE LA DESCONFIANZA

El autor, colega y consultor Mahan Khalsa ha ideado una de las mejores lecciones de humildad para conseguir que un equipo de ejecutivos desee dar un cambio profundo. Si usted quiere darle una lección de humildad a su gente para que emprenda y sostenga cambios, necesitará que la fuerza de las circunstancias pese sobre sus espaldas. Puede recurrir a una serie de preguntas para crear esa fuerza de las circunstancias que prepare las mentes de esas personas para el cambio.

El proceso requiere plantear dos tipos de preguntas que conducen al meollo del problema: 1) *preguntas concretas* (cómo, qué, dónde, cuál, quién y cuándo... exactamente) que proporcionan datos necesarios sobre una situación, aunque sean periféricos, y 2) *preguntas de impacto* que apuntan al núcleo del asunto. Una de las preguntas más fuertes de este tipo es: Y entonces «¿qué pasa?».

La siguiente conversación hipotética entre usted y un compañero de profesión, *manager* o ejecutivo es un ejemplo de cómo debe usarse esta herramienta de diagnóstico para descubrir el alto precio de la desconfianza (podría emplear el mismo procedimiento con personas de cualquier nivel con acceso a la información necesaria).

Colega: «Nuestra gente simplemente no se tiene confianza mutua».

En este punto, usted podría añadir algunas preguntas como: «¿Qué tipo específico de gente no se tiene confianza? ¿Cuándo se manifiesta la falta de confianza de unos en otros? ¿Qué le hace pensar que el nivel de confianza es bajo?». Al final, si quiere descubrir el impacto que tiene el bajo nivel de confianza en la organización deberá recurrir a una pregunta de impacto.

Usted: ¿Y qué pasará si la gente no se tiene confianza?
Colega: Que nadie compartirá información.

De nuevo, puede hacer otras preguntas concretas, como: «¿Qué tipo específico de gente no comparte o no compartirá esa información? ¿Qué información está dejando de compartir? ¿Cómo sabe que no está compartiendo información?» No obstante, en algún momento querrá bajar un peldaño más hacia el impacto y preguntará:

Usted: ¿Y qué pasa cuando la gente no comparte la información?
Colega: Los proyectos y actividades no están alineados con los objetivos comerciales de la empresa.

Una vez más, podría echar mano de preguntas concretas como: «¿Con qué objetivos dejan de alinearse exactamente? ¿Con qué proyectos y actividades en particular? ¿Qué le hace pensar que no están alineados?» Y después, otra pregunta de impacto:

Usted: ¿Y cuando la gente no está alineada con los objetivos de la empresa, qué ocurre?
Colega: Sube el coste del desarrollo de nuevos productos.

Su colega acaba de darle un dato que de hecho puede medir porque tiene que ver con el bajo nivel de confianza (el aumento del coste del desarrollo de nuevos productos). Cuando vea o escuche una percepción medible, formule las cinco preguntas de oro:
1. ¿Cómo lo mide?
2. ¿Qué es ahora?
3. ¿Qué le gustaría que fuera?
4. ¿Cuál es el valor de la diferencia?
5. ¿Y en un período determinado (el período más adecuado para la actividad)?

Por lo tanto, cuando su colega dice que «está subiendo el coste del desarrollo de nuevos productos», usted puede plantear estas cinco preguntas.

Usted: ¿Cómo mide el coste del desarrollo de nuevos productos?
Colega: En dólares gastados por nuevo producto lanzado.
Usted: ¿A cuánto asciende esa suma ahora mismo?
Colega: A 500.000 dólares.
Usted: ¿Qué otra suma preferiría?
Colega: Creemos que debería aproximarse a los 350.000 dólares.
Usted: Así que hay una diferencia de 150.000 dólares. ¿Cuántos nuevos productos están produciendo por año?
Colega: Veinte.

Ahora usted hace el cálculo con su colega o equipo.

Usted: Son 150.000 dólares por nuevo producto multiplicados por veinte nuevos productos… Lo cual se aproxima a los tres millones anuales. ¿Le parece correcto?
Colega: Si acaso, es poco.
Usted: De modo que, suponiendo que los costes no mejoren ni empeoren, ¿estamos hablando de un problema de unos nueve millones de dólares en los próximos tres años?
Colega: Eso parece.

Gracias a las preguntas de impacto, ha descubierto que sólo una dimensión de «baja confianza» podría estar costándole de hecho a la empresa unos nueve millones de dólares en los próximos tres años. Debería trabajar más para comprobar esa cifra, pero al menos tiene ante los ojos algo medible y por tanto algo concreto en lo que concentrarse. Cuando sus colegas vean el problema en términos de costes, de sumas de dólares, se darán cuenta de la necesidad de dar un cambio.

Observe que sus preguntas son una mezcla de preguntas concretas y preguntas de impacto hasta que el proceso interrogativo conduce a las dos personas hasta el verdadero núcleo del problema. Entonces se usan preguntas necesarias. Durante todo el proceso, la otra persona o el equipo es la fuerza inteligente. Usted sólo actúa como una fuerza orientativa, como mentor. En efecto, aporta a sus colegas un saber no amenazante, la fuerza principal. Éste es un conjunto de preguntas sumamente potente y penetrante, que permite a la gente llegar objetivamente hasta los costes personales y organizacionales relacionados con los retos organizacionales que tanto le preocupan a usted.

Lo más importante es que este proceso no sólo establecerá una cultura de la apertura dentro de su equipo y de su organización sino que también fortalecerá los vínculos de confianza entre ustedes.

Si desea más información, visite <www.franklincovey.com/letsgetreal>.

APÉNDICE 5

IMPLEMENTAR LAS CUATRO DISCIPLINAS DE EJECUCIÓN

Las cuatro disciplinas de ejecución suponen una sesión de trabajo de entre uno y tres días para cualquiera dentro de una organización. Estas sesiones de trabajo pueden llevarse a cabo con equipos de ejecutivos *senior*, equipos operativos, gestores o colaboradores individuales. Las imparten consultores de FranklinCovey o bien clientes certificados y habilitados para liderar estas discusiones. Durante estas sesiones de trabajo, se guía a los participantes en un proceso que consiste en clarificar sus principales objetivos, crear parámetros y sistemas de puntuación para evaluar estos objetivos, crear nuevas actividades y conductas para cada uno de ellos, aprender un método de responsabilización destinado a mantener el compromiso con esos objetivos. Asistimos a organizaciones en su esfuerzo por implementar una estrategia y difundir rápidamente «en cascada» los objetivos dentro de la organización, lo que propicia un mayor entendimiento de y compromiso con los objetivos clave y estrategias. Ayudamos a organizaciones de todo tipo y dimensiones a implementar su metodología, incluyendo a organizaciones del *Fortune 100*. Para mayor información sobre las cuatro disciplinas de ejecución, por favor llame al 1-888-868-1776 o al 1-801-817-1776 o bien visite nuestro sitio web en <www.franklincovey.com>.

APÉNDICE 6

RESULTADOS DEL XQ

El cuestionario xQ evalúa la capacidad de una organización para ejecutar sus objetivos clave. Así como un test de coeficiente intelectual permite desvelar diferencias de inteligencia, una evaluación xQ mide la «brecha de ejecución», la brecha entre fijarse un objetivo y el hecho de cumplirlo. El término «xQ» es una abreviación de *«execution quotient»* [coeficiente de ejecución].

Tras interrogar a cerca de dos millones y medio de personas acerca de la efectividad de sus gestores, y en asociación con Harris Interactive (los creadores del *Harris Poll*), FranklinCovey ha desarrollado un método para calibrar la capacidad de ejecución.

Los resultados del estudio xQ son chocantes y perturbadores; en efecto, hay, como revelan los siguientes resultados, una gran brecha de ejecución:

Asunto de ejecución	*Porcentaje de acuerdo*
LÍNEA DE MIRA ORGANIZACIONAL: ¿Están todos los trabajadores centrados en los objetivos de la organización?	22 %
CALIDAD DE LOS OBJETIVOS DEL EQUIPO: ¿Disponen los equipos de objetivos claros y cuantificables?	9 %
PLANIFICACIÓN DEL EQUIPO: ¿Planean conjuntamente los equipos cómo cumplir sus objetivos?	16 %
COMUNICACIÓN DEL EQUIPO: ¿Hay entendimiento mutuo y diálogo creativo entre los equipos de trabajo?	17 %
CONFIANZA DEL EQUIPO: ¿Funcionan los equipos de trabajo en un entorno laboral sano de «ganar/ganar»?	15 %
FACULTAR AL EQUIPO: ¿Disponen los equipos de los recursos necesarios y de libertad para hacer su trabajo?	15 %
RESPONSABILIZACIÓN DEL EQUIPO: ¿Se responsabilizan los miembros de los equipos unos a otros por los compromisos contraídos?	10 %

Asunto de ejecución	Porcentaje de acuerdo
MEDIDAS DEL EQUIPO-CALIDAD: ¿Se adoptan fiel y abiertamente las medidas exitosas?	10 %
OBJETIVOS LABORALES INDIVIDUALES: ¿Tiene la gente objetivos claros, evaluables y con fechas límite?	10 %
COMPROMISO INDIVIDUAL: ¿Están motivados los trabajadores? ¿Se sienten valorados?	22 %
PLANIFICACIÓN INDIVIDUAL: ¿Programa la gente sistemáticamente sus prioridades?	8 %
INICIATIVA INDIVIDUAL: ¿Se asumen iniciativas individuales y responsabilidades por los resultados?	13 %
DIRECCIÓN ORGANIZACIONAL: ¿Entiende todo el mundo con precisión la estrategia y los objetivos?	23 %
COLABORACIÓN DENTRO DE LA ORGANIZACIÓN: ¿Colaboran armoniosamente los equipos de funciones diversas?	13 %
CONFIABILIDAD DE LA ORGANIZACIÓN: ¿Respeta la organización sus propios valores y compromisos?	20 %
MEJORA DEL RENDIMIENTO DE LA ORGANIZACIÓN: ¿Existe algún enfoque consistente y sistemático?	13 %
COMPROMISO INDIVIDUAL: ¿Está la gente comprometida con la dirección de la organización?	39 % en alto grado o muy alto grado
APOYO DE LA ORGANIZACIÓN: ¿Prestan las altas esferas un apoyo activo a los objetivos de los equipos de trabajo?	45 % dice «alto» o «muy alto»
PRIORIDAD DEL EQUIPO: ¿Está mi grupo eficazmente centrado en sus objetivos prioritarios?	14 %
ASIGNACIÓN DE TIEMPO INDIVIDUAL: ¿Cuánto tiempo dedica realmente nuestro personal a los objetivos clave?	60 %

Tabla 14

Puntos destacados del estudio xQ de FranklinCovey

Conclusiones clave	*Cálculo*
Sólo una tercera parte afirma tener una idea clara de los objetivos que persiguen sus empresas.	Un 37 % seleccionó la opción «Entiendo con claridad las razones de la orientación estratégica de mi organización».
Sólo uno de cada seis está eficazmente centrado en los objetivos más importantes.	Un 14 % seleccionó la opción «Seguimos eficazmente centrados en nuestros principales objetivos».
¿Comunican los líderes sus objetivos más importantes?	Un 44 % dice que sus organizaciones han comunicado sus objetivos más importantes.
¿Tienen los trabajadores en su «línea de mira» la conexión entre sus propias tareas y los objetivos de la empresa? Aproximadamente, uno de cada diez opina que sí.	El 22 % declara que tiene claramente en «línea de mira» la conexión entre sus propios objetivos y los de la empresa.
¿Está la gente plenamente motivada y comprometida con los objetivos de la empresa? Uno de cada diez, aproximadamente, responde que sí.	Un 9 % seleccionó la opción «Muy motivado y comprometido».
Sólo uno de cada tres ha definido claramente objetivos de trabajo.	El 33 % declara tener objetivos de trabajo «por escrito».
Los trabajadores pasan 1 hora de cada 4 dedicados a tareas urgentes pero irrelevantes.	Los encuestados estiman que dedican el 23 % de su tiempo a actividades que tienen escasa relevancia desde la perspectiva de los objetivos clave pero requieren atención inmediata.
De cada cinco horas, los trabajadores pierden una por culpa de las intrigas políticas y la burocracia.	Los encuestados estiman que dedican el 17 % de su tiempo a actividades contraproducentes como tratar

Puntos destacados del estudio xQ de FranklinCovey *(continuación)*

Conclusiones clave	*Cálculo*
	con diversos sectores de la burocracia interna, luchas internas, intrigas, etc.
Sólo la mitad de los trabajadores siente que su puesto le permite aportar a la altura de sus posibilidades.	El 48 % se muestra de acuerdo con la afirmación siguiente: *La mayoría de las personas de mi organización tiene mucho más talento, inteligencia y creatividad de lo que requiere o incluso les permite desplegar su actual trabajo.*
Sólo la mitad siente que puedan expresarse abiertamente en el trabajo.	El 52 % se muestra de acuerdo con esta afirmación: *Me siento seguro cuando expreso abiertamente mis opiniones sin temor a represalias.*
Una tercera parte siente que trabaja en un ambiente de «ganar/ganar».	El 33 % está de acuerdo en que «vivimos según el principio de que "mi éxito es tu éxito"».
Aproximadamente una cuarta parte se reúne al menos una vez al mes con sus *managers* para controlar la evolución de sus objetivos de trabajo.	Así dice el 26 %.
Menos de una tercera parte afirma ser responsable de sus presupuestos.	El 31 % está de acuerdo o muy de acuerdo con la siguiente afirmación: *Nos consideramos responsables de mantenernos dentro del límite de los presupuestos.*
Excesivo volumen de trabajo, falta de recursos y prioridades poco claras son los tres principales escollos de la ejecución.	A la pregunta de cuáles son los tres mayores escollos de la ejecución, un 31 % seleccionó «excesivo volumen de trabajo», un 30 % seleccionó «falta de recursos» y un 27 % seleccionó «prioridades laborales poco claras o cambiantes».

Puntos destacados del estudio xQ de FranklinCovey *(continuación)*

Conclusiones clave	*Cálculo*
Aproximadamente 3 de cada 5 no se fían de que la jerarquía respete sus compromisos con los trabajadores.	Un 43 % dice que la jerarquía «respeta sistemáticamente los compromisos contraídos con sus empleados».
Los equipos trabajan en compartimentos estancos; hay muy poca cooperación interfuncional.	En cuanto a la pregunta acerca de otros grupos de la organización, un 28 % suscribe la afirmación siguiente: *Nos ayudamos activamente unos a otros a cumplir con nuestros respectivos objetivos.*
Sólo un tercio, aproximadamente, afirma tener medidas claras de éxito para sus objetivos.	El 35 % se muestra de acuerdo con la siguiente afirmación: *Las medidas son claras.*

Tabla 15

Si le interesa experimentar la prueba xQ de FranklinCovey para evaluar personalmente su *capacidad individual, de equipo o de organización para tratar y ejecutar prioridades de primer orden*, visite la dirección <www.The8thHabit.com/offers>. No tiene más que seguir las instrucciones que reciba *on-line*. Se le autorizará a hacer el test sin coste alguno. Una vez que haya terminado la evaluación, se le facilitará un informe xQ con un resumen de su valoración, que se compara con el promedio de los resultados de muchos miles de organizaciones evaluadas. Se le facilitará más información sobre cómo evaluar al conjunto de su equipo u organización.

APÉNDICE 7

OTRA VEZ *MAX & MAX*

Demostremos ahora lo práctico que resulta el concepto de liderazgo de este libro, volviendo a *Max & Max* y pensando como un «pequeño timón». *Es posible que llegados a este punto usted quiera volver a ver la película* para experimentarla a través del lente resuelve-problemas de los cuatro roles del liderazgo.

¿Qué puede, de forma realista, hacer Max?

Su jefe, el señor Harold, es un maniático del control. Tiene mentalidad de escasez, tiembla ante su jefe, y no tiene ni la más remota idea de cómo cambiar las cosas fuera del modelo de control autoritario, las reglas y la técnica de motivación del palo y la zanahoria propios de la era industrial.

Max está deprimido, frustrado y pierde poder. Una posibilidad es seguir siendo *codependiente;* ésta sería la primera alternativa. Puede luchar, incluso organizar la resistencia, o bien evadirse (dimitir); su segunda alternativa. También puede tomar la iniciativa hábilmente, dentro de su círculo de influencia; ésta es la tercera alternativa.

Un posible método para llevar a cabo la tercera alternativa sería emplear el método «pequeño timón», *ethos-pathos-logos*, con el señor Harold (recomendar-cuarto nivel de iniciativa). Recordará que, en la película, Max sólo empleaba el *logos* (lógica) en su recomendación y lo hacía en el peor momento posible, cuando el señor Harold acababa de recibir un tirón de orejas de su jefe. En resumen, Max estaba muy lejos de su círculo de influencia, de modo que, a su vez, recibía un tirón de orejas del señor Harold, pese a haber «salvado» creativa y proactivamente un cliente. Esto supuso una verdadera depresión para Max y una aceleración del ciclo reactivo codependiente.

Su círculo de influencia había quedado reducido (véase la figura A7.1 en la página siguiente).

Entonces, ¿cómo podía Max poner en práctica el *ethos-pathos-logos*? *Ethos* supone hacer su trabajo alegre y proactivamente, además

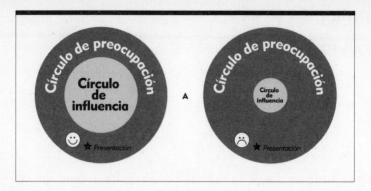

Figura A7.1

de estupendamente bien, y ayudar a otros de todas las formas posibles. Hay que reconocer que está atado de pies y manos por ásperas normas de trato al cliente pero puede ser lo más positivo y creativo del mundo con tal de hacer negocios. Por supuesto, nada de hablar mal del señor Harold. Lo que puede hacer es simplemente actuar lo mejor que pueda dadas las circunstancias y ser visto como una fuente de ayuda para los demás; tanto *dentro* de su círculo de influencia como *fuera* del trabajo. En vez de criticar, se complementa.

De modo que puede pedir otra visita al señor Harold y, esta vez, escuchar, escuchar de verdad, y dejarse influir por lo que ha venido a entender. Es posible, por ejemplo, que el señor Harold hubiera quedado escaldado por culpa de algún «francotirador» creativo e inexperto, cuyas promesas exageradas, de difícil cumplimiento, hubieran terminado provocando acciones legales contra la compañía; un lío tremendo en el que el señor Harold se habría llevado todos los palos. Para evitar que haya más «francotiradores» y que se sigan cometiendo estupideces, ha establecido nuevas reglas inflexibles, marca de cerca a todo el mundo e impide el facultamiento de toda la cultura.

Pero cuando el señor Harold siente que lo entienden, gran parte de su energía defensiva, negativa, se disipa. No se puede combatir a alguien que está haciendo un esfuerzo sincero por comprender. Es una cuestión de *pathos* o alineamiento emocional. Después de responder delicadamente a las objeciones y preocupaciones del señor Harold, Max podría usar el *logos* y proponer, pongamos por caso, un programa piloto experimental en el que entrara una única persona (Max) por tres meses, con la posibilidad de emprender nuevas iniciativas creativas para captar nuevos clientes e incrementar las ventas a los clientes actuales. El señor Harold se siente comprendido y confía más en Max. Gracias a la actitud cooperativa, a la diligencia (*ethos*) y a la empatía (*pathos*) de Max, el señor Harold se muestra bien dispuesto a sacar adelante la idea piloto (*logos*), que comporta muy pocas desventajas y muchas ventajas potenciales.

Imaginemos que en tres meses Max aumenta sus ventas en un 25 %. Vuelve a ver al señor Harold y le propone seguir con el programa piloto, incorporando a tres nuevos vendedores de su mayor confianza. El señor Harold le da el visto bueno. Los vendedores nuevos también incrementan su producción en un 25 %. Entonces, los cuatro regresan proponiendo un programa de capacitación con duros criterios de certificación para prevenir la acción de eventuales «francotiradores». El señor Harold aprueba, emocionado por las importantes ventas recientes. Su jefe le felicita diciéndole: «Esto sí que ha funcionado, ¿no es así?». El señor Harold responde valientemente: «Le diré lo que está funcionando...»

En resumen, a lo largo de este proceso de *ethos-pathos-logos* (recomendación-cuarto nivel de iniciativa), Max se ha convertido en el líder de su jefe y en una gran fuente de influencia en toda la empresa.

Este guión era abiertamente ficticio y el problema del señor Harold podría haber sido completamente distinto. En tal caso, la reacción de Max habría tomado en cuenta esa diferencia para aumentar su producción e influencia de otra forma.

La cuestión es que Max encontró su voz en el trabajo gracias a la visión, la disciplina y al gobierno de la conciencia sobre la pasión.

También he aprendido que la mayoría de «jefes malos» suele formar parte de culturas codependientes y modela su conducta de acuerdo con sus modelos. Alguien que sea la fuerza creativa de su propia vida puede romper ese ciclo.

Preguntémonos ahora lo que el señor Harold —un señor Harold iluminado— hubiera podido hacer con un Max deprimido. La primera alternativa hubiera consistido simplemente en «mantenerse en su línea», es decir seguir, presionando, adulando, amenazando, celebrando reuniones, felicitando a Max cuando hiciera algo bien. En resumen: aplicándole la técnica del palo y la zanahoria (el modelo de la era industrial).

La segunda alternativa sería rendirse, tirar la toalla, capitular y dejar permisivamente que Max siguiese manejando las cosas a su aire. Pero esto podría tener consecuencias indeseadas. El jefe del señor Harold podría despedirlo o regañarlo por no intervenir y por la debilidad y permisividad de su liderazgo. Por otro lado, esta estrategia podría alentar a los «francotiradores» a hacer, de forma más unilateral, promesas menos realistas con tal de que les «cuadren los números».

La tercera alternativa sería reconocer plenamente el error que cometió al castigar excesivamente a Max por su forma creativa de salvar la relación con un cliente; y disculparse sinceramente por ello. Pero Max, que aún es codependiente, podría desconfiar de esta actitud «suave» y seguir «haciéndole la pelota». El señor Harold debería contar francamente por lo que ha estado pasando y decir con total sinceridad y sin escatimar detalles: «Mira, Max, descargué mis propias frustraciones sobre ti. Hiciste un gran trabajo "caminando la segunda milla" con ese cliente. Pero yo me sentía tan presionado a producir "más por menos" y tan ansioso por otros "francotiradores", cuyas idioteces podían meterme en más líos, que no se me ocurría nada mejor que controlar de cerca que se cumplieran las reglas. Pero, Max, contigo me equivoqué. En aquel momento no tenía ninguna solución mejor. Pero ahora he tenido tiempo para pararme a pensar y realmente me gustaría explorar tu propuesta. Sólo quisiera que seamos capaces de hacer algo que no signifique abrir otra caja de Pandora. ¿Me ayudarías a entender mejor cómo ves las cosas?»

La profundidad de la sinceridad y de la autenticidad mostradas por el señor Harold puede animar a Max a ser más auténtico. La verdadera comunicación —horizontal y no vertical— entre dos seres humanos que luchan con un mismo problema puede conducir a la tercera alternativa sinérgica que hemos descrito anteriormente, cuando examinábamos la pregunta: ¿Qué puede, de forma realista, hacer Max?

En ambos casos, observe el proceso secuencial, el enfoque de dentro hacia fuera y la fundamentación de la persona completa. Observe la transición de una relación *personal* a una *relación* de auténtica confianza y, finalmente, a un acuerdo organizacional (programa piloto, que crece a medida que aumentan la confianza y la confiabilidad).

Ésta es, verdaderamente, una solución del tipo tercera alternativa que nadie hubiera imaginado al principio. Es el resultado de la comunicación creativa y servirá para afianzar la relación. También creará un «sistema inmunológico» que puede servir para manejar otros problemas complicados en el futuro.

De nuevo soy plenamente consciente de que he creado estos escenarios y que los acontecimientos podrían seguir un curso completamente opuesto. Pero no pretendo aquí enseñar *prácticas* —qué hacer— sino más bien *principios*, principios universalmente aplicables que pueden abarcar muchas prácticas diferentes. Me limito a usar *Max & Max* como ilustración de posibles prácticas basadas en principios que podrían funcionar.

Ahora tomemos distancia y teoricemos. Primero, fijémonos en Max. En el proceso que convierte a Max en el líder del señor Harold, fíjese en los cuatro roles que ha adoptado. Los cuatro hubieran formado parte de cualquier escenario que saliese bien. En primer lugar, *modelar*. Max ha modelado una iniciativa proactiva y un *ethos* exitoso. Ha modelado empatía por medio del *pathos* y coraje por medio del *logos*. Como ambos han interactuado genuinamente, se ha producido la comunicación sinérgica, acompañada de una tercera alternativa, mucho mejor que el método histórico del señor Harold, basado en ganar/perder, mandar-y-controlar, e infinitamente mejor que la actitud de Max de no hacer nada, aislarse y limitarse a «hacer la pelota».

La esencia de modelar, ya sea a escala individual o de grupo, también se encuentra en *Los 7 hábitos de la gente altamente efectiva*.

El segundo rol —*encontrar caminos*— representaba el programa piloto ganar/ganar y ha puesto a Max y al señor Harold en la misma línea de asegurar más negocios mediante el servicio al cliente creativo «de la segunda milla» dentro del marco normativo de los valores de honestidad y buen juicio. Modelar la franqueza y la auténtica comunicación ha traído consigo la confianza necesaria para encontrar caminos. De esta forma, en este programa piloto, la voz de Max se ha solapado con la voz de la organización.

El tercer rol —*alineamiento*— se concreta cuando el señor Harold aprueba formalmente el acuerdo del programa piloto exploratorio, al principio con Max, después con los otros tres, y finalmente con todas los efectivos de ventas. Alinear significa montar la estructura, los sistemas y los procesos necesarios para cumplir los objetivos de la exploración desde la observancia de las normas aprobadas. De esta forma, se favorecen y potencian las voces solapadas.

Los tres roles —modelar, encontrar caminos y alineamiento— han propiciado la aparición del facultamiento, de modo que, desde el principio, Max y otros han podido aplicar su propio juicio y creatividad y hacer todo lo necesario para conservar clientes antiguos y conseguir nuevos, dentro de los límites marcados por las normas establecidas. De esta forma, las reglas han dejado de sustituir al juicio. Simplemente, usted no puede responsabilizar a la gente de sus resultados si supervisa sus métodos y se muestra rígido con el cumplimiento de las reglas. El facultamiento ha permitido que se formara una *autonomía dirigida* y que se expresara y respetara la voz de cada persona.

Ahora echemos una hojeada a la reacción sabia e ilustrada del señor Harold. Ha ejercido los mismos cuatro roles del liderazgo, usando la tercera alternativa, tanto para mantener el control como para ceder permisivamente.

Todo empieza a arreglarse con el modelado. El señor Harold reconoce sinceramente su error e inicia una comunicación sinérgica. Cuando cuaja la confianza y se convierte en algo «más real», se crea la solución de la *exploración* (programa piloto limitado). El señor Harold ha sumado a su autoridad formal una autoridad moral más avanzada al formalizar o institucionalizar el programa piloto unipersonal. Este alineamiento lo ha legitimado en la cultura y permitido que Max sea autónomo y use su creatividad y flexibilidad para crear nuevos negocios. En dos palabras, el rol de facultamiento.

Las cosas van progresando (*se modela* un equipo complementario), otras personas se aventuran por esta senda (*exploración*), formadas en estructuras de alineamiento, sistemas y procesos que finalmente permiten facultar a todos los que han seguido esos criterios.

APÉNDICE 8

EL MÉTODO FRANKLINCOVEY

Rendimiento sostenido y superior

Ésta es la faceta más dura de los negocios y en general de cualquier organización. Está claro que casi cualquiera puede conseguir buenos resultados por un rato. Pero el verdadero desafío pasa por crear una cultura de la organización que pueda ofrecer resultados constantes a lo largo de los años.

Lo increíble es que pocas organizaciones son capaces de conseguirlos. Observe las siguientes estadísticas, provenientes de grandes publicaciones de negocios:

- *Crecimiento rentable*: sólo 111 de 1.854 empresas (13 %) fueron capaces de generar un crecimiento sostenido, rentable, por un período de diez años.
- *De lo bueno a lo mejor:* sólo 126 de 1.435 empresas (9 %) lograron un rendimiento superior al promedio de los mercados bursátiles durante una década o más. Además, sólo 11 empresas de 1.435 (menos del 1 %) respondían a los criterios de rendimiento sostenido y superior del estudio.
- *Destrucción creativa:* apenas 160 de las 1.008 empresas (16 %) estudiadas durante un período de más de treinta años consiguió siquiera seguir existiendo.
- *Puntos de estancamiento*: sólo un 5 % del *Fortune 50* consiguió seguir creciendo con éxito.

Lo que define a una gran organización es que produce resultados superiores al tiempo que construye la capacidad de seguir haciéndolo indefinidamente. Sin embargo, la mayor parte de las empresas y de sus líderes no lo consiguen. Las causas de su fracaso se encuentran en su método.

La fábula de Esopo

Un buen día, un granjero pobre descubre que su gallina ha puesto un deslumbrante huevo dorado. Al principio, sospecha que se trata de una trampa. Pero tras pensárselo un poco, decide llevarse el huevo para examinarlo.

El granjero no puede creer su suerte. ¡El huevo es de oro macizo! Al día siguiente, cuando la gallina pone otro huevo, no puede contener su excitación. Cada mañana salta de la cama y corre a toda prisa hacia el gallinero y se encuentra con un nuevo huevo dorado. Al poco tiempo ya es extraordinariamente rico.

Pero con la riqueza, llegan la codicia y la impaciencia. Incapaz de esperar día a día los huevos de oro, el granjero mata a la gallina para hacerse de una vez con todos los huevos. Pero cuando abre la gallina descubre que está completamente vacía. No hay huevos de oro. Ni forma de volver a conseguirlos. El granjero ha destruido el objeto que los fabricaba.

Esta fábula contiene un principio clave del rendimiento organizacional. El rendimiento sostenido y superior es el resultado de dos factores: lo que se produce (los huevos de oro) y la capacidad productiva (la gallina).

Si las organizaciones se centran exclusivamente en producir huevos de oro (conseguir resultados hoy) y se desentienden de la gallina (construir capacidad para mañana) no tardarán en quedarse sin el activo que le procuran los huevos de oro. Por otro lado, si las organizaciones se preocupan exclusivamente por la gallina sin fijarse objetivos en términos de huevos de oro, no tardarán en quedarse sin sustento para alimentar a la gallina. La clave está en el equilibrio.

Quizá su organización sea como ésta:

Ante la presión de conseguir resultados, eliminamos todos los límites. Definimos un plan para reunir a las tropas e impulsar a todo el mundo a cumplir el objetivo urgente. Una vez puede tratarse de un objetivo de ventas. En la siguiente crisis el objetivo puede ser un recorte de gastos. En otra ocasión, otro asunto. Siempre vamos a remolque, avanzando a trompicones de un «objetivo decisivo» o «iniciativa urgente» al siguiente. El problema es que pareciera que siempre invertimos demasiado poco en las personas, procesos o equipos que necesitamos para mejorar de verdad nuestro negocio. Como consecuencia de ello, nunca conseguimos entrar en un ritmo de rendimiento constante.

O quizá, su organización sea así:

Invertimos mucho en personas y cultura durante largos años. Nuestra teoría era que la gente más valiosa y talentosa, con los mejores sistemas y tecnología, generaría automáticamente mayor rendimiento. Era un excelente lugar de trabajo, pero llegaron tiempos difíciles. Nos dimos cuenta de que en realidad no teníamos una sólida capacidad de ejecución ante una situación de intensa competitividad y un contexto económico hostil. Tuvimos que recortar todas las inversiones a las que la gente se había acostumbrado durante la época dorada. La gente está desilusionada, nuestra moral está por los suelos y gran parte de nuestras personas más valiosas se está yendo.

FranklinCovey aprendió esta lección por la vía dura porque también nosotros hemos conocido las oscilaciones de este péndulo de rendimiento-capacidad de rendimiento. Así que ahora ya hemos «aprendido» la lección, por lo que nuestro enfoque no se basa simplemente en una convicción teórica.

En FranklinCovey planteamos el objetivo de un rendimiento sostenido y superior desde ambos lados de la ecuación. Ayudamos a las organizaciones a concentrarse en determinados resultados y conseguirlos. También les ayudamos a desarrollar mayor capacidad (líderes y colaboradores individuales, capaces de mejorar sustancialmente su nivel de rendimiento).

En estas dos áreas (lograr resultados y desarrollar capacidad) FranklinCovey trabaja con clientes en tres diversos «trabajos que hay que hacer». Representan las tres secciones centrales de la grandeza que encarna el octavo hábito: *grandeza organizacional, grandeza de liderazgo* y *grandeza personal.*

Lograr resultados

Trabajo 1. Ejecución y prioridades clave. Ayudamos a los clientes a lograr determinados resultados —como aumentar las ventas, implementar diversas iniciativas o mejorar la calidad—, mejorando el grado de compromiso con —y la claridad de— las principales prioridades y desarrollando procesos de ejecución en torno a estas prioridades. Así se construye la *grandeza organizacional.*

Desarrollar capacidad

Trabajo 2. Desarrollo del liderazgo y de la administración. Ayudamos a los clientes a desarrollar una capacidad duradera de liderazgo basada en la personalidad, la creación de equipos y la destreza para conseguir resultados con grandeza. Así se construye la *grandeza de liderazgo.*

Trabajo 3. Efectividad individual. Ayudamos a los clientes a aumentar el saber, las habilidades y el rendimiento personal de su fuerza de trabajo, lo que trae consigo mejores resultados individuales y de equipo. Así se construye la *grandeza personal.*

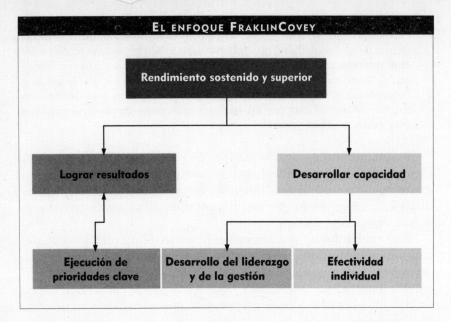

Figura A8.1

Imagine por un momento cómo haría para montar un equipo deportivo de campeonato. Si invierte en la calidad y la preparación de los atletas, su equipo mejorará (a mejores jugadores, mejor equipo). Pero, por muy buenos jugadores que tenga, el equipo sólo gana si pueden trabajar juntos en pos de determinados objetivos y «ejecutar el juego» una y otra vez con grandeza.

Lo que usted quiere son buenos jugadores y buena ejecución. Un equipo que pueda rendir de manera constante temporada a temporada, un equipo ganador. La esencia del método FranklinCovey es: traducir capacidades organizacionales en resultados concretos una y otra vez, hasta generar una organización ganadora.

NOTAS

Capítulo 1

1. C. R. Rogers, *On Becoming a Person*, Boston, Houghton Mifflin, 1961, pág. 26 (trad. cast.: *El proceso de convertirse en persona*, Barcelona, Paidós, 1996).
2. Rick Levine, Christopher Locke, Doc Searls y David Weinberger, *The Cluetrain Manifesto*, Cambridge, MA, Perseus Books Publishing, 2000, págs. 36 y 39.
3. Antony Jay, *The Oxford Dictionary of Political Quotations*, Oxford, Oxford University Press, 1996, pág. 68.

Capítulo 2

1. Tomado de una charla dada por Stanley M. Davis en una conferencia en Asia en la que ambos participamos.
2. Peter F. Drucker, «Managing Knowledge Means Managing Oneself», *Leader to Leader*, n° 16, primavera de 2000, págs. 8-10.
3. Peter F. Drucker, *Management Challenges for the 21st Century*, Nueva York, Harper Business, 1999, pág. 135 (trad. cast.: *Management del siglo XXI*, Barcelona, Edhasa, 2000).

Capítulo 3

1. Henry David Thoreau, *Walden*, Boston, Beacon Press, 1997, pág. 70 (trad. cast.: *Walden*, Barcelona, Parsifal, 1989).
2. Robert Frost, «The Road Not Taken» (1916), en Elizabeth Knowles (comps.), *The Oxford Dictionary of Quotations*, 5ª ed., Oxford, Oxford University Press, 1999.

Capítulo 4

1. Daniel Ladinsky, *The Gift*, poemas de Hafiz the Great Sufi Master, Nueva York, Penguin Compass, 1999, págs. 67-68.

2. Marianne Williamson, *A Return to Love: Reflections on the Principles of a Course in Miracles*, Nueva York, HarperCollins, 1992, págs. 190-191 (trad. cast.: *Volver al amor*, Barcelona, Urano, 1993).

3. Michael Thomsett, discurso, 9 de octubre de 1956, en *War and Conflict*, North Carolina, McFarland and Company, 1997, pág. 50.

4. *Munsey's Magazine*, febrero de 1897, pág. 554; sitio *web* de la Ella Wheeler Wilcox Society, <http://www.ellawheelerwilcox.org>, consultado el 15 de mayo de 2004.

5. C. S. Lewis, *Mere Christianity*, Nueva York, Simon and Schuster, 1980, págs. 19-21 (trad. cast.: *Mero cristianismo*, Madrid, Rialp, 2001).

6. Doc Childre y Bruce Cryer, *From Chaos to Coherence*, Boston, Butterworth-Heinemann, 1999, pág. 23.

7. *Ibid.*, pág. 29.

8. Daniel Goleman, *Working with Emotional Intelligence*, Nueva York, Bantam Books, 1998, pág. 31 (trad. cast.: *La práctica de la inteligencia emocional*, Barcelona, Kairós, 2004).

9. Richard Wolman, *Thinking with Your Soul*, Nueva York, Harmony Books, 2001, pág. 26 (trad. cast.: *Pensar con el alma*, Barcelona, Obelisco, 2003).

10. *The Holy Bible*, versión del rey Jaime I de Inglaterra, Oxford, Oxford University Press, 1997.

11. Danah Zohar y Ian Marshall, *SQ: Connecting with Our Spiritual Intelligence*, Nueva York y Londres, Bloomsbury, 2000 (trad. cast.: *Inteligencia «espiritual»*, Barcelona, Plaza y Janés, 2001).

12. William Bloom, *The Endorphin Effect*, Londres, Judy Piatkus, 2001, pág. 12.

13. Anwar el-Sadat, *In Search of Identity: An Autobiography*, Nueva York, Harper and Row, 1978, pág. 103.

14. «The Speaker's Electronic Reference Collection», AApex Software, 1994.

15. YMCA (Estados Unidos), Dartmouth Medical School y The Institute for American Values, *Hardwired to Connect: The New Scientific Case for Authoritative Communities*, informe de la Commission on Children at Risk para la Nación, 2003, pág. 6.

16. Dee Hock, «The Art of Chaordic Leadership», *Leader to Leader*, nº 15, invierno de 2000, págs. 20-26.

17. Warren G. Bennis y Robert J. Thomas, *Geeks and Geezers:*

How Era, Values, and Defining Moments Shape Leaders, Boston, Harvard Business School Publishing, 2002.

18. Jim Loehr y Tony Schwartz, *The Power of Full Engagement*, Nueva York, Simon and Schuster, 2003 (trad. cast.: *El poder del pleno compromiso*, Madrid, Algaba, 2003).

Capítulo 5

1. Philip Massinger, Timoleon, en *The Bondman* (1624), acto 1, escena 3, en *Poems of Philip Massinger*, edición a cargo de P. Edwards y C. Gibson, 1976.

2. Susana Wesley, carta a su hijo, 8 de junio de 1725; sitio *web* de la Iglesia Wesleyana, <http://www.wesleyan.org>, consultado el 14 de mayo de 2004.

3. Polly LaBarre, «Do You Have the Will to Lead?», *Fast Company Magazine*, n° 32, marzo de 2000, pág. 222; <http://www.fast-company.com/online/32/koestenbaum.html>, consultado el 27 de mayo de 2004.

4. Lucinda Vardey (comp.), *A simple path: introduction to Mother Teresa*, Nueva York, Ballantine, 1995, pág. xxxviii (trad. cast.: *Camino de sencillez*, Barcelona, Planeta, 1998).

5. Josef Hell, *Aufzeichnung*, Institut für Zeitgeschichte, 1922, ZS 640, pág. 5.

6. Dag Hammarskjöld, *Markings*, Nueva York, Alfred A. Knopf, 2001, pág. 124 (trad. cast.: *Marcas en el camino*, Barcelona, Seix Barral, 1965).

7. Albert E. N. Gray, *The common denominator of success*, Filadelfia, NALU Annual Convention, 1940.

8. Harold B. Lee, *Teachings of Harold B. Lee*, edición a cargo de Clyde J. Williams, Salt Lake City, Bookcraft, 1996, pág. 606.

9. Charles Moore (comp.), introducción a *Washington's School Exercises: Rules of Civility and Decent Behaviour in Company and Conversations*, Boston, Houghton Mifflin Company, 1926, págs. xi-xv.

10. Elizabeth Knowles (comp.), *The Oxford Dictionary of Quotations*, 5ª ed., Oxford, Oxford University Press, 1999, pág. 396.

11. JoAnn C. Jones, «Brockville», *Ontario-Guide Posts*, enero de 1996.

12. David O. McKay, *Conference Report*, The Church of Jesus Christ of Latter-day Saints, abril de 1964, pág. 5.

13. John G. Whittier, *Maud Muller*, Boston, Riverside Press, 1866, pág. 12.

Capítulo 6

1. Peter F. Drucker, *Management Challenges for the 21st Century*, Nueva York, HarperCollins, 1999, pág. 8 (trad. cast.: *Management del siglo XXI*, Barcelona, Edhasa, 2000).

2. Philip Evans y Thomas S. Wurster, *Blown to Bits*, Boston, Harvard Business School Press, 2000, pág. 13 (trad. cast.: *Volando en pedacitos: cómo se transforma la estrategia de negocios en la nueva economía de la información*, México, Oxford University Press, 2000.

3. Dave Ulrich, Jack Zenger y Norm Smallwood, *Results Based Leadership*, Boston, Harvard Business School Press, 1999, pág. 7 (trad. cast.: *El liderazgo basado en resultados*, Barcelona, Gestió 2000, 2000).

Capítulo 7

1. Del Jones, «What would Attila the Hun Do?», *USA Today*, 6 de abril de 2003; sitio web de *USA Today*, <http://www.usatoday.com/money/companies/management/2003-04-06-warleaders_x.htm>, consultado el 27 de mayo de 2004.

2. Tom Peters, *The Project 50*, Nueva York, Alfred A. Knopf, 1999, págs. 48-49.

Capítulo 8

1. American Museum of Natural History, <http://www.amnh.org/common/faq/quotes.html>, consultado el 15 de mayo de 2004.

2. Eknath Easwaran, *Gandhi, the Man*, 2ª ed., Nilgin Press, 1978, pág. 145.

3. Teniente General Dave R. Palmer '56 (retirado), «Competence and Character: Schwarzkopf's Message to the Corps», *Assembly Magazine*, mayo de 1992.

Capítulo 9

1. Gordon B. Hinckley, «The True Strength of the Church», *Ensign Magazine*, julio de 1973, pág. 48.

2. Rick Pitino, *Lead to Succeed*, Nueva York, Broadway Books, 2000, pág. 64.

3. Elizabeth Knowles (comp.), *The Oxford Dictionary of Quotations*, 5ª ed., Oxford, Oxford University Press, 1999, pág. 503.

4. Dag Hammarskjöld, *Markings*, Nueva York, Alfred A. Knopf, 2001, pág. 197 (trad. cast.: *Marcas en el camino*, Barcelona, Seix Barral, 1965).

5. C. S. Lewis, *Mere Christianity*, Nueva York, Simon and Schuster, 1980, págs. 165-166 (trad. cast.: *Mero cristianismo*, Madrid, Rialp, 2001).

Capítulo 10

1. Warren Bennis, *Why Leaders Can't Lead*, San Francisco, Jossey-Bass, 1989, pág. 158.

2. Arun Gandhi, «Reflections on Peace», *BYU Magazine*, vol. 54, n° 1, primavera de 2000, págs. 1-6, <http://magazine.byu.edu/bym/2000sp/pages/peace1.shtml>, consultado el 14 de mayo de 2004.

3. Ralph Roughton, M. D., reproducido con permiso.

Capítulo 11

1. J. A. Belasco, *Teaching the Elephant to Dance: The Manager's Guide to Empowering Change*, Nueva York, Plume, 1991, pág. 11 (trad. cast.: *Enseñar a bailar al elefante*, Barcelona, Plaza y Janés, 1992).

2. Clayton M. Christensen, *The Innovators Dilemma*, Boston, Harvard Business School Press, 1997, págs. XVIII-XIX.

3. Jim Collins, *Good to Great*, Nueva York, HarperCollins, 2001, pág. 96.

Capítulo 12

1. Martin H. Manser, *The Westminister Collections of Christian Quotations*, Louisville, Westminister John Knox Press, 2001, pág. 76.

2. Randall Rothenberg y Noel W. Tichy, «The Thought Leader Interview», *Strategy + Business Magazine*, primavera de 2002, págs. 91-92.

Capítulo 13

1. Marcus Buckingham y Donald O. Clifton, *Now Discover Your Strengths*, Nueva York, Simon and Schuster, 2001, pág. 5 (trad. cast.: *Ahora, descubra sus fortalezas*, Barcelona, Gestió 2000, 2003).
2. *Ibid.*
3. Thomas Stewart, *Intellectual Capital: The New Wealth of Organizations*, Nueva York, Doubleday Books, 1997.
4. Stuart Crainer, *The Management Century*, San Francisco, Jossey-Bass Publishers, 2000, pág. 207.
5. Peter F. Drucker, *Managing for the Future: The 1990's and Beyond*, Nueva York, Truman Tally Books, Dutton, 1992, pág. 334.
6. Max De Pree, *Leadership Is an Art*, Nueva York, Dell Publishing, 1989, págs. 28 y 38.

Capítulo 14

1. Larry Bossidy y Ram Charan, *Execution: The Discipline of Getting Things Đone*, Nueva York, Crown Business, 2002, págs. 19 y 34.
2. Louis V. Gerstner, *Who Says Elephants Can't Dance?*, Nueva York, HarperCollins, 2002, pág. 230.
3. Charles Hummel, *Tyranny of the Urgent*, Downers Grove, IL, Inter Varsity Christian Fellowship of the United States of America, 1967, págs. 9-10.

Capítulo 15

1. Gordon B. Hinckley, «Testimony», *Ensign Magazine*, mayo de 1998, pág. 69.
2. Grabado en un monumento erigido en el Rockefeller Center, Nueva York.
3. Nelson Mandela, *Long Walk to Freedom*, Boston, Little, Brown and Company, 1994, págs. 543-544 (trad. cast.: *El largo camino hacia la libertad*, Madrid, Suma de Letras, 2004).
4. Grabado en un monumento erigido en el Nathan Eldon Tanner Building, Marriott School of Management, Brigham Young University, Provo, Utah.
5. Alfred North Whitehead, «The Rhythmic Claims of Freedom and Discipline», *The Aims of Education and Other Essays*, Nueva York, New American Library, 1929, pág. 46.

6. Dag Hammarskjöld, *Markings*, Nueva York, Alfred A. Knopf, 2001, pág. 158 (trad. cast.: *Marcas en el camino*, Barcelona, Seix Barral, 1965).

7. Malcolm Muggeridge, «A Twentieth Century Testimony», en Thomas Howard (comp.), *Malcolm Muggeridge*, Londres, Collins, 1979.

8. Robert K. Greenleaf, «The Servant as Leader», *Servant Leadership: A Journey into the Nature of Legitimate Power and Greatness*, edición del 25° aniversario, Mahwah, Nueva Jersey, Paulist Press, 2002, págs. 23-24.

9. Jim Collins, «Level Five Leadership: The Triumph of Humility and Fierce Resolve», *Harvard Business Review*, vol. 79, n° 1, enero de 2001, pág. 67.

10. Jim Collins, *Good to Great*, Nueva York, HarperCollins, 2001, pág. 20.

11. Jim Collins, «And the Walls Came Tumbling Down», en Frances Hesselbein, Marshall Goldsmith y Iain Somerville (comps.), *Leading Beyond the Walls*, The Peter F. Drucker Foundation for Nonprofit Management, Jossey-Bass Publishers, 1999.

12. *Peel's Principles of Modern Policing*, 1829.

13. Informe de Col. Joshua L. Chamberlain, Twentieth Maine Infantry Field Near Emmitsburg, 6 de julio de 1863.

14. Alice Rains Trulock, *In the Hands of Providence: Joshua L. Chamberlain and the American Civil War*, Chapel Hill, The University of North Carolina Press, 1992, pág. 5.

15. Maxwell Anderson, *Joan of Lorraine*, Washington, DC, Anderson House, 1947.

16. Haddon Klingberg, Jr., *When Life Calls Out to Us*, Nueva York, Doubleday, 2001, pág. 8.

17. Trulock, *op. cit.*, pág. 154. Fragmento de la dedicatoria que tuvo lugar en los monumentos de Maine, Gettysburg, el 3 de octubre de 1889.

Apéndice 1

1. Doc Childre y Bruce Cryer, *From Chaos to Coherence*, Boston, Butterworth-Heinemann, 1999, pág. 23.

2. C. S. Lewis, *Mere Christianity*, Nueva York, Simon and Schuster, 1980, págs. 124-125 (trad. cast.: *Mero cristianismo*, Madrid, Rialp, 2001).

3. Childre y Cryer, *op. cit.*, pág. 69.

4. Robert Frost, «Two Tramps in Mud Time», *The Poetry of Robert Frost*, edición a cargo de Edward Connery Lathem, Nueva York, Henry Holt and Co., 1969.

5. Lewis, *op. cit.*, pág. 88.

ÍNDICE ANALÍTICO Y DE NOMBRES

Los números en *cursiva* remiten a figuras y tablas

SOBRE FRANKLINCOVEY

Definición de la misión

Promovemos la grandeza en personas y organizaciones en cualquier parte.

Principios fundacionales

Creemos que:

1. **Las personas** son intrínsecamente capaces, aspiran a la grandeza y tienen el poder de decidir.
2. **Los principios** son eternos y universales, y son el fundamento de una efectividad duradera.
3. **El liderazgo** es una opción, construida desde adentro, sobre los cimientos de la personalidad. Los grandes líderes liberan el talento y la pasión colectivos de las personas y los encauzan hacia la meta correcta.
4. **Los hábitos de efectividad** provienen exclusivamente del uso comprometido de procesos y herramientas integrados.
5. **El rendimiento sostenido y superior** requiere P/PC Balance®, un método para conseguir resultados y desarrollar capacidad.

Valores

1. **Estar comprometido con los principios**. Nos apasiona nuestro tema y nos esforzamos por ser los modelos de los principios y prácticas que enseñamos.
2. **Compromiso a largo plazo con el cliente.** Somos intransigentes con el cumplimiento de las promesas que hacemos a nuestros clientes. Nuestro éxito depende totalmente de su éxito.

Respeto a la persona en su conjunto. Nos valoramos unos a otros y tratamos a todas las personas con las que trabajamos como a verdaderos socios.

Crecimiento rentable. Consideramos la rentabilidad y el crecimiento como el alma de nuestra organización; nos dan la libertad de cumplir nuestra misión y nuestra visión.

FranklinCovey (NYSE:FC) es el líder mundial en entrenamiento efectivo y creación de herramientas de productividad y de servicios de asesoría para organizaciones, equipos e individuos. Entre nuestros clientes figura el 90 % del *Fortune 100*, más del 75 % del *Fortune 500*, miles de pequeñas y medianas empresas, así como numerosas entidades gubernamentales. Tanto organizaciones como individuos acceden a los productos y servicios de FranklinCovey a través del entrenamiento empresarial, facilitadores del cliente autorizados, entrenamiento personalizado, talleres abiertos, catálogos, más de 140 puntos de venta al público y el sitio <www.franklincovey.com>.

FranklinCovey cuenta con 2.000 socios que le brindan servicios profesionales, productos y materiales en 28 idiomas, treinta y nueve oficinas en noventa y cinco países.

PROGRAMAS Y SERVICIOS

- *xQ Survey and Debrief* (para ayudar a los líderes a evaluar el «coeficiente de ejecución» de su organización).
- *The 7 Habits of Highly Effective People workshop.*
- *The 4 Disciplines of Execution worksession.*
- *FOCUS: Achieving your Highest Priorities workshop.*
- *The 4 Roles of Leadership workshop.*
- *The FranklinCovey Planning System.*

Si desea más información sobre los productos y servicios de FranklinCovey, llame al 1-888-868-1776 o al 1-801-817-1776, o bien visite <www.franklincovey.com>.

SOBRE EL AUTOR

Stephen R. Covey es una autoridad internacionalmente respetada en materia de liderazgo, experto en la familia, profesor, consultor de organizaciones y escritor. Ha dedicado su vida a enseñar una forma de vida y de liderazgo basada en principios para construir tanto familias como organizaciones. Tiene un M.B.A. de la Universidad de Harvard y un doctorado por la Brigham Young University, donde fue profesor de conducta organizacional y dirección de empresas. También ha ejercido las funciones de director de relaciones universitarias y asistente del presidente.

El doctor Covey es el autor de varios libros de éxito, entre ellos el *best-seller* internacional *Los 7 hábitos de la gente altamente efectiva*, nombrado «Libro de negocios más influyente del siglo XX» y uno de los diez libros de gestión más influyentes de todos los tiempos. Ha vendido más de 15 millones de ejemplares en treinta y ocho idiomas en todo el mundo. Otros *best-sellers* son: *Primero lo primero, El liderazgo centrado en principios* y *Los 7 hábitos de las familias altamente efectivas*, que elevan el número de libros vendidos a más de 20 millones.

Como padre de nueve hijos y abuelo de cuarenta y tres nietos, ha recibido el galardón a la Paternidad de la *National Fatherhood Initiative*, premio que, según dice, es el que más valora de cuantos le han sido otorgados. Otros premios concedidos al doctor Covey son el *Thomas More College Medallion* por sus servicios constantes a la humanidad, Conferenciante del año, en 1999, el Premio Sikh al hombre internacional de paz de 1998, el Premio al empresario internacional del año 1994 y el Premio de grandeza al empresario nacional del año por su liderazgo empresarial. El *Time* lo incluyó en su lista de los 25 norteamericanos más influyentes y ha recibido siete doctorados *honoris causa*.

El doctor Covey es cofundador y vicepresidente de la FranklinCovey Company, empresa líder en servicios profesionales, con oficinas en 123 países. Éstas comparten su visión, su disciplina y su pasión por motivar, mejorar y proveer herramientas destinadas al cambio y al crecimiento de individuos y organizaciones de todo el mundo.

El reto del 8º hábito

UNO: Lea el capítulo
DOS: Enseñe el capítulo por lo menos a dos personas, ya sean compañeros de trabajo, familiares, amigos, etc.
TRES: Haga un esfuerzo sincero y coordinado por vivir los principios que se incluyen en el capítulo durante un mes.
CUATRO: Informe a un colega de confianza, a un familiar o a un amigo de los resultados y las cosas que haya aprendido mientras intentaba vivir conforme a las ideas del capítulo.

Encuentre su voz e inspire a los demás para que encuentren la suya.

① LEER	② ENSEÑAR A DOS		③ VIVIR PRINCIPIOS	④ INFORMAR SOBRE RESULTADOS
☐	☐	☐	☐ 30 días	☐
☐	☐	☐	☐ 30 días	☐
☐	☐	☐	☐ 30 días	☐
☐	☐	☐	☐ 30 días	☐
☐	☐	☐	☐ 30 días	☐
☐	☐	☐	☐ 30 días	☐
☐	☐	☐	☐ 30 días	☐
☐	☐	☐	☐ 30 días	☐
☐	☐	☐	☐ 30 días	☐
☐	☐	☐	☐ 30 días	☐
☐	☐	☐	☐ 30 días	☐
☐	☐	☐	☐ 30 días	☐
☐	☐	☐	☐ 30 días	☐
☐	☐	☐	☐ 30 días	☐
☐	☐	☐	☐ 30 días	☐
☐	☐	☐	☐ 30 días	☐

tados

Relación de los centros de Liderazgo Covey

FranklinCovey Argentina
LFCA S.A.
Cerrito 774, Piso 11
Ciudad de Buenos Aires, CP Argentina
C1010AAP
Tel: 5411- 4372-5820
Fax : 5411-4372-5648
info@franklincovey.com.ar
www.franklincovey.com.ar

FranklinCovey Pty Ltd Australia
GPO Box 2769
Brisbane, QLD 4001
Australia
Tel: +617 3259 0222
Fax: +617 3369 7810
info@franklincovey.com.au
www.franklincovey.com.au

FranklinCovey Austria
Gustav-Stresemann-Ring 1
D - 65189 Wiesbaden
info@franklincovey.at
www.franklincovey.at

FranklinCovey Netherlands
Ruimtesonde 3
3824 MZ Amersfoort
Países Bajos
Tel: +31 33 453 0627
Fax: +31 33 456 7636
info@franklincovey.nl
www.franklincovey.nl

FranklinCovey Belgium & Luxemburg
Waterstraat 1, 3900 Overpelt.
Bélgica
Tel:+32 11 80 12 58
Fax: +32 11 80 12 54
info@franklincovey.be
www.franklincovey.be

FranklinCovey Bermuda
Effective Leadership Bermuda
4 Dunscombe Rd.

Warwick, Wk08 Bermuda
Tel: 441-236-0383
Fax: 441-236-0383
franklincoveybda@logic.bm

FranklinCovey Brasil
Rua Florida 1568
Brooklin - São Paulo – SP
CEP 04565-001
Tel: 55 11 5105 4400
Fax: 55 11 5506 6965
info@franklincovey.com.br
www.franklincovey.com.br

FranklinCovey Canada
60 Struck Court
Cambridge, Ontario
Canadá N1R 8L2
Tel: (519) 740-2580
Fax: (519) 740-8833
www.franklincovey.ca

FranklinCovey Central Eastern Europe
FC PL Sp z o o
Ul. Wlodarzewska 33
02-384 Warszawa
Polonia
Tel: +48 22 824 11 28
Fax: +48 22 824 11 29
office@franklincovey.pl
www.franklincovey.pl

FranklinCovey Chile
Avenida Bernardo O'Higgins, n° 292
Oficina 61
Santiago de Chile – Chile
Tel: 56-2-4489658 / 4489509

FranklinCovey Colombia
Calle 90 No. 11 A-34
Oficina 306
Santa Fé de Bogotá, Colombia
Tel: 57 1 610-2736
Fax: 57 1 610-2723
clccolom@colomsat.net.com

FranklinCovey Costa Rica
AMI de Costa Rica, S. A.
Paseo Colón
200 mts Norte y 25 mts Este de Pizza Hut
Edif. Blanco, contiguo Laboratorio Gutis
San José, Costa Rica
Tel: (506)256-4242
Fax: (506)248-1133
franklincoveycr@fcla.com

FranklinCovey Czech and Slovacs
Ohradni 1424/2b
140 00 Praha 4
República Checa
Tel: +420 261 099 341
Fax: +420 261 099 343
info@franklincovey.cz
www.franklincovey.cz

FranklinCovey Ecuador
Avenida Primera Casa, 118
Calle 3 Colina de los Ceibos
Guayaquil - Ecuador
Tel: 59-34-2850485

FranklinCovey Egypt
Egyptian Leadership Training
& Consultancy
122 Mohie Eldin Abul Ezz Street,
Mohandesin, Giza, Egipto 12411
Tel: +(202) 336 8911 o +(2010) 566 0149
Fax: +(202) 761 5181
customerservice@eltc.com.eg
www.eltc.com.eg

FranklinCovey El Salvador
AMI El Salvador, S.A. de C.V.
Final Paseo General Escalón
Condominio Alpine, local 2-4
Colonia Escalón
San Salvador, El Salvador
Tel/Fax: (503)263-3377
franklincoveysv@fcla.com

FranklinCovey France
Cegos
Conseil et Formation en Management
& Leadership
11 rue René Jacques
92798 Issy les Moulineaux cedex 9

Francia
Tel: +33 1 55 00 90 90
FranklinCovey@cegos.com
www.cegos.com

FranklinCovey Germany
Gustav-Stresemann-Ring 1
D - 65189 Wiesbaden
info@franklincovey.de
www.franklincovey.de

FranklinCovey Gulf Middle East
Qiyada Consultants
PO Box 53703
Dubai, UAE
Tel: +971 4 33 222 44
Fax: +971 4 33 222 82
info@franklincoveyme.com
www.franklincoveyme.com

FranklinCovey Hellas
DMS Hellas Group
26 Perikou Street
115 24 Athens
Grecia
Tel: +30 210 698 5946
Fax: +30 210 698 54947

19 Karolou Dil Str.
546 23, Thessaloniki
Grecia
Tel: +30 2310 273 979
Fax: +30 2310 271 945
info@franklincovey.gr
www.franklincovey.gr

FranklinCovey Honduras
AMI Honduras
4 Calle S.O., nº 99
14 y 15 Avenida Barrio Suyapa
San Pedro Sula, Honduras
Tel: (504) 552-1952
Fax: (504) 552-1952
msabillon@fcla.com
franklincoveyhn@fcla.com

FranklinCovey Hong Kong
Centre for Effective Leadership (Asia)
Room 1502, 15th Floor, Austin Tower
22-26A, Austin Avenue, Tsimshatsui

Kowloon, Hong Kong
Tel: 852 2541 2218
Fax: 852 2544 4311
training@asiacel.com
www.highlyeffectiveleaders.com

FranklinCovey Hungary
FCCoL Hungary Management Consulting
and Training Ltd.
1134 Budapest, Lehel u. 11. Hungría
Tel: +36-1-412 1884
Fax: +36-1-412 1885
office@franklincovey.hu
www.franklincovey.hu

FranklinCovey Indonesia
P.T. Dunamis Intermaster
Jl. Bendungan Jatiluhur 56
Pusat, Jakarta 12440
Indonesia
Tel: 62 21 572 0761
Fax: 62 21 572-0762
info@dunamis.co.id
www.dunamis.co.id

FranklinCovey Ireland
Alexander House
The Sweepstakes
Ballsbridge
Dublín 4
Tel: +353 1664 1706
Fax: + 353 1631 9001
ireland@franklincoveyeurope.com
www.franklincoveyeurope.com

FranklinCovey Israel
Momentum Training Ltd
Moshav Kfar
Hess 40692
Israel
Tel: +97 2 979 61055
Fax: +972-9-7961055
goz@momentumtraining.co.il

FranklinCovey Italy
Cegos Italia SpA
Piazza Velasca, 5
20122 Milán - Italia
Tel. +39.2.80672417
Fax +39.2.72001647

roberto.monti@cegos.it
www.franklincovey.cegos.it

FranklinCovey Japan
Marumasu Koujimachi Bldg 7F
3-3 Kojimachi, Chiyoda-ku,
Tokio, Japón 102-0083
Tel: 81-3-3264-7417
Fax: 81-3-3264-7407
www.franklincovey.co.jp

FranklinCovey Korea
Korea Leadership Center
8F Rosedale Bldg
724 Soosur-dong Kanganm-gu
Seúl, 135-744 Corea
Tel: 82 –2-2106-4000
Fax: 82-2-2106-4001
kengimm@eklc.co.kr
www.eklc.co.kr

FranklinCovey Lebanon
Starmanship & Associates
Badaro Street, Beirut,
Líbano
Tel: 00961-1-393494
Fax: 00961-1-486451
starman@cyberia.net.lb
www.starmanship.com

FranklinCovey Malaysia
Leadership Resources (Malaysia)
Sdn. Bhd.
Suite 5.02, Level 5, P J Tower
Amcorp Trade Center
Nº 18 Jalan Persiaran Barat
46050 Petaling Jaya
Selangor Darul Ehsan
Malaisia
Tel: +603 79551148
Fax: +603 79552589
covey@po.jaring.my
www.franklincoveymalaysia.com

FranklinCovey México
Arenal nº 24, Edificio B,
Planta Baja, Col, Ex-Hacienda Guadalupe
Chimalistac
Del. Alvaro Obregón
México DF 01050

Tel: 52-555 322-3800
Fax: 52-555 322-3896
fcmex@franklincoveymex.com
www.franklincovey.com.mx

FranklinCovey Nicaragua
AMI de Nicaragua, SA
Bosques de Altamira # 268
Antiguo Banco de Café
2C al Lago 2C Arriba y 15 mts al Lago
Managua, Nicaragua
Tel: (505)270-7864
Fax: (505)270-5071
franklincoveyni@fcla.com

FranklinCovey Nigeria
ReStraL Ltd
12th Floor, St. Nicholas House
Catholic Mission Street
Lagos
Nigeria
Tel: +2341 264 5885
Fax: +234 1 2635090
enquiries@restral.com
www.franklincoveynig.com

FranklinCovey Nordic Approach
Tuborg Boulevard 12
2900 Hellerup,
Dinamarca
Tel: +45 70226612
Fax: +45 70226712
info@franklincovey.dk
www.franklincovey.dk

FranklinCovey Panamá
Leadership Technologies, Inc.
Bella Vista, Avenida Federico Boyd
Edificio Alfaro – 1er piso
Panamá, Republica de Panamá
Tel: 507-264-8899
Fax: 507-264-3728
franklincovey@fcpma.com
www.fcla.com

FranklinCovey Perú
Avenida Guardia Civil 860
Oficina 204 - San Isidro
Lima-Perú
Tel: 51-1475-1000

FranklinCovey Philippines
Center for Leadership & Change, Inc.
4/F Ateneo Professional Schools
130 HV Dela Costa St.
Salcedo Village, Makati City
Filipinas
Tel: 632-817-2726
Fax: 632-893-9556
covey@clci.ph
www.clci.ph

FranklinCovey Portugal
Cegoc-Tea, LDA.
Av. Antonio Augusto
Aguiar, 21 – 1º
1050-012 Lisboa
Portugal
Tel: +351 21 319 19 60
Fax: +351 21 319 19 99
info@franklincovey.pt
www.franklincovey.pt

FranklinCovey Puerto Rico
Advantage Management Intl.
1607 Ponce de León Ave.,
Suite GM-02,
Cobian's Plaza, Bldg.
San Juan, PR 00909
Tel: 787 977-9094
Fax: 787-977-4067
franklincoveypr@fcla.com
www.fcla.com

FranklinCovey Quebec
BigKnowledge Entreprises Inc.
360 Saint-Jacques Street West, Suite 111
Montreal, Quebec H2Y 1P5
patrick.obrien@versalys.com
www.bigknowledge.com

FranklinCovey Russia
Bryusov per, 2/14
Building 4
Moscú
103009
Rusia
Tel: +7 095 787 8577
sp@mti.ru

FranklinCovey Saudi Arabia
Qiyada Consultants
PO Box 667
Riyadh 11372, Arabia Saudí
Tel: +971 966 1 416 3328
Fax: +971 966 1 462 8526
akridis@qiyada.com.sa
www.franklincoveyme.com

FranklinCovey Singapore & China
Centre for Effective Leadership (Asia) Pte Ltd
61 Robinson Road
#08-01 Robinson Centre
Singapur 068893
Tel: 6532 4100
Fax: 6532 4600
training@right.com.sg
www.highlyeffectiveleaders.com

FranklinCovey South Africa
FCSA Organisation Services (Pty) Ltd
PO Box 5783
Rivonia 2128
Sudáfrica
Tel: 27-11-807-2929
www.franklincovey.co.za

FranklinCovey South Asia
(India, Sri Lanka, Maldives, Bhutan,
Nepal, Bangladesh)
Leadership Knowledge Consulting Private
Limited
955, Sector 17-B, Defence Colony,
Near IFFCO Crossing, Gurgaon,
(National Capital Region, New Delhi)-
122001 Haryana, India
Tel/Fax: +91 124 5013032, +91 9811174447,
+91 9820340000
connect@franklincoveysouthasia.com
www.franklincoveysouthasia.com

FranklinCovey España
TEA-CEGOS FranklinCovey
Fray Bernardino de Sahagún, 24,
28036 Madrid, España
Tel: +34-912 705 000
Fax: +34-912 705 001
franklincovey@tea-cegos.es
www.tea-cegos-franklincovey.com

FranklinCovey Switzerland
c/o FC Fokus & Effektivität GmbH
Bogenstrasse 7
CH - St. Gallen
info@franklincovey.ch
www.franklincovey.ch

FranklinCovey Taiwan
Strategic Paradigm Consulting Co., Ltd.
2F., 25, Alley 15, Lane 120, Sec. 1,
Nei-hu Road,
Taipei, Taiwán 114
Tel: 886-2-2657-8860
Fax: 886-2-2657-7370
smart@smartlearning.com.tw
www.smartlearning.com.tw

FranklinCovey Thailand
PacRim Leadership Center Co. Ltd
59/387-389 Moo 4
Ramkhamhaeng Road
Sapansoong, Bangkok 10240
Tailandia
Tel: 662-728-0200
Fax: 662-728-0210
plc@pacrimgroup.com
www.pacrimgroup.com

FranklinCovey Turkey
ProVista Management Consulting Ltd.
info@franklincovey.com.tr
www.franklincovey.com.tr

FranklinCovey UK
Grimsbury Manor, Grimsbury Green,
Banbury. OX16 3JQ. UK
Tel: +44 1295 274100
Fax: +44 1295 274101
www.franklincoveyeurope.com

FranklinCovey Uruguay
Torres Náuticas
Torre 24 / Of. 1204
Calle Pública 1234
Montevideo, 11300 Uruguay
Tel: 59-82 - 628-6139
Fax: 59 82 628-6117
franklincoveyur@fcla.com
www.fcla.com

FranklinCovey Venezuela
Avenida Rómulo Gallegos
Edificio Johnson & Johnson
Piso 3 Oficina 3A - Los Dos Caminos
Caracas - Venezuela
Tel: 58-212-2350468
jmrconsultores@cantv.net

FranklinCovey West Indies
Leadership Consulting Group Ltd.
#23 Westwood St.
San Fernando
Trinidad, Indias Occidentales
Tel: 868 652-6805
Fax: 868 657-4432
lcg@rave-tt.net
www.fcla.com

Esta obra se terminó de imprimir y
encuadernar en abril de 2005
en los talleres de
Programas Educativos, S. A. de C. V.,
calzada Chabacano no. 65, local A,
col. Asturias, 06850, México, D. F.
(empresa certificada por el
Instituto Mexicano de Normalización y
Certificación, A. C. bajo las normas
ISO-9002: 1994/NMX-CC-004: 1995
con el no. de registro RSC-048
e ISO 14000:\1996 NMX-SSA-001:
1998 IMNC/ con el no. de
registro RSAA-003).